E-commerce

De la stratégie à la mise en œuvre opérationnelle

Henri Isaac,
Université Paris-Dauphine

Pierre Volle,
Université Paris-Dauphine

Avec la participation de Me Yann Bréban, avocat à Paris

PEARSON Education

Publié par Pearson Education France
47 bis, rue des Vinaigriers
75010 PARIS
Tél. : 01 72 74 90 00

Mise en pages : TyPAO

ISBN : 978-2-7440-7279-6

Table des matières

Liste des études de cas

Introduction

L'apparition d'Internet dans le champ économique à la fin des années 1990 a entraîné un réel bouleversement dans la conduite des affaires dans de très nombreux secteurs industriels. Après une phase d'euphorie et l'éclatement de la bulle Internet, les entreprises ont progressivement investi ce réseau afin de développer leurs activités. C'est ce qu'on appelle le *e-business*. Ces activités sont très variées puisqu'elles incluent aussi bien la consultation des comptes bancaires en ligne, l'achat et la vente de titres financiers, le paiement des impôts et taxes en ligne, l'achat de voyages, etc.

Appréhender cet ensemble de façon globale conduit à un risque de dispersion, voire d'incohérence. Le commerce électronique est envisagé ici comme une sous-catégorie du domaine plus vaste du *e-business*. Nous excluons ainsi de notre propos les services bancaires et les services de type *e-learning* ou *e-administration* qui relèvent de logiques différentes du point de vue managérial. Cet ouvrage se limitera donc aux transactions marchandes faisant l'objet d'un échange de biens ou de services. Nous traiterons majoritairement des transactions entre une entreprise et un consommateur final (*B2C*), mais nous aborderons également les transactions entre entreprises (*B2B*) lorsque celles-ci s'écartent dans leurs modalités techniques, juridiques, économiques des transactions *B2C*.

Ce manuel est une synthèse des meilleures pratiques managériales qui se sont consolidées au cours de la dernière décennie. Cette synthèse s'appuie à la fois sur les résultats de recherches académiques et sur une observation fine des pratiques des acteurs du commerce électronique. La méthode adoptée dans l'ouvrage consiste à envisager la question du commerce électronique comme un véritable projet managérial. Notre but est de structurer la réflexion et l'action d'un projet de commerce électronique en s'appuyant sur une analyse séquentielle des différentes étapes d'un tel projet, comme l'illustre la figure i.1.

Après avoir présenté dans le chapitre 1 le phénomène du commerce électronique, son contexte et ses variantes, nous aborderons avec le chapitre 2 l'élaboration d'une stratégie de commerce électronique. Le chapitre 3 précise la question de plus en plus centrale de l'articulation du canal électronique par rapport à d'autres canaux de distribution, dans une perspective multicanal. Le chapitre 4 présente les questions liées aux choix des infrastructures techniques nécessaires à la réalisation d'une transaction commerciale électronique. Le chapitre 5 aborde la question de la structuration de l'offre en ligne au travers du catalogue électronique, des choix de l'assortiment au choix de la structure technique du catalogue. Ce chapitre parle également de l'intégration des catalogues électroniques dans le cadre des échanges commerciaux entre entreprises. Le chapitre 6 se penche sur la conception de l'interface marchande et la création de valeur pour le client

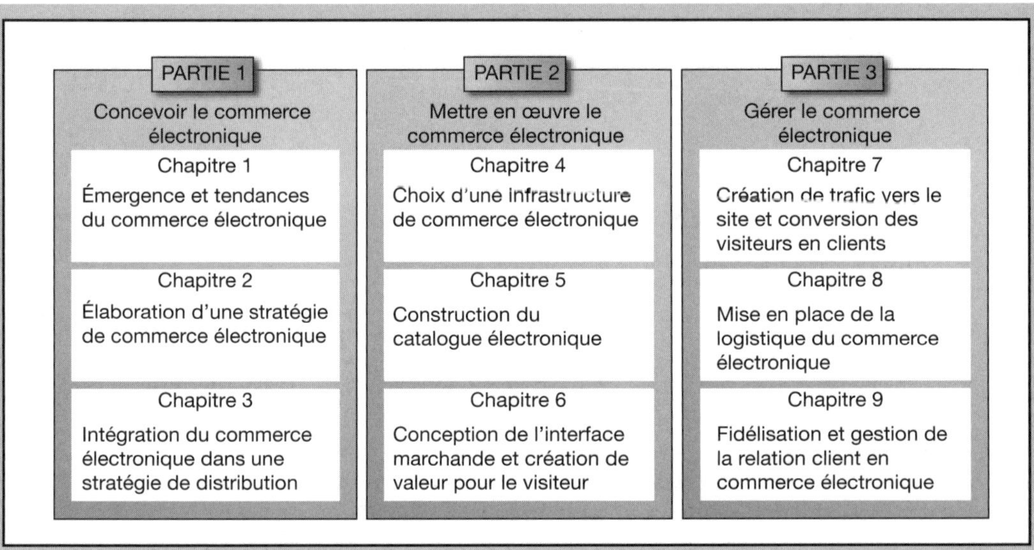

Figure i.1 - Plan général de l'ouvrage.

et l'enrichissement de l'expérience de visite du site par le client. Le chapitre 7 s'intéresse à la création de trafic sur le site et à la conversion de ce trafic en clients. Le chapitre 8 porte sur la question de la chaîne logistique du commerce électronique et plus particulièrement sur la livraison du produit au client final dans le cadre du commerce *B2C*. Le chapitre 9 examine enfin la problématique de la fidélisation des clients du commerce électronique et de l'établissement d'une relation dans la durée avec ces clients.

Étant donné l'importance des aspects juridiques dans le commerce électronique, des encadrés précisent dans chaque chapitre les points juridiques essentiels que tout manager doit connaître dans le cadre d'un projet de ce type.

Dans chaque chapitre, le lecteur trouvera :

- Un cas d'introduction illustrant un thème central du chapitre. Ce cas est une véritable ressource pédagogique pour les enseignants.
- De nombreux exemples, tous issus du contexte français et européen.
- Un résumé synthétisant les principaux points-clés du chapitre.
- Des questions de révision destinées aux étudiants.
- Des questions à débattre. Ces questions ouvertes sans réponses définitives représentent également une ressource pédagogique pour les enseignants, leur permettant d'animer des séances de cours.
- Une bibliographie de base.
- Une webographie proposant des liens vers des sites qui illustrent le propos du chapitre ou lui apportent des ressources complémentaires.

Un jeu de diapositives (PowerPoint, Impress, Keynote) destinées aux enseignants est également disponible auprès de Pearson Education. Enfin, un site Web (**http://www.livre-ecommerce.fr**) permet de prendre connaissance de façon détaillée du contenu des chapitres et d'interagir avec les auteurs. Une actualisation des cas présentés est aussi proposée sur ce site.

Les auteurs

Henri Isaac est maître de conférences à l'Université Paris-Dauphine et membre du laboratoire Dauphine Recherches en Management, UMR 7088 CNRS. Il enseigne le management des systèmes d'information dans le Master « Distribution et Relation client » de l'Université Paris-Dauphine et dans de nombreux programmes de formation de cette université.

Pierre Volle est professeur à l'Université Paris-Dauphine où il dirige le Master « Distribution et Relation client ». Membre du laboratoire Dauphine Recherches en Management, UMR 7088 CNRS, il est l'auteur de nombreux articles et ouvrages sur les comportements de consommation, la distribution et le management de la relation client. Il a également participé à l'édition française de *Gestion de la relation client*, aux éditions Pearson Education France. Depuis 2007, il est directeur de la communication de l'Université Paris-Dauphine.

Partie I

Concevoir le commerce électronique

Chapitre 1

Émergence et tendances du commerce électronique

Objectifs pédagogiques

- Appréhender la réalité du commerce électronique
- Définir le commerce électronique et ses différentes variantes
- Comprendre les évolutions actuelles du commerce électronique
- Décrire les différentes formes du commerce électronique
- Décrire les principaux modèles d'affaires dans le commerce électronique
- Comprendre les raisons de l'adoption du commerce électronique par les entreprises et les consommateurs

Chapitre.com : la puissance d'Internet au service de la vente de livres rares et épuisés

Présent depuis plus de dix ans sur le Minitel avec le 3615 ALIR, le libraire virtuel Chapitre.com a été créé en 1997 par Juan Pirlot de Corbion. Riche de plus de 450 000 références de livres neufs français, de plus de 1 million de références de livres neufs en langues étrangères, d'un catalogue unique en France de 3 millions de livres d'occasion, d'un second catalogue de plus de 15 millions de livres d'occasion fournis par des partenaires étrangers, de 400 000 revues épuisées, d'un catalogue inédit de livres neufs à prix réduits, de nombreuses images (gravures, tableaux, affiches), CD, DVD et cadeaux, Chapitre.com propose à la vente en ligne « tout, même l'introuvable ».

Chapitre.com s'appuie sur un réseau de 2 000 partenaires libraires spécialisés dans le livre ancien. Elle s'appuie également sur la plate-forme EDI de Dilicom, qui offre aux libraires de toute la France (et aussi à certains libraires étrangers) la possibilité de se connecter au système de base de données pour passer commande de livres de Chapitre.com.

Chapitre.com a établi un partenariat avec le site fnac.com. Il permet aux clients de ce site de trouver un ou des ouvrages introuvables sur le site à la Fnac.

Chapitre.com a également mis le catalogue de la BNF sur son site et propose à ses clients de commander des reproductions d'ouvrages antérieurs à 1870, si leur état permet un passage dans un scanner. Un devis gratuit est envoyé sous huit jours à l'internaute intéressé, pour un « prix moyen d'environ 40 euros pour une centaine de pages », d'après Didier Ballot, directeur commercial de Chapitre.com. L'ouvrage est livré trois à quatre semaines plus tard, soit en fichier PDF sur un CD, soit au format papier, ou encore par mail en fichier PDF. Le site enregistre une soixantaine de demandes quotidiennes.

Chapitre.com : la puissance d'Internet au service de la vente de livres rares et épuisés (*Suite*)

Le chiffre d'affaires de Chapitre.com est passé de 1,7 million d'euros en 1999 à 10 millions d'euros en 2006.

Plus récemment, Chapitre.com a vu DirectGroup, filiale du groupe Bertelsmann, entrer dans son capital. C'était l'occasion de prendre le pari d'un modèle « brick and mortar » (voir la définition à la section 3.1), en profitant du réseau des 300 points de vente de France Loisirs et du Grand Livre du mois, avec pour objectif de créer des synergies entre clubs de livres, magasins physiques et site marchand. L'entrée de DirectGroup à 49,5 % dans le capital de Chapitre.com relève d'un enjeu industriel. Ce rapprochement permet de donner plus d'ampleur à Chapitre.com en développant des synergies avec les deux principaux clubs de livres de France. « Chapitre se fixe l'objectif de doubler son chiffre d'affaires en 3 ans, et vise les 25 millions d'euros, grâce à une croissance régulière. » En effet, la vente de livres sur Internet ne cesse de progresser. « Le marché du livre en France est de l'ordre de 4 milliards d'euros. Aujourd'hui, la part de marché d'Internet est d'un peu moins de 4 %, mais la tendance actuelle est très bonne. Et Internet atteindra les 10 % de part de marché rapidement », estime Juan Pirlot de Corbion.

Connecté à plus de 2 000 fournisseurs, l'entrepôt de Chapitre.com voit passer des centaines de milliers de livres par mois. Ce stock est géré en flux tendu. Pour chaque commande saisie dans le back office, un code-barres unique servira à identifier les produits. Une fois que la commande d'un internaute est validée, celle-ci est transmise au back office du site pour être traitée. Dialoguant avec les fournisseurs par le biais d'EDI, de Web Services, de fichiers XML, ou simplement par la méthode manuelle, le système transmet l'ordre d'achat, se charge des relances si nécessaire, détecte les commandes complètes et lance les ordres d'emballage. Tout ce processus est ouvert au client, qui peut en permanence consulter l'état de sa commande grâce au suivi des stocks par code-barres. Lors du lancement du site en 1997, le directeur technique coordonnait la sous-traitance des développements. En 2000, l'informatique a été réintégrée et fait partie désormais du cœur de métier de la société. L'hébergement, sujet critique pour un site transactionnel comme Chapitre.com, a été confié à Colt Telecom. Il est toutefois suivi régulièrement par l'équipe informatique du site (charge des serveurs, temps de réponse moyen, nombre de connexions, commandes reçues, etc.). Depuis juin 2000, le site de Chapitre.com n'a connu que quelques évolutions mineures, mais sans changement radical d'architecture, ni même de charte graphique. Pourtant, tous services confondus, début 2008, il réunit 80 000 visiteurs uniques par jour.

Questions :

Comment Chapitre.com utilise les spécificités d'Internet pour bâtir une offre de services ?

Quelle est la valeur apportée au client par un tel site marchand ?

À quelle catégorie de commerce électronique peut-on rattacher Chapitre.com ?

Quel est le modèle d'affaires de Chapitre.com ?

Pourquoi Chapitre.com se rapproche-t-il de France Loisirs ?

***Sources :** 01.net, Livres Hebdo, Le Journal du Net, societe.com, Chapitre.com*

Depuis l'ouverture au grand public du réseau Internet au début des années 1990, Internet s'est progressivement transformé en un canal de distribution électronique au sein duquel les entreprises et les consommateurs échangent, commercialisent des biens et des services. Conçu à des fins militaires puis universitaires, le réseau Internet n'a pas été prévu en première intention pour réaliser des transactions commerciales et se substituer à d'autres canaux de distribution. Cette transformation d'Internet en un espace économique a cependant été très rapide, et il constitue désormais un espace marchand incontournable. Toutefois, la place d'Internet est très variable selon les secteurs économiques. Après une phase de démarrage euphorique au début des années 2000 (la « bulle Internet[1] »), Internet revient à des réalités plus complexes que le simple basculement de transactions physiques vers des transactions électroniques. Après avoir présenté la réalité actuelle, les tendances du commerce électronique et les facteurs qui influencent son développement, il sera nécessaire de se pencher sur la définition du commerce électronique, tant les utilisations d'Internet à des fins marchandes sont nombreuses et différentes. Il convient également de comprendre la variété des différents modèles d'affaires possibles sur cet espace numérique. Enfin, les raisons de l'utilisation d'un tel canal pour les consommateurs et pour les entreprises doivent être examinées afin de comprendre l'intérêt de cette forme de commerce.

1. Chiffres-clés et tendances du commerce électronique

Le commerce électronique est une réalité complexe à appréhender de par sa portée mondiale et sa structure en réseau. Évaluer son importance actuelle est un réel défi pour les observateurs. Cette évaluation se révèle pourtant nécessaire, car il est important de comprendre que le commerce électronique reste encore à ce jour une forme de commerce marginale dans de très nombreux secteurs économiques, malgré une forte croissance au cours de la dernière décennie. Par ailleurs, le commerce électronique ne revêt pas la même importance selon les secteurs économiques. La croissance est disparate suivant les secteurs, et des évolutions variées s'esquissent d'ores et déjà. En outre, il importe de comprendre que cette progression repose sur un certain nombre de facteurs indispensables à l'émergence de ce canal de distribution. Ces facteurs expliquent le niveau de pénétration du commerce électronique dans les différentes zones économiques.

1.1. Le commerce électronique : quelle réalité ?

Nombreux sont ceux qui datent l'émergence du commerce électronique à l'arrivée d'Internet et à la création du site de vente en ligne américain amazon.com. C'est oublier qu'Internet n'est pas le seul moyen électronique de réaliser des transactions commerciales (voir chapitre 4). Bien avant l'existence d'Internet, la France a bénéficié grâce au Minitel d'une infrastructure de commerce électronique très aboutie pour l'époque. Le Minitel a représenté jusqu'à 17 % du chiffre d'affaires de La Redoute en 1997 (**http://www.journaldunet.com/0206/020610fevad.shtml**).

Par ailleurs, les entreprises n'ont pas attendu la disponibilité d'Internet pour réaliser des transactions électroniques. Depuis la fin des années 1980, elles se servent de l'échange de données informatisé (EDI) [voir définition chapitre 4] comme infrastructure d'échanges

1. Voir Mauriac L. (2002), *Les flingueurs du Net*, 400 p., Calmann-Lévy.

électroniques. En 2006, les flux de transactions EDI restaient majoritaires en comparaison des flux Internet : ils représentaient 13,9 % des ventes en valeur des entreprises contre 3,9 % pour Internet[1].

En outre, de nombreuses transactions commerciales sont réalisées par téléphone en vente à distance. Il est également possible d'effectuer certaines transactions commerciales directement depuis un téléphone mobile.

Aussi définir le périmètre exact du commerce électronique se révèle difficile. L'appareil statistique des États peine encore à cerner les contours de cette forme de commerce. Les estimations du volume des transactions électroniques sont délicates à effectuer avec précision du fait de la nature internationale du réseau et de la possibilité de réaliser des transactions à l'autre bout de la planète depuis un pays comme la France. Ainsi, 10 % des ventes du panel de l'Association pour le commerce et les services en ligne (ACSEL) proviennent de l'étranger.

Ni les données de paiement en ligne par cartes bancaires ni les données douanières ne permettent de reconstituer le volume exact de transactions. Ces éléments permettent juste de mesurer approximativement l'ampleur de cet espace économique. Par conséquent, il convient d'être très prudent sur les différentes estimations du volume des transactions et leur progression.

Le volume des transactions entre entreprises et particuliers (*B2C*, hors produits financiers) est estimé en France à 12 milliards d'euros en 2006, 19 milliards d'euros en 2007[2]. Ce volume reste très modeste au regard du total des ventes du commerce de détail en France, puisqu'il ne représente que 2,5 % du commerce de détail. Mais la situation est très variable selon les secteurs économiques et les catégories de produits. Ainsi, 23 % des Français ont acheté un billet ou un séjour en ligne, mais seuls 3 % d'entre eux ont acheté en ligne des produits alimentaires en 2006.

Par conséquent, le commerce électronique est une réalité émergente très diverse selon les secteurs économiques. Il est encore difficile de dégager des généralités valables dans tous les secteurs économiques pour ce type de commerce.

Vu parfois comme un eldorado, le commerce électronique connaît une réalité plus contrastée :

- Les chiffres d'affaires progressent régulièrement d'environ 30 à 40 % par an…, mais le commerce électronique (particuliers et entreprises) ne représente aujourd'hui « que » 60 milliards d'euros environ. Aux États-Unis, le commerce électronique *B2C* ne représentait que 2,5 % du commerce de détail en 2005[3] et 3,4 % fin 2007 (**http://www.census.gov/mrts/www/data/html/07Q3.html**).
- En Europe, le commerce électronique en 2007 (27 pays) représente 4,5 % du chiffre d'affaires des entreprises contre 2,1 % en 2004[4], avec des écarts importants entre pays : en Irlande, le commerce électronique représente 9,8 % du chiffre d'affaires des

1. Source : « Des TIC de plus en plus diversifiées », *INSEE Première*, n° 1126, mars 2007.
2. Source : ministère de l'Économie, des Finances et de l'Emploi, « Tableau de bord du commerce électronique », juin 2007 (**http://www.telecom.gouv.fr/fonds_documentaire/men/tbce0607.pdf**).
3. Source : US Census Bureau, E-Stats, mai 2007.
4. Source : Eurostat (**http://epp.eurostat.ec.europa.eu**).

entreprises, 8,5 % en Norvège, 7 % en Grande-Bretagne, moins de 1 % en Slovaquie et en Italie.

- Les entreprises présentes sur Internet existent en grand nombre et sont parfois profitables… mais un leader comme Pixmania ne réalise en France que le chiffre d'affaires d'une poignée d'hypermarchés (Carrefour en compte plus de 200 sur le sol français). La distribution en ligne, même lorsqu'elle constitue une indéniable réussite, reste modeste dans une problématique plus vaste de distribution dans laquelle des entreprises de taille mondiale opèrent depuis de nombreuses années.
- Au fur et à mesure de la croissance d'Internet, le nombre de sites marchands augmente. Fin 2007, on estime le nombre de sites marchands en France à 32 000. Attirer des clients sur son site devient de plus en plus coûteux et complexe (voir chapitre 7), ce qui rend difficile l'équilibre économique de nombreux sites.
- Les transactions électroniques sont nombreuses, mais le réseau permet aussi de contourner les logiques marchandes et, donc, ne conduit pas nécessairement à la création de valeur économique (échange Peer-to-Peer de musique ou de vidéos entre particuliers, vente de contrefaçons, reprise sauvage de contenus d'information en infraction avec les droits d'auteur, etc.).
- La numérisation des biens informationnels recompose fortement les chaînes de valeur d'industries comme la presse, l'édition, la communication, le divertissement (musique, cinéma, jeu, télévision). Cette recomposition conduit à de fortes restructurations dans ces industries, avec des pertes d'emploi non négligeables.

1.2. Les axes de développement du commerce électronique

Aujourd'hui, les sites qui recueillent le plus d'audience sont les sites vendant des biens culturels, les comparateurs de prix, les plates-formes d'intermédiation entre individus (les sites d'enchères notamment) et les sites de tourisme (les agences de voyages et compagnies aériennes). Mais la plus forte progression concerne les sites de commerce traditionnel, qu'il s'agisse d'hypermarchés en ligne, de sites de vente à distance généralistes ou encore de sites du domaine de l'habillement ou des cosmétiques.

À un horizon de trois à cinq ans, les axes de développement suivants paraissent particulièrement prometteurs :

- Une véritable démocratisation des achats électroniques sur Internet (tout âge, toute condition). Les sites qui répondent aux femmes, aux seniors et aux jeunes de 18-24 ans sont particulièrement en phase avec l'évolution démographique des internautes. Pour les entreprises, le réservoir de clients potentiels du côté des TPE et des PME est encore considérable.
- Le développement du commerce sur téléphone mobile. Le téléphone deviendra sous peu un terminal de paiement grâce aux technologies NFC (*Near Field Communication*) et se substituera progressivement à la carte de paiement.
- Le développement du commerce électronique de proximité (livreurs de pizzas, petits commerçants, supermarchés, etc.).
- L'explosion du commerce entre particuliers.
- Un véritable décollage des cybermarchés (achats de produits courants sur Internet).

- L'émergence d'un commerce électronique communautaire (sur les réseaux sociaux, par exemple).
- Le développement du commerce de produits culturels numériques – notamment la musique, mais aussi la vidéo à la demande et le livre numérique (*e-book*).
- Dans le commerce entre organisations, la substitution de l'EDI par d'autres technologies comme le ebXML et les Web Services.
- La diversification des sources de revenus, avec des modèles d'affaires (*business models*) hybrides (marge commerciale, commissions sur les ventes, prestations de service, etc.).
- L'arrivée probable de galeries marchandes en 3D reposant sur les acquis de mondes virtuels comme Second Life et l'augmentation des débits dans l'accès à Internet.

1.2.1. Évolution des technologies *vs* des usages

L'environnement des activités de *e-business* est sensiblement plus instable que pour les autres secteurs, les technologies évoluant à grande vitesse. En revanche, il faut bien garder à l'esprit que les usages évoluent nécessairement moins vite que les technologies. Par exemple, si le m-commerce (commerce *via* un téléphone mobile) est technologiquement possible depuis plusieurs années, on constate que les usages ne décollent pas encore en Europe et se limitent à l'achat de sonneries ou de fonds d'écran, et plus récemment de musique. Il en va de même pour la VOD (*Video On Demand*) : la technologie est commercialement prête, mais fin 2007 seuls 1 % des Français ont déjà essayé ce mode de distribution.

L'exercice de prospective est donc particulièrement complexe en matière de commerce électronique. Qui aurait pensé, il y a dix ans, que la publicité prendrait la forme dominante de liens promotionnels commercialisés ? Qui aurait pensé que le C2C allait devenir une des formes les plus dynamiques du commerce moderne ?

1.2.2. Pour trouver de l'or, il faut des pelles et des pioches !

Au moment de la ruée vers l'or, en Californie, à la fin du XIXe siècle, ce sont les vendeurs de pelles et de pioches qui ont fait fortune, avant même les chercheurs d'or. De la même façon, le commerce électronique emporte dans sa course de nombreuses autres entreprises.

En matière de flux physiques, les logisticiens apportent un soutien essentiel aux commerçants électroniques (La Poste, DHL, FedEx, TNT, etc.). En matière de flux d'informations, les prestataires sont nombreux et indispensables. Ils facilitent les transactions, les rendent possibles ou les rendent simplement plus faciles, plus rapides, plus sûres : éditeurs d'applications logicielles qui permettent de configurer soi-même des boutiques en ligne ; régies qui mettent en relation les annonceurs et les sites marchands ; entreprises qui proposent des systèmes de sécurisation des paiements ou de facturation électronique ; institutions qui proposent des crédits à la consommation ; sites qui gèrent des programmes de fidélisation mutualisés, etc.

Plus encore que ces prestataires, le développement du commerce électronique nécessite un environnement favorable constitué par plusieurs facteurs technologiques, économiques, financiers et juridiques.

1.2.3. Les facteurs favorisant le développement du commerce électronique

Plusieurs facteurs favorisent le développement du commerce électronique. L'observation des pays dans lesquels celui-ci se développe le plus rapidement permet de repérer ces facteurs.

L'environnement technologique

Le commerce électronique combine l'utilisation de terminaux et de réseaux. Si l'accès haut débit à Internet constitue un facteur essentiel (voir section suivante), l'accès à des terminaux connectés en est également un, tout comme la variété des accès au réseau Internet. Le développement de réseaux sans fil Wi-Fi (**http://fr.wikipedia.org/wiki/Wi-fi**) élargit les possibilités d'accès à Internet dans des zones publiques comme les gares, les aéroports ou encore les hôtels. La disponibilité de terminaux de connexion bon marché est également un facteur-clé de l'équipement des consommateurs. À cet égard, le développement des réseaux téléphoniques mobiles sans fil à haut débit (3G et 3G+) permet de transformer le téléphone portable en un terminal d'accès à Internet qui multiplie d'autant le nombre de clients potentiels du commerce électronique. L'arrivée de terminaux mobiles « intelligents » (*smartphones*) dotés de capacités Internet équivalentes à celles d'un ordinateur portable (Wi-Fi, interface de navigation simplifiée) démocratisera l'accès à Internet. En outre, l'arrivée prochaine des réseaux sans fil Wimax (**http://fr.wikipedia.org/wiki/Wimax**) augmentera encore la couverture Internet sur le territoire français et dans de nombreuses régions où déployer un réseau filaire est trop onéreux.

Les infrastructures publiques

La croissance des ventes en ligne est fortement corrélée au taux de pénétration de l'accès Internet haut débit. Par conséquent, l'infrastructure réseau permettant l'accès Internet constitue un facteur significatif du développement du commerce électronique (Ho, Kauffman, Liang, 2007). L'accès haut débit dépend fortement de la qualité des infrastructures de télécommunications d'un pays. En effet, la principale technologie d'accès haut débit, l'ADSL, est très dépendante de la qualité physique des lignes téléphoniques et de la distance entre le client final et le central téléphonique (**http://fr.wikipedia.org/wiki/ADSL**). Par ailleurs, pour que le maximum de citoyens puissent accéder à cette technologie, il est nécessaire que la puissance publique favorise, par un cadre légal adapté, le développement de l'accès Internet sur l'ensemble du territoire. À cet égard, la délégation de service public confiée aux collectivités territoriales facilite le déploiement de l'accès haut débit dans des régions à faible densité dans lesquelles les opérateurs privés répugnent à investir.

Le taux d'équipement informatique

Le taux d'équipement en ordinateur des consommateurs est un facteur fondamental du développement du commerce électronique (Ho, Kauffman, Liang, 2007). En effet, même si des alternatives de connexion à Internet existent (connexion depuis le lieu de travail, cybercafés, bornes publiques), la plupart des consommateurs préfèrent utiliser leur équipement personnel pour passer une commande en ligne. Cet équipement informatique constitue un réel coût d'accès au commerce électronique (Moe, Fader, 2004), coût qui avait été rendu nul lors de l'introduction du Minitel en France par une distribution gratuite du terminal de connexion. Le taux de pénétration de la micro-informatique dans les foyers français a dépassé les 50 % en 2005 et a atteint 55 % en 2006[1]. Ce taux est notoirement l'un des plus bas de l'Union européenne. L'Europe du Nord (Danemark, Suède) connaît des taux de pénétration supérieurs à 80 %[2]. Les États-Unis connaissent un taux de 65 % et le Japon, de 78 %.

Au coût du terminal s'ajoute le coût de l'abonnement à un accès Internet. Ces coûts d'accès constituent un frein réel au développement d'Internet et contribuent à la « fracture numérique » au sein d'une population.

Ce coût d'accès au commerce électronique est certes en forte diminution grâce à des équipements informatiques de moins en moins coûteux et grâce à une concurrence entre fournisseurs d'accès Internet qui a conduit en France à une offre d'accès Internet haut débit relativement bon marché et à 14 millions d'abonnements ADSL fin 2007, soit 88 % des internautes français. Il n'en demeure pas moins que pour une partie des consommateurs ces coûts resteront toujours trop élevés par rapport aux éventuels bénéfices liés à l'utilisation d'Internet.

L'environnement financier

Afin de développer les ventes en ligne, il est nécessaire de permettre le paiement en ligne pour clore la transaction sur le même canal. Si la carte bancaire n'est pas le seul moyen de paiement possible (voir chapitre 4), elle reste le mode de règlement le plus simple pour le client.

La première condition est donc le taux d'équipement des clients en carte bancaire. De ce point de vue, les taux de pénétration de la carte bancaire comme moyen de paiement sont très variables d'un pays à l'autre, et au sein même de l'Union européenne. La seconde condition concerne l'offre par le système bancaire d'une solution technique et commerciale pour gérer les paiements par carte bancaire en ligne. Cette offre est connue sous le nom de « contrat VAD » (vente à distance). Ce contrat permet à un commerçant d'encaisser des transactions par carte bancaire sur un compte bancaire. Il est obligatoire. La seule alternative possible consiste en une solution de micropaiement de type PayPal (voir chapitre 4).

Dans de nombreux pays, l'une ou l'autre de ces conditions n'est pas réunie, rendant plus difficile le développement des transactions commerciales en ligne. Outre l'existence d'un système de paiement adapté au commerce électronique, la possibilité de sécuriser les transactions commerciales grâce au chiffrement est également primordiale. Certains pays n'autorisent pas l'utilisation de méthodes employant des clés de chiffrement de 128 bits, minimum nécessaire pour garantir un niveau de sécurité suffisant dans la transmission de données de transactions commerciales (voir chapitre 4).

L'environnement juridique

Le commerce électronique est une des formes de vente à distance, laquelle est définie comme la réalisation d'une « vente d'un bien ou fourniture d'une prestation de service conclue, sans la présence physique simultanée des parties, entre un consommateur et un professionnel qui, pour la conclusion de ce contrat, utilisent exclusivement une ou plusieurs techniques de communication à distance ». (Directive n° 97/7/CE du 20 mai 1997 relative à la protection des consommateurs en matière de contrats à distance.)

1. Source : Médiamétrie/GfK – « La référence des équipements multimédias ».
2. Source : Eurostat, 2007.

Il s'agit donc d'une vente ou de la fourniture d'une prestation de services classiquement appelée « entre absents ». La réglementation européenne et nationale, en tout état de cause pour la France, a évolué grandement depuis ces dernières années. Les évolutions majeures se sont concrétisées sur trois points fondamentaux :

- protection du consommateur en tant que cocontractant d'un professionnel effectuant des opérations de commerce dites « de commerce électronique » ;
- protection du consommateur dans l'utilisation de moyen de paiement dématérialisé et/ou électronique ;
- protection des données personnelles du consommateur.

Depuis la directive précitée de 1997 sur la vente à distance, le législateur européen et le législateur français sont intervenus à de multiples reprises.

L'innovation majeure a été la directive 2000/31/CE du Parlement européen et du Conseil du 8 juin 2000 dite « directive sur le commerce électronique ». Au plan français, cette directive a été suivie par de nombreux textes dont on peut signaler les textes majeurs suivants :

- loi n° 2004/575 du 21 juin 2004, dite LCEN, pour la confiance dans l'économie numérique ;
- ordonnance n° 2005/648 du 6 juin 2005 relative à la commercialisation à distance des services financiers auprès des consommateurs ;
- ordonnance n° 2005/674 du 16 juin 2005 relative à l'accomplissement de certaines formalités contractuelles par voie électronique.

Très récemment, le législateur français a contribué à la protection du consommateur en mettant en place des règles concernant le commerce électronique et/ou les communications électroniques par la loi Chatel, autrement appelée loi n° 2008-3 du 3 janvier 2008 pour le développement de la concurrence au service des consommateurs.

L'axe de la législation s'inscrit donc à la fois du point de vue de la protection des consommateurs et dans l'avènement du commerce électronique et de la dématérialisation des échanges. Cet ensemble législatif s'est trouvé par ailleurs conforté par de multiples dispositions légales françaises complémentaires notamment issues de directives européennes. On peut citer entre autres le renforcement des pouvoirs d'autorité en matière de protection des données personnelles comme, en France, ceux de la CNIL (Commission nationale de l'informatique et des libertés) avec les modifications législatives intervenues en août 2004 ou encore en matière de preuve et de signature électroniques avec la loi du 13 mars 2000. Ainsi, en Europe et notamment en France, le consommateur mais également le professionnel bénéficient, en matière de dématérialisation d'activités commerciales et de contrats électroniques, d'un véritable arsenal juridique permettant d'encadrer leurs activités et de réduire les risques. C'est dans ce cadre juridique extrêmement précis que trouve en France sa place le commerce électronique, forme particulière de la vente à distance et d'une vente entre absents. Aujourd'hui, ce dispositif juridique fait de cette absence de présence physique simultanée du vendeur et de l'acheteur sur un lieu destiné à la vente une force et une caractéristique essentielle.

2. Du e-business au e-commerce

Le développement rapide d'Internet dans les pays occidentaux a conduit à une multiplication des services disponibles sur ce réseau électronique. De l'apprentissage des langues aux services financiers en passant par l'achat de vidéo ou de musique en ligne, de l'impression de livre à la demande au paiement en ligne des impôts, des formulaires administratifs en ligne au *e-learning*, les activités économiques sur Internet sont extrêmement nombreuses et variées. Des services marchands et non marchands s'y côtoient, tout comme des services illégaux (téléchargement de musique, de films, ou de logiciels).

Le terme générique de *e-business* désigne ainsi toute activité économique réalisée sur Internet. Le commerce électronique n'est qu'une partie de cet ensemble plus vaste d'activités qu'est le *e-business*. Mais de nombreuses personnes utilisent indifféremment les deux termes.

Aussi il n'est pas toujours aisé de cerner avec justesse ce que l'on entend par « commerce électronique ». Afin de clarifier cette notion, le recours à des catégorisations met en évidence les caractéristiques majeures des différentes variantes et permet de préciser la notion de commerce électronique retenue dans cet ouvrage.

2.1. Typologie fondée sur la nature des acteurs

Cette approche du commerce électronique met l'accent sur la nature des parties en présence dans la transaction commerciale pour caractériser les différents types de commerce électronique. Elle met en évidence les catégories suivantes :

2.1.1. Le commerce *B2C* (*Business to Consumer*)

C'est la forme de commerce électronique qui connaît la plus forte progression depuis l'émergence d'Internet. Il s'agit de la vente au grand public par une entreprise depuis un site Internet. La variété des sites *B2C* est immense et de nombreux modèles d'affaires existent au sein de cette catégorie (voir section 4). Un site comme **http://www.ldlc.fr** en est un exemple type.

> Un des principaux avènements de la directive du 8 juin 2000 dite « directive sur le commerce électronique » a été de définir les droits du consommateur, mais bien évidemment également la notion de consommateur.
>
> L'article 2 de la directive précitée définit le consommateur comme :
>
> > « toute personne physique agissant à des fins qui n'entrent pas dans le cadre de son activité professionnelle ou commerciale ».
>
> Au titre de cette particularité, le consommateur, notamment dans le cadre d'un contrat conclu par voie électronique, bénéficie d'une protection extrêmement importante. Il peut être noté à ce titre les dispositifs de la loi du 21 juin 2004 dite « loi pour la confiance dans l'économie numérique » (LCEN), qui précise qu'il n'est pas possible de priver un consommateur :
>
> > « ayant sa résidence habituelle sur le territoire national de la protection que lui assurent les dispositions impératives de la loi française relative aux obligations contractuelles, conformément aux engagements internationaux souscrits par la France ».

Au titre de ce principe, le *consommateur électronique français* bénéficie de la protection de la loi nationale de la France en matière de consommation, à savoir du Code de la consommation. Dès lors qu'il répond à la définition de consommateur, et quelles que soient les conditions dans lesquelles ladite personne va conclure un contrat électronique, elle sera toujours protégée par le droit national de la consommation.

Le Code de la consommation français s'applique donc ainsi au consommateur électronique établi sur le territoire national français, et ce quelles que soient les dispositions dont il est convenu avec son partenaire commercial, que celui-ci soit établi en France, dans un pays de l'Union européenne ou encore hors de l'Union européenne. Le Code de la consommation a donc valeur supérieure pour le législateur français à toute stipulation contractuelle ou encore à toute autre loi étrangère. Il doit être noté que cette protection nationale du consommateur électronique français est un principe par ailleurs retenu par l'ensemble des législations d'autres États.

Bien évidemment, cette dimension particulière d'application du droit de la consommation doit être prise en compte dans le cadre de la mise en place d'un site et/ou d'un espace de commerce électronique.

2.1.2. Le commerce *B2B* (*Business to Business*)

Il s'agit de commerce électronique entre entreprises. Cette forme de commerce est plus ancienne que la précédente. Historiquement, elle s'appuie sur des solutions d'interconnexion de réseaux utilisant l'EDI. Les places de marché électroniques sont une variante de cette forme de commerce électronique. Le site **http://www.elemica.com** constitue une illustration de ce type de commerce électronique.

La loi du 21 juin 2004 dite LCEN et l'ordonnance du 16 juin 2005 sont venues modifier la prise en compte entre professionnels de l'impact de l'électronique en précisant notamment que :

> « la voie électronique peut être utilisée pour mettre à disposition des conditions contractuelles ou des informations sur les biens et les services ».

La LCEN définit d'ailleurs pour les consommateurs mais aussi pour les professionnels les règles à respecter.

L'article 1369-1 du Code civil prévoit désormais que :

> « quiconque propose à titre professionnel, par voie électronique, la fourniture de biens ou la prestation de services met à disposition les conditions contractuelles applicables d'une manière qui permette leur conservation et leur reproduction… ».

Il est indiqué que les mêmes dispositions du Code civil (article 1369-3) précisent les conditions dans lesquelles, entre professionnels, il peut être dérogé à certaines règles en matière de contrat électronique.

2.1.3. Le commerce G2C (*Government to Citizen*)

Il s'agit de toutes les solutions électroniques que développent un État, une administration ou une collectivité territoriale afin de faciliter les démarches administratives des usagers d'un service public. On parle également d'administration électronique ou encore de e-administration. L'État français a par exemple développé un portail d'accès à de très nombreux services pour le citoyen français, accessible à cette adresse : **http://www.service-public.fr**.

2.1.4. Le commerce G2B (*Government to Business*)

Il s'agit des solutions électroniques mises en place par les structures publiques (administrations, collectivités territoriales) pour gérer les relations et les démarches des entreprises avec ces institutions. Ce sont des sites qui centralisent les appels d'offres publics des administrations, comme le site **http://www.achatpublic.com/**. Mais cette catégorie inclut également les systèmes de dématérialisation de certaines déclarations (liasses fiscales, déclaration de TVA, déclarations douanières).

2.1.5. Le commerce C2C (*Consumer to Consumer*)

Ce type de commerce existait avant Internet (petites annonces entre particuliers). Internet lui donne une nouvelle dimension puisqu'il démultiplie les possibilités d'échanges et facilite la recherche d'un bien. Un site d'enchères comme **http://www.ebay.com** a su très tôt mettre en place une structure fiable et robuste pour ce genre de commerce en offrant de nombreux services à valeur ajoutée comme l'évaluation des vendeurs et des acheteurs, des outils marketing, des solutions de paiement.

L'ouvrage se focalise sur les deux premières formes de commerce électronique (*B2C* et *B2B*), et plus marginalement sur la dernière (C2C). Ce choix repose sur l'existence d'une transaction fondée sur le transfert de propriété d'un bien ou d'un service.

2.2. Typologie fondée sur les processus

La typologie du commerce électronique fondée sur la notion de processus identifie trois dimensions pour caractériser les formes existantes de commerce électronique. Elle privilégie la matérialité des produits, la logistique nécessaire pour la livraison de la commande au client, et l'automatisation des processus pour traiter la commande du client. Elle est représentée à la figure 1.1.

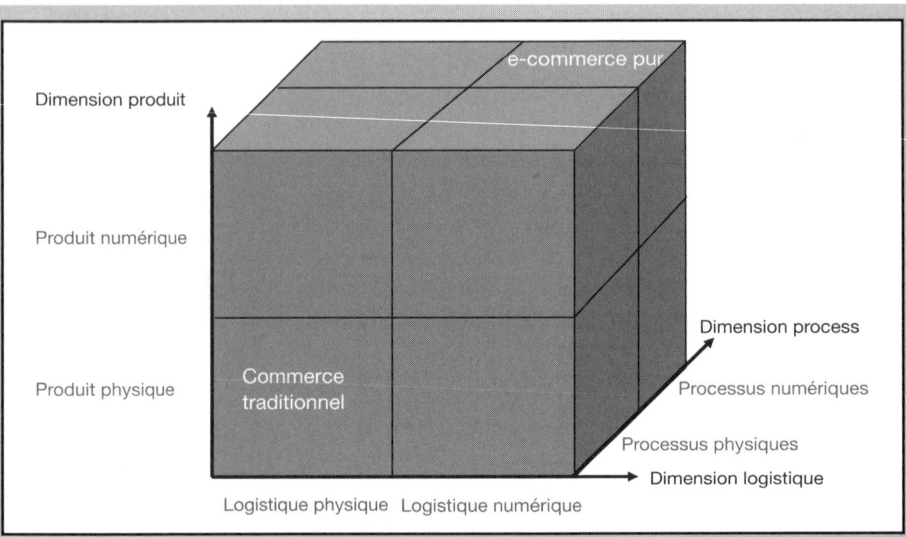

Figure 1.1 - La typologie du commerce électronique par les processus.

Cette typologie identifie donc huit formes de commerce et propose un continuum entre le commerce traditionnel et le commerce électronique pur. Six d'entre elles sont identifiables dans la réalité. Le tableau 1.1 précise ces différentes formes de commerce électronique ou non.

Tableau 1.1 : Les formes de commerce fondées sur les processus

Dimension produit	Dimension logistique	Dimension processus	Forme de commerce	Exemple
Physique	Physique	Physique	Commerce traditionnel	Achat d'un livre dans un hypermarché Carrefour
Physique	Physique	Numérique	Commerce électronique classique	Achat d'un livre sur fnac.com
Numérique	Physique	Physique	Commerce traditionnel	Achat d'un logiciel sur CD-ROM dans un magasin Surcouf
Numérique	Physique	Numérique	Service électronique	Développement photographique par Internet et envoi par La Poste des tirages au client photoservice.com
Physique	Numérique	Physique	–	–
Physique	Numérique	Numérique	–	–
Numérique	Numérique	Physique	Service électronique	Achat d'un billet d'avion électronique sur un centre d'appels
Numérique	Numérique	Numérique	Commerce électronique pur	Achat d'un morceau de musique sur iTunes Music Store

Le premier intérêt de cette approche est la mise en évidence des différences dans la distribution des produits physiques et des produits numériques. Ces derniers pouvant être livrés au client directement par le réseau Internet (téléchargement ou courrier électronique), leur logistique se différencie totalement des biens physiques. Cette dimension semble désormais primordiale dans la réussite du commerce électronique (voir chapitre 8). Le deuxième intérêt de cette typologie est de mettre en exergue les différences de ressources et de compétences nécessaires aux différentes formes de commerce électronique.

Ainsi, être en mesure de livrer un CD en France n'implique pas la maîtrise des mêmes ressources et compétences que la vente par téléchargement de la même musique. Par conséquent, la stratégie sera forcément différente selon qu'elle inclut une dimension logistique physique ou non.

L'ouvrage insiste plus particulièrement sur les formes de commerce électronique nécessitant une logistique physique. En effet, du point de vue managérial, les enjeux opérationnels d'une telle forme de commerce électronique se révèlent plus complexes à maîtriser et nécessitent la prise en considération des aspects logistiques dès la phase de conception du canal électronique (voir chapitres 2 et 3).

2.3. Typologie fondée sur le nombre d'acteurs

Cette approche met l'accent sur le nombre d'acteurs impliqués dans une transaction commerciale sur Internet. Elle identifie quatre types de commerce électronique, comme le met en évidence le tableau 1.2.

Tableau 1.2 : Typologie du commerce électronique fondée sur le nombre d'acteurs

	Un acheteur	**Plusieurs acheteurs**
Un vendeur	EDI, extranet (*one to one*)	Site Internet de commerce électronique (*one to many*)
Plusieurs vendeurs	Centrale d'achat (*many to one*)	Places de marché Internet (*many to many*)

Cette typologie met en avant le fait que les technologies mobilisées dans ces différentes configurations ne sont pas identiques.

Ainsi, dans une opération « un acheteur/un vendeur », très représentative du commerce *B2B*, les relations électroniques entre entreprises reposent encore massivement sur des technologies EDI. Dans ce cadre, les besoins de sécurisation et d'authentification des transactions nécessitent l'utilisation de technologies différentes de celles qui sont employées dans d'autres types de transactions électroniques, notamment les transactions *B2C*.

Les transactions « un vendeur/plusieurs acheteurs » correspondent à celles des sites de commerce électronique orientés vers le grand public ou des publics ciblés. Cette catégorie est celle qui est la plus développée actuellement sur Internet.

Les transactions « plusieurs acheteurs/plusieurs vendeurs » correspondent à la logique des places de marché et sont plutôt destinées aux entreprises. Ces places de marché sont initialement conçues pour gérer les achats et l'approvisionnement des entreprises, même si la plus belle réussite de place de marché électronique est un modèle C2C : ebay.com. Il faut également garder à l'esprit que les plus grandes places de marché électroniques sont les Bourses comme le NASDAQ ou le NYSE-Euronext ! Très peu de places de marché subsistent à ce jour (voir section 3).

Enfin, les transactions « un acheteur/plusieurs vendeurs » correspondent à la logique des centrales d'achat. Peu de sites de cette nature ont vu le jour. La plus notable d'entre elles est la plate-forme Agentrics (**http://www.agentrics.com**), qui appartient aux plus grands distributeurs européens. Agentrics offre un ensemble de services qui facilitent les relations entre fournisseurs et distributeurs (voir section 3).

L'ouvrage aborde à la fois les technologies génériques du commerce électronique et les problématiques techniques spécifiques aux relations entre entreprises lorsque celles-ci s'éloignent fortement de celles qui sont utilisées massivement dans le commerce *B2C*.

La multitude des formes de commerce ne saurait se résumer à ces trois typologies. En effet, au sein même de ces diverses formes de commerce électronique, il subsiste encore différents modèles d'organisation des transactions et de génération des revenus. Dans le cadre du commerce électronique, de nombreux modèles d'affaires coexistent. La section suivante synthétise l'ensemble des modèles d'affaires répertoriés à ce jour.

3. Panorama des modèles d'affaires du commerce électronique

Dans le domaine du commerce, on distingue les commerçants (qui achètent et revendent) des intermédiaires du commerce (qui mettent en relation des acheteurs et des vendeurs). De la même façon, en matière de commerce électronique, on peut distinguer les modèles transactionnels (l'entreprise vend ce qu'elle a produit ou revend ce qu'elle a acheté) des modèles relationnels (l'entreprise met en relation des acheteurs et des vendeurs).

Les modèles transactionnels sont relativement simples (même s'il ne faut pas caricaturer l'activité d'achat/vente). En revanche, les modèles relationnels sont véritablement très divers, car tout dépend du nombre d'acheteurs et de vendeurs (d'un à plusieurs centaines de milliers), du sens de la relation (qui se tourne vers qui), ainsi que des modalités d'échange (simples demandes d'information, devis ou cotations, appels d'offres formels, commandes fermes, placement d'enchères, ordres de réapprovisionnement, etc.).

Qu'il s'agisse de relations entre entreprises (*B2B*) ou entre entreprises et particuliers (*B2C*), on sera amené à distinguer le site marchand, le site de vente directe, le site de vente privée, le site de courtage, la galerie marchande, l'infomédiaire, le site C2C, le site d'achat groupé C2B, le site de troc, la place de marché électronique.

La typologie présentée ici n'est pas exhaustive ou définitive. En effet, la créativité des entrepreneurs du Net étant ce qu'elle est, le futur nous réserve probablement des surprises en matière de modèles d'affaires. La montée en puissance des réseaux sociaux électroniques (Web 2.0) conduit actuellement à de nombreuses expérimentations qui visent à monétiser ces communautés d'internautes. Nul doute que de nouvelles formes de modèles d'affaires émergeront dans les années à venir.

3.1. Les modèles transactionnels

3.1.1. Les sites marchands

Les marchands électroniques, ou *e-tailers* (contraction de *electronic retailers*), sont emblématiques de la nouvelle économie des années 2000. À l'époque, on prédisait même que ces distributeurs *pure players* (qui ne possèdent pas de magasins physiques) allaient balayer le commerce traditionnel, mais cela n'a pas été le cas.

D'après l'INSEE, les *pure players* représentent 17 % des entreprises et 8 % du chiffre d'affaires en ligne. Par ailleurs, certains de ces sites ont même développé une présence physique (catalogues ou boutiques comme LDLC.com, Pixmania, Grosbill.com, Cdiscount, Meilleurtaux.com). Le commerce en ligne est particulièrement pertinent quand il s'agit de produits numérisés comme l'information ou la musique (toute la chaîne est numérisée, y compris la livraison). Les Anglo-Saxons donnent le nom de « *bits vendors* » à ces entreprises entièrement digitales, comme Telecharger.com de 01.net ou iTunes Music Store d'Apple. Mais tous les produits ne sont pas numérisables, loin s'en faut.

De fait, la plupart des commerçants en ligne aujourd'hui sont des distributeurs traditionnels *brick and mortar* (pour signifier que les magasins « en dur » sont constitués de briques et de ciment) qui ont complété leur activité de vente en magasin par un site marchand. On parle alors de distributeurs *click and mortar*, comme la Fnac (avec fnac.com), Auchan (avec auchandirect.fr), etc. Des distributeurs par catalogue, comme La Redoute, ont également développé des activités de vente en ligne. On parle alors de distributeurs *click and paper*. Les vépécistes d'antan se sont transformés en « VADistes », en passant de la vente par correspondance à la vente à distance. Aujourd'hui, il est courant que plus de 30 % du chiffre d'affaires de ces entreprises soit réalisé en ligne.

D'autres modèles de marchands en ligne ont émergé durant ces dernières années, comme les sites de déstockage (la frontière avec les sites de vente privée, dont nous parlons ci-dessous, est parfois mince). On trouve également des sites « horizontaux » qui rassemblent les acteurs d'une profession, par exemple les libraires (ici la frontière avec les galeries marchandes, dont nous parlons aussi ci-dessous, est ténue). Les cybermarchés font également partie de cette catégorie de sites, dont le volume d'affaires est appelé à se développer.

Exemples de sites : amazon.fr, lastminute.com, cdiscount.com, mistergooddeal.com, houra.fr

3.1.2. Les sites de vente directe

Il arrive que les sites marchands soient créés, animés et gérés directement par les industriels (au sens large, incluant des produits et/ou des services). Certaines entreprises réalisent une partie substantielle de leur chiffre d'affaires en ligne. Ainsi, Accor fait plus de 800 millions d'euros en ligne (soit 12,5 % de son CA). Ce chiffre se situe entre 5-15 % pour les services (hôtels-restaurants, conseil), mais peut s'élever au-delà de 30 % pour certaines industries (industries agroalimentaires et biens de consommation).

Ces industriels sont parfois des assembleurs, qui produisent sur mesure en assemblant des composants achetés par ailleurs (*build to order*). On trouve de nombreux exemples dans le domaine des produits informatiques (comme Dell) ou dans le domaine du tourisme (comme Terres d'aventure). L'accès à des services en ligne (comme un titre de presse ou un logiciel) est également considéré comme une vente directe, puisque c'est la société de presse ou l'éditeur du logiciel qui les vend au client final. Par extension, on peut considérer que la souscription en ligne de services peut entrer également dans le champ de la vente directe (comme la communication avec SFR, l'énergie avec Poweo ou l'hôtellerie avec Accor).

En matière de vente directe, les modalités transactionnelles sont diverses. Il peut s'agir d'une vente, d'une location, d'un *leasing* ou même d'un paiement à l'usage, lorsque par exemple un titre de presse vend ses archives à l'unité, ou qu'une société de *gaming* en ligne vend l'accès à un jeu en fonction du temps passé.

3.1.3. Les sites de vente privée

L'expression « vente privée » semble aujourd'hui fonctionner comme des mots magiques (mais pendant combien de temps ?), utilisés pour des opérations promotionnelles parfois très classiques. Derrière ces termes un peu galvaudés se cache pourtant un modèle assez spécifique, à base de « coups » commerciaux (qui engendre des méthodes particulières d'achat, de stockage… et de vente). Initialement, les ventes privées ont été proposées par des marques de luxe ou de mode pour écouler des produits en fin de saison, à des prix défiant toute concurrence : il s'agissait d'offrir des soldes privées à des clientes triées sur le volet. Quelques sites spécialisés ont récupéré l'héritage sémantique. Aujourd'hui, sur Internet, les sites de vente privée proposent des produits en quantités limitées, avec l'idée de faire profiter le client d'une bonne affaire ou d'une promotion fracassante. Il s'agit d'une logique de club, avec parfois un droit d'entrée et/ou une obligation de parrainage. Le côté sélectif est renforcé par la nécessité de s'inscrire préalablement et par la mise en avant, sur la page d'accueil, d'une zone où il faut entrer son mot de passe. Le leader incontesté de ce secteur en France est Vente Privée, entreprise créée en 2001, huitième site de commerce électronique français en 2006, avec plus de 3 millions de visiteurs uniques par mois et plus de 350 millions d'euros de chiffre d'affaires pour 600 salariés. Le concept se développe dans de nombreux autres secteurs (voyages, automobile, etc.).

Exemples de sites : vente-privee.com, achatvip.com, voyage-prive.com

3.2. Les modèles relationnels

3.2.1. Les sites de courtage

Dans le commerce traditionnel, on distingue les commerçants des intermédiaires du commerce (agents, courtiers, mandataires, etc.). De la même façon, le commerce électronique voit foisonner des intermédiaires variés, comme les sites de courtage qui proposent des offres au nom des différentes entreprises qu'ils représentent. On trouve des courtiers dans le domaine des produits financiers, de la billetterie, du tourisme, etc. La vente de tickets et de billets faisant partie du commerce en ligne, les courtiers pèsent assez lourds sur le marché du commerce électronique. De façon plus anecdotique, il existe également des sites du type *name your price*, comme priceline.com, où le client potentiel indique le prix qu'il est prêt à payer (par exemple, un vol entre telle ou telle destination pour 20 $), le site ayant la charge de présenter sa demande aux compagnies aériennes.

Les intermédiaires sont généralement rémunérés par une commission, fixe ou variable selon le montant de la transaction. Les sites de courtage se distinguent des comparateurs de prix (voir section 3.2.2) qui ne représentent pas commercialement des entreprises, mais diffusent des informations comparatives pour aider les clients à faire leurs choix. Les sites de courtage accompagnent le client dans son acte d'achat en ligne, jusqu'à la transaction finale.

Exemples de sites : lastminute.fr, expedia.fr, voyages-sncf.com, meilleurtaux.com

3.2.2. Les infomédiaires

Le terme « infomédiaire » désigne les intermédiaires spécialisés dans la diffusion d'informations aux cyberacheteurs potentiels. À la différence des sites de courtage, les infomédiaires n'accompagnent pas les clients jusqu'à la transaction, mais les aident à mieux choisir. Il faut distinguer les guides et annuaires (qui référencent des sites) des comparateurs (qui référencent des offres de produits/services spécifiques). On peut aussi parler de « métamédiaires », des sites spécialisés dans un univers d'offres comme le déménagement ou le mariage. Les comparateurs sont très utilisés par les internautes (près de 4 millions de visiteurs uniques par mois pour leguide.com, par exemple). De fait, la plupart des sites marchands paient pour être présents sur les guides, annuaires et comparateurs (plus de 2 000 sites marchands et 6 millions de produits comparés sur Yahoo Shopping/Kelkoo). Les comparateurs sont généralement rémunérés en fonction du nombre de clics générés (autour de 0,2 euro par clic envoyé chez le site partenaire), mais certains peuvent aussi être rémunérés en fonction des ventes réalisées.

Le monde des infomédiaires est en ébullition permanente. La tendance de fond est de faire en sorte que les clients puissent faire les choix les plus éclairés possibles : les comparateurs se transforment alors en véritables guides d'achat. Cela suppose de pouvoir comparer le plus grand nombre d'offres (et donc de référencer aussi les sites qui ne paient pas pour être comparés), sur le plus grand nombre de critères (ne pas se limiter à comparer des prix, mais inclure également une notion de qualité). Les sites évoluent donc vers une plus grande sophistication en termes de contenus. Certains intègrent des commentaires rédigés par les internautes, dans la lignée de l'esprit collaboratif (Web 2.0). Les sites tentent également de se différencier les uns des autres. En plus des comparateurs généralistes (comme leguide.com), on assiste à l'émergence de comparateurs plus pointus : comparateurs sectoriels (notamment pour les produits technologiques, les voyages, les cybermarchés, ou la mode/décoration avec Shopoon), comparateurs solidaires (soliland.fr) dont le revenu est versé à des associations caritatives, etc.

Exemples de sites : leguide.com, kelkoo.fr (Yahoo Shopping), ciao.fr, shopping.com et doorone.fr (eBay), soliland.fr, shopoon.com (Redcats)

3.2.3. Les galeries marchandes

Dans le commerce traditionnel, il existe des centres commerciaux et des galeries marchandes. En général, ces équipements commerciaux sont construits par des sociétés foncières (souvent filiales de grands groupes bancaires) ou des grands distributeurs généralistes (comme Auchan, avec sa filiale Immochan). Ces sociétés commercialisent des espaces de vente à des chaînes de grande envergure, à des boutiques plus modestes et à des commerces de proximité (boulangeries, pressing, presse, tabac). Il en va de même sur Internet, où des sites peuvent rassembler des marchands électroniques qui souhaitent accroître leur visibilité et avoir « pignon sur rue » (ici, la rue est un réseau informatique mondial).

Cependant, les galeries marchandes qui ont éclos dans les années 1995-2000 ont finalement échoué – comme la galerie Surf & Buy lancée par IBM en 1997 – pour des raisons essentiellement marketing. En effet, la véritable raison d'être d'un centre commercial est de permettre une mutualisation des infrastructures (un centre commercial peut coûter plusieurs centaines de millions d'euros) et, surtout, d'attirer un trafic massif (plus de 40 000 personnes, chaque samedi, dans un centre commercial régional comme celui de Val d'Europe à côté de Marne-la-Vallée). Or les galeries marchandes qui se sont ouvertes sur le Net n'avaient ni la notoriété ni la surface financière pour créer plus de trafic que les marchands eux-mêmes.

Aujourd'hui, ce modèle d'affaires n'a pas totalement disparu, mais il prend des formes différenciées :

- Espace de vente sur les sites à fort trafic (comme les portails Yahoo ou AOL).
- Regroupement de marques issues d'un même secteur (comme dans le luxe, avec Brandalley).
- Regroupement de marques partageant la même infrastructure (comme le site Achat Facile, qui propose à des marques d'ouvrir des boutiques en 3D).
- Regroupement de commerçants proches géographiquement. Dans ce dernier cas, les galeries réunissent des petits commerçants qui y voient une possibilité attractive de mutualiser leurs frais de structure et de commercialisation (exemple : **http://www.lyon-tic.com/**).
- Espace de vente sur un site marchand (comme eBay, Amazon ou Rue du Commerce).
- Centre commercial « réel » qui peut avoir intérêt à communiquer auprès de ses visiteurs (comme le centre commercial parisien Italie 2, **http://www.italie2.com/**).

Au fond, la question est de savoir si certaines formes du commerce réel sont transposables ou non sur Internet et si oui, comment ? Le modèle d'affaires reste donc à confirmer sur le long terme. Le concept de galerie semble parfois peu éloigné du concept de guide d'achat (la seule vraie différence réside dans le fait que la galerie est organisée par marques/boutiques, alors que le guide est plutôt organisé par types de produits).

Exemples de sites : shopping.aol.fr, brandalley.fr (secteur du luxe), commercants.com (commerçants de Strasbourg), 3fontaines.com (site du centre commercial des Trois Fontaines, près de Cergy-Pontoise)

3.2.4. Les sites de C2C

Autour de l'emblématique eBay, les sites de C2C (*Customer to Customer*) sont devenus un véritable phénomène de société. En 2006, par exemple, plus de 150 millions d'individus se sont rendus sur le site d'eBay, pour une valeur transactionnelle totale de plus de 35 milliards d'euros (soit la moitié du chiffre d'affaires mondial de Carrefour, deuxième distributeur mondial). Chaque jour, le site accueille 3,5 millions de visiteurs. En France, la valeur des transactions réalisées *via* eBay dépasse les 500 millions d'euros, pour

3 millions de visiteurs uniques. Ce modèle d'affaires repose sur un flux de revenus liés à la mise en ligne des produits à la vente (montant fixe et/ou pourcentage de la transaction). Au-delà de ce modèle, le site est désormais utilisé comme canal de vente par les professionnels, à la manière d'une galerie marchande (le site perçoit un abonnement spécifique pour l'hébergement de la boutique). Pour la plupart, il s'agit de petites entreprises, mais certaines réalisent un chiffre d'affaires supérieur à 5 millions d'euros. Le développement d'eBay s'accompagne d'une diversification liée dans les systèmes de paiement (PayPal) et les communications (rachat de Skype). Derrière eBay, d'autres acteurs se pressent pour tirer profit également de cette nouvelle façon d'acheter et de consommer. Néanmoins, l'un des facteurs-clés de succès dans ce modèle d'affaires repose sur le nombre d'objets en vente (et corrélativement le nombre d'acheteurs), ce qui induit une forte concentration du marché et limite naturellement le nombre de concurrents.

Le C2C marchand inclut également les réseaux sociaux comme Myspace, qui peuvent (ou vont) évoluer vers du e-commerce, même si ce n'est pas leur vocation première. Ces sites permettent déjà d'acheter des produits culturels numériques, mais ils ne vont probablement pas s'arrêter là dans les années qui viennent.

Exemples de sites : ebay.fr, priceminister.com, placedesventes.com

3.2.5. Les sites d'achat groupé C2B

Le principe de l'achat groupé consiste à réunir plusieurs acheteurs qui, ensemble, peuvent négocier une remise auprès du fournisseur *via* le site (le site d'achat se rémunère avec une commission sur les ventes). Ce modèle d'affaires est qualifié de C2B (*Customer to Business*), dans le sens où ce sont les clients qui prennent l'initiative de se regrouper. Ce modèle a été lancé en France par Clust en 2000, site qui a gagné le premier prix des Clics d'Or (récompense donnée par des professionnels) et qui, la même année, s'est déclaré en faillite ! La plupart des sites d'achat groupé ont d'ailleurs suivi la même trajectoire. Rares sont les survivants de cette époque, comme Top Achat, racheté par France Telecom en 2006. Ce modèle a été adapté pour le crédit immobilier (obtenir un meilleur taux en négociant à plusieurs), mais sans réel succès. Le problème fondamental de ce modèle d'affaires réside dans la faible capacité de négociation du site vis-à-vis des fournisseurs. Finalement, la remise obtenue du fournisseur ne compense pas la remise consentie aux clients et la commission prise au passage. Par ailleurs, une des bases du modèle repose sur le recrutement de clients par le marketing viral (les clients ont intérêt à mobiliser leur réseau de contacts afin de faire baisser le prix du produit désiré) ; cependant il est très peu probable que vos amis veuillent acquérir le même produit en même temps que vous, ce qui limite fortement la force (théorique) de ce modèle. Celui-ci a peut-être un potentiel auprès des entreprises, mais les expériences sont modestes.

3.2.6. Les sites de troc en ligne

Le troc est historiquement l'une des premières formes d'échange, pratiquée depuis la nuit des temps. Aujourd'hui, il s'inscrit plutôt dans une tendance à la déconsommation (ou à la consommation responsable), qui constitue une forme de résistance à l'emprise de la société de consommation. Ce modèle d'affaires a été adapté sur Internet, mais avec un succès très relatif. Le principal site de troc (troc.com) a d'ailleurs évolué vers un modèle marchand. Les frontières avec le dépôt-vente sont parfois assez floues : le site devient plutôt la vitrine d'un réseau (comme Cash Converters ou Troc de l'Île). Ce modèle a peut-être du potentiel auprès des entreprises (système de *bartering*), mais comme l'achat groupé, les expériences restent modestes.

3.2.7. Les places de marché électroniques

L'expression « place de marché électronique » s'est rapidement imposée pour caractériser des intermédiaires de commerce *entre organisations* : ce sont donc des termes exclusivement réservés aux activités de *B2B*. Cette mise en relation recouvre plusieurs services : identification des fournisseurs par les acheteurs potentiels (bases de données de fournisseurs et catalogues électroniques de produits), consultation d'appels d'offres par des fournisseurs, négociation de prix, gestion des commandes et facturation, mise à disposition d'une infrastructure sécurisée pour les échanges… L'expression de place de marché est assez générique, dans la mesure où il existe différents types de places.

Les différentes formes de places de marché

On distingue les places de marché verticales (qui regroupent des acheteurs d'un même secteur d'activité, comme l'automobile, la chimie ou la distribution de produits de grande consommation) et les places de marché horizontales (qui regroupent un ou des fournisseurs d'un même secteur qui s'adressent à des clients issus d'industries différentes, par exemple pour du matériel de bureau).

Exemple : Elemica est une place de marché de l'industrie chimique. Elle met en relation les différents intervenants de cette industrie comme Dupont De Nemours, BP, Shell, BASF, Bayer MaterialScience, Procter & Gamble, etc., avec des fournisseurs (essentiellement des transporteurs, mais on trouve des prestataires logistiques, des mandataires douaniers, des sous-traitants). Elle offre une palette de prestations de services qui vont de la gestion des appels d'offres à la gestion de la logistique, et au paiement.

Source : elemica.com

On peut également distinguer les places de marché publiques (tout le monde peut y accéder, à condition de s'inscrire et de payer un droit d'entrée) et les places de marché privées (un regroupement de partenaires proches, qui sont naturellement en nombre limité). Par ailleurs, certaines places sont dites *sell-side* (les fournisseurs se connectent sur un site qui référence des acheteurs) et d'autres sont dites *buy-side* (les acheteurs se connectent sur un site qui référence des fournisseurs). Il faut noter que de nombreuses places de marché sont à la fois *sell-side* et *buy-side* (les acheteurs sont mis en relation avec les fournisseurs de façon symétrique).

Exemple : Soluneo est une place de marché horizontale spécialisée dans les services (120 prestataires en 2006, chiffre qui devrait progressivement monter à 450 prestataires). Alibaba est une place de marché qui référence plus de 3 millions d'entreprises, dont près de 30 000 entreprises françaises.

Sources : soluneo.com, alibaba.com

Les places de marché permettent différents types de transactions : simple prise de commande à un prix négocié auparavant (*order fulfillment*), achat classique à un prix donné ou négocié, diffusion et soumission à des appels d'offres (*tendering*), système de *name your price* (l'acheteur annonce le prix auquel il est disposé à acheter et les fournisseurs potentiels se manifestent auprès de lui) qui va jusqu'aux enchères inversées (l'acheteur fixe un prix de départ et les fournisseurs potentiels enchérissent à la baisse). On peut même envisager que plusieurs acheteurs se regroupent pour acheter sur des bases communes (comme la mise en commun des données sur les fournisseurs).

La place de marché électronique se rémunère à partir des droits d'entrée, des commissions fixes (par exemple pour la mise en ligne d'un appel d'offres) et des commissions variables, en fonction des transactions réalisées. Les modèles d'affaires ont fortement évolué en quelques années et la plupart des entreprises survivantes vendent également des prestations intellectuelles et technologiques. La frontière entre le commerce et le conseil est parfois mince.

Exemple : Covisint est un projet très ambitieux de l'industrie automobile qui a fini en simple prestataire technologique après un échec retentissant. Conçue pour être une plateforme mondiale de gestion électronique des approvisionnements, de la chaîne logistique et à terme du client final, elle n'a jamais percé, confrontée à l'existence de multiples autres places de marché concurrentes et à des stratégies des constructeurs automobiles pas toujours très claires à son égard. Devant le très faible volume de transactions et les pertes conséquentes, Covisint a cédé la partie enchères inversées à Freemarkets. Covisint est aujourd'hui une SSII spécialisée dans les transactions électroniques dans le secteur automobile.

Sources : 01net.com, 2006, Howard M., Vidgen R., Powell P., 2006

De fait, les places de marché électroniques avaient soulevé de grands espoirs en 2000/2001, lors de leurs débuts. Gartner, principal cabinet de prévision en *e-business*, avait prédit qu'à l'horizon de 2004 les transactions mondiales réalisées sur ces sites pourraient dépasser 2 500 milliards de dollars (plus de deux fois le PIB de la France).

La transformation progressive des places de marché

Mais aujourd'hui la réalité est bien différente, comme l'exprime Andy Kyte, vice-président… de Gartner : « Les places de marché ont toutes disparu car c'était une idée survendue. La réalité est que les relations entre entreprises sont complexes, à plusieurs niveaux. Or, les places de marché ont tenté de ramener ces relations à des transactions électroniques. [...] Les quelques millions d'euros de chiffre d'affaires réalisés par les rares sociétés qui prétendent encore être des places de marché ne représentent rien par rapport au marché global. »[1]

Les raisons de cet échec sont multiples. Une des raisons essentielles tient au fait que les échanges en *B2B* comportent bien souvent une très forte dimension relationnelle et qu'il est difficile de transformer cette relation en échanges électroniques (pour peu qu'on souhaite le faire, ce qui n'est pas forcément le cas). Les échanges entre entreprises, notamment à l'international, fonctionnent aussi sur des bases de fidélité, de transparence, de

1. Source : *Le Journal du Net, 16 janvier 2006.*

confiance… qui sont difficilement transposables dans les processus électroniques des places de marché (acheter des commodités aux prix le plus bas possible) [Hsiao, 2003].

Une autre raison essentielle tient au fait que les places de marché sont parfois antinomiques avec les politiques d'achat des entreprises qui visent à obtenir des prix d'approvisionnement fixes sur une période donnée et non des prix variables en fonction d'une offre et d'une demande. Enfin, les aspects d'intégration technique et de standards d'échange de données ont été totalement sous-estimés dans ces projets (Howard *et al.*, 2006). Les entreprises souhaitent en effet intégrer directement les catalogues électroniques de leurs fournisseurs dans leur système d'information. Cette intégration est techniquement complexe et nécessite des compétences techniques pointues que de nombreuses places de marché ne possédaient pas (voir chapitre 5).

Il n'en reste pas moins que quelques places de marché fonctionnent encore et se développent, même si elles ne sont pas toutes rentables (par exemple, dix ans après sa création en 1995, le chiffre d'affaires de Verticalnet se situe en dessous de 25 millions de dollars, pour un déficit cumulé de 1,6 milliard). Quelques entreprises se sont même lancées récemment, preuve que les investisseurs y croient encore.

Exemple : CanalCE est une plate-forme de produits et de services qui s'adresse à 2 500 comités d'entreprise et a réalisé un chiffre d'affaires de 15 millions d'euros en 2006. Elle fonctionne soit sur le modèle de l'achat/revente (marge commerciale prélevée sur les ventes), soit sur le modèle de l'intermédiation (commission prélevée sur les ventes). La société propose environ 50 000 offres, « de l'assistance juridique à l'organisation d'événements pour les CE, en passant par les chèques-cadeaux et les voyages pour les salariés ». La société a trois agences physiques à partir desquelles elle démarche les CE avec une force de vente. Elle vise également les TPE, qui n'ont pas d'obligation d'avoir de comité d'entreprise.

Source : d'après Le Journal du Net, 2007

Avec quelques années de recul, on constate que les places de marché électroniques s'inscrivent dans un mouvement plus général de *e-sourcing*, qui consiste à utiliser les nouvelles technologies de l'information pour identifier les fournisseurs, gérer les appels d'offres, négocier afin d'abaisser le coût des achats.

Les applications de *sourcing* permettent de gérer les catégories d'achat, de standardiser et de préparer les demandes de devis (*Requests For Quotation*, RFQ) et les appels d'offres (*bids*), de gérer la base de fournisseurs, de prendre en charge le *workflow* (du brouillon de demande jusqu'au contrat final), de partager un espace de travail avec les fournisseurs et d'échanger des informations, de suivre les achats dans le temps, etc. Ces applications de *sourcing* s'adressent aux professionnels des achats, y compris des achats de production.

En prolongement du *e-sourcing*, on trouve la démarche de *e-procurement*, qui vise à réduire les coûts administratifs liés aux achats (essentiellement pour les achats hors production, comme l'informatique, les fournitures de bureau, les consommables, la formation, etc.). Cette démarche s'appuie sur des solutions applicatives qui permettent aux grandes entreprises de créer des catalogues sur mesure incluant leurs fournisseurs, puis de donner à leurs collaborateurs (parfois plusieurs milliers) un accès à ces catalogues afin qu'ils puissent les consulter, passer commande en ligne, obtenir les autorisations d'achat et, éventuellement, payer en ligne. Les systèmes comptables sont liés à ces applications *via* les applications ERP (*Enterprise Resource Planning*).

Exemple : 123industries permet la diffusion et la consultation d'appels d'offres dans le domaine industriel (métal, plasturgie, électricité et électronique, emballage, transport et logistique), appels d'offres qui peuvent venir du secteur privé ou du secteur public. Le site permet également la recherche de fournisseurs nationaux ou régionaux. Il propose la diffusion de communiqués de presse, ainsi que des offres d'emploi. Les informations sont disponibles sur le site, mais sont également diffusées par newsletter sectorielle. Le site organise également des journées de rencontres avec les fournisseurs, édite des guides sur les achats industriels et réalise des observatoires professionnels (observatoire de la machine-outil, par exemple).

Source : 123industries.com

Face à ces échecs et au développement du *e-sourcing*, on constate que les modèles d'affaires des places de marché électroniques ont évolué d'un côté vers le référencement (plus ou moins sophistiqué) de fournisseurs et de l'autre vers la vente de prestations intellectuelles (conseil) et technologiques (applications). Au sein de ce marché, on distingue plusieurs types d'activités :

- Les *annuaires, guides d'achat et comparateurs* qui aident les acheteurs à s'orienter et à choisir les meilleures prestations. Certains guides s'adressent plutôt à des structures de petite taille, alors que d'autres concernent également les grands comptes, comme Bobex (*Buyers Online Business Exchange*). La plupart sont généralistes, mais d'autres tentent une spécialisation sectorielle pour se différencier. L'un des facteurs-clés de succès de ce modèle réside dans la taille critique en nombre de fournisseurs et d'offres référencés… tout en étant sélectif sur la qualité des fournisseurs. Il s'agit également d'apporter un conseil et de guider l'acheteur potentiel, et pas simplement de lister les fournisseurs et leurs offres. Comme le précise Laurent Horwitz, PDG de Companeo : « L'intervention humaine est importante au niveau du centre d'appels, pour qualifier et orienter les demandes. Dans le *B2B*, le tout automatique ne fonctionne pas. Nous avons également su maîtriser le nombre de nos fournisseurs, tout cela explique que nous soyons toujours vivants. »

Exemple : Companeo est un service qui permet de sélectionner les meilleurs fournisseurs. Les chefs de marché agréent des fournisseurs (plus de 1 500 à ce jour) sur la base de critères de qualité et de réactivité. En 2006, le site a été utilisé par près de 200 000 entreprises (TPE, PME, CE, collectivités locales, associations, etc.), pour environ 450 000 demandes. Concrètement, l'acheteur émet une demande qui est ensuite validée par Companeo afin d'étudier son adéquation avec les fournisseurs choisis. Une fois la demande validée, les fournisseurs peuvent répondre aux demandes des acheteurs (sous 48 heures), et si le devis est accepté par l'acheteur, ils réalisent la transaction. La transaction est gratuite pour les acheteurs car le site se rémunère exclusivement auprès des fournisseurs. En plus de la mise en relation, Companeo offre des conseils d'achat par type de produits/services, met en avant les nouveautés et les promotions, et prodigue des conseils gratuits et personnalisés par téléphone.

Le site négocie également des promotions dont peuvent bénéficier les entreprises, à tarif négocié. Il édite un catalogue papier et plusieurs newsletters. Leader européen, Companeo est présent dans quatre pays (Belgique, France, Pays-Bas et Royaume-Uni), mais d'autres projets d'internationalisation sont à l'étude.

Source : companeo.fr

- Les *catalogues électroniques* et la synchronisation de données, avec des acteurs comme Agentrics, qui référence plus de 100 000 industriels auprès de 50 grands distributeurs dans le monde (Ahold, Auchan, Best Buy, Carrefour, Marks & Spencer, Metro, Tesco, Sears, etc.).
- Les *applications complètes de e-sourcing* avec des acteurs comme Verticalnet. Les plus gros vendent à la fois du contenu (les offres produits/services), des applications informatiques et les services qui vont avec (Ariba, Frictionless Commerce, Procuri, etc.).
- Les *applications de e-procurement* dont l'un des leaders est cc-hubwoo (avec des actionnaires de référence comme SAP, l'éditeur d'applications ERP, ou les Banques populaires).

Exemple : Les solutions développées par cc-hubwoo facilitent la mise en œuvre des politiques d'achat hors production des entreprises. Comme le précise le site de la société : « Nos services aident nos clients dans la sélection de leurs fournisseurs, la mise en place de leurs contrats-cadres et la définition des principales procédures et pratiques. Les coûts opérationnels sont significativement réduits grâce à la diminution spectaculaire des procédures "papier". Les transactions électroniques automatisées, la dématérialisation des factures et l'acuité du reporting sont autant de facteurs d'amélioration de la transparence des transactions, de l'application rapide et de la systématisation des politiques d'achat. » Avec plus de 13 000 fournisseurs connectés, cc-hubwoo gère l'une des plus grandes communautés *B2B* au monde (à l'issue de plusieurs opérations de croissance externe). Les applications de cc-hubwoo sont utilisées par plus de 60 000 collaborateurs dans 70 entreprises. Le chiffre d'affaires s'élève à 32 millions d'euros en 2006, pour un volume de transactions supérieur à 5 milliards d'euros.

Source : cc-hubwoo.com

- Les *prestations de conseil proposées aux vendeurs* pour être présents sur les places de marché C2C. PriceMinister ou eBay deviennent aujourd'hui des places de marché importantes pour les entreprises, avec des prestataires spécialisés qui les aident à monter des boutiques en ligne et qui proposent des solutions de gestion, de marketing (*tracking* des visiteurs et des clients), etc., comme Neteven ou Commerceo. Ces acteurs se rémunèrent en partie comme des commerçants, sur la base d'une commission liée aux ventes (c'est ce qui les distingue des SSII classiques). Pour l'entreprise cliente, l'intérêt d'une telle prestation consiste à gérer les activités qu'elle réalise sur de multiples sites (eBay, PriceMinister, Amazon, etc.) à partir d'un guichet unique.

Exemples de sites : agentrics.com (place de marché verticale et SSII), verticalnet.com (SSII), 123industries.com (site diffusant des appels d'offres), cc-hubwoo.com (*e-procurement*), companeo.fr (place de marché généraliste), bobex.fr (place de marché et SSII)

Au terme de cette présentation de la variété des formes de commerce électronique, il convient désormais de comprendre l'intérêt pour les acteurs économiques, entreprises et consommateurs, d'une telle forme de relation commerciale.

4. L'adoption du commerce électronique par les entreprises et les consommateurs

De nombreux utilisateurs d'Internet sont également des cyberconsommateurs. En France, on estime que 66 % des internautes sont des acheteurs en ligne. Il y a donc une partie des internautes qui n'utilisent pas le commerce électronique pour effectuer des achats. Il convient alors de comprendre les motivations des utilisateurs et des non-utilisateurs, afin de mieux appréhender les raisons de l'adoption du canal de distribution électronique. Il apparaît en effet que les raisons de la non-adoption ne sont pas le symétrique négatif des raisons expliquant l'utilisation du canal électronique.

De la même façon que tous les internautes n'achètent pas en ligne, tous les distributeurs traditionnels n'ouvrent pas un site marchand. Il en va de même pour les industriels. La FEVAD (Fédération du e-commerce et de la vente à distance) estime qu'il existe environ 11 000 sites actifs en France, sur plusieurs centaines de milliers d'entreprises ! Toutes formes de commerce électronique confondues, on estime qu'environ 15 % des entreprises de plus de dix salariés vendent en ligne, mais ce chiffre s'élève à 23 % pour les entreprises de plus de 250 salariés (MINEFI, 2007).

4.1. L'adoption du commerce électronique par les consommateurs

Si le volume des achats sur Internet ne représente encore qu'une faible partie du commerce de détail, il n'en demeure pas moins qu'un nombre croissant de consommateurs se tournent vers ce canal pour effectuer leurs achats. Ainsi au troisième trimestre 2007, on estime le nombre d'acheteurs en ligne à 19,5 millions de personnes en France, soit environ 66 % des internautes (voir chapitre 4)[1].

4.1.1. Les motifs d'adoption du canal électronique

L'adoption du canal électronique par les consommateurs a fait l'objet d'un grand nombre de recherches académiques et empiriques. Il se dégage de cet ensemble de recherches plusieurs raisons essentielles qui motivent l'utilisation d'un site marchand par un consommateur (To, Liao, Lin, 2007).

1. Source : Médiamétrie, *Le Journal du Net* (**http://www.journaldunet.com/cc/04_ecommerce/ecom_cyberconso_fr.shtml**).

La praticité

Il s'agit de la principale raison avancée par les consommateurs effectuant des achats en ligne. La praticité provient de la disponibilité en termes de plages horaires d'ouverture (24 h/24 h), en termes de gain de temps (pas de déplacement), en termes de choix de produits et de possibilité de comparaison (Rohm, Swaminathan, 2004).

Le choix

La possibilité de comparer différents produits entre eux sur le site marchand ou de comparer l'offre de plusieurs sites marchands sur un comparateur de prix augmente la quantité d'informations disponibles avant la décision d'achat. Le passage d'un site à un autre est fortement facilité par l'interface numérique, contrairement à un processus de comparaison en magasin, très consommateur de temps pour l'acheteur. Autre aspect du choix, c'est la possibilité de trouver des produits introuvables en magasin. Ceci renforce le fait que sur Internet il est possible de présenter un bien plus grand nombre d'articles qu'en magasin.

Les économies

Outre les économies de temps que l'achat en ligne permet, Internet est perçu par le consommateur comme un espace commercial dans lequel les prix sont plus bas que dans le commerce physique. Internet est souvent considéré comme un marché parfait, du fait d'une large circulation de l'information imposant aux distributeurs en ligne d'ajuster constamment leurs prix pour maintenir un avantage concurrentiel. Cette perception est accentuée par l'existence d'un nombre croissant de comparateurs de prix en ligne (*pricebot*) qui facilitent la recherche du « meilleur prix » et réduisent considérablement le coût de cette recherche pour le consommateur. Cette perception des consommateurs est confirmée par quelques recherches sur certaines catégories de produits, comme les CD musicaux (Lee, Lee, Kim, Lee, 2003).

L'information disponible sur les produits

Les sites marchands fournissent un ensemble d'informations sur leurs produits, comme les spécifications techniques. Ces informations structurées par des fiches-produits (voir chapitre 5) sont souvent enrichies par des appréciations portées par le site marchand ou par les consommateurs eux-mêmes (voir chapitre 6).

4.1.2. Les motifs de non-adoption, ou les freins au commerce électronique

Internet et plus particulièrement l'achat en ligne présentent pour nombre de consommateurs un risque perçu qui inhibe leur intention d'achat (Pavlou, 2003). Les enquêtes et recherches sur les raisons de la non-utilisation d'Internet pour effectuer des achats mettent en évidence quatre arguments majeurs.

La dématérialisation de l'interaction avec le produit

L'absence de possibilité d'interaction avec l'objet acheté constitue le premier frein à l'utilisation du commerce électronique. Nombreux sont encore les consommateurs qui souhaitent appréhender *de visu* le produit, le manipuler avant l'achat. Ceci est d'autant plus vrai que le produit constitue un achat impliquant.

L'absence de confiance dans le paiement en ligne

Cet obstacle au développement du commerce électronique, bien qu'en diminution, constitue toujours une raison majeure au refus d'effectuer un achat sur un site marchand (Forsythe, Shi, 2003). Les problèmes de piratage des données de carte bancaire effraient certains consommateurs. Les efforts pour améliorer la sécurité des transactions en ligne (voir chapitre 4) ne semblent encore pas suffisants aux yeux d'une catégorie de consommateurs. La possibilité de payer à réception de la marchandise est peu utilisée par les sites marchands et peu mise en avant par les sites qui proposent cette modalité de paiement.

La divulgation de données personnelles en ligne

Effectuer un achat en ligne oblige le consommateur à fournir des informations nécessaires au traitement et à la livraison de sa commande. Les sites collectent donc des informations personnelles relatives à la personne mais également des données comportementales liées à la navigation (voir chapitre 7). Malgré l'existence de charte de respect de la vie privée ou de cadre législatif concernant l'utilisation des données privées, nombre de consommateurs ne souhaitent pas communiquer ces informations et doutent de l'usage qui en est fait par les sites (Eastlick, Lotz, Warrington, 2006).

Le service après-vente et le retour des produits

Bien qu'étant encadrée par les obligations liées à la vente à distance, la vente par Internet comporte un risque lié à la gestion des retours de produits en cas d'insatisfaction du client. Certains consommateurs craignent un manque de fiabilité dans la gestion des processus de retour de produits défectueux ou insatisfaisants. Comment s'effectuera le traitement d'un litige en cas de produit défectueux ? Comment s'organisera le retour de celui-ci ? Qui prendra en charge les frais de retour ? Est-ce qu'un service après-vente existe réellement chez un marchand en ligne ? Ces interrogations sont suffisamment fortes chez certains consommateurs pour les dissuader d'effectuer un achat en ligne. Avec le développement des achats en ligne, la livraison elle-même devient un obstacle à l'achat en ligne. Sans prise de rendez-vous, la livraison peut être compliquée et contraindre fortement le client en termes de temps, et conduire à un fort mécontentement qui aboutira à un abandon du canal électronique.

Tous ces motifs doivent inciter les sites marchands à intégrer ces préoccupations dès la phase de conception de leurs processus opérationnels, afin d'attirer un maximum de futurs clients. Il convient désormais d'examiner les raisons qui poussent des entreprises à adopter cette forme de distribution.

4.2. Le cas des entreprises

La question de l'adoption se pose différemment selon qu'on a affaire à une entreprise de distribution, une entreprise industrielle, ou une entreprise sur un marché de niche ou de proximité.

4.2.1. Le cas des distributeurs

S'il est vrai que la quasi-totalité des distributeurs par catalogue (les « VADistes ») a sauté le pas, en revanche, nombreux sont les distributeurs physiques, même les plus grands, qui n'ont pas de site marchand (mai 2008). C'est notamment le cas de Champion, dans la distribution à dominante alimentaire (même si des projets sont en cours), ou de

Decathlon dans la distribution spécialisée (qui avait un site marchand, et l'a fermé en 2003). De nombreux autres distributeurs se sont lancés tardivement dans le commerce électronique (Intermarché, Micromania, Pier Import, etc.).

Le fait de ne pas vendre en ligne est assez surprenant pour une entreprise dont le cœur de métier est précisément la vente. Les raisons pour lesquelles certains distributeurs sont encore réticents vis-à-vis du e-commerce sont notamment :

- Le manque de compétences (réelles ou perçues) en matière de commerce électronique.
- La faible affinité entre leur cible et la cible des internautes.
- Le risque perçu de dégrader la performance du réseau de magasins.
- La complexité organisationnelle et la « faiblesse » du centre (dans le cas de réseaux constitués de magasins indépendants). La tête de réseau ne souhaite pas ouvrir un site de peur de perturber son organisation commerciale et les relations avec ses adhérents.
- Le risque de conflit avec les magasins (dans le cas de réseaux en franchise).

À terme, il est probable que tous les grands distributeurs auront un site marchand. Mais la question restera ouverte pour les petits distributeurs, qui seront probablement amenés à mutualiser leurs efforts (présence sur des galeries marchandes, etc.). Par ailleurs, il faut noter que de nombreux distributeurs mettent seulement une partie de leur assortiment en ligne, à l'instar de Leclerc qui ne vend que des voyages, des bijoux, de la musique, du développement photo et de la billetterie.

4.2.2. Le cas des industriels en *B2B2C*

De nombreux industriels s'adressent directement à leurs clients, notamment dans le commerce entre entreprises. Il existe plusieurs configurations :

- L'industriel s'adresse directement à un acheteur final qui achète pour son compte personnel (c'est le cas quand un particulier va acheter un ordinateur sur la boutique en ligne de HP France ou un voyage sur le site du Club Med).
- L'industriel s'adresse à un acheteur unique qui achète pour le compte de son entreprise, comme c'est souvent le cas pour les TPE ou les petites PME (cette situation n'est finalement pas très différente de la situation précédente, à l'exception éventuelle du processus de paiement de la transaction).
- L'industriel négocie un accord-cadre avec les acheteurs du client, puis les collaborateurs de ce dernier (qui peuvent être plusieurs milliers) accèdent uniquement aux offres négociées auprès du fournisseur sur un catalogue électronique ou sur un espace Web dédié ; dans ce cas, ils ne peuvent qu'acheter les produits négociés aux prix fixés (*e-procurement*).

Les motivations pour vendre en direct sont nombreuses, comme :

- La possibilité de conserver la marge qui aurait été laissée au revendeur (ou la commission qui aurait été versée).
- La volonté de pouvoir présenter à sa guise la totalité de sa gamme sans être contraint par les distributeurs.

- La possibilité de présenter l'offre dans un univers bien spécifique et totalement maîtrisé par la marque.
- L'opportunité de nouer un contact direct avec ses clients et de construire une relation durable.
- La possibilité d'autoriser des montées en gamme et des offres croisées avec les produits de l'entreprise, etc.
- La possibilité d'offrir des produits sur mesure configurés par le client au travers de l'interface Web.

Cependant, si la vente directe semble présenter de nombreux avantages, son coût ne doit pas être sous-estimé (concevoir et développer le site, attirer le trafic, facturer et livrer chaque client, etc.). Par ailleurs, la vente directe n'est pas toujours envisageable, si l'industriel n'a pas une marque forte ou une base de clients disposés à acheter en ligne (dans ce cas, les dépenses pour créer du trafic ou rassurer le client peuvent être très élevées), ou si ses distributeurs habituels se révoltent et menacent de se passer de lui.

Exemple : L'entreprise Levi's, célèbre fabricant américain de jeans, s'est lancée dans la vente directe par Internet en novembre 1998, alors même que son modèle de distribution était fondé sur un réseau de distributeurs exclusifs. Ceux-ci sont entrés en conflit avec Levi's. Face à ce mécontentement, Levi's a dès 1999 repensé son site Web en arrêtant la vente directe et en renvoyant l'internaute vers les magasins.

Source : networkworld.com, 2001

De fait, malgré l'arrivée d'Internet, la vente directe par les industriels reste finalement assez marginale, même si les premiers « experts » du Web pensaient qu'elle allait se généraliser (on fait ici référence aux prophéties euphoriques sur la « désintermédiation » avancées entre 1997 et 2000). Dix ans après les premiers essais de vente directe, moins de 5 % du chiffre d'affaires des industriels français est réalisé *via* Internet (MINEFI, 2007). Dell, qui a été LE modèle de vente exclusivement directe, développe les canaux traditionnels en magasins depuis 2007. Si la désintermédiation massive n'a pas eu lieu, en revanche, le commerce électronique a donné naissance à de nouveaux types d'intermédiaires.

4.2.3. Le cas des industriels en *B2B*

Nombreux sont les industriels qui ne vendent pas *via* Internet à un grand nombre de clients finaux, mais qui réalisent néanmoins des échanges électroniques avec une cible réduite d'intermédiaires (parfois une poignée) de clients industriels, grossistes ou grands distributeurs. Ces transactions électroniques sont antérieures à l'arrivée des technologies Internet. Techniquement, ces échanges électroniques prennent la forme de messages EDI ou Web-EDI (voir chapitre 4) pour les PME, car ce dernier système est moins coûteux pour les petites structures.

Près de 10 % des entreprises de plus de dix salariés vendent *via* l'EDI, mais ce chiffre s'élève à 33 % pour les entreprises de plus de 250 salariés (MINEFI, 2007). Les ventes par EDI se montent à environ quatre fois les ventes par Internet. Néanmoins, d'après la même source, les ventes réalisées par EDI stagnent depuis plusieurs années, et « l'évolution pourrait s'accélérer du fait du basculement vers le Web-EDI d'un certain nombre de transactions déjà existantes ».

De telles configurations d'échanges sont dénommées « systèmes d'information interorganisations » (SIIO). Elles impliquent des contacts récurrents entre acteurs économiques, ce qui est le cas dans les chaînes d'approvisionnement. On se trouve toutefois à la frontière de la notion de commerce, car il s'agit plutôt d'une collaboration entre partenaires dans une chaîne logistique qui doit être optimisée pour éviter les ruptures, diminuer les stocks, etc. On parle de gestion partagée des approvisionnements (GPA) ou encore de Collaborative Planning Forecasting & Replenishment (CPFR) lorsque cette collaboration dépasse l'échange d'informations sur les stocks et englobe un partage d'informations sur les prévisions de production, de ventes, les actions marketing.

Dans les industries agroalimentaires, plus de 35 % du CA est réalisé par la voie de l'EDI, loin devant les autres industries, comme les biens de consommation avec 24 % (MINEFI, 2007). Dans la plupart des cas, ces industriels ont été fortement incités – voire contraints – par leurs clients (grands distributeurs, notamment) à basculer vers ces systèmes, pour pouvoir tout simplement continuer à travailler avec eux. Ces échanges électroniques permettent cependant de réduire les délais et de diminuer le coût de gestion des transactions (saisie, contrôle, etc.), en apportant une grande fiabilité à l'ensemble des opérations. Dans ce contexte, le commerce électronique *via* l'EDI est une source de productivité importante, normalement pour les deux parties.

Résumé

Apparu à la fin des années 1990 sur Internet, le commerce électronique constitue désormais un canal de vente en forte progression dans les pays occidentaux. Malgré cette croissance, ce canal reste encore marginal par rapport au commerce de détail (moins de 4 %). Cette progression masque des réalités très variables selon les secteurs économiques (important développement dans le tourisme, faible développement dans l'agroalimentaire). Plus généralement, le développement du commerce électronique nécessite que plusieurs facteurs favorables à son essor soient rassemblés : un environnement technologique proposant des outils informatiques qui facilitent l'usage d'Internet en général, des infrastructures publiques fiables, un taux d'équipement des ménages en informatique élevé, des services financiers adaptés au commerce électronique et un environnement juridique facilitant l'achat en ligne. Mais il est nécessaire de bien préciser ce que l'expression « commerce électronique » signifie. En effet, les utilisations d'Internet sont nombreuses et les confusions le sont aussi entre *e-business* et *e-commerce*. Plusieurs typologies permettent de mieux comprendre les différentes formes d'utilisation d'Internet dans le cadre d'une activité économique marchande ou non. Enfin, il est important de comprendre les différents modèles d'affaires possibles dans le cadre du commerce électronique. L'analyse des différentes variantes met en évidence l'existence de deux grandes catégories de modèles d'affaires en ligne : les modèles transactionnels et les modèles relationnels.

Bibliographie

Akhter S.H. (2003), « Digital divide and purchase intention: Why demographic psychology matters », *Journal of Economic Psychology*, vol. 24, n° 3, juin, pp. 321-327.

Chang M.K., Cheung W. et Lai V.S. (2005), « Literature derived reference models for the adoption of online shopping », *Information Management*, vol. 42, n° 4, mai, pp. 543-559.

Cho S.E. (2006), « Factors affecting customer needs of geographical accessibility in electronic commerce », *Electronic Commerce Research and Applications*, vol. 5, n° 2, été, pp. 131-139.

Dayan M. et Heitzmann R. (2007), « Tableau de bord des TIC et du commerce électronique », ministère de l'Économie, des Finances et de l'Emploi (MINEFI), disponible en ligne sur **http://www.telecom.gouv.fr/fonds_documentaire/men/tbce0607.pdf**.

Eastlick M.A., Lotz S.L. et Warrington P. (2006), « Understanding online B-to-C relationships: An integrated model of privacy concerns, trust, and commitment », *Journal of Business Research*, vol. 59, n° 8, août, pp. 877-886.

Forsythe S.M. et Shi B. (2003), « Consumer patronage and risk perceptions in Internet shopping », *Journal of Business Research*, vol. 56, pp. 867-875.

Ho S-C., Kauffman R.J. et Liang T.P. (2007), « A growth theory perspective on *B2C* e-commerce growth in Europe: An exploratory study », *Electronic Commerce Research and Applications*, vol. 6, n° 3, automne, pp. 237-259.

Howard M., Vidgen R. et Powell P. (2006), « Automotive e-hubs: Exploring motivations and barriers to collaboration and interaction », *Strategic Information Systems*, vol. 15, pp. 51-75.

Hsiu-Fen Lin (2007), « Predicting consumer intentions to shop online: An empirical test of competing theories », *Electronic Commerce Research and Applications*, vol. 6, n° 4, hiver, pp. 433-442.

Keen C., Wetzels M., de Ruyter K. et Feinberg R. (2004), « E-tailers versus retailers: Which factors determine consumer preferences », *Journal of Business Research*, vol. 57, n° 7, juillet, pp. 685-695.

Lam L.W. et Harrison-Walker L.J. (2003), « Toward an objective-based typology of e-business models », *Business Horizons*, vol. 46, n° 6, novembre-décembre, pp. 17-26.

Lancastre A. et Lages L.P. (2006), « The relationship between buyer and a B2B e-marketplace: Cooperation determinants in an electronic market context », *Industrial Marketing Management*, vol. 35, n° 6, pp. 774-789.

Lee H.G., Lee S.G., Kim H.Y. et Lee R.H. (2003), « Is the internet making retail transactions more efficient? Comparison of online and offline CD retail markets », *Electronic Commerce Research and Applications*, vol. 2, n° 3, automne, pp. 266-277.

Lee K.S. et Tan S.J. (2003), « E-retailing versus physical retailing: A theoretical model and empirical test of consumer choice », *Journal of Business Research*, vol. 56, n° 11, novembre, pp. 877-885.

Lee B.C.Y. (2007), « Consumer attitude toward virtual stores and its correlates », *Journal of Retailing and Consumer Services*, vol. 14, n° 3, mai, pp. 182-191.

Liu X. et Wei K.K. (2003), « An empirical study of product differences in consumers : E-commerce adoption behavior », *Electronic Commerce Research and Applications*, vol. 2, n° 3, automne, pp. 229-239.

Moe W. et Fader P.S. (2004), « Dynamic conversion behaviour at e-commerce sites », *Management Science*, vol. 50, n° 3, pp. 326-335.

Pavlou P.A. (2003), « Consumer intentions to adopt electronic commerce – incorporating trust and risk in the technology acceptance model », *International Journal of Electronic Commerce*, vol. 7, n° 3, p. 101.

Rohm A.J. et Swaminathan V. (2004), « A typology of online shoppers based on shopping motives », *Journal of Business Research*, vol. 57, pp. 748-757.

Soopramanien D.G.R. et Robertson A. (2007), « Adoption and usage of online shopping: An empirical analysis of the characteristics of buyers browsers and non-internet shoppers », *Journal of Retailing and Consumer Services*, vol. 14, n° 1, janvier, pp. 73-82.

To P.L., Liao C. et Lin T-H. (2007), « Shopping motivations on Internet: A study based on utilitarian and hedonic value », *Technovation*, vol. 27, n° 12, décembre, pp. 774-787.

Sites Internet à consulter

http://www.acsel.asso.fr/

http://www.census.gov/eos/www/ebusiness614.htm

http://digitalenterprise.org/models/models.html

http://www.droit-tic.com/

http://www.ebg.net/librairie/2007/09/internet-marketing.php

http://www.fevad.com

http://www.foruminternet.org/

http://www.industrie.gouv.fr/sessi/tableau_bord/tic/tic.html

http://www.industrie.gouv.fr/sessi/themes/8_tic.htm

http://www.journaldunet.com

Activités

Questions de révision

1. Quels sont les facteurs qui favorisent le développement du commerce électronique dans un pays donné ?
2. Quels sont les avantages pour un industriel de vendre en direct par Internet ?
3. Quelles sont les raisons qui expliquent que certains distributeurs ne souhaitent pas développer leurs ventes en ligne ?
4. Pourquoi certains consommateurs n'utilisent-ils pas Internet pour effectuer leurs achats ?
5. Donnez un exemple de site reposant sur le modèle transactionnel. Justifiez votre réponse.
6. À quel type de modèle peut-on rattacher un site Internet comme kelkoo.fr ?
7. Pourquoi les sites d'achat groupé n'ont-ils pas rencontré le succès escompté ?
8. Qu'est-ce qu'une place de marché verticale ?
9. Donnez un exemple d'une place de marché horizontale.

Exercice de synthèse

Visitez le site **http://www.ebay.fr**. À quel modèle d'affaires se rattache ce site ? Ce site se limite-t-il aux seules transactions entre particuliers ? Qu'en concluez-vous par rapport à la précédente question ? Décrivez les différentes sources de revenus d'eBay. Qu'en concluez-vous quant aux sources de revenus des sites de commerce électronique ?

Questions à débattre

1. En quoi les infrastructures publiques d'un pays contribuent-elles au développement du commerce électronique ?
2. Pourquoi le commerce électronique ne s'est-il pas développé aussi vite que les prévisions des années 2000 l'annonçaient ?
3. Pourquoi existe-t-il des différences très fortes entre industries dans l'utilisation du commerce électronique ?
4. Quelles sont selon vous les raisons qui expliquent la quasi-disparition des places de marché électroniques ?
5. Pourquoi certaines industries n'envisagent-elles pas de développer le commerce électronique ?
6. Est-il pertinent pour une petite entreprise s'adressant à un marché strictement local de développer un site marchand ?

Chapitre 2

Élaboration d'une stratégie de commerce électronique

Objectifs pédagogiques

- Connaître les principales étapes pour élaborer une stratégie de commerce électronique
- Savoir analyser le contexte stratégique puis diagnostiquer les ressources et compétences dont dispose l'entreprise, relativement aux opportunités identifiées
- Comprendre les enjeux associés à la définition d'une stratégie en termes de mission, de position dans un réseau de valeur et de domaines d'activité stratégique
- Savoir repérer les facteurs-clés de succès d'une activité de commerce en ligne, puis identifier les avantages compétitifs à mettre en avant auprès des clients
- Connaître la diversité des modèles de revenus
- Comprendre les enjeux de l'externalisation des activités de la chaîne de valeur
- Savoir définir et positionner stratégiquement une offre
- Comprendre les enjeux associés à la révision de la stratégie

EasyJet : la distribution des billets aériens par Internet, un avantage concurrentiel ?

EasyJet est une compagnie aérienne européenne *low cost* créée en 1995. L'ensemble des opérations a été pensé de telle sorte que les coûts soient réduits au maximum. La croissance de la société est fulgurante : le nombre de passagers transportés est ainsi passé de 30 000 en 1995 à 37,2 millions en 2007. Le chiffre d'affaires a connu une évolution en parallèle : de 77 millions de livres en 1995 à 1,797 milliard de livres en 2007. La société a toujours été profitable. En 2007, EasyJet a réalisé un bénéfice de 202 millions de livres. EasyJet est ainsi devenue la deuxième compagnie aérienne en France et la quatrième compagnie en Europe.

Sur le marché du transport aérien, il existe quatre positionnements stratégiques : les compagnies *majors*, les compagnies régionales, les compagnies *charter*, et les compagnies *low cost*. Le *low cost* représente 38 % du marché nord-américain, 16 % du marché européen, 17 % du marché indien et 4 % du marché asiatique en 2005.

L'analyse des coûts d'une compagnie aérienne met en évidence que les coûts fixes d'un vol représentent 60 % du coût total. Les différences de coûts d'exploitation entre une compagnie *low cost* et une *major* sont en moyenne de 46 %, et de 56 % avec une compagnie régionale. La décomposition des coûts moyens montre que les frais de personnel représentent 20 % du coût d'un vol, les frais de marketing et de distribution, 8 %, les produits à bord, 6 %, les frais généraux et les frais administratifs, 6 %. ☞

Le concept d'un « modèle de service simplifié » d'EasyJet se reflète dans sa volonté d'éliminer les services non indispensables, complexes et coûteux à gérer, tels que l'attribution des sièges, les vols en correspondance ou le fret. EasyJet est basée dans les principaux aéroports d'Europe et dans des aéroports secondaires (aux coûts d'atterrissage plus faibles), mais gagne en efficacité par ses temps d'escale réduits et ses accords progressifs avec les aéroports sur les taxes d'atterrissage. La suppression des repas gratuits à bord réduit les coûts et le temps de rotation de chaque appareil au sol. En diminuant les temps d'escale à 30 minutes, EasyJet effectue des rotations supplémentaires sur les destinations très fréquentées, optimisant ainsi le taux d'utilisation des appareils.

La distribution des billets d'avion passe par l'intermédiaire des GDS (*Global Distribution Systems*), au nombre de six au niveau mondial : Amadeus, Sabre, Galileo, Worldspan, Navitaire, Travel Technology Interactive. Les compagnies publient leur offre de sièges dans les GDS auxquels s'abonnent les agences de voyages. La vente de billets s'effectue traditionnellement par le réseau des agences de voyages qui représentent entre 40 et 70 % des ventes en 2004 selon les compagnies.

EasyJet a été l'une des premières compagnies aériennes à saisir l'opportunité d'Internet, en vendant les sièges à bord de ses vols pour la première fois en ligne, en avril 1998. L'offre de sièges d'EasyJet n'est pas disponible dans les GDS. Désormais, ce sont près de 98 % de tous les sièges à bord qui se vendent sur le Net (contre moins de 20 % pour Air France, par exemple), faisant ainsi d'EasyJet l'un des plus importants acteurs européens du commerce électronique.

Les clients réservant en ligne bénéficient d'une remise de 11 euros sur chacun des vols aller-retour. EasyJet a été la première compagnie à lancer le concept de remise pour ses clients Internet, en s'assurant que les vols les moins chers sont toujours disponibles en ligne. La recherche en ligne des vols permet aux clients de connaître non seulement les tarifs pour une date précise, mais également les vols les moins chers sur une période de deux semaines.

EasyJet a été la première compagnie aérienne *low cost* à offrir à ses passagers la possibilité de consulter leurs réservations en ligne, modifier leurs vols et changer le nom des passagers en ligne contre des frais de transfert réduits, et de demander un e-mail de confirmation. Elle a été la première compagnie aérienne *low cost* à proposer l'enregistrement en ligne, permettant à ses passagers d'imprimer leur carte d'embarquement avant de se rendre à l'aéroport, leur évitant ainsi les files d'attente aux guichets d'enregistrement. En ajoutant l'option Embarquement Express pendant la procédure de réservation en ligne, les passagers peuvent être parmi les premiers à embarquer.

Le billet électronique est obligatoire depuis le 1er juin 2008 dans le monde entier pour toutes les compagnies aériennes (fin décembre 2007, 86,6 % des ventes de billets Air France concernaient des billets électroniques, par exemple). L'agence internationale du transport aérien (IATA) veut aller plus loin que la simple dématérialisation du billet d'avion, qui devrait permettre aux compagnies aériennes de réaliser des économies substantielles, de l'ordre de 3 milliards de dollars. L'IATA prône également la dématérialisation des cartes d'embarquement. Près de 51 compagnies aériennes ont déjà franchi ce cap et proposent à leurs passagers d'imprimer depuis chez eux un code-barres qui leur sert d'identifiant pour monter à bord.

La Commission européenne a proposé en avril 2007 une libéralisation de la distribution des billets d'avion par une modification de la réglementation des GDS, offrant la possibilité d'une tarification plus flexible et l'entrée sur le marché de nouveaux distributeurs.

En novembre 2007, EasyJet a signé deux contrats de partenariat avec Amadeus et Galileo afin de renforcer sa présence sur le marché européen du voyage d'affaires. Cet accord vise à mettre l'inventaire d'EasyJet à disposition des fournisseurs de systèmes de réservation centralisés. Jusqu'ici l'offre d'EasyJet était uniquement accessible au travers de son site Internet. EasyJet a toujours refusé d'intégrer le système de distribution classique, arguant de son coût trop élevé. Avec l'entrée d'EasyJet dans les GDS, seules les agences de voyages « affaires » accéderont ainsi à l'offre de sièges de la compagnie aérienne. Elles pourront effectuer des réservations, des comparaisons des vols EasyJet avec les vols d'autres compagnies aériennes. Les trois partenaires espèrent ainsi répondre à la demande du marché du voyage d'affaires d'accéder plus facilement aux vols *low cost*. Ce marché est évalué à 90 milliards de dollars.

Par ailleurs, grâce à Internet, les compagnies aériennes ont des moyens de négociation dont elles n'avaient jamais disposé depuis la création des GDS. Pour simplifier, elles tiennent le discours suivant aux GDS : « Si vous ne nous consentez pas un rabais, nous retirons notre meilleur contenu, nos plus belles classes tarifaires, pour les distribuer seulement sur nos propres sites. » Galileo a donc signé des accords de cinq ans aux États-Unis (de trois ans en Europe) avec les majors américaines au terme desquels, en échange d'un rabais, elles lui garantissent la pérennité du contenu dans son GDS et s'engagent à ce que l'on ne trouve pas sur leurs propres sites des tarifs meilleurs que sur Galileo. Pour l'instant, le rabais est pris en charge en totalité par Galileo. Les agences de voyages devront à terme contribuer au rabais consenti aux compagnies aériennes. Ce modèle ne s'applique pas encore en Europe, mais son application est inéluctable.

Questions :

En quoi l'utilisation d'Internet contribue-t-elle au positionnement stratégique d'EasyJet ?

En quoi l'utilisation d'Internet est-elle cohérente avec la proposition de valeur de l'entreprise ?

Pourquoi EasyJet a-t-elle décidé de distribuer son offre sur le canal des agences de voyages ? Pourquoi limite-t-elle son offre sur ce canal uniquement à la clientèle « affaires » ?

Pourquoi la distribution directe par Internet constitue-t-elle désormais un obstacle au développement de l'entreprise ?

Peut-on dire que l'avantage concurrentiel d'EasyJet est durable et défendable ?

Sources : *easyjet.com, Le Journal du Net, 01.net, airfrance.com, strategos.fr, Roland Berger Strategy Consulting, Commission européenne*

Dans ce chapitre, nous exposons et illustrons les principaux concepts de la stratégie appliquée aux activités de commerce électronique. Vendre en ligne est une activité économique qui entre sans difficulté particulière dans le champ du management stratégique général. C'est la raison pour laquelle nous invitons le lecteur à se reporter à un manuel de stratégie pour en maîtriser les concepts essentiels (Johnson *et al.*, 2005), et à consulter un ouvrage sur la distribution afin de comprendre plus spécifiquement les enjeux du commerce (Dioux et Dupuis, 2005). Les outils exposés ici doivent permettre aux managers d'améliorer l'élaboration de leurs plans d'affaires, qu'il s'agisse pour eux d'attirer les fonds des investisseurs (cas des *business plan* pour la création de nouvelles entreprises) ou d'attirer le soutien des dirigeants (cas des *business case* pour la création de nouvelles activités au sein d'entreprises existantes).

Au pic de la bulle Internet, autour de l'année 2000, de nombreux experts défendaient l'idée selon laquelle la meilleure stratégie sur Internet – pour les « dinosaures de l'ancienne économie » – consistait à faire tout, tout de suite (Gerbert *et al.*, 2000). Qu'il n'était pas question de perdre son temps à réfléchir, de peser le pour et le contre. Que l'élaboration d'une stratégie sur Internet était très différente d'une stratégie traditionnelle, dans le sens où les choses ne devaient pas être pensées à l'avance, mais allaient s'orchestrer au fil de l'eau… Mais il n'en est rien. Les échecs retentissants de la période 2000-2002 sont là pour nous rappeler que sur Internet aussi l'analyse stratégique permet d'essayer de limiter les risques, afin d'éviter les pertes désastreuses et de construire des modèles d'affaires plus solides. Ces entreprises avaient bien un *business plan*… mais celui-ci manquait totalement de réalisme (Mauriac, 2002) ! Les échecs ne sont jamais exclus, même après avoir réalisé la meilleure analyse stratégique, mais formaliser une démarche stratégique réaliste permet certainement d'augmenter la probabilité de réussite.

La formulation complète d'une démarche stratégique suppose généralement de mettre en œuvre quatre phases itératives d'analyse et d'action :

- l'initiation de la stratégie (analyse du contexte, diagnostic des ressources et compétences) ;
- la formulation de la stratégie (choix des options à retenir ou à écarter, qu'il s'agisse des buts à atteindre ou des moyens à mettre en œuvre pour les atteindre) ;
- le déploiement de la stratégie (mise en œuvre des moyens pour atteindre les buts et les objectifs spécifiés à la phase précédente) ;
- la révision éventuelle de la stratégie.

Notons que ces phases se superposent bien souvent et que la stratégie émerge aussi des actions quotidiennes de l'entreprise. Il serait donc abusif d'imaginer que les managers s'arrêtent plusieurs mois pour réfléchir à une stratégie avant de la mettre en œuvre de façon rigide. La présentation linéaire en phases a donc essentiellement des vertus pédagogiques.

1. Initier la stratégie

La phase de réflexion initiale vise à analyser le contexte stratégique dans lequel se trouve l'entreprise, puis à diagnostiquer les ressources et compétences dont elle dispose pour tirer profit des opportunités identifiées. Cette démarche permettra ensuite de déterminer quelle mission donner et quels buts assigner à cette nouvelle activité électronique, puis de définir quels domaines d'activité stratégique investir et quels avantages concurrentiels mettre en avant.

1.1. L'analyse du contexte stratégique

L'analyse du contexte stratégique se déroule généralement en deux temps : analyse des menaces et analyse des opportunités. Pour ce faire, il est recommandé d'analyser les forces concurrentielles à l'œuvre dans le secteur (intensité de la concurrence entre compétiteurs, risque de voir arriver de nouveaux entrants dans le secteur analysé, pouvoir des fournisseurs et des clients, risque de substitution, etc.). Il est également souhaitable que l'entreprise mobilise une grille d'analyse large de type PEST (analyse de l'environnement politique, économique, sociologique et technologique)[1].

1.1.1. Les menaces

L'analyse des menaces est particulièrement importante, dans la mesure où l'histoire économique récente nous apprend que des entreprises parfois très réputées ont été menacées dans leur existence même, en l'espace de quelques années. Alcatel a ainsi été sérieusement menacée par l'émergence des technologies Internet et l'arrivée d'un concurrent comme Cisco. Le risque de substitution est une menace particulièrement crédible en matière de *e-business*. On ne saurait donc assez encourager les managers à envisager le commerce électronique comme une alternative à l'activité traditionnelle sur laquelle leur fortune est faite, notamment dans les industries de contenu (information, culture, divertissement, etc.).

> ***Exemple :*** Encyclopaedia Britannica (société éditrice pour la France de l'*Encyclopaedia Universalis*) est à la fois concurrencée par les encyclopédies des éditeurs (comme *Encarta* de Microsoft) et, plus récemment, par les encyclopédies ouvertes (de type wikis). L'encyclopédie d'autrefois, en 20 volumes reliés, parfois achetée à crédit, a muté en une encyclopédie électronique par abonnement (mais il est toujours possible d'acheter les DVD ou les volumes papier). Un changement de modèle d'affaires assez radical !

Cependant, il faut également envisager les opportunités de complémentarité et pas seulement les menaces de substitution. Pour une entreprise donnée, la menace d'une hypothétique substitution devient donc plutôt la menace bien réelle qu'un autre prenne pied dans le secteur (en amont ou en aval) et que l'entreprise soit finalement réduite à un rôle de fournisseur, entre ce nouvel acteur opportuniste et le client final… ou que l'entreprise soit désormais dépendante d'un fournisseur plus puissant. Par exemple, la majorité des sites marchands doit aujourd'hui composer avec la présence des comparateurs de prix et des guides d'achat, un type d'intermédiaire qui n'existe pas dans le commerce réel… et qui n'existait pas il y a seulement dix ans.

---

1. Pour plus d'informations sur l'analyse PEST, voir *Stratégique, 8e édition*, Johnson G., Scholes K., Fréry F., Pearson Education France, 2008.

1.1.2. Les opportunités

Quand l'entreprise décide de mettre en œuvre une démarche de commerce électronique, il faut envisager les multiples opportunités dont elle peut éventuellement se saisir. De façon générale, ces opportunités sont liées à la réduction des coûts et/ou à la croissance de l'entreprise. Dans le prolongement, des buts encore plus stratégiques peuvent être atteints, même si l'entreprise en a rarement l'intention au moment où elle lance ses opérations en ligne.

Les opportunités de réduction des coûts

En ce qui concerne la réduction des coûts, les opportunités résident dans une standardisation des processus, qui entraîne l'élimination ou le regroupement des tâches, mais aussi une réduction des coûts de traitement de l'information, ainsi qu'une diminution des erreurs (souvent coûteuses quand il s'agit de les corriger *a posteriori*). Les opportunités de réduction des coûts constituent un argument particulièrement solide pour les échanges EDI ou Web-EDI (voir chapitre 4). Le commerce électronique permet au client de réaliser l'essentiel du processus d'achat lui-même, diminuant un certain nombre de coûts : coût du foncier (pas de magasins en centre-ville, par exemple), coût de la main-d'œuvre (pas de vendeurs). Il faut toutefois se méfier de l'idée simpliste selon laquelle le commerce électronique permet de vendre moins cher. Une entreprise de commerce électronique supporte d'autres coûts que le commerce traditionnel : coûts logistiques (stockage, transport), coûts de recrutement des clients (liens promotionnels, affiliation, etc.). Par conséquent, c'est plus la structure des coûts qui est modifiée que leur niveau.

Les opportunités de croissance

En ce qui concerne la croissance de l'entreprise, les opportunités sont d'abord liées à la conquête de nouveaux marchés :

- **Élargir la cible de clients dans le même territoire géographique.** La vente en ligne permet aux distributeurs d'améliorer leur couverture géographique, soit dans des régions où ils ne sont pas présents, soit dans des aires où la densité des clients n'est pas suffisante pour ouvrir de nouveaux points de vente rentables (zones rurales ou semi-urbaines, par exemple).
- **Recruter de nouveaux clients.** La vente en ligne permet de s'adresser à des clients souvent plus jeunes, et parfois plus masculins (cas de la VPC, où la clientèle est traditionnellement très féminine).
- **Élargir la cible à l'international.** S'il ne faut pas en négliger les coûts, l'internationalisation constitue une réelle opportunité, y compris pour les PME. Nombreux sont les sites marchands qui s'exportent, notamment en Espagne, de nombreuses entreprises estimant que la structure de ce marché est proche du marché français. En ce qui concerne les industriels, les ventes en ligne sont encore freinées par des barrières physiques, juridiques ou psychologiques, mais le site constitue assurément un vecteur puissant de commerce à l'international. La mise en œuvre d'une stratégie de vente en ligne favorise le développement de ressources et induit l'adoption de comportements qui favorisent finalement l'exportation « classique » (Gregory *et al.*, 2007).

Les opportunités de croissance sont également liées à l'élargissement de l'offre en produits/services, qui permet de développer le panier moyen (voir chapitre 6).

Les opportunités sont liées aussi à la consolidation des relations entre l'entreprise et sa clientèle existante :

- **Mieux connaître les clients.** Le suivi du comportement du client en ligne (*tracking*) permet une meilleure connaissance de son profil, de ses centres d'intérêt, des références les plus consultées, etc. Cette connaissance dépasse de loin ce qu'il est envisageable de découvrir en observant les clients dans un point de vente. Partant de là, l'entreprise peut développer une activité de valorisation de ses connaissances, mais surtout utiliser ces dernières pour améliorer le service rendu à ses clients (mise en avant des produits les plus populaires, ajustement des stocks pour éviter les ruptures, développement de nouveaux produits, etc.).
- **Personnaliser la relation.** La connaissance individualisée des clients (qui constitue encore un challenge pour de nombreux sites marchands) permet de personnaliser les offres selon le profil du client et ses attentes. Cette personnalisation permet d'abord d'améliorer la satisfaction du visiteur (car les offres sont plus pertinentes). Mais elle permet également de déclencher l'achat, ou encore d'augmenter le panier moyen.
- **Enrichir l'expérience d'achat.** S'il est probable qu'une visite en magasin constitue bien souvent la meilleure expérience d'achat possible (à condition que le magasin soit ouvert, que le personnel soit courtois, etc.), le site Web offre une approche nouvelle et différente : une autre facette de l'enseigne, qui permet d'enrichir l'expérience totale de la marque. Le travail sur la dimension rédactionnelle et/ou ludique du site est alors fondamental.

Plus le client est en contact avec l'entreprise, quels que soient les canaux, plus le lien se renforce. Les canaux ne sont donc pas en concurrence, mais s'étayent les uns les autres. L'un des enjeux les plus importants consiste donc à mettre en place une stratégie multicanal (voir chapitre 3) :

- **Générer du trafic en magasin.** Le site permet de créer du trafic en magasin, notamment pour retirer les produits achetés en ligne… et éventuellement acheter des produits complémentaires. Plus généralement, le site permet de préparer la visite et de donner envie de se rendre dans le magasin.
- **Créer un lien à distance avec le magasin.** Certains sites offrent la possibilité de consulter les prix et les disponibilités en magasin. D'autres permettent aux clients de contacter les vendeurs par mail, une façon de préparer ou de prolonger la visite… L'ensemble de ces dispositifs vise à créer une relation plus continue et plus intense entre le client et l'enseigne, quels que soient les canaux en jeu.

Le cas des pure players. La plupart des buts stratégiques évoqués ci-dessus concernent les entreprises ayant déjà une activité traditionnelle et pour lesquelles Internet constitue un canal de vente complémentaire au catalogue ou au magasin : ces buts stratégiques remettent rarement en cause la mission de l'entreprise. En revanche, les buts stratégiques d'une entreprise qui démarre sur Internet sont souvent plus ambitieux. En effet, si le nouvel entrant doit se faire une place sur un marché existant, il doit nécessairement apporter quelque chose de nouveau au marché, pour avoir une chance de survivre. Et si ce nouvel acteur crée un marché, par définition, il s'agit d'une innovation de rupture. En conséquence, le nouvel entrant considère rarement Internet comme une opportunité de prendre des parts de marché aux acteurs traditionnels, mais bien souvent comme une opportunité de développement du marché, par une remise en cause des schémas établis.

Exemple : Adamence est une bijouterie entièrement sur Internet (à l'exception d'un showroom situé à Paris, près de la place Vendôme) qui s'est lancée en 2005. La principale innovation stratégique consiste à se tourner directement vers les diamantaires d'Anvers, de façon à court-circuiter les intermédiaires habituels. Par ailleurs, sa structure de coût étant allégée (pas de loyers, peu de salariés, etc.), cela lui permet de proposer des diamants environ 40 % moins chers que les bijoutiers traditionnels. Mais l'entreprise ne se donne pas la même mission que les bijoutiers traditionnels, avec pour « simple » but de leur prendre des parts de marché. Elle se donne une mission plus ambitieuse, qui consiste à faire en sorte qu'en France plus de femmes portent des diamants (le taux de pénétration est de 35 %, contre 65 % en Allemagne ou 90 % en Angleterre). Le but est donc clairement de développer le marché… et, pourquoi pas, de le doubler.

Source : d'après Le Journal du Net, 2006

De même que les acteurs traditionnels n'ont pas les mêmes missions que les nouveaux acteurs, les industriels qui se lancent sur Internet n'ont pas les mêmes missions que les distributeurs. Pour l'industriel en particulier, le commerce électronique permet de s'affranchir un peu de la tutelle de ses distributeurs et de mieux maîtriser sa stratégie marketing : commercialisation des gammes dans leur totalité, meilleure maîtrise de l'univers symbolique de la marque, prise de contact directe avec les clients finaux, etc.

Les autres opportunités stratégiques

La mise en œuvre d'une stratégie de commerce électronique peut avoir pour conséquence – le plus souvent non planifiée – de modifier sensiblement les préférences des clients pour tels ou tels canaux. Ce sont les actions volontaires de l'entreprise qui modèlent la demande : le commerce électronique ne constitue pas seulement une réponse aux attentes des clients, il les façonne également. Au fil du temps, l'entreprise oriente de plus en plus ses ventes vers le Net, changeant profondément les comportements d'achat de ses clients. Le site marchand devient finalement la référence à partir de laquelle les autres canaux vont être perçus et jugés. Cela constitue une opportunité stratégique pour les acteurs les plus puissants qui, finalement, « tirent la couverture à eux » et construisent des normes de marché qui leur sont favorables. Dans d'autres cas, Internet devient le vecteur par lequel l'enseigne prend pied dans un pays, une base avancée qui permet d'envisager par la suite de nombreux autres développements.

Exemple : Natura est une chaîne d'origine brésilienne, créée en 1969, qui vend des produits cosmétiques naturels, en s'appuyant sur des valeurs de bien-être, de responsabilité sociale et de relationnel fort entre les gens. Au Brésil, la marque s'appuie sur un réseau de plus de 500 000 conseillères-revendeuses. Depuis son arrivée en France, en 2005, une seule boutique a été ouverte (à Paris, rive gauche) et le réseau de conseillères n'est pas encore en place. Le site institutionnel, marchand et communautaire constitue clairement la pierre angulaire de la stratégie de développement. Il permet d'installer l'univers de la marque et ses valeurs, de découvrir les produits à travers un parcours sensoriel et de constituer un premier noyau de clients. Le site permet également de recruter les futures conseillères.

Source : d'après Le Journal du Net, 2006

Dans les cas les plus extrêmes, la stratégie Internet peut d'ailleurs faire évoluer profondément la stratégie de l'entreprise tout entière (notamment son modèle d'affaires).

> ***Exemple :*** Cash Converters est un réseau de magasins en dépôt-vente qui compte près de 40 boutiques. Selon ce principe de fonctionnement, le magasin achète le matériel d'occasion, puis le revend. Toutefois, avec le développement du site marchand, il est possible que la stratégie évolue vers un modèle d'intermédiation de type C2C, où l'enseigne ne se rémunérerait pas avec une marge à la revente, mais avec une commission prélevée sur les ventes entre particuliers.
>
> *Source : d'après Le Journal du Net, 2007*

1.2. Le diagnostic des ressources et compétences

Durant la phase d'initiation de la stratégie, on ne doit pas se contenter d'analyser le contexte stratégique, c'est-à-dire les éléments externes à l'entreprise. L'analyse doit se poursuivre par un examen des forces et des faiblesses de l'entreprise *relativement aux opportunités qu'elle souhaite saisir.* L'objectif consiste donc à déterminer si l'entreprise dispose ou non des ressources et des compétences nécessaires pour réussir sa stratégie de commerce électronique.

1.2.1. Les ressources et compétences pour réussir une stratégie de commerce électronique

Les ressources et les compétences

Pour réussir en matière de commerce électronique, l'entreprise devra réunir les ressources suivantes :

- capitaux abondants pour tenir, le temps d'atteindre une zone de profitabilité ;
- base de données de fournisseurs et catalogue électronique ;
- marque puissante et légitime en matière de commerce électronique ;
- base de données de clients disposés à acheter en ligne ;
- moyens substantiels pour créer du trafic (liens sponsorisés, bannières, etc.) ;
- taille critique pour pouvoir peser sur les fournisseurs, notamment pour les achats commerciaux ;
- système d'information adapté au commerce électronique ;
- logistique capable de traiter et livrer les commandes en ligne.

Pour réussir, les compétences suivantes devront également être réunies :

- savoir identifier les bons fournisseurs et savoir négocier pour acheter aux meilleures conditions ;
- savoir acheter les bonnes références (imposant de bien connaître les attentes des clients) et construire un assortiment cohérent ;

- savoir attirer les acheteurs vers le site (et les vendeurs, pour les sites de C2C) et leur donner confiance ;
- savoir transformer un visiteur en client et lui proposer des offres complémentaires avec une bonne probabilité de transformation ;
- savoir comprendre les comportements des clients (notamment, identifier leurs attentes) ;
- savoir élargir l'offre produits/services sur la base des attentes des clients ;
- savoir livrer le client à un coût raisonnable, relativement à la marge dégagée ;
- savoir déstocker les produits invendus en les valorisant au mieux ;
- savoir prévenir ou gérer les conflits potentiels avec son réseau physique.

Les ressources et compétences-clés

La taille critique. En matière de commerce, les coûts d'achat des marchandises représentent une part non négligeable de la structure de coût. La capacité à acheter au coût le plus bas est donc un véritable atout maître, qui dépend en grande partie du volume total des achats… et donc de la taille initiale de l'entreprise. Autrement dit, les distributeurs traditionnels ont un avantage sur les nouveaux entrants, du moins en ce qui concerne les conditions d'achat.

La connaissance des clients. La connaissance des clients semble également être une compétence indispensable pour tout projet de commerce électronique. C'est aussi une compétence-clé qui est particulièrement utile car elle permet d'en maîtriser d'autres. À titre d'exemple, une stratégie gagnante – celle des meilleurs discounters – consiste à optimiser l'assortiment en proposant le minimum de références possible tout en restant attractif aux yeux du client. Cette approche permet de baisser les stocks et d'acheter aux meilleures conditions… ce qui permet de vendre moins cher, donc de baisser les stocks, etc. Un cercle particulièrement vertueux, qui permet également d'utiliser moins de capitaux (puisque moins de stocks) et, donc, d'améliorer considérablement la rentabilité financière de l'affaire. Mais encore faut-il savoir *précisément* quelles références vendre ! C'est précisément l'intérêt d'une connaissance approfondie des clients.

> La connaissance des clients est un enjeu majeur également sur le plan juridique. De nombreux textes viennent encadrer la notion de clients, principalement à raison de la notion de données personnelles.
>
> En France, la loi applicable est la loi du 6 janvier 1978 dite « loi informatique et libertés », qui impose à celui, organisation notamment commerciale, qui collecte des données personnelles, donc des données permettant d'identifier directement ou indirectement toute personne physique, de procéder à un certain nombre de formalités préalables, déclarations ou autorisations. La loi de 1978 a fait l'objet de modifications en 2004.
>
> Par ailleurs, la loi du 21 juin 2004 (LCEN) est venue préciser les conditions dans lesquelles des messages commerciaux non sollicités pouvaient intervenir en modifiant les dispositions du Code de la consommation et du Code des Postes et Télécommunications (communications électroniques). Ainsi, dans le cadre de la connaissance des clients, il existe une réglementation à suivre notamment dans le cadre de la prospection électronique.

Les dispositions de cette loi précisent que « [...] la prospection directe par courrier électronique est autorisée si les coordonnées du destinataire ont été recueillies directement auprès de lui dans le respect des dispositions de la loi n°78-17 du 6 janvier 1978 relatives à l'informatique, au fichier et aux libertés, à l'occasion d'une vente ou d'une prestation de service, si la prospection directe concerne des produits ou services analogues fournis par la même personne physique ou morale et si le destinataire se voit offrir de manière expresse et dénuée d'ambiguïté la possibilité de s'opposer, sans frais, hormis ceux liés à la transmission du refus, et de manière simple, à l'utilisation de ses coordonnées lorsque celles-ci sont recueillies et à chaque fois qu'un courrier électronique de prospection lui est adressé ».

Il est précisé que cet article entre dans un cadre plus large de prospection directe par automate d'appel, télécopieur ou courrier électronique.

Le législateur a entendu que le consentement du destinataire soit, à chaque fois, reçu et établi notamment en terme de preuve, le législateur précisant que le consentement s'entendait de « toute manifestation de volonté libre, spécifique et informée par laquelle une personne accepte que des données à caractère personnel la concernant soient utilisées à des fins de prospection directe ».

Après débat entre Haute Autorité et professionnels du marketing, et avec notamment la position de la CNIL, il a été établi que cette protection s'entendait d'une protection des personnes physiques, soit des consommateurs, mais ne s'entendait pas forcément d'une protection de personnes physiques travaillant au sein des entreprises.

Ce sujet reste bien évidemment à débattre. Ainsi, tant du point de vue de la mise en place d'un projet de site de commerce électronique qu'ensuite, les notions de données personnelles sont extrêmement importantes et doivent donner lieu à réflexion. Il est par ailleurs évident qu'un fichier de prospect et/ou de consommateur de site électronique reste un des éléments extrêmement révélateur du succès et de la valorisation d'une entreprise électronique.

La réactivité stratégique. Une compétence-clé consiste à savoir innover en matière de modèle d'affaires, ce qui suppose de mettre en place un système de veille permanente (au-delà de son secteur d'activité immédiat), mais aussi de pouvoir ajuster rapidement la stratégie de l'entreprise et le modèle d'affaires pour intégrer ces innovations technologiques et/ou commerciales.

L'importance relative des ressources et des compétences

L'importance de telle ressource ou de telle compétence dépend des facteurs-clés de succès spécifiques du modèle d'affaires et du secteur considéré. Par exemple, la marque constitue une ressource, mais son importance est plus ou moins forte pour tel ou tel modèle d'affaires. Elle est probablement plus forte dans les modèles marchands (où la marque doit rassurer jusqu'à convaincre le client d'acheter) que dans les modèles d'intermédiation (où la marque sert essentiellement à attirer le trafic, mais pas à le transformer directement en achats). De la même façon, la compétence d'approvisionnement va prendre plus ou moins d'importance selon le type de modèle. L'exhaustivité est certainement plus importante dans les modèles C2C que dans les modèles marchands, où même un assortiment restreint peut être perçu comme attractif (à l'image des stratégies de discounters).

1.2.2. Porter un jugement sur les ressources et compétences dont dispose l'entreprise

Porter un jugement sur les ressources et les compétences dont dispose l'entreprise suppose d'analyser la situation de départ – qui peut être très différente selon son ancienneté – puis d'analyser l'importance *relative* des ressources et compétences, qui dépend largement du *business model.*

L'analyse de la situation de départ

Le cas des nouveaux entrants. Dans le cas où l'activité de vente en ligne constitue le point de départ de la société (cas des *e-tailers*), la plupart des ressources doivent être acquises au moment de la création, grâce au capital qui est levé par les créateurs. Ces créateurs peuvent naturellement disposer de compétences utiles pour le succès d'une activité en ligne : compétences pour créer et animer un site Web, compétences pour optimiser le référencement, connaissance approfondie des fournisseurs ou des clients potentiels, compétences pour négocier dans les meilleures conditions, etc. Les créateurs peuvent également s'entourer des compétences nécessaires auprès de prestataires, alliés, consultants, ou collaborateurs à recruter. Dans le cas des nouveaux entrants, le diagnostic repose donc sur le stock de compétences des créateurs et sur le potentiel de ressources que le capital permet d'obtenir.

Le cas des entreprises déjà installées. Dans le cas où l'activité de vente en ligne constitue le prolongement d'une activité existante, les ressources et compétences dont dispose l'entreprise « mère » peuvent être mobilisées pour l'activité électronique « fille », qu'il s'agisse d'une filiale autonome ou d'un simple département. De nombreuses ressources « traditionnelles », immatérielles ou non, peuvent être utilisées pour l'activité électronique (marque, catalogue électronique de produits, etc.). Il en va de même pour les compétences de l'entreprise, qui jouent un rôle non négligeable.

> ***Exemple :*** Pixmania, connu par le grand public comme l'une des plus belles réussites du Web, n'est pas un *pure player* d'Internet, loin s'en faut. Pixmania est le site marchand « amiral » du groupe Fotovista, l'un des leaders de la distribution d'appareils photo argentiques, avec l'enseigne FOCI, au moment du lancement du site marchand. La connaissance du marché par Fotovista – qu'il s'agisse du marché amont des fournisseurs ou du marché aval des utilisateurs – a certainement joué un rôle majeur dans le succès de Pixmania.
>
> *Source : Peelen et al., 2006*

Mais une expérience proche du commerce électronique (comme la vente par catalogue ou la vente par Minitel) peut se révéler un atout… comme un handicap ! Les avantages comparatifs d'une activité – comme la livraison en 24 heures, qui est un bénéfice attendu par la plupart des clients dans la VPC – ne se transposent pas facilement dans une autre activité. En soi, disposer d'une ressource ne constitue pas un problème. Mais disposant d'une ressource, le problème vient du fait que l'entreprise est tentée de l'utiliser, alors que ce n'est pas forcément la meilleure option.

L'analyse relative des ressources et compétences

Les ressources et les compétences à réunir dépendent étroitement du modèle d'affaires (*business model*) et du secteur dans lequel l'entreprise veut se développer (puisque les facteurs-clés de succès varient d'un modèle d'affaires et d'un secteur à l'autre). Les ressources et compétences à réunir ne seront pas les mêmes pour le modèle d'affaires de la vente directe dans le secteur des produits informatiques, par exemple, et pour le modèle d'un site d'enchères généraliste. Par ailleurs, les ressources et les compétences nécessaires ne seront pas non plus les mêmes selon le degré d'ambition de l'entreprise et le type d'opportunités qu'elle souhaite saisir (réduction de coût ou opportunités de croissance, approfondissement de l'assortiment ou internationalisation, etc.). Autrement dit, à ce stade de l'analyse, il est difficile de porter un regard définitif sur les ressources et compétences dont dispose l'entreprise : sont-elles globalement suffisantes ? Dans quelles directions doivent-elles être développées ?

En revanche, il faut garder à l'esprit que la démarche d'élaboration d'une stratégie est *itérative*. Autrement dit, on peut partir de n'importe quel point – ressources et compétences à valoriser, opportunité de croissance à saisir, idée de produit/service à développer, connaissance des besoins d'une cible particulière, etc. L'essentiel est de s'assurer de la cohérence finale de l'ensemble. Les questions que l'entreprise va devoir résoudre sont par exemple : les ressources dont je dispose permettent-elles d'offrir tel service ? Si je souhaite proposer telle prestation, de quelles compétences dois-je m'entourer ?

2. Formuler la stratégie

Sur la base des éléments recueillis lors de la phase précédente, quelle mission donner à l'activité de commerce électronique et quels buts lui assigner ? Dans quels domaines d'activité stratégique investir ? Quels avantages concurrentiels mettre en avant dans chaque domaine d'activité ?

2.1. La mission de l'activité de vente électronique

La mission de l'activité électronique ne saurait se résumer à être la « version électronique de l'activité réelle ». De même, les buts généraux ne sauraient se résumer à « vendre tel produit ou tel service en ligne » et les objectifs, à « atteindre un chiffre d'affaires de x millions d'euros en ligne ». La mission assignée à l'activité électronique ne s'aligne pas nécessairement sur celle de l'activité traditionnelle. Parfois, les activités en ligne représentent une sous-partie de l'activité traditionnelle (mais peut-être sur un plus vaste territoire). Parfois, au contraire, les activités en ligne vont permettre à l'entreprise de sortir de son périmètre habituel, pour aborder d'autres rivages. D'une certaine manière, le commerce électronique permet de rebattre les cartes.

Exemple : Avant l'année 2000, la mission de Fotovista consistait essentiellement à « permettre aux familles de se constituer un patrimoine visuel » : prises de photos dans les maternités et en milieu scolaire, développement de pellicules par correspondance (à partir des Press Labo services et dans les points de vente FOCI). En revanche, à partir de 2001, les activités sur Internet ont porté sur la vente d'appareils photo numériques et d'accessoires, avant que l'activité ne s'étende rapidement à la vente de produits technologiques variés, puis plus récemment de jouets… autant d'activités qui ont fait évoluer sensiblement la mission originelle de l'entreprise.

Source : Peelen et al., 2006

En revanche, si l'activité électronique ne s'aligne pas nécessairement sur l'activité traditionnelle, l'entreprise ne part pas non plus d'une page blanche. Son histoire et son identité, ses ressources et ses compétences conditionnent largement sa trajectoire future.

2.2. La position dans le réseau de valeur

Pour contribuer à définir la mission de l'entreprise, il est pertinent d'utiliser le concept de réseau de valeur (Johnson *et al.*, 2005 ; Lecocq *et al.*, 2006). Il s'agit globalement de déterminer quelle place l'entreprise va tenter de prendre entre le producteur et le client final. En matière de commerce électronique, il s'agit plus précisément de savoir si l'entreprise se concentre sur l'achat/revente de produits, qui constitue assurément le cœur de métier d'un commerçant, même électronique, ou si (i) l'entreprise décide de ne pas acheter et revendre, pour se consacrer à autre chose, ou encore si (ii) l'entreprise décide de prendre une autre place dans le réseau de valeur, en plus de l'achat/revente

Les alternatives à la position de revente sont la transformation de produits, la réalisation de services et l'intermédiation (le plus souvent alternativement à la revente). La transformation de produits et/ou la réalisation de services sont des positions complémentaires à la revente. Ainsi, on peut très bien imaginer un site marchand qui transforme des produits. C'est le cas de la bijouterie Adamence qui vend des diamants montés par ses soins, selon les spécifications des clients.

En première analyse, la revente et l'intermédiation sont des positions qui s'excluent l'une et l'autre. L'entreprise est soit « commerçante », soit « intermédiaire de commerce ». Mais on peut aussi imaginer que l'entreprise prenne simultanément la position de revente et la position d'intermédiation (sur une autre partie de son offre). Ainsi, la transformation des diamants en bijoux peut être commercialisée par Adamence, sans être forcément réalisée par ses propres artisans-bijoutiers dans ses propres ateliers. La prestation peut donc être simplement revendue selon le modèle de l'intermédiation (ce qui suppose alors de mettre en place un réseau d'artisans-bijoutiers partenaires qui travaillent à façon selon les commandes). Cette question de la position dans un réseau de valeur est assurément stratégique et détermine en grande partie la nature même de l'entreprise et de ses activités. Elle doit être traitée au plus haut niveau et dépend en grande partie des ressources et compétences dont dispose l'entreprise. Il est même probable que la trajectoire des créateurs du site – leur formation, leurs expériences préalables, etc. – explique en grande partie la position prise dans le réseau de valeur.

2.3. Le choix des domaines d'activité stratégique

2.3.1. Le concept de domaine d'activité stratégique (DAS)

Deux activités ne font pas partie d'un même domaine d'activité stratégique si les technologies sont différentes (vendre sur catalogue *vs* en ligne *vs* en magasin, par exemple) et/ou si les clients sont différents (particuliers ou entreprises, par exemple). Quand on parle de technologie, il faut l'entendre au sens large : une nouvelle offre de produits, bien sûr, mais aussi une nouvelle offre de services (conception et développement de sites Web, formation et conseil, études marketing et datamining, etc.) ou même une nouvelle technologie de vente (magasin, site Web, catalogue/téléphone).

Si les clients et/ou les technologies sont amenés à changer, on peut alors parler d'un nouveau DAS. En revanche, élargir sa cible d'une clientèle de femmes de 35-44 ans vers une clientèle plus jeune de 25-34 ans ne constitue pas un changement d'activité, mais un changement de (cœur de) cible. Dans ce cas, la décision se situe plus au niveau de la stratégie marketing d'une activité donnée que du management stratégique du portefeuille des activités de l'entreprise dans son ensemble. Tout est question de nuance, mais l'idée générale est que si les facteurs-clés de succès changent, et que cela nécessite de mettre en avant de nouveaux avantages concurrentiels, alors on peut considérer que l'on change d'activité. Un changement d'activité exige de développer des ressources et des compétences spécifiques : expertises, méthodes de travail, capitaux... Si l'entreprise espère naturellement tirer de nouveaux revenus de cette nouvelle activité, il faut généralement qu'elle s'attende aussi à de nouvelles charges.

2.3.2. Les mouvements en matière de DAS

À partir d'une cible actuelle, le premier mouvement consiste à s'adresser à de nouvelles cibles. Par exemple, pour croître, certaines entreprises commencent par développer une clientèle de particuliers (*B2C*), puis se tournent vers des entreprises (*B2B*). À l'inverse, certaines entreprises qui s'adressent à des professionnels (*B2B*) sont amenées à diversifier leurs sources de revenus en développant une activité auprès d'une clientèle de particuliers (*B2C*) [voir tableau 2.1].

Exemple : Fastbooking est une société de services informatiques qui a développé un outil de réservation en 25 langues que les hôteliers peuvent inclure sur leur site en marque blanche (sans que l'on sache qu'il s'agit d'un outil de Fastbooking). Ayant d'ores et déjà plus de 3 000 clients dans le monde, la société a développé une cinquantaine de sites de réservation par destination (comme hotels-paris.fr), ainsi qu'un site d'interface (fastbooking.com) pour permettre au grand public de réserver directement auprès des hôtels (la société prélève une commission de 15 % sur chaque nuit réservée). Société de services pour des professionnels de l'hôtellerie, Fastbooking est désormais en concurrence frontale avec les sites de réservation aux particuliers, comme Opodo ou Expedia. La distribution sur le site fastbooking.com représente 40 % des nuitées, sur un total de 1 500 000 nuitées réservées.

Source : d'après Le Journal du Net, 2006

Parfois les changements de cibles sont moins radicaux que les mutations *B2B* <=> *B2C*. Les cibles peuvent être différentes au sein d'un même univers, *B2B* ou *B2C* : diversification des grands comptes vers les TPE/PME, des femmes vers les hommes, ou des adolescents vers les seniors, etc. Les univers de produits associés à ces cibles seront différents, ce qui va nécessiter de nouvelles expertises.

Ces mouvements peuvent se faire à technologie constante. Mais un autre type de mouvement consiste à s'adresser à la même cible, pour lui proposer une nouvelle technologie. C'est par exemple le cas d'une entreprise disposant d'un site marchand à destination des particuliers qui ouvrirait des points de vente. Notons que la cible ne sera probablement pas *exactement* identique car les choix de localisation, par exemple, vont probablement déformer le profil de clientèle par rapport au profil du client internaute (même si, naturellement, les choix de localisation peuvent se faire pour coller au profil dudit client).

Exemple : Play Again, qui édite le site 1001dessous (lingerie féminine), lance une boutique de nautisme (articles techniques, vêtements, cordages) comportant 4 000 références et s'adressant à des hommes sportifs CSP+, adeptes de plaisance. LDLC, le spécialiste des produits high-tech, qui gère le site du même nom ainsi que des sites dédiés aux jeux vidéo, aux ordinateurs portables et aux consommables informatiques, s'éloigne de son cœur de métier en lançant un site de vente d'instruments de musique (plugsquare.com), un marché en pleine croissance.

Source : d'après Le Journal du Net, 2006

Pour finir, un dernier mouvement consiste à s'adresser volontairement à une autre cible, en lui proposant une nouvelle technologie. Cette diversification a de bonnes chances de réussir si l'entreprise sait tirer profit de sa position et de sa légitimité auprès de sa cible initiale. C'est notamment le cas d'une entreprise qui aurait pour deuxième cible les marques achetées par sa première… ou pour deuxième cible, les clients de sa première. S'il n'existe pas de synergie entre les deux cibles, ou entre les deux technologies, il sera naturellement plus difficile de réussir.

Exemple : Allociné, un site proposant des contenus autour du cinéma et fonctionnant avec un modèle publicitaire (presque 3 millions de visiteurs uniques par mois), s'ouvre à la clientèle *B2B*. Le service consiste à offrir la possibilité aux professionnels (pour 2 000 euros par an) de consulter des informations sur les comportements des cinéphiles sur le site : fiches consultées, bandes-annonces visionnées, nombre de commentaires rédigés, etc. Avec une couverture de la cible de 80 %, il est clair que les comportements sur le site sont représentatifs du marché, ce qui permet aux professionnels de disposer d'un observatoire assez fin des tendances du marché.

Source : d'après Le Journal du Net, 2006

Tableau 2.1 : Le développement de nouveaux domaines d'activité stratégiques (DAS)

		Cible	
		Actuelle	**Nouvelle**
Technologie	**Actuelle**	Exemple d'un site *B2B* qui consolide sa position en augmentant le panier moyen	Exemple d'un site *B2B* qui se diversifie vers une clientèle *B2C*
	Nouvelle	Exemple d'un site *B2B* qui ouvre des corners de vente	Exemple d'un site *B2B* qui développe une gamme de services pour des clients *B2C*

2.3.3. La question de l'internationalisation

Les sites marchands sont désormais entrés dans une phase d'internationalisation assez prononcée.

En ce qui concerne les distributeurs

Quelques sites (américains) ont pris des positions mondiales dès avant 2000, notamment Amazon, eBay, Expedia… mais la liste s'arrête vite. Depuis cinq ans, quelques sites français ont acquis une position de leadership européen – comme Pixmania, qui est présent dans 25 pays –, mais très peu sont dans ce cas. Certains autres sites permettent l'achat depuis un grand nombre de pays, mais les exemples sont limités aux catégories de produits qui incarnent l'art de vivre à la française, comme le vin, le fromage ou le chocolat. Finalement, la plupart des sites découvrent l'internationalisation depuis 2006, notamment Rue du Commerce, PriceMinister, Vente Privée, Achat VIP, etc.

Pour les sites français, les pays cibles entrent dans deux catégories. Soit il s'agit de pays à fort potentiel de croissance dans lesquels les concepts de vente n'ont pas encore été complètement développés ; c'est le cas de l'Espagne, qui constitue actuellement un eldorado (il faut aussi ajouter l'Italie et globalement les pays au sud et à l'est de l'Europe). Soit il s'agit de pays matures dans lesquels il est possible de développer des concepts plus innovants, pour un public plus sophistiqué ; c'est notamment le cas de l'Allemagne et, surtout, du Royaume-Uni. Peu de projets concernent les pays scandinaves, très spécifiques et surtout très en pointe : ces pays constituent plutôt des zones d'observation privilégiées.

Au sommet de la bulle Internet, autour de l'année 2000, les annonces allaient bon train de sites ouvrant simultanément dans dix pays (à l'instar du fameux boo.com). Aujourd'hui, les stratégies sont mesurées… et assurément plus professionnelles ! Le pragmatisme est à l'ordre du jour, les entreprises cherchant rarement à pénétrer plus d'un pays à la fois. Par ailleurs, les entreprises recherchent les économies d'échelle, afin d'améliorer la rentabilité de leurs projets. Elles utilisent souvent les mêmes infrastructures technologiques et logistiques, localisent les salariés en France (dans un premier temps au moins, l'ouverture d'un bureau sur place n'étant pas systématique), pilotent leur site depuis la France, mutualisent les achats au niveau européen, etc.

L'internationalisation impose néanmoins une prise en compte rigoureuse des spécificités locales. En plus des particularismes liés à la consommation du produit vendu (on ne mange pas en Espagne comme en France, on ne s'habille pas en France comme au Royaume-Uni, etc.), on doit considérer les particularismes du commerce (cadre juridique et fiscal, notamment). À cela s'ajoutent également les spécificités en ce qui concerne l'usage d'Internet et du commerce électronique dans le pays visé (garanties offertes, modes de paiement, modalités de livraison, etc.). La comparaison entre différents pays révèle que de nombreux aspects sont adaptés : taille de l'assortiment, densité de présentation des produits sur le site, mise en avant des prix, palette de couleurs utilisée et illustrations, thématiques et structure du site, outils de navigation et de recherche, quantité de texte et présence de contenus éditoriaux, y compris vidéo, etc. Il ne faut pas oublier que l'internationalisation prend du temps, nécessite de fonctionner par tâtonnements et engendre naturellement des coûts spécifiques : recrutement de salariés pour chaque nouveau pays ouvert, extension des entrepôts de stockage (voire création ou relocalisation). Une alternative à l'internationalisation consiste à acheter une entreprise locale.

En ce qui concerne les industriels

Dans l'économie traditionnelle, tout au long du XXe siècle, le degré d'internationalisation des distributeurs a été moindre que celui des industriels. C'est encore le cas aujourd'hui… et c'est aussi le cas sur Internet. Les industriels suivent donc des stratégies plus globales, tendance qui se renforce probablement sur Internet. Cependant, les difficultés auxquelles sont confrontés les industriels pour distribuer en direct sur leur marché local sont amplifiées à l'international. Le rapport de force avec les distributeurs locaux n'est pas forcément en leur faveur, car leur degré de dépendance est élevé. C'est la raison pour laquelle la stratégie de commercialisation s'adresse avant tout aux intermédiaires, pour ne pas compromettre des réseaux de distribution construits patiemment.

Exemple : Valrhona, chocolatier haut de gamme, est présent depuis plus de vingt ans au Japon, auprès des professionnels, où il réalise plus de 10 % de son CA total. L'ouverture de son site marchand lui donne l'opportunité de développer la vente directe auprès des particuliers. De nombreux aspects ont été adaptés, comme le paiement à la livraison et l'affichage de l'heure de livraison (les exigences des clients étant plus élevées). Il a également été nécessaire de traduire l'univers graphique de la marque pour qu'elle corresponde bien aux codes esthétiques japonais, tout en conservant une certaine équivalence de positionnement entre les deux pays.

Source : d'après Le Journal du Net, 2007

L'internationalisation pour les industriels peut être rendue très complexe par des conditions financières, juridiques et fiscales très variables d'un pays à l'autre, même dans le domaine du commerce électronique. Dans les pays en développement, de nombreux prérequis au commerce électronique ne sont même pas réunis et empêchent d'envisager une implantation dans certains d'entre eux (cadres juridique et financier, infrastructure technique, taux d'équipement).

Exemple : L'internationalisation de l'iTunes Music Store d'Apple a été plus longue et plus complexe que prévu, particulièrement dans l'Union européenne. L'offre du magasin de musique électronique d'Apple n'est pas disponible dans tous les pays de l'Union pour des raisons de droits d'auteur différents selon les pays. La localisation du siège au Luxembourg a été dictée par le taux de TVA en vigueur dans ce pays (15 %) et par le taux d'imposition des bénéfices. Certains moyens de paiement sont acceptés dans certains pays mais pas dans d'autres.

2.4. L'identification des facteurs-clés de succès et la mise en avant des avantages concurrentiels

Les facteurs-clés de succès (FCS) sont définis comme les règles à suivre pour réussir dans tel ou tel domaine d'activité stratégique. On peut distinguer les FCS nécessaires (ceux qui permettent de survivre dans le secteur) et les FCS suffisants (ceux qui permettent de se développer et gagner du terrain vis-à-vis de ses concurrents). Une fois les facteurs-clés de succès identifiés, la démarche consiste, *pour chaque FCS*, à déterminer les avantages concurrentiels (AC) que l'entreprise va devoir développer (si elle ne les possède pas déjà) ou mettre en avant (si elle les possède déjà).

2.4.1. L'identification des facteurs-clés de succès

En matière de commerce électronique, les facteurs-clés de succès sont nombreux. Ci-dessous, nous distinguons parfois les FCS selon le type d'entreprise : un distributeur revendant des produits achetés par ailleurs, ou un industriel vendant ses propres produits ou services.

- dans le cas des commerçants et intermédiaires de commerce, pouvoir référencer les bons produits et les acheter aux meilleures conditions ;
- dans le cas des industriels, proposer un portefeuille de produits suffisamment large pour être attractif (éventuellement en mutualisant leur offre avec celle d'un partenaire, ou même d'un concurrent) ;
- quel que soit le type d'entreprise, attirer le client vers le site et lui donner confiance ;
- connaître le client pour pouvoir élargir l'assortiment de façon efficiente (sans gonfler les stocks, avec une bonne rotation des produits) et lui proposer des offres croisées ;
- développer une offre de services attractifs et savoir les délivrer en garantissant un bon niveau de satisfaction client ;
- livrer le client en temps et en heure, sans mettre en péril l'équilibre commercial de l'entreprise ;
- prévenir ou gérer les conflits avec leur réseau de distributeurs (pour les industriels) ou avec leur réseau de points de vente (pour les distributeurs possédant déjà un réseau).

Cette liste générique de FCS doit donc être approfondie et travaillée en fonction de la position de l'entreprise (industriel ou distributeur, acteur en place ou nouvel entrant, etc.). Les FCS peuvent aussi varier fortement d'un secteur à l'autre. Pour les cybermarchés, les FCS importants seront la capacité à acheter au meilleur prix de façon à ne pas trop s'écarter des prix pratiqués dans les grandes surfaces et, surtout, la capacité à livrer des produits fragiles dans des conditions économiquement rentables. Pour la bijouterie, la logistique aval sera moins importante, mais la capacité à se passer des intermédiaires en amont et à trouver les bons artisans pour travailler les pierres sera critique.

Exemple : Dans le domaine des sites d'enchères entre particuliers, Place des Ventes se pose en challenger d'eBay. Dans ce secteur, l'un des principaux FCS consiste à attirer suffisamment de vendeurs, pour ensuite attirer des acheteurs et pouvoir fixer des prix corrects (on estime la taille critique autour de 100 000 objets). Pour ce faire, le site propose des frais de mise en vente fixes et sans commission, quel que soit le montant de la vente (pour attirer des vendeurs de produits plus sophistiqués). Par ailleurs, pour faire émerger les objets de la masse et créer un effet d'attraction vis-à-vis des acheteurs, le site ouvre des sessions thématiques où plusieurs vendeurs peuvent mettre en vente des objets liés par une thématique (par exemple, les objets design des années 1960). Les acheteurs sont prévenus de l'ouverture de cette session (deux heures) par mail et SMS, sachant que l'accompagnement des acheteurs et des vendeurs constitue également un FCS assez critique.

Source : d'après Le Journal du Net, 2006

Les FCS dépendent plus souvent des attentes des clients que des concurrents. Il faut donc se pencher attentivement sur les attentes des clients en matière de produits/services (quels sont les produits/services les plus attendus), mais aussi sur leurs attentes en matière d'accès à l'offre (quel choix, quelles modalités de consultation de l'offre, quelles conditions de paiement, etc.). Les managers qui collaborent à des projets innovants doivent aussi garder à l'esprit que ce n'est pas parce que l'offre est nouvelle qu'il est plus facile d'identifier et réunir les facteurs-clés de succès. Bien au contraire, l'absence de référence rend les choses parfois plus délicates.

L'un des facteurs-clés de succès est la confiance que peut générer l'activité auprès des consommateurs en assurant et en mettant en avant la prise en considération de la réglementation applicable propre au domaine. Les dispositions de la loi du 21 juin 2004 sont importantes en ce qu'elles précisent les effets de génération de la confiance, notamment concernant :

- les étapes à suivre pour conclure le contrat ;
- les moyens permettant d'identifier et de corriger les erreurs ;
- la langue du contrat ;
- les modalités d'archivage du contrat et de consultation des règles professionnelles commerciales auxquelles l'auteur de l'offre entend le cas échéant se soumettre.

Ces éléments générateurs de la confiance constituent un des axes du succès d'un site de commerce électronique, sachant que d'autres dispositions de la même loi précisent que toute personne physique ou morale exerçant une activité de commerce et d'électronique est responsable de « plein droit » à l'égard de l'acheteur de la bonne exécution de ses obligations.

2.4.2. La mise en avant des avantages concurrentiels

Les facteurs-clés de succès constituent autant de challenges pour l'entreprise. Pourra-t-elle relever ces défis ? La réponse à cette question commence par un examen attentif des avantages concurrentiels dont elle dispose. Cependant, en matière d'avantage *concurrentiel*, il est important de distinguer l'avantage *compétitif* (qui génère directement la préférence du consommateur) et l'avantage *comparatif* (qui caractérise une véritable différence en matière de création de valeur, relativement aux concurrents). Sans transformation de l'avantage comparatif en avantage compétitif, on ne peut pas véritablement parler d'un avantage concurrentiel.

Avantages comparatifs vs avantages compétitifs

Un avantage comparatif peut permettre à une entreprise de dépasser ses concurrents sur une étape de la chaîne de valeur, mais sans nécessairement offrir un argument direct et décisif aux yeux des consommateurs. Pour progresser sur le marché, il faudra que l'entreprise transforme son avantage comparatif en avantage compétitif, important pour les clients.

Il est important de déterminer si l'entreprise possède ou non les avantages comparatifsnécessaires. Autrement dit, si elle dispose de ressources supérieures à ses concurrents (marque plus puissante, capitaux plus abondants, etc.), ou si elle maîtrise mieux les compétences nécessaires que ses concurrents. Cette analyse doit être menée *pour chaque FCS*. On peut se trouver dans une situation où l'entreprise a un avantage comparatif pour tel FCS, mais aucun avantage pour tel autre. Par exemple, l'entreprise peut avoir une marque forte et crédible (qui lui donne la capacité d'attirer du trafic sur son site et de rassurer les internautes), mais ne pas disposer du portefeuille de produits nécessaire.

Exemple : Si un site marchand met en place une nouvelle application informatique qui lui permet d'optimiser ses tournées de livraison, cela lui donne indubitablement un avantage sur ses concurrents en termes d'efficience logistique : une meilleure utilisation des ressources (flotte de camionnettes, collaborateurs chargés des livraisons, etc.), donc une baisse des coûts de livraison et, finalement, une augmentation de la profitabilité à volume constant. Néanmoins, cette nouvelle application informatique ne procure pas nécessairement un avantage compétitif susceptible d'attirer plus de clients ou de mieux fidéliser les clients existants. Il faudra, par exemple, que la baisse des coûts de livraison permette une baisse du prix facturé au client (baisse uniforme du prix de chaque livraison, livraison gratuite toutes les trois commandes, etc.) ou que l'entreprise offre un meilleur service à ses clients (livraison en 2 heures plutôt qu'en une demi-journée, fenêtre de livraison plus précise, etc.).

L'identification et le développement des avantages comparatifs

Dans ce cas, il appartiendra au manager d'évaluer si l'absence d'avantage comparatif sur tel FCS peut être compensée par un autre avantage sur un autre FCS… ou si les avantages doivent être développés sur chaque FCS. Dans notre exemple, si on admet que l'entreprise ne peut se contenter de s'appuyer sur sa marque, elle devra étoffer son portefeuille de produits, seule ou avec un partenaire (qui peut d'ailleurs être un concurrent).

L'entreprise détermine donc, pour chaque FCS, si elle doit ou non développer ces avantages et, si oui, de quelle façon. Il est possible d'acquérir les ressources et compétences nécessaires en les achetant (solution parfois coûteuse), en les développant en interne (solution longue et incertaine), ou en les obtenant *via* des partenaires et alliés. La dernière solution ne présente pas que des avantages, mais la réalité montre qu'elle est fréquemment adoptée. Après avoir réalisé ces analyses, si l'entreprise n'arrive pas à réunir les avantages comparatifs nécessaires, elle devra peut-être envisager d'abandonner le projet de développer ses ventes en ligne !

La transformation des avantages comparatifs en avantages compétitifs

Chaque avantage comparatif peut donner naissance à un ou plusieurs avantages compétitifs. À partir d'une bonne connaissance des clients, le travail de l'entreprise consiste à mettre en avant les bénéfices qui lui semblent les plus pertinents, en s'assurant que certains bénéfices reposent sur des avantages comparatifs solides. Idéalement, ces avantages ne peuvent pas être copiés à court terme par les concurrents.

Exemple : Sur le site du cybermarché Houra.fr, les bénéfices mis en avant sont : « Le plus grand choix pour vos courses sur Internet », « Paiement sécurisé », « Livraison à domicile », « Service client 6 jours sur 7 » et « Garantie satisfait ou remboursé ». Certains de ces bénéfices sont de véritables avantages compétitifs (fortement valorisés par les clients), qui reposent sur des avantages comparatifs forts (dont ne disposent pas les concurrents). Ces bénéfices sont vraiment fondamentaux et peuvent étayer une stratégie marketing sur le long terme. Il en va ainsi du choix offert, incluant les produits frais et les produits surgelés, à la différence des concurrents. Ce bénéfice repose sur un avantage comparatif fort, dans la mesure où Houra.fr dispose d'un système de conditionnement protégé par un brevet, résultat d'une alliance avec l'entreprise Natoora. D'autres bénéfices relèvent plutôt du discours… mais ils permettent de rassurer les clients, comme la garantie de satisfaction.

3. Déployer la stratégie

Le déploiement de la stratégie est naturellement critique. Mal exécutée, la plus brillante des stratégies peut tourner à l'échec. La chaîne de décisions est probablement plus courte dans le secteur du commerce électronique, ce qui rend le problème d'exécution peut-être moins critique que pour les chaînes en réseau qui disposent de plusieurs centaines de localisations et emploient plusieurs dizaines de milliers de salariés répartis sur un grand territoire. Cependant, les enjeux liés à la question de l'exécution n'ont pas la même nature pour les entreprises en réseau et pour les entreprises du Net. Une question centrale tient dans le modèle de revenu adopté sur Internet – sensiblement plus varié que dans le commerce traditionnel –, ce qui pose ensuite la question de l'offre (produits/services). Une autre question déterminante concerne les stratégies d'alliance éventuelles, si l'entreprise ne souhaite pas réaliser l'ensemble des activités dans la chaîne de valeur (ce qui est très fréquent). Pour finir, vendre en ligne pose la question de la vitesse d'exécution. Certains experts parlent d'un « temps Internet » où chaque trimestre sur le Web équivaudrait à une année réelle. Mais il ne faut pas pour autant confondre vitesse et précipitation.

3.1. Les modèles de revenus

3.1.1. Une typologie des sources de revenus

Chaque modèle d'affaires (*business model*) repose sur une combinaison des sources de revenus. Il existe quatre grandes sources de revenus (*revenue models*) : la marge commerciale brute, la commission, le revenu publicitaire et le revenu d'affiliation. Le premier modèle de revenu est clairement transactionnel puisqu'il repose sur une activité de revente. En revanche, les trois autres peuvent être qualifiés de relationnels dans le sens où le commerçant électronique joue un rôle de mise en relation entre des acheteurs et des vendeurs (modèles de commission et modèle d'affiliation) ou entre les cibles et les annonceurs (modèle publicitaire).

Les acteurs du commerce électronique sont également amenés à vendre des prestations de service, une source de revenu qui reste généralement marginale dans le commerce traditionnel. Elle est additionnelle pour la plupart des marchands, mais représente la première source de revenu pour certains d'entre eux. Le service est généralement transactionnel, dans la mesure où le marchand produit lui-même le service vendu (licence d'une technologie, vente d'une prestation de conseil). Quand le marchand se contente de trouver un client pour un tiers, ce dernier produit le service lui-même, et le marchand est donc rémunéré à la commission (par exemple, quand un site marchand propose un crédit à la consommation à ses propres clients, le crédit est généralement produit par une institution financière qui rémunère le marchand).

La marge commerciale brute

Ce modèle de revenu caractérise les modèles d'affaires transactionnels, comme les sites marchands, les sites de vente directe et les sites de vente privée. D'autres sites peuvent y avoir recours de façon plus ponctuelle, comme les sites de déstockage et de dépôt-vente, les galeries marchandes et parfois même les places de marché électroniques en *B2B*.

La *marge commerciale* sur les produits vendus correspond à la différence entre la vente de marchandises et le coût d'achat de ces mêmes marchandises (on utilise simplement le terme de *marge* quand il s'agit d'une vente directe par un industriel). La marge commerciale est communément de 40 % dans le commerce spécialisé (équipement de foyer, produits culturels, etc.). Elle est généralement plus faible dans le commerce alimentaire et dans le commerce à destination des entreprises. Cette marge commerciale sur les produits vendus (qu'on appelle aussi *marge avant*) est bien souvent complétée par des remises conditionnelles (remise sur volume, par exemple) et par la vente de prestations (ou *coopération commerciale*) qui forment ce que l'on appelle les *marges arrière*, dans le sens où elles interviennent *après* la signature du contrat de vente et ne sont généralement pas connues au moment de signer le contrat. Par exemple, quand un marchand propose à une marque un espace spécifique sur son site ou la mise en avant d'une nouveauté, le commerçant obtient un financement particulier de la part de l'industriel. Les marges arrière peuvent représenter une source de revenu importante pour le vendeur. Le total des marges issues de la vente de produits se nomme la *marge brute*. C'est la différence entre le chiffre d'affaires incluant les marges arrière et le coût d'achat des marchandises vendues.

Dans le prolongement d'une conception stricte du commerce (qui consiste à revendre des produits en l'état), la revente de services associés au produit entre dans la sphère du commerce. Par exemple, lorsqu'un commerçant vend une garantie complémentaire pour l'achat d'un ordinateur, ou qu'il vend une assurance contre le vol pour l'achat d'un téléphone mobile, il s'agit d'un service directement lié à l'achat d'un produit (on ne peut pas vendre la garantie ou l'assurance sans vendre le produit).

La commission

Ce modèle de revenu caractérise les modèles d'affaires relationnels (car l'intermédiaire ne possède pas le stock), comme les sites de courtage, les galeries marchandes, les infomédiaires, les sites de C2C et les places de marché électroniques. eBay par exemple, l'un des acteurs les plus profitables du commerce électronique, repose sur un modèle de commission. Les sites marchands et les sites de vente privée peuvent y avoir recours de façon plus ponctuelle. *A priori*, ce modèle ne peut pas caractériser les sites de vente directe, sauf à accueillir des partenaires commerciaux sur le site de l'entreprise. La commission peut être variable (selon le montant de la transaction) ou fixe. Elle peut également être complétée par un droit d'entrée (ou « pas-de-porte virtuel » sur les galeries marchandes), c'est-à-dire un montant que l'on paie une seule fois. Un droit peut être prélevé de façon plus régulière (annuellement, par exemple).

Exemple : Companeo, la place de marché électronique pour les entreprises, fonctionne au *pay per lead* (versement d'une commission pour chaque prospect récupéré), un modèle dont la visibilité est bonne, car le revenu est entièrement apporté par le fournisseur. Celui-ci paie une commission à Companeo chaque fois que le site lui transmet une demande d'un acheteur potentiel. Companeo réalise un chiffre d'affaires de 3,8 millions d'euros, pour 450 000 demandes transmises à des fournisseurs.

Source : companeo.com

Le revenu publicitaire

Ce modèle de revenu caractérise avant tout les modèles d'affaires relationnels, mais rien n'interdit à un site marchand de commercialiser son audience. Les sites de courtage, les infomédiaires (notamment les guides d'achat sur les portails) et les places de marché électroniques vivent en grande partie de leurs revenus publicitaires. Ceci dit, ce sont les sites à plus fort trafic qui sont les mieux placés pour tirer un profit des millions de pages vues, sur lesquelles ils peuvent exposer des bannières et, surtout, des liens promotionnels.

Pour un site, les pages vues constituent le premier espace à commercialiser. Néanmoins, il ne faut pas oublier les autres espaces comme les newsletters ou, même, les espaces physiques comme les catalogues papier ou les points de vente. Par ailleurs, d'une certaine manière, les coopérations commerciales que les sites marchands obtiennent des marques sont des revenus publicitaires (mise en avant des promotions dans des corners, mise en avant de promotions spéciales, etc.).

Le revenu d'affiliation

Ce modèle de revenu est une variante des deux modèles précédents (commission et publicité). La différence fondamentale tient à la forme de la mise en relation. Dans le cas du revenu d'affiliation, un site va toucher une commission liée au fait qu'il redirige une partie de son trafic vers un site marchand qui va le rémunérer pour cela. Autrement dit, chaque fois qu'un visiteur du site X clique sur la bannière du site Y, le site Y va rémunérer le site X pour cette visite. D'une certaine manière, le site X monétise son audience. C'est pourquoi le modèle de l'affiliation est proche du modèle publicitaire. Il arrive aussi que le site Y rémunère le site X en fonction des ventes. Auquel cas, le modèle de commission et le modèle d'affiliation sont très proches.

Les prestations de service

Les marchands sur Internet s'emploient à faire progresser leur chiffre d'affaires en développant un peu toutes les formes de service : du service indispensable au bon fonctionnement d'un produit (comme l'accès au réseau d'un opérateur mobile) au service entièrement numérisé (comme le téléchargement d'un titre MP3 ou l'accès à une application logicielle en ligne), en passant par le service complémentaire au produit vendu (comme une assurance contre le vol), le service autour d'un produit (comme la réparation d'un ordinateur), le service utilisant un produit (comme la location d'un véhicule), ou encore le service dématérialisé (comme un prêt immobilier).

Finalement, peu d'acteurs du commerce électronique se contentent de la marge sur les produits vendus ou des commissions sur les transactions réalisées ; peu sont exclusivement des commerçants ou des intermédiaires de commerce. Par exemple, Amazon développe fortement ses prestations logistiques pour le compte d'autres sites de commerce électronique… au point que certains experts se demandent si Amazon est bien encore un cybermarchand ! Les acteurs du commerce électronique ayant été amenés à développer des technologies assez pointues, il est assez naturel de les voir revendre ces technologies à des clients… ou même à des concurrents. Les leaders y voient une possibilité de croissance intéressante et, plus stratégiquement, une façon de contrôler indirectement leurs concurrents. Il en va ainsi d'eBay, qui licencie sa technologie PayPal, et en fait un acteur (bientôt majeur) des services financiers.

Exemple : Bobex est une société d'origine belge qui gère des places de marché publiques, comme bobex.fr ou bobex.be, sur un modèle de revenu relationnel mixte : droit d'entrée pour le référencement des fournisseurs, commission sur les transactions réalisées par son intermédiaire et publicité (mise en avant des fournisseurs sur le site, dans les newsletters, etc.). Cette société développe également des places de marché privées et des systèmes de *e-procurement* pour des grands comptes. Elle se rémunère sous forme de licence mais aussi de prestations facturées pour ses services (conseil, formation des utilisateurs, etc.).

Source : bobex.com

En matière de *e-business*, on parle de « marque blanche » pour désigner une technologie qui est revendue sans mentionner le nom de l'entreprise qui l'a développée et/ou qui la met en œuvre. Par exemple, si un internaute navigue sur le site de l'office du tourisme d'une grande ville, il est possible qu'il soit exposé à une boutique en marque blanche gérée par l'un des grands opérateurs du tourisme (Expedia, Lastminute). De nombreux autres acteurs du commerce électronique font de même, comme Brandalley. Certains experts nomment cette approche le *B2B2C*, l'entreprise cliente étant un relais vers le client final.

Exemple : Expedia Private Label anime depuis 2006 les sites personnalisés des agences d'Afat voyages, acteur traditionnel du tourisme. Au-delà de cet exemple très abouti, de nombreux autres sites bénéficient de l'accès aux bases de données d'Expedia – vols et nuitées d'hôtels à réserver, voitures à louer, etc. – en totale transparence (prix et conditions identiques au site expedia.fr). Expedia peut également prendre en charge le support opérationnel (centre d'appels, émission de billets, gestion des e-mails, etc.). Seul l'aspect marketing de l'offre est systématiquement laissé au partenaire. Les clients d'Expedia Private Label sont divers : compagnies aériennes, sites de destination (comme barcelona.com) et plus généralement tous les sites de commerce électronique qui veulent rajouter un onglet « voyage » à leur offre, notamment les sites de produits culturels comme Alapage ou Weekend Desk.

Source : d'après Le Journal du Net, 2006

Les sites de commerce électronique peuvent également avoir développé des compétences en logistique, ou même disposer de ressources en surcapacité (un espace de stockage dans un entrepôt, des positions libres dans un centre d'appels, etc.). Ces compétences et ces ressources peuvent alors faire l'objet d'une monétisation ou, plus rarement, d'une opération de troc en nature (échange de bons procédés entre deux sites complémentaires).

Exemple : e/merchant™ est l'une des activités de Pixmania (Fotovista) à destination des professionnels. Ce pôle réalise des prestations autour des cinq métiers-clés du commerce électronique : noyau technologique (gestion de catalogue multilingue, intégration à l'ERP existant, etc.), logistique (picking/packing, shipping, logistique de retour, etc.), service clients (centre de contact, programme de fidélisation, etc.), marketing et merchandising (création et design, programmes d'affiliation, etc.), et services financiers (intégration de plus de 40 moyens de paiement dans 25 pays d'Europe). ☞

Comme le précise Steve Rosenblum, PDG de Fotovista : « Avec e/merchant, les marques et les enseignes disposent désormais des meilleures pratiques et des outils les plus performants du marché, avec pour objectif ultime le succès de leurs activités à travers l'Europe. » Cette proposition est tout à fait crédible, car elle s'appuie précisément sur le savoir-faire de Pixmania : l'une des meilleures cartes de visite qui soit pour une activité de conseil. Avec cette prestation, Fotovista revend et mutualise ses compétences (création et design, par exemple) et une partie de ses ressources (notamment la plate-forme logistique).

Source : fotovista.com

En général, la technologie est revendue sous forme de licence, mais il arrive que l'entreprise préfère recevoir une commission sur les ventes qu'elle permet de réaliser, revenant ainsi à un modèle d'intermédiation. Étant assez atypique, ce choix peut s'expliquer par la volonté du prestataire de s'associer commercialement à la destinée de ses clients, une façon de les considérer plus comme des partenaires et de générer éventuellement d'autres sources de revenus ultérieures.

Exemple : Fastbooking, qui a développé un outil de réservation installé en marque blanche sur le site de plus de 3 000 hôteliers à travers le monde, rémunère sa technologie à la commission (5 % des ventes réalisées *via* son outil), en plus du droit d'entrée (1 500 euros) et du coût de la formation (450 euros).

Source : d'après Le Journal du Net, 2006

3.1.2. Réflexions sur les modèles de revenus

La présentation des modèles de revenus est complétée par quelques réflexions sur les revenus d'abonnement, l'équilibre entre revenus et charges, la distinction entre revenus et produits, et finalement sur la diversité des formes de revenus dans le commerce électronique.

La question de l'abonnement

Pour certains, l'abonnement est un modèle de revenu à part entière (Turban *et al.*, 2006). Notre position est un peu différente dans le sens où, si la question de l'abonnement est naturellement stratégique – être payé à chaque transaction ou à chaque période a des conséquences importantes sur la trésorerie –, l'abonnement ne constitue pas une source de revenu *spécifique*. C'est avant tout une modalité de paiement. Pour preuve, l'abonnement peut être versé en compensation de transactions ou de commissions. La question essentielle est de savoir quelle est la *contrepartie* du paiement (la cession d'un produit, la mise en relation, etc.), que l'on doit distinguer d'une question certes importante, mais distincte, qui porte sur la *forme* du paiement.

Par exemple, certains détenteurs de contenus numérisés ont adopté un modèle de vente sur abonnement, à l'instar de titres de la presse quotidienne comme *Le Monde* ou le *New York Times*. Au lieu de vendre du contenu au numéro, le producteur vend son contenu sous forme d'abonnement. Mais le point essentiel, en termes de modèle d'affaires, c'est précisément qu'il vend du contenu… et non pas une mise en relation ou un espace publicitaire. Ici, l'abonnement est une modalité de paiement (*forme*) d'un contenu éditorial. Très rarement, l'abonnement porte sur des produits physiques. Il en va ainsi des chaussettes noires de blacksoks.com ou de chaussetteonline.com qui sont vendues sur abonnement. Cependant, la vente de produits physiques se prête mal à cette forme de tarification.

L'équilibre des revenus et des charges

À un flux de revenus correspond un flux de charges, et l'objectif est de maximiser la différence, du moins sur le moyen terme. Il est clair que le flux de charges est parfois supérieur au flux de revenus. Cela n'est pas rédhibitoire, à condition que les perspectives soient effectivement positives dans un horizon temporel « raisonnable » (seuls les investisseurs peuvent dire ce qu'ils entendent par là). Si le modèle d'affaires ne permet pas de dégager un surplus de revenus, l'entreprise est condamnée. Mais dans l'économie d'Internet, il est fréquent que les investisseurs tolèrent une période de retour sur investissement assez longue (cinq ans pour Amazon.com, par exemple).

Le revenu… et le profit ?

En matière de modèles d'affaires, il est essentiel de bien distinguer les sources de revenus et les sources de profit. Autrement dit, si la vente de marchandises représente l'essentiel du chiffre d'affaires, ce pourcentage tombe en ce qui concerne le profit. Les revenus annexes peuvent peser faiblement dans le chiffre d'affaires, mais représenter une part très importante du profit dans la mesure où les taux de marge sont nettement supérieurs. Si le résultat net de Carrefour représente 3 % du chiffre d'affaires, celui de Google en représente 30 % : le modèle de revenu publicitaire dégage une marge nette sensiblement supérieure à celui de l'achat/revente. De fait, les prestations ou les revenus publicitaires peuvent représenter 5 % du chiffre d'affaires, mais 30 % des profits. Il est donc essentiel d'activer ces autres leviers de croissance pour atteindre plus sûrement ou plus rapidement la zone de profitabilité. C'est sans doute ce mécanisme qui a poussé les commerçants électroniques à diversifier leurs sources de revenus, relativement aux commerçants traditionnels dont le modèle repose essentiellement sur la revente de marchandises.

La diversité des sources de revenus dans le commerce électronique

Dans le commerce traditionnel, la marge commerciale brute représente la quasi-totalité du revenu du commerçant (plus de 90 % d'après l'INSEE). Mais dans le commerce électronique, sachant qu'il y a de nombreuses autres façons de générer des revenus, la vente de marchandise représente une source de revenu parmi d'autres. Ces méthodes pour gagner de l'argent existent plus ou moins dans le commerce physique, mais elles sont souvent moindres ou sont exercées par des acteurs différents. Les distributeurs traditionnels peuvent gagner de l'argent avec leurs supports publicitaires (les prospectus diffusés dans les boîtes aux lettres, les affiches sur les parkings attenants aux magasins, la radio diffusée dans les points de vente, etc.), mais ces sources de revenus restent un appoint marginal. Au contraire, dans le commerce électronique, certains sites tirent parfois une part importante de leur revenu total de la vente d'espaces publicitaires.

Exemple : Allociné a réalisé un chiffre d'affaires de 12,5 millions d'euros en 2006, 60 % de ses revenus venant de la publicité, 20 % de ses activités de producteur de contenus (prestations) et 20 % du commerce en ligne (commission).

Source : d'après Le Journal du Net, 2006

Les entreprises de *e-business* ont probablement des modèles d'affaires plus complexes et plus riches que les entreprises d'avant la révolution Internet. Plusieurs des exemples développés ci-dessus caractérisent bien l'idée de modèles *corporate* « hybrides » composés de plusieurs modèles d'affaires : Fastbooking (outil destiné aux hôteliers et site de réservation destiné aux particuliers), Play Again (site 1001dessous et boutique de nautisme), Allociné (site destiné aux cinéphiles et service de tracking destiné aux professionnels). On peut toutefois se demander si la faible part du revenu issu de la vente de produits, relativement au commerce traditionnel, n'est pas due à la faiblesse des ventes en ligne. Qu'en sera-t-il demain, lorsque le commerce électronique représentera une part plus importante du commerce total ? Il est possible que la vente de produits/services devienne la première source de revenu…

3.2. Les activités réalisées dans la chaîne de valeur

L'entreprise ayant pris position dans un réseau de valeur (revente, intermédiation, transformation de produits ou réalisation de services), la question alors est de savoir quelles activités précises elle va réaliser elle-même… et lesquelles elle va déléguer à des prestataires, des partenaires ou des alliés.

3.2.1. L'externalisation

Dans toutes les entreprises, la tendance générale est de fortement externaliser (certains laboratoires pharmaceutiques externalisent même leur R&D) : le commerce électronique n'échappe pas à la tendance. Elle est même probablement plus forte dans ce domaine car l'externalisation est plus prononcée dans les secteurs technologiques, et encore plus dans les jeunes entreprises qui subissent moins les contraintes du passé. Les 2/3 des sites marchands américains emploient moins de dix personnes (d'après le eTailing Group dans une étude publiée par *Le Journal du Net* en 2006). Ce chiffre montre assez clairement que les sites utilisent des compétences extérieures, dans une logique d'externalisation.

Exemple : Une étude menée en France par la FEVAD montre que les emplois indirects dans le secteur sont substantiels, relativement aux emplois directs (30 000 contre 50 000), ce qui confirme la même tendance. Les sites marchands utilisent massivement des prestataires externes. L'analyse détaillée montre qu'il s'agit essentiellement de prestations de logistique (20 000 emplois) et de centres d'appels (7 000 emplois).

Source : fevad.com

En matière de commerce électronique, les activités suivantes sont le plus souvent externalisées :

- conception et développement du site ;
- hébergement du site, gestion de la bande passante ;
- référencement par liens sponsorisés (*via* des régies et des agences spécialisées) ;
- gestion d'un réseau d'affiliés (*via* des plates-formes spécialisées) ;

- hébergement et animation de la base de clients, notamment par e-mailing ;
- archivage électronique (en application d'un décret pris suite à la loi du 21 juin 2004 (LCEN), le cocontractant professionnel est obligé de conserver les écrits électroniques pour un contrat supérieur à 120 euros pendant une durée de dix ans – décret suite à l'article L. 134-2 du Code de la consommation) ;
- crédit à la consommation (*via* une institution financière spécialisée) ;
- livraison du client final (*via* un prestataire logistique ou un partenaire disposant d'un réseau de proximité, comme les relais-colis de La Redoute) ;
- service client (*via* un centre d'appels externalisé).

L'internalisation présente toutefois l'intérêt de favoriser l'innovation à condition de savoir détecter et mettre en mouvement les ressources et les compétences que l'entreprise maîtrise et dont elle peut disposer en surplus. En effet, « les choix opérés en termes d'organisation de l'activité déterminent largement les charges supportées par l'entreprise mais également les opportunités d'exploitation de compétences et de ressources émergentes, et donc les opportunités de revenus » (Lecocq *et al.*, 2006). Dans ce domaine, un point-clé consiste à disposer d'une ressource ou à maîtriser une compétence qui peut être mobilisée à coût marginal nul, ou quasi nul : comme une licence pour une technologie, une capacité de stockage excédentaire inutilisée, ou des positions libres sur un centre d'appels.

3.2.2. Les alliances

Les alliances peuvent prendre la forme de partenariats commerciaux : commercialisation des produits de l'un sur le site de l'autre, mise en avant des promotions de l'un sur les espaces de l'autre (site, catalogue, etc.), accès à des bases de données client en échange d'une commission sur les ventes réalisées, etc. Les partenariats commerciaux peuvent être équilibrés par des actions qui se compensent dans les deux sens, par un apport d'espaces publicitaires (site, newsletter, etc.) et d'espace de vente, ou encore par des paiements (commissions sur les ventes réalisées). Dans certains cas, ils induisent une prise de participation capitalistique.

Exemple : Rue du Commerce (RDC) met en ligne sur le site de France Loisirs (FL) une boutique de produits de haute technologie, pendant que FL met en ligne sur le site de RDC des produits audio à télécharger. RDC va également ouvrir une dizaine de corners (espaces de vente) dans les boutiques de FL (sur les 200 que possède l'enseigne). Le partenariat peut évoluer vers l'élargissement à de nouvelles catégories de produits, ou le retrait dans les boutiques FL des produits achetés sur le site de RDC.

Source : d'après Le Journal du Net, 2006

Le marketing n'est pas le seul domaine où ces partenariats sont fréquents, loin s'en faut. La logistique est également un domaine de prédilection dans le sens où cette prestation est complexe, alors que les attentes des consommateurs sont très élevées. Par ailleurs, une mauvaise maîtrise de ce poste de coût peut dégrader substantiellement les comptes.

Exemple : Telemarket, le supermarché en ligne, voit les choses en grand. Historiquement, le site s'était limité à la région parisienne (Paris et Île-de-France). Mais, ayant constaté que plus de 70 % des visiteurs du site venaient d'une zone non livrée – et après avoir fait un test en Picardie fin 2006 –, le site a décidé d'offrir à ses clients une couverture nationale. On pourra désormais se faire livrer dans toute la France. Après plusieurs mois de travail en collaboration avec Chronopost (mise au point d'emballages sécurisés et isothermes, etc.), le site peut désormais annoncer une livraison le lendemain matin pour toute commande prise avant 15 heures. Les commandes sont toujours livrées à partir d'un entrepôt central de 20 000 m^2 situé à Pantin (Seine-Saint-Denis).

Source : d'après Le Journal du Net, 2007

Les alliances stratégiques et les partenariats scellés au niveau de l'entreprise constituent un jeu de contraintes et d'opportunités pour chaque domaine d'activité stratégique de l'entreprise. Le modèle d'affaires du DAS considéré doit donc prendre en compte la possibilité (ou l'obligation) de faire rentrer l'allié dans le jeu. Par exemple, si une entreprise gère deux sites – qui constituent deux DAS différents –, elle devra très probablement utiliser les services du même partenaire logistique. Si les choses sont claires pour les alliés et les partenaires, en revanche, il est conseillé de ne pas forcément utiliser toujours le même prestataire pour deux DAS différents (sauf si le recours au même prestataire pour l'ensemble des activités génère des économies substantielles). Cela permet de maintenir les prestataires sous tension et de tester des solutions alternatives… pour conserver une certaine souplesse.

3.3. L'offre

En général, chaque domaine d'activité stratégique et chaque modèle d'affaires comprennent un grand nombre d'offres (gammes de produits ou prestations de service). Les questions de stratégie marketing suivantes se posent *pour chaque offre* : qui sont les clients visés par l'offre, quelle proposition de valeur va-t-on formuler (quels sont les bénéfices apportés au client ?) et quel est le positionnement de cette offre (Kotler et al, 2006, pour une définition plus précise des concepts) ?

3.3.1. Les cibles visées

L'offre peut soit s'adresser aux clients habituels de l'entreprise, soit permettre d'élargir la cible. Dans des cas extrêmes, on peut aussi imaginer découpler la cible Web de la cible habituelle. Dans ce cas, l'entreprise devra probablement se présenter à cette nouvelle clientèle avec une marque spécifique, pour éviter la confusion et diminuer le risque d'échec (voir chapitre 3). Le site devra veiller à ce que la taille de la cible et son taux de pénétration sur cette cible garantissent la viabilité du projet. Les investisseurs devront se méfier des projets qui, sous prétexte d'indiquer un objectif de part de marché modeste, en concluent que le pari est gagné d'avance. Il n'est pas plus facile de réaliser 2 % de part de marché que d'en réaliser 5 % ou 20 %. Tout dépend de la force de la proposition et des moyens alignés !

3.3.2. La proposition de valeur

La proposition de valeur est un concept essentiel dans la mesure où tout modèle d'affaires doit pouvoir résumer en quelques mots les bénéfices spécifiques apportés par l'entreprise à sa cible de clients. L'entreprise devra veiller à définir une proposition de valeur :

- légitime (qui repose sur des avantages concurrentiels réels) ;
- pertinente (qui correspond aux attentes profondes des clients) ;
- réaliste (qui ne promet pas trop, au point de risquer de décevoir) ;
- différente (qui est unique à l'entreprise et qui n'est pas immédiatement copiable) ;
- solvable (pour laquelle les clients sont prêts à débourser une somme supérieure à son coût).

La proposition de valeur repose sur les éléments suivants :

- des prix bas (une politique promotionnelle soutenue accompagne souvent une politique de prix agressive ; les marques de distributeurs constituent également une façon de proposer des produits moins chers, tout en étant souvent de qualité proche) ;
- un choix large et profond (en matière de commerce électronique, la largeur est probablement moins importante que la profondeur, dans la mesure où l'effet « tout sous le même toit » est moins critique… puisqu'il est facile de comparer et de passer d'un site à l'autre) ;
- des produits originaux (que l'on ne trouve pas nécessairement dans le commerce, ou difficilement) ;
- des produits disponibles (de ce point de vue, la disponibilité des sites de commerce électronique peut parfois être supérieure à celle des magasins) ;
- des produits personnalisés (l'interface Web permet précisément de recueillir les choix des clients et de configurer le produit désiré) ;
- une interface simple d'utilisation, fluide, esthétique, claire, etc. (l'affichage de la disponibilité et la richesse des informations constituent une attente forte des clients) ;
- des services d'accès à l'offre (moteurs, conseils, etc.) et des contenus éditoriaux (notamment communautaires) ;
- un processus de commande simple, rassurant, sûr (la confirmation de commande est une attente forte des clients) ;
- un temps de livraison rapide (mais en la matière, il est probable que la précision de la fenêtre de livraison soit au moins aussi critique) ;
- des services qui accompagnent la vente (alerte SMS pour informer le client que sa commande est livrée, procédure simple pour retourner les marchandises).

La proposition de valeur doit reposer sur des éléments qui présentent le plus de potentiel pour créer la préférence des clients (voir chapitres 6 à 9). Afin d'orienter la proposition de valeur, il est donc essentiel d'analyser les attentes spécifiques des clients dans le secteur considéré. Les attentes d'exhaustivité ne seront pas forcément les mêmes pour un cybermarché et un bijoutier, pour un site marchand et un site de C2C, etc. Cela suppose donc de ne pas fonctionner avec une connaissance obsolète (autre secteur, autre pays, autre période, etc.), mais d'étudier en profondeur les attentes des clients.

Pour finir, il ne faut pas surestimer l'importance du prix dans les choix des clients, comme le montrent les centaines d'études réalisées sur ces sujets : ceux-ci ne cherchent pas forcément les prix les plus bas. D'ailleurs, de nombreux sites marchands ne jouent pas spécifiquement sur cette corde de la sensibilité au prix, notamment pour fidéliser les clients. Ceci dit, les études montrent aussi que le Web est plus compétitif que le commerce physique, avec des écarts de prix plus faibles entre sites et des prix plus volatils. S'ils ne recherchent pas spécifiquement les prix les plus bas, les clients ont aussi parfois du mal à valoriser les services additionnels, la qualité de la livraison… Charge aux sites marchands d'expliquer aux clients la valeur de leur proposition, en faisant preuve de pédagogie… et de patience.

3.3.3. Le positionnement de l'offre

Chaque offre doit être bien positionnée sur son marché, c'est-à-dire prendre une place bien nette dans l'esprit des clients visés. Le positionnement est un résumé de la proposition de valeur. Ce résumé est nécessairement très simple : il tient en un à trois bénéfices fondamentaux que l'entreprise doit choisir avec soin, sur la base de sa connaissance des clients.

Tout communique le positionnement… ce qui implique que, pour réussir, les différents éléments doivent former un tout cohérent (le design du site, les produits sélectionnés, les conditions de livraison, la marque apposée, etc.). L'entreprise devra également veiller à ce que le positionnement voulu de l'offre (ce que l'entreprise souhaite dire) corresponde bien au positionnement perçu (comment le client perçoit cette offre). Pour s'en assurer, elle devra mener des études marketing régulières.

3.4. La vitesse d'exécution

La question de la vitesse d'exécution est cruciale. Faut-il impérativement être le premier (c'est la question de l'avantage au pionnier) ? Par ailleurs, faut-il tenter de passer directement d'une présence éditoriale à une présence commerciale rentable ? Combien d'années sont nécessaires pour parcourir ce chemin et atteindre une zone de profitabilité ?

3.4.1. L'avantage du pionnier

Le fait d'être le premier sur un marché ne donne pas nécessairement un avantage systématique et durable. La liste des premiers qui ont été dépassés est longue, y compris en matière de *e-business* (Netscape par Internet Explorer dans les navigateurs, Yahoo! par Google dans les moteurs de recherche et la publicité en ligne, etc.). Par ailleurs, de nombreuses études ont montré qu'être le premier procure un avantage en termes de part de marché, mais que les pionniers sont souvent moins rentables que les suiveurs (le fait est qu'ils doivent consacrer des ressources considérables à développer les technologies et à construire le marché à partir de rien). En revanche, être le premier présente un intérêt non négligeable, celui de façonner le marché (voir tableau 2.2). Les suiveurs vont donc devoir s'adapter aux normes fixées par le pionnier, ou devoir les dépasser pour prendre pied sur le marché.

Tableau 2.2 : Les avantages relatifs du pionnier et du suiveur sur Internet (Manceau et Le Nagard, 2002)

	Pionnier	Suiveur
Avantages inexistants ou moindres	Protection légale Image d'innovateur Fidélisation d'une partie des consommateurs	Attitude plus favorable des distributeurs
Avantages équivalents	Économies d'échelle Effets d'apprentissage Ressources rares	Stimulation organisationnelle Moindre risque Observation des erreurs du pionnier Éducation du marché déjà réalisée
Avantages renforcés	Couverture médiatique Impact de la notoriété sur le trafic	Possibilité d'entrer avec une technologie supérieure, plus récente
Avantages nouveaux	Importance de la communauté Recherche de capitaux facilitée	Expérience des partenaires

Dans les années 1998-2000, il était de bon ton de se lancer « pour voir », avec des ressources généreusement confiées par des investisseurs enthousiastes et joueurs. Cependant, cette approche a conduit à de nombreux échecs, même d'entreprises solidement installées sur leur marché. Aujourd'hui, les entreprises sont plus prudentes, comme le confirme Virginie Caillat, responsable multimédia de GO Sport (ouverture d'un site marchand en 1999 et fermeture en 2001) : « L'expérience décevante précédente a probablement refroidi Go Sport sur ce terrain. Notre objectif consiste donc plutôt à faire bien qu'à faire vite[1]. »

Les recherches remettent en cause l'importance primordiale attribuée par les observateurs à l'ordre d'entrée sur Internet (Manceau et Le Nagard, 2002). La date d'entrée se révèle finalement plus décisive pour lever des fonds que pour obtenir un avantage durable. Cet avantage tient plutôt à la puissance de la marque, à la maîtrise des distributeurs, ou à l'inertie éventuelle des consommateurs (mais dont la fidélité ne saurait être surestimée). Les avantages traditionnellement attribués au premier paraissent donc moins importants sur Internet.

1. Source : *Le Journal du Net, 2006.*

3.4.2. Les alternatives à la vente électronique

Dans l'hypothèse où l'entreprise ne souhaiterait pas se lancer dans une activité de vente électronique (ou ne serait pas poussée par ses clients à le faire), il existe un grand nombre de modalités alternatives pour être néanmoins présent sur Internet… et préparer *in fine* une activité de vente en ligne. On mentionnera notamment le *site institutionnel* (qui permet de présenter les activités de l'entreprise ou sa gamme de produits/services… comme une brochure) et le *site de marque*, moins orienté vers les affaires et plus vers la communication (qui constitue une piste pour les entreprises souhaitant transmettre une identité de marque forte et nouer un contact direct avec leurs clients).

D'autres modalités sont plus fluides, éphémères, mais aussi plus dynamiques. On mentionnera notamment le *site communautaire*, où certaines marques décident de faire parler leurs clients entre eux, et les *sites promotionnels ou événementiels* qui attirent un trafic parfois important autour d'opérations participatives (voter pour le nouveau parfum d'un dessert lacté, proposer un design innovant pour une nouvelle carte bancaire, etc.). De nombreux sites sont également enrichis d'une *dimension relationnelle* (programmes de fidélisation, services, etc.) qui permet de renforcer le lien entre le client et l'entreprise. Les sites sont enrichis de nombreux contenus qui permettent parfois d'attirer un trafic très important.

Exemple : La Grande Récré ne vend pas ses jouets en ligne… mais cela n'empêche pas l'enseigne d'être très dynamique sur la Toile. « Vendre en ligne, c'est finalement vendre par correspondance, et nous, notre métier, c'est de vendre en magasin », indique le directeur marketing du groupe Ludendo. La stratégie est de prolonger la relation qui se noue en magasin, de mettre en avant la dimension relationnelle de l'enseigne (relativement aux *big box* comme Toys 'R' Us qui vendent des jouets avec les techniques de la grande distribution alimentaire). Les contenus de la chaîne de télévision diffusée en magasin sont en partie accessibles aux enfants sur le site (dessins animés, clips, démonstrations). Le club du site compte plus de 50 000 membres. De nombreux conseils sont également donnés aux parents. Des campagnes d'e-pub et de liens sponsorisés sont régulièrement menées pour recruter de nouveaux visiteurs… qui sont incités à visiter les magasins. Le site n'est pas marchand, mais il se situe au cœur du dispositif de communication relationnelle, avec plus de 300 000 visiteurs uniques par mois en 2006, pour 30 millions de pages vues.

Source : d'après Le Journal du Net, 2006

3.4.3. La route du succès

Une étude menée dans le domaine du commerce électronique de vêtements et d'accessoires montre que pour s'assurer les meilleures chances de succès la présence doit être progressive, de façon à combler graduellement des *knowledge gap* et réaliser les sauts de connaissances indispensables (Ashworth *et al.*, 2006). Ceci dit, il est conseillé de prévoir la possibilité de réaliser des transactions dès la première étape, même si la démarche doit rester modeste. Les principales étapes sont les suivantes :

1. Simple présence sur Internet (*Web presence*), en minimisant les coûts et en maximisant l'utilité fonctionnelle du site, en investissant peu en publicité (essentiellement virale), sans fixer de cap stratégique à ce stade. Cette étape permet de mieux évaluer

l'opportunité de vendre en ligne et de développer les premières compétences, notamment technologiques.

2. Développement des compétences (*Information competence*), en orientant la réflexion stratégique à partir d'une meilleure connaissance des produits, des technologies, des marchés. Ces deux premières étapes s'étalent sur une durée approximative d'un an.
3. Création de valeur (*Value integration and creative market development*), en réorganisant l'offre, les promotions et les services autour des attentes des clients, en débutant une intégration off/on line, en générant un premier flux de revenus.
4. Intégration avancée des processus et des technologies (*Enhanced integration*), en mettant à plat les processus pour les améliorer (notamment la logistique), en recrutant des compétences spécifiques (merchandising électronique, par exemple), en réorganisant les structures, en ajustant les achats sur les ventes, en consolidant la puissance de la marque, en poursuivant l'intégration off/on line. Cette étape et l'étape précédente durent approximativement deux ans.
5. Maximisation de la valeur (*Leverage maximum value*), en intégrant complètement le back office au site Web, en développant les services (notamment la personnalisation), en alignant le marketing off et on line, en développant éventuellement d'autres sites de vente en ligne. Cette dernière étape dure environ un an.

Si le déroulement présenté ci-dessus est utile comme point de référence, il est indispensable de préciser qu'il n'existe pas une « meilleure solution » pour se lancer. Les chemins sont multiples, comme les options stratégiques et les positions de départ des différents acteurs. Il est assez naturel que selon leur expérience de la vente par catalogue, par exemple, les différents acteurs n'abordent pas le commerce électronique de la même façon.

3.4.4. La croissance externe

Les buts généraux peuvent être atteints également en passant par la croissance externe, souvent plus fréquente dans le secteur du commerce électronique, relativement à d'autres secteurs de l'économie traditionnelle. Il est vrai que la croissance externe permet une plus grande vitesse d'exécution, une caractéristique fortement valorisée dans l'économie numérique. Par ailleurs, la croissance externe pourrait poser moins de problèmes que dans l'économie traditionnelle, dans le sens où les organisations sont plus souples (car moins anciennes et de taille plus modeste) et les dimensions humaines parfois moins problématiques. En revanche, malgré l'apparition de standards technologiques, les systèmes d'information restent toujours complexes à interfacer en raison de la multitude des technologies propriétaires, des systèmes d'exploitation et des standards d'échange de données.

Exemple : Le groupe 3Suisses International a racheté le site 2xmoinscher (vente de produits neufs et d'occasion), ce qui lui permet de prendre pied sur un marché en forte croissance, celui du C2C, sans devoir attendre plusieurs mois ou plusieurs années pour monter sa propre plate-forme d'échanges entre clients.

Source : d'après Le Journal du Net, 2006

4. Réviser la stratégie

Compte tenu du caractère très évolutif de l'environnement technologique et commercial, la meilleure stratégie à un instant donné ne sera probablement pas la bonne deux ans après (parfois même avant). Par ailleurs, la stratégie de l'entreprise peut évoluer sous l'effet d'opportunités qui se présentent à elle : acquisition (ou rachat) qui ouvre des perspectives, émergence d'un nouveau modèle (comme les ventes privées), ou encore valorisation de compétences latentes. De fait, la plupart des entreprises mettent en place une stratégie souple, par palier, qui peut être révisée selon les performances et les opportunités.

4.1. Une stratégie par palier

Il existe de nombreuses modalités pour se lancer dans le commerce électronique sans plonger tout entier dans le grand bain. L'observation des stratégies actuelles des entreprises montre que l'on peut aussi :

- Signer un accord de distribution sur un site existant (cas d'André sur le site sarenza.com).
- Ouvrir une boutique sur un site existant (cas de Truffaut sur le site houra.fr), et éventuellement en déléguer la gestion.
- Ouvrir des sites satellites qui n'engagent pas le nom de l'enseigne principale et permettent d'apprendre le métier de commerçant en ligne (Carrefour, par exemple, avec les sites ooshop.com et boostore.com).
- Ouvrir un site qui ne présenterait qu'une faible partie de l'assortiment (cas de Leclerc avec la musique, les bijoux ou les voyages).
- Ouvrir un service de commerce électronique de façon expérimentale, en menant un test dans quelques zones de chalandise ou dans une région (cas de Franprix-Leader-price).
- Ajouter un onglet « boutique » sur un site institutionnel, avant de lancer un site où le commerce en ligne devient la première raison de visite (cas de Micromania).
- Ouvrir un site sous son propre nom, avec un partenaire industriel.

Exemple : Morgan, la marque de vêtements, bijoux et accessoires, se lance dans le commerce électronique en étalant son projet sur une durée de deux ans. Après avoir mis en ligne un site vitrine statique, le projet passe à une phase publicitaire, avec le site Loveisback, un site relais à dimension communautaire qui vient en appui d'une campagne de communication en presse magazine. La prochaine étape est le site Morgandetoi, qui permet de préparer le passage au commerce en ligne. Ce site intègre le contenu du site précédent, auquel vient s'ajouter un module de présentation des collections et des événements en magasin. L'ouverture d'un site marchand est prévue pour 2008.

Source : d'après Le Journal du Net, 2007

4.2. Les modalités de transformation d'un modèle d'affaires

Sur le plan stratégique, il est également indispensable de savoir sortir des activités qui posent problème : rentabilité trop faible, consommation de capital trop élevée, etc. Toutefois, sortir d'une activité qui pose problème ne constitue pas la seule option – plutôt radicale – pour réviser la ligne de conduite stratégique de l'entreprise. En effet, pour chaque activité, les modèles d'affaires sont plastiques : ils se transforment selon la performance qu'ils permettent de dégager.

> ***Exemple :*** Face à une forte baisse de ses marges, un an à peine après son lancement, Miss Memory, le site spécialiste des supports de stockage (disques durs, etc.), devient Miss Numérique. L'assortiment est passé de 400 à 2 000 références, pour un panier moyen en hausse de 30 %, à 130 euros. Le site propose désormais des accessoires pour la lumière, des sacs et des objectifs, et quelques appareils numériques moyen et haut de gamme.
>
> *Source : d'après Le Journal du Net, 2007*

Les modèles d'affaires peuvent se transformer de plusieurs façons : par un élargissement de l'assortiment, par un repositionnement, ou par une transformation radicale qui consiste à passer du gratuit au payant ou du payant au gratuit.

Résumé

L'élaboration d'une stratégie de commerce électronique suppose généralement de mettre en œuvre plusieurs phases itératives d'analyse et d'action : initiation de la stratégie (analyse du contexte et diagnostic des ressources et compétences nécessaires pour pouvoir saisir les opportunités liées au commerce en ligne), formulation de la stratégie (définition d'une mission propre à l'activité en ligne, choix des domaines d'activité stratégique, et développement des avantages concurrentiels selon les facteurs-clés de succès identifiés), déploiement et révision éventuelle de la stratégie. Au cœur de la démarche stratégique, on trouve la question centrale du *business model* (modèle d'affaires). Cela suppose de prioriser les sources de revenus et de choisir les activités effectivement réalisées dans le réseau de valeur (avec les questions d'externalisation et d'alliances éventuelles). Cela suppose également de spécifier l'offre dans toutes ses dimensions – cible et proposition de valeur –, ainsi que son positionnement marketing. Sur Internet, la question de la vitesse d'exécution est cruciale. Toutefois, il ne faut pas confondre vitesse et précipitation. Il s'agit surtout de trouver les modalités pour progresser à son rythme vers le succès. La stratégie de commerce en ligne est avant tout une question de cohérence entre les objectifs visés, d'une part, et les ressources et compétences qui doivent être réunies, d'autre part.

Bibliographie

Ashworth C.J., Schmidt R.A., Pioch E.A. et Hallsworth A. (2006), « An approach to sustainable fashionable e-retail: A five-stage evolutionary strategy for clicks-and-mortar and pure-player enterprises », *Journal of Retailing and Consumer Services*, vol. 13, n° 4, pp. 289-299.

Dayan M. et Heitzmann R. (2007), « Tableau de bord des TIC et du commerce électronique », ministère de l'Économie, des Finances et de l'Emploi (MINEFI).

Dioux J. et Dupuis M. (2005), *La distribution – Stratégies des groupes et marketing des enseignes*, 527 p., Pearson Education, Paris.

Gerbert P., Kass P. et Schneider D. (2000), *Les nouveaux marchands du Net*, Éditions First, Paris.

Gregory G., Karavdic M. et Zou S. (2007), « The effects of e-commerce drivers on export marketing strategy », *Journal of International Marketing*, vol. 15, n° 2, pp. 30-57.

Johnson G., Scholes K., Whittington R. et Fréry F. (2005), *Stratégique*, 7e édition, 800 p., Pearson Education, Paris.

Kotler P., Keller K., Dubois B. et Manceau D. (2006), *Marketing Management*, 12e édition, 879 p., Pearson Education, Paris.

Lecocq X., Demil B. et Warnier V. (2006), « Le business model au cœur de la croissance de l'entreprise », *Expansion Management Review*, septembre.

Manceau D. et Le Nagard E. (2002), « L'avantage du pionnier sur Internet : pépite d'or ou poignée de sable ? », *Actes du Congrès de l'Association française du marketing*, Lille, pp. 243-259. Document accessible gratuitement en ligne.

Mauriac L. (2002), *Les flingueurs du Net – Comment la finance a tué la nouvelle économie*, 400 p., Calmann-Lévy, Paris.

Turban E., King D., Viehland D. et Lee Jae (2006), *Electronic commerce. A managerial perspective*, 792 p., Pearson – Prentice Hall, Upper Sadle River.

Sites Internet à consulter

http://digitalenterprise.org/models/models.html

http://www.journaldunet.com

http://www.fevad.com

Activités

Questions de révision

1. Quelles sont les principales opportunités liées au développement du commerce électronique ?
2. Quelles ressources et compétences est-il nécessaire de réunir pour se lancer avec une bonne chance de succès dans la vente en ligne ?
3. Citez cinq avantages comparatifs et cinq avantages compétitifs en matière de commerce électronique.
4. Quelles sont les principales sources de revenus pour un site marchand ?
5. Qu'est-ce qu'une proposition de valeur en matière de commerce électronique ?

Exercices de synthèse

1. Identifiez et hiérarchisez les facteurs-clés de succès dans le domaine du commerce en ligne (1) de vins, (2) de produits culturels.
2. Développez une liste d'avantages compétitifs pour deux catégories de votre choix.
3. Visitez plusieurs sites marchands dans le domaine de votre choix et identifiez les cinq principaux bénéfices mis en avant pour convaincre le client d'acheter.
4. Développez une proposition de valeur complète pour un site marchand dans un domaine qui vous intéresse. En quoi cette proposition est-elle différente de celles des deux principaux concurrents ?

Questions à débattre

1. Les entreprises de vente à distance ont-elles des atouts majeurs, relativement aux autres types de distributeurs, pour réussir leur stratégie de commerce électronique ? Pourquoi ?
2. Dans quelle mesure est-il pertinent d'externaliser (1) la logistique, (2) la relation client, (3) la régie publicitaire ?
3. Quels sont les principaux obstacles qu'un site marchand doit franchir afin de s'internationaliser ?
4. En matière de commerce électronique, est-il toujours préférable d'être le premier ? Pourquoi ?

Chapitre 3

Intégration du commerce électronique dans une stratégie de distribution multicanal

Objectifs pédagogiques

- Comprendre la problématique de la distribution multicanal à l'ère d'Internet
- Différencier les problématiques selon la nature des acteurs (industriel, distributeur, ou *pure player* d'Internet)
- Comprendre l'utilisation du canal électronique par le consommateur
- Organiser la distribution multicanal à l'ère numérique
- Déterminer quelle politique d'assortiment adopter sur Internet, relativement à l'offre disponible en magasin
- Comprendre comment mettre en place une politique de prix différenciée sans générer de conflits entre les différents canaux
- Définir une politique de marque sur Internet
- Déterminer quelle politique adopter en matière de stockage et de logistique
- Comprendre les enjeux d'une relation client multicanal, notamment en termes de système d'information

Nouvelles Frontières : conflit entre les agences et le site Internet du groupe

Voyager aujourd'hui est aussi simple qu'un clic de souris. Mais ce clic commence à coûter très cher aux agences de voyage. En 2006, 6,5 millions de français ont réservé leur séjour en ligne, soit une croissance de 21 % par rapport à l'année précédente. Expedia, Opodo, Lastminute, etc. : les clients ont l'embarras du choix pour acheter des séjours sans se déplacer et à des prix attractifs.

Le voyagiste Nouvelles Frontières a lui aussi son site Internet, et il le développe : selon les agences franchisées, le groupe leur demande de distribuer des CD brochures informatifs qui renvoient vers le site Web. Autre directive : les agences doivent inscrire le nom du site sur la façade de leur établissement.

Aujourd'hui, les franchisés se retournent contre la maison mère. Philippe Catrix est le président d'une association regroupant les agences franchisées. Propriétaire de plusieurs agences à Dunkerque et Calais, il est à la tête d'une association regroupant la quasi-totalité des 52 mandataires Nouvelles Frontières (une forme plus contraignante de franchise, contrôlant 87 points de vente sur les 250 de l'Hexagone).

☞

Nouvelles Frontières : conflit entre les agences et le site Internet du groupe (*suite*)

Il a porté l'affaire en justice afin « d'obliger la maison mère à partager les revenus issus d'Internet avec ceux qui font vivre, depuis vingt ans, la marque dans les moyennes et petites villes ». Pas question, réplique la direction de l'enseigne, qui se dit prête à rediscuter les contrats des mandataires et à les aider à trouver leur « équilibre économique », mais refuse d'intéresser directement ces agences au 15 % du chiffre d'affaires (sur environ 1,2 milliard d'euros au total) dégagé en 2007 sur le Web. « Internet peut être le meilleur ami de l'agence, se défend Jean-Marc Siano, PDG de Nouvelles Frontières. C'est vraiment tout sauf un média à sens unique. Si certains préfèrent commander en ligne – et c'est leur entière liberté de consommateur –, combien poussent la porte d'une agence après nous avoir d'abord connu sur Internet ? Ce combat est d'arrière-garde. »

Les mandataires, qui sont tenus de ne vendre que les produits du tour-opérateur, touchent ainsi 8 % sur les ventes de séjours et 3 000 euros par an de « frais de représentativité », liés aux activités de service après-vente pour des clients passant en agence après avoir commandé par téléphone ou en ligne. « On n'a vraiment rien contre Internet et le progrès, mais franchement, tout cela nous donne l'impression d'en être réduit à des vitrines de la marque en centre-ville, des 4 × 3 doublés de dépôts de brochures », se plaint Joëlle Natali, qui possède une agence à Bastia depuis 2004. Et, pour la première fois cette année, son chiffre a baissé de 12 %, un peu moins que la moyenne constatée chez l'ensemble des mandataires.

En réaction, certains mandataires refusent depuis des mois de distribuer le CD Nouvelles Frontières, qui redirige directement les clients sur le site, et d'afficher son adresse Web sur leur devanture. « Qu'on ne nous dise pas qu'il n'y a pas de manque à gagner quand Internet génère 150 000 euros de volume de ventes sur une ville comme Agen, avance-t-on à l'association des mandataires et agents exclusifs NF. Cela représente 15 % de chiffre d'affaires du mandataire local. »

Les représentants des agences franchisées constatent que le métier a évolué : il s'éloigne de la vente pour se diriger vers le conseil et, aujourd'hui, ils estiment que le manque à gagner serait de 5 à 10 %. Ils demandent à toucher une commission de 4 % des voyages vendus sur le Net, alors qu'ils touchent, aujourd'hui, 8 % des voyages qu'ils vendent en agence. « Nous demandons une rétribution de notre travail. Quand un de mes vendeurs passe 45 minutes avec des clients pour leur expliquer un circuit et que ces clients l'achètent ensuite sur le site, notre agence ne touche pas un centime ! De même, lorsqu'un client passe une commande sur le Web, un vol par exemple, et vient la modifier en agence. Nous demandons donc simplement un partage des revenus du site Internet en fonction de la localisation des clients ». Les agences locales seraient rémunérées en fonction du code postal des clients ayant passé une commande en ligne. Une « usine à gaz », selon la direction.

De son côté, la direction cherche clairement à faire du canal électronique un véritable canal de vente. Les propos de Sébastien Bouillet, directeur des systèmes d'information, qui finalise un vaste chantier de réorganisation technologique du site Internet, illustrent assez bien la volonté de la direction, dont la priorité absolue est le recentrage sur la fonction marchande du site. « Jusqu'à présent, nous avions accompagné le développement du e-commerce en misant sur les contenus ; l'idée était de livrer aux internautes autant d'informations que possible sur les différentes destinations. Aujourd'hui, nous nous recentrons totalement sur la fonction marchande du site. Nous avons travaillé [...] pour en faire une boutique orientée 100 % ventes. Les contenus d'information [...] n'ont pas été mis à l'écart. Ils seront réintégrés au site sous une autre forme, notamment pour alimenter les fiches produits [...] Je n'irai pas jusqu'à dire qu'Internet dicte ses règles, mais il est clair que les spécificités du *online* sont prises en compte de plus en plus en amont. Le *online* ne détermine pas encore le contenu des catalogues produits mais le *benchmarking* des offres en ligne se fait désormais par rapport à la concurrence en ligne, et non plus en fonction des contraintes inhérentes aux autres canaux de distribution. »

Jacques Maillot, fondateur de l'entreprise – qui n'y joue plus aucun rôle depuis sa revente au tour-opérateur allemand TUI en 2001 –, déplore ce conflit d'un « autre âge ». « Je ne comprends pas qu'ils ne se mettent pas autour de la table pour trouver une solution plutôt que de perdre leur temps en justice, explique-t-il. Il est évident qu'à l'ère d'Internet, le rôle de l'agence est appelé à évoluer vers une activité de conseil indispensable et à forte valeur ajoutée. Mais il faut aussi écouter les doléances des petits franchisés. » L'ex-PDG suggère, par exemple, que certains mandataires puissent vendre d'autres produits que ceux de NF. Une option écartée par la direction, selon Philippe Catrix.

Après l'échec de la médiation demandée par le tribunal de commerce de Bobigny, les deux parties s'en remettent maintenant à une décision de justice. Une décision qui risque bien de laisser en suspens la question soulevée par le conflit : Internet nuit-il ou non au réseau physique de distribution ?

Questions :

Que pensez-vous de la position des mandataires de Nouvelles Frontières ? Est-elle, selon vous, justifiée ?

Que pensez-vous de la stratégie en ligne de Nouvelles Frontières ?

Que pensez-vous de l'articulation des différents canaux de vente dans ce groupe ?

Que devrait faire la direction pour régler le conflit qui l'oppose à ses mandataires ?

Qu'en conclure sur l'articulation du canal électronique avec les canaux de distribution existants ?

Sources : *libération.fr, strategos.fr, nouvelles-frontieres.fr, Le Journal du Net, 01.net*

L'observation du développement du commerce électronique au cours des dernières années montre une interpénétration croissante entre le canal électronique et les autres canaux de distribution : magasin, centre d'appels, catalogue.

Dans la première phase de développement du commerce électronique, ce canal est d'abord envisagé comme un substitut aux canaux existants ; le commerce électronique est considéré comme un canal plus performant et moins coûteux. On envisage souvent le site marchand comme un moyen de désintermédier les transactions commerciales en développant la vente directe.

Dans une seconde phase, le commerce électronique est plutôt considéré comme un canal complémentaire aux canaux existants. Dès lors, la question de l'articulation du canal électronique avec les autres canaux de distribution est posée. Cette question est d'autant plus pertinente que le client a rapidement intégré le canal électronique dans ses comportements d'achat.

Par conséquent, la mise en œuvre d'une politique multicanal s'avère nécessaire. Celle-ci ne saurait être identique pour toutes les entreprises. En effet, la problématique est différente selon que l'on est un industriel, un distributeur ou un marchand électronique.

Après avoir présenté la problématique du point de vue des entreprises et des clients, nous examinerons les principes d'élaboration d'une stratégie multicanal intégrant le canal électronique.

1. Comprendre la problématique de la distribution multicanal à l'ère numérique

Gérer plusieurs canaux de distribution ne représente pas les mêmes enjeux selon que l'on est un industriel, un distributeur, un *pure player* d'Internet, ou une entreprise de vente par correspondance. Mettre en place une stratégie multicanal coordonnée n'est pas encore ressenti comme nécessaire par tous les acteurs. En revanche, le client a, lui, parfaitement compris l'intérêt d'utiliser plusieurs canaux pour finaliser un achat.

> La nécessité de prendre en considération la dimension multicanal de distribution résulte également de la définition extrêmement large du commerce électronique. En effet, au regard de la loi dite LCEN (loi du 21 juin 2004), le commerce électronique est « l'activité économique par laquelle une personne propose ou assure à distance et par voie électronique la fourniture de biens ou de services ».
>
> Si cette définition comprend les activités de vente à distance en y intégrant l'activité de vente électronique, elle ne doit cependant pas être réduite à la fourniture de biens ou de services, selon les mêmes dispositions de l'article précité. En effet, ce dernier précise également que rentre dans le champ du commerce électronique : « les services tels que ceux consistant à fournir des informations en ligne, des communications commerciales et des outils de recherche, d'accès et de récupération de données, d'accès à un réseau de communication ou d'hébergement d'informations y compris lorsqu'elles ne sont pas rémunérées par ceux qui les reçoivent ».
>
> On le voit ainsi, cette définition large du commerce électronique indépendamment de toute notion de rémunération nécessite de prendre en compte une dimension multicanal et au-delà une dimension multicanal/multi-offre. La dimension lucrative ou commerciale du commerce électronique n'est donc pas la seule. La fourniture à titre gratuit d'information ou de services entre donc bien dans le cadre d'une activité dite de commerce électronique, pour peu qu'elle soit réalisée à distance et par voie électronique.

1.1. Le point de vue des entreprises

1.1.1. Le cas des industriels

De nombreux industriels ont créé un site de vente en ligne. De fabricant, certains se sont transformés, parfois soudainement, en distributeur. Le potentiel commercial d'Internet n'a pas échappé aux industriels. Vendre en direct permet notamment de toucher une nouvelle clientèle, de créer un lien étroit avec eux, d'améliorer le rapport de force vis-à-vis du distributeur, etc. (voir chapitre 1). Cependant, le potentiel de marge et le risque éventuel de conflits entre canaux de distribution doivent être considérés en priorité.

Le potentiel de marge

Les industriels sont avant tout attirés par le potentiel de marge qu'ils peuvent réaliser en vendant directement en ligne (il est vrai que le coût de distribution représente communément 40 à 50 % du prix de vente final). Pour l'industriel, la décision de vendre en ligne repose donc sur une comparaison entre la marge qu'il peut dégager en direct et la marge consentie au distributeur. Toutefois, il est important de pas seulement comparer le coût de transaction en direct et le coût de transaction via un intermédiaire, mais de comparer plus finement les coûts, en distinguant le coût de coordination et le coût de production du service (ici, vendre). Le coût de coordination d'un intermédiaire (T1') sera probablement plus élevé que le coût de coordination de l'activité de commerce électronique internalisée (T1). En revanche, le coût de production du service par l'intermédiaire (T2') sera probablement plus faible – étant spécialiste de la distribution – que le coût de production par l'industriel (T2). Autrement dit, la décision de savoir s'il est préférable de passer par un intermédiaire ou de vendre en direct conduit à comparer le gain T2 – T2' avec la perte T1' – T1, comme l'indique la figure 3.1 (d'après Sarkar et Steinfield, 1998).

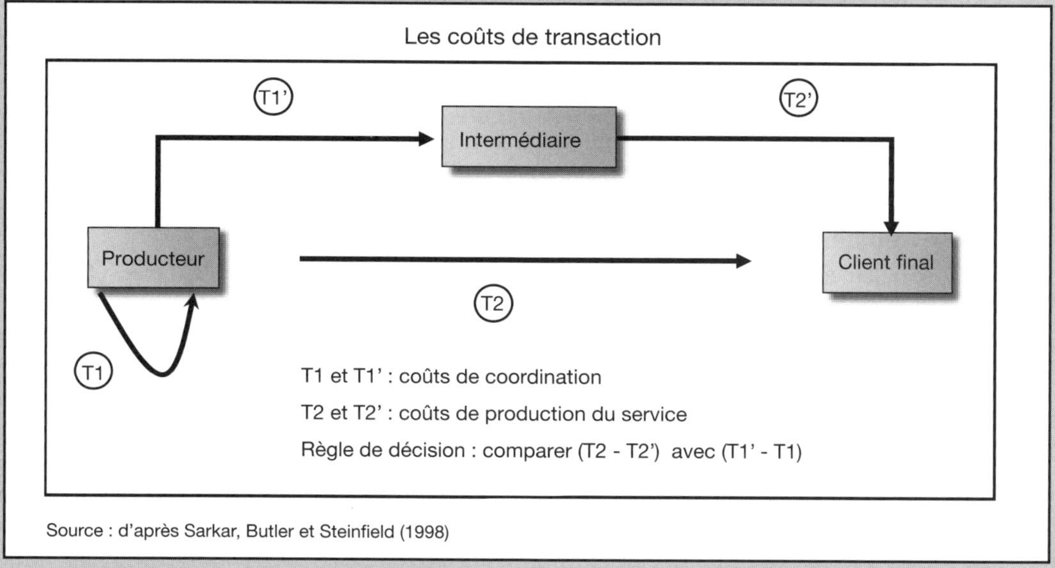

Figure 3.1 - Analyse des coûts liés à l'intermédiation (d'après Sarkar et Steinfield, 1998).

Le risque de conflit entre canaux de distribution

Le développement des ventes directes *via* Internet n'a pas manqué d'entraîner de multiples conflits. Si les conflits entre industriels et distributeurs ont toujours été nombreux, et n'ont pas attendu le commerce électronique pour voir le jour (Stern *et al.*, 2006), l'arrivée du commerce électronique a constitué une menace réelle pour de nombreux distributeurs.

Exemple : Le fabricant américain Apple lance, en 1997, son site de vente en ligne, l'Applestore online. En mai 2001, le fabricant annonce la création de son propre réseau physique de vente, les Applestore. Au mois d'avril 2003, Apple lance son site de vente de musique en ligne, iTunes Music Store, qui accueillera par la suite des vidéos, des jeux et des films. Dès le lancement du site de vente en ligne, les distributeurs de produits Apple sont inquiets de la concurrence de cette nouvelle forme de vente. En effet, celui-ci offre la possibilité pour le client de configurer son ordinateur à la commande, possibilité à laquelle les distributeurs accéderont six mois plus tard après de multiples plaintes. Les vendeurs traditionnels constatent également des disponibilités des produits dans le réseau physique plus faibles que sur le site d'Apple. Ils accusent Apple de privilégier son site Web au détriment du réseau de distributeurs. Plus encore, ils se plaignent des marges concédées par Apple. Celles-ci sont faibles et reposent beaucoup sur les marges arrière dépendant d'objectifs que très peu de distributeurs parviennent à atteindre (voir la suite de l'exemple un peu plus loin).

Sources : distributique.fr, macgeneration.com, apple.com

Vendre en direct par l'intermédiaire d'un site marchand crée parfois des conflits si violents dans le canal de distribution que certains industriels y renoncent finalement. C'est le cas de la célèbre firme américaine Levi's, qui a, suite aux récriminations de ses distributeurs, fermé son site de vente en ligne.

Les autres aspects de la décision

Le potentiel de gain et le risque de conflit ne constituent pas les deux critères pour décider ou non de vendre en ligne. Vendre en ligne suppose que plusieurs autres conditions soient réunies : marque forte, produit suffisamment impliquant, ressources et compétences en matière de distribution (conception de l'interface, facturation, livraison…).

Finalement, très peu d'industriels réunissent ces conditions dans la durée. On constate que même les entreprises les plus avancées dans ce domaine – comme Dell – complètent leur canal direct par des canaux de distribution plus classiques. Le multicanal s'impose de fait, avec les canaux indirects (centrales d'achat, grossistes et détaillants…) et les canaux directs (catalogue, téléphone, site marchand…).

L'offre électronique est venue modifier les rapports commerciaux habituels entre les industriels et leurs distributeurs/commerciaux/agents commerciaux/courtiers pour insérer un nouveau périmètre, le périmètre numérique à la distribution de produits ou de services.

La jurisprudence a été amenée à se prononcer à de multiples reprises sur cette nouvelle dimension commerciale. À ce titre, les nouveaux contrats de distribution, d'agents commerciaux, par exemple, sont amenés à intégrer un nouveau territoire, le territoire électronique. Ce dernier est complexe et intègre tant l'utilisation de marques, de signes distinctifs ou de logos, notamment à travers le droit des noms de domaine, qu'une nouvelle zone de clientèle. Il existe donc un territoire terrestre propre à la distribution de produits et de services et un territoire électronique qui n'a rien de virtuel. Une attention doit donc être menée sur la rédaction de contrats afin de déterminer précisément le rôle des industriels, des distributeurs et de l'ensemble des autres intermédiaires commerciaux.

1.1.2. Le cas des distributeurs physiques

La problématique du commerce électronique pour les distributeurs physiques est quelque peu différente. En effet, le principal problème auquel ils sont confrontés est le risque de cannibalisation des ventes en magasin, au profit des ventes sur Internet. Plus encore, la cohérence du *mix marketing* est mise à rude épreuve lorsqu'un distributeur se lance sur Internet. Le positionnement prix, sa politique promotionnelle, sa politique de services sont souvent remis en cause (voir plus loin).

Exemple : Créé en 1999, le site fnac.com est la version en ligne du célèbre distributeur français de produits culturels et électroniques, fondé en 1954 et intégré au groupe PPR en 1994. Le site fnac.com est géré par une filiale du groupe, Fnac Direct. Le site a réalisé un chiffre d'affaires (produits, billetterie, téléchargement) de 364 millions d'euros en 2006 pour un chiffre d'affaires total de 4,5 milliards d'euros. « La politique commerciale du site doit rester cohérente avec celle des magasins. Comme les autres canaux de vente du groupe, nous relayons les opérations de mise en avant produit décidées au niveau national. Mais, parallèlement, nous avons la possibilité de définir des opérations complémentaires », explique le PDG de l'enseigne. L'ensemble des offres tarifaires pratiquées dans les magasins Fnac se retrouve sur le site : fnac.com a la même politique de prix que les points de vente. En revanche, l'élasticité prix étant plus importante en ligne, « nous avons en permanence, sur un nombre limité de produits, des offres spéciales Internet. Cette politique nous permet de trouver le juste équilibre entre le besoin d'attractivité sur les prix, sans pour autant créer une incohérence par rapport à la politique des magasins ». Cela dit, alors que cette modification est instantanée sur le site, elle prend parfois quelques heures en magasin, ce qui explique l'existence de décalages.

Sources : ppr.com, fnac.com, Le Journal du Net

La cannibalisation éventuelle des ventes par la création d'un site Internet freine donc les distributeurs traditionnels, qui craignent que les investissements consentis à la création d'un réseau de distribution physique (investissements immobiliers, personnels de vente, etc.), ne soient remis en question par une fuite des clients vers le canal électronique.

Les deux types de distribution multicanal

Pour un distributeur, la décision de se lancer dans une politique multicanal repose sur une analyse du potentiel stratégique du canal électronique, en matière de conquête de nouveaux clients, de réduction des coûts, etc. (voir chapitre 2). Il est toutefois indispensable de distinguer le cas où la distribution multicanal permet de **conquérir de nouveaux clients** (en améliorant la couverture géographique, par exemple) et le cas où la distribution multicanal permet d'**améliorer le niveau de service offert aux clients existants** (en élargissant la disponibilité horaire).

> ***Exemple :*** La stratégie de distribution d'Apple répond à des enjeux très particuliers (suite). L'entreprise a failli disparaître et nombre de revendeurs ont dû se convertir aux PC « Wintel » pour survivre. Ils ne sont donc guère prescripteurs du Mac en magasin. L'évolution de la gamme de produits depuis 2001 (iPod, Apple TV, iPhone) transforme Apple en une entreprise d'électronique grand public et non plus un simple fabricant d'ordinateurs et de logiciels (le changement de nom en 2007 d'Apple Computer en Apple Inc. traduit cette évolution). Dès lors, la stratégie de distribution multicanal répond aux objectifs stratégiques de l'entreprise. Le site Internet s'adresse aux habitués du Mac qui n'ont pas besoin de conseil et connaissent les produits. De nombreux sites de la communauté Mac (Macbidouille, Magénération, Ludomac, MacADSL, etc.) drainent du trafic sur le site Web, tout comme les moteurs de recherche, grâce à un référencement efficace. Les 200 magasins en propre permettent de vendre à des clientèles nouvelles qui ont besoin de conseils et d'explications. Les réseaux agréés Apple Centers sont réorientés vers les segments exclusivement *B2B* (vidéo, PAO, création, éducation) et sont désormais dénommés Apple Solution Expert. Les autres distributeurs complètent la stratégie multicanal en distribuant les produits les plus vendus (iPod notamment) avec un objectif de couverture territoriale.
>
> *Sources : ditributique.fr, apple.com, macgeneration.fr*

Dans le premier cas (conquête de nouveaux clients), le risque de cannibalisation est faible. Dans le second cas (fidélisation des clients existants), le risque est plus fort, mais il peut être maîtrisé par un suivi des flux de clients entre canaux, et par une politique active de canalisation des clients (orienter les clients vers les canaux les plus adaptés pour eux et pour l'entreprise, notamment en termes de marge). Ce cas pose également le problème de la cohérence de l'enseigne d'un canal à l'autre, une problématique qui est moins cruciale dans la situation où la politique multicanal vise plutôt à élargir le portefeuille de clients.

On voit donc que les enjeux sont assez différents, selon le type de politique multicanal mise en œuvre. En tout état de cause, la deuxième stratégie est certes plus risquée, mais la fidélité à l'égard d'une enseigne augmente lorsque celle-ci adopte une politique multicanal (Wallace *et al.*, 2004). Les opportunités de ventes croisées et de développement du panier moyen doivent être systématiquement exploitées.

Le cas particulier des réseaux de franchise

La franchise est un mode de distribution très répandu (voir le site de la Fédération Française de la Franchise, **http://www.franchise-fff.com**). Comme le montre le cas Nouvelles Frontières en introduction de ce chapitre, la vente en ligne bouscule sérieusement ce modèle de distribution. En effet, dans ce type d'organisation, un franchiseur encadre l'activité de ses franchisés au travers d'un contrat très strict, duquel les franchisés ne peuvent s'écarter sous peine d'exclusion du réseau.

La création d'un site de vente en ligne par le franchiseur constitue une perte de ventes pour les franchisés. Elle perturbe également le modèle de la franchise car le site remet en question l'exclusivité territoriale que chaque franchisé se voit attribuée par contrat. De nombreux cas de conflits entre franchiseurs et franchisés sont apparus depuis l'avènement d'Internet[1].

1.1.3. Le cas des sites marchands, *pure player*

La question de la pluralité des canaux a longtemps été ignorée par les sites marchands *pure player*. Convaincus que l'avenir de la distribution se jouait sur Internet, la question d'ouverture d'un réseau de distribution physique ne s'est pas posée immédiatement. Progressivement, cette question a été de nouveau examinée, pour deux types de raisons : des raisons liées à la nature même du commerce électronique et des raisons liées au développement du chiffre d'affaires.

Les raisons liées à la nature du canal électronique

Les caractéristiques du canal électronique amènent un certain nombre de clients à ne pas finaliser leur intention d'achat en ligne. L'analyse du *clickstream* met souvent en évidence que des clients sélectionnent un ou des articles, remplissent un panier électronique, mais abandonnent le processus d'achat au moment du règlement. Par conséquent, de nombreuses ventes sont perdues.

Exemple : Présent dans 26 pays européens, Pixmania.com est confronté à la diversité des habitudes d'utilisation des moyens de paiement en Europe. Lors de son implantation en Italie et en Espagne, l'entreprise constate une forte demande de règlement des achats en liquide. L'entreprise décide alors d'ouvrir des « points retrait », dans lesquels le client finalise la transaction débutée en ligne en réglant sa commande au point retrait et repart avec sa marchandise. Le point retrait est également conçu pour effectuer des ventes additionnelles, plus complexes à réaliser en ligne.

Source : Pixmania

Si le paiement en ligne constitue un frein au développement du commerce électronique (voir chapitre 6), bien d'autres raisons existent, qui expliquent la non-transformation d'une visite du site en achat.

Un client potentiel peut visiter le site dans la seule perspective de collecter de l'information sur un produit, sur des prix, afin de préparer un achat en magasin. Pour certains achats (voiture, équipement électronique, etc.), certains consommateurs préfèrent encore voir physiquement l'objet. Dès lors, la vente s'effectue en magasin. La dématérialisation est alors un obstacle à l'achat (voir chapitre 1).

D'autres consommateurs veulent obtenir leur achat dans les meilleurs délais et souhaitent repartir en possession de leur achat, une fois la transaction finalisée. Les délais de livraison sont souvent perçus comme trop longs ou trop onéreux (voir chapitre 8).

1. Source : Conseil de la concurrence (**http://www.conseil-concurrence.fr**).

La crainte que leur achat soit perdu ou endommagé freine une catégorie de clients. Le service après-vente est également un frein à la finalisation de l'achat en ligne.

> ***Exemple :*** Filiale du groupe Auchan, Grosbill.com, site de ventes de produits numériques, annonce dès sa page d'accueil (**http://www.grosbill.com**) dans un espace très visible (en haut à gauche), la possibilité pour le client de retirer sa commande en magasin, dans un délai à sa convenance sous sept jours. Grosbill.com utilise également ses cinq points de vente comme autant de lieux pour le service après-vente. Il est possible d'effectuer un retrait d'une commande automatiquement en se présentant à une borne libre-service. Une fois le numéro de commande renseigné, la commande arrive par le biais d'un tapis roulant.
>
> *Source : grosbill.com*

Ignorer ces clients potentiels, c'est abandonner des affaires aux concurrents de la distribution physique. Dès lors, l'existence d'un canal physique permet de capter ces clients qui ne souhaitent pas finaliser la transaction en ligne.

Au cours des dernières années, de nombreux sites de commerce électroniques parmi les plus importants en France, ont ouvert des points de vente physiques pour répondre à la demande particulière de cette catégorie de clientèle (Grosbill.com, Ldlc.com, Pixmania.com, Cdiscount.com).

Enfin, certains produits se révèlent très complexes à commercialiser en ligne. C'est le cas du crédit immobilier. Le site meilleurtaux.com (**http://www.meilleurtaux.com**), spécialiste de la mise en relation des particuliers avec les banques, a ainsi été amené à ouvrir un réseau d'agences dans toute la France. Il en possède désormais plus de 110. Issue du monde d'Internet, cette entreprise a rapidement été confrontée à la difficulté d'apporter des conseils et de l'assistance à ses clients uniquement au travers d'une interface électronique.

Les raisons liées au développement du chiffre d'affaires

Malgré la forte croissance du canal électronique au cours de la dernière décennie, et des prévisions de croissance importante, le commerce électronique ne se substituera jamais totalement au commerce traditionnel. Une partie de la clientèle n'utilisera jamais un tel canal de vente (voir chapitre 1).

Du point de vue stratégique, une entreprise de commerce électronique se heurtera donc, à terme, à un palier de croissance par saturation de la cible des acheteurs en ligne. Dépasser un tel palier nécessite, soit de convertir des non-utilisateurs en utilisateurs du commerce électronique, soit de trouver des relais de croissance. Ces relais peuvent provenir d'une diversification de l'offre, mais celle-ci repose uniquement sur les clients du commerce électronique. Par conséquent, il semble naturel de ne pas délaisser une partie de la demande insatisfaite.

Si l'arrivée du canal électronique perturbe sans conteste les politiques de distribution, la problématique est quelque peu différente du point de vue du client. Ce dernier a clairement intégré les différentes possibilités que lui offre l'existence de plusieurs canaux et particulièrement le canal électronique.

Exemple : Cdiscount.com, filiale du groupe Casino, a ouvert un magasin de 1 000 m² en région bordelaise afin de tester la viabilité d'une distribution multicanal. Ce magasin présente 4 000 produits (sur un total de 50 000). Il est également possible de passer une commande sur le site Web depuis le magasin si le produit recherché n'est pas disponible grâce à la présence de bornes Internet. Les prix sont identiques à ceux du site Web et sont synchronisés grâce à des étiquettes-prix électroniques. La raison qui préside à cette décision est que, dans le meilleur des cas, le commerce électronique représentera 30 % du commerce en 2016. Cdiscount considère qu'elle ne peut ignorer 70 % du marché.

Sources : cdiscount.fr, Le Journal du Net

1.2. Le point de vue du client

L'observation des comportements d'achat des consommateurs met clairement en évidence un développement de l'utilisation des différents canaux de distribution dans la finalisation d'un processus d'achat. L'étanchéité parfois construite entre les différents canaux par les distributeurs résiste de moins en moins au fait que le consommateur peut désormais accéder en permanence, depuis son domicile, à une multitude d'informations sur les offres disponibles. Cette possibilité lui permet d'optimiser son achat en jouant sur l'existence des différents canaux.

1.2.1. Des clients de plus en plus multicanal

Les études de la National Retail Federation montrent qu'en 2006, aux États-Unis, 43 % des acheteurs sur catalogue (vente par correspondance) achètent également en ligne et 35 % des acheteurs en ligne achètent en magasin. Ces chiffres sont largement confirmés par différentes études professionnelles, elles-mêmes confirmées par les recherches académiques (Kumar et Venkatasan, 2005 ; Weinberg *et al.*, 2007).

En 2007, une étude Fevad/Médiamétrie/Netratings sur les comportements d'achat des internautes français montre que 61 % des internautes (contre 47 % en 2006) ont consulté un site d'e-commerce sur les six derniers mois afin de préparer un achat en magasin. L'inverse est aussi vrai puisque 41 % des internautes interrogés se sont rendus dans un magasin en prévision d'un achat sur Internet, alors qu'ils n'étaient que 22 % en 2006. Pour l'enseigne Fnac, plus de 66 % des clients qui achètent en magasin sont allés s'informer auparavant sur Internet. Réciproquement, 46 % des internautes qui achètent en ligne sont passés en magasin.

Les études montrent également que les clients multicanal qui achètent le plus de produits sont les plus actifs (fréquence d'achat) et les plus attractifs (valeur économique). Ils représentent donc pour les entreprises une cible particulièrement intéressante (Kumar et Venkatesan, 2005).

L'étude Fevad/Médiamétrie/Netratings de 2005 montre que les internautes monocanal ne sont que 17,2 % et qu'ils achètent en moyenne 7,1 produits. En revanche, les internautes utilisant trois canaux (catalogue, magasin et site) sont les plus nombreux (42,5 %) et ils achètent en moyenne 18,8 produits. Une part significative des acheteurs en ligne (35 %) préfère également acheter sur des sites d'enseignes qui ont un ou des magasins physiques.

Le client développe une logique multi-usage des canaux dans son processus d'achat (Badot et Navarre, 2002). Internet est utilisé par le même client, à différents moments du processus d'achat, pour des objectifs différents : recherche d'information, conseil, négociation. Chaque canal répondant à des avantages différents, le client combine les canaux pour en tirer le meilleur parti (Belvaux, 2006). Par exemple, pour l'achat d'un appareil photo numérique, le canal électronique permet de présélectionner les produits et d'obtenir de nombreuses informations sur chacun d'entre eux, alors que le canal magasin permet de les toucher et de les voir, pour évaluer leur design et leur prise en main.

De façon générale, le comportement des clients peut donc se représenter, comme l'illustre la figure 3.2, en considérant trois canaux de distribution : magasin, vente à distance par catalogue, site Internet.

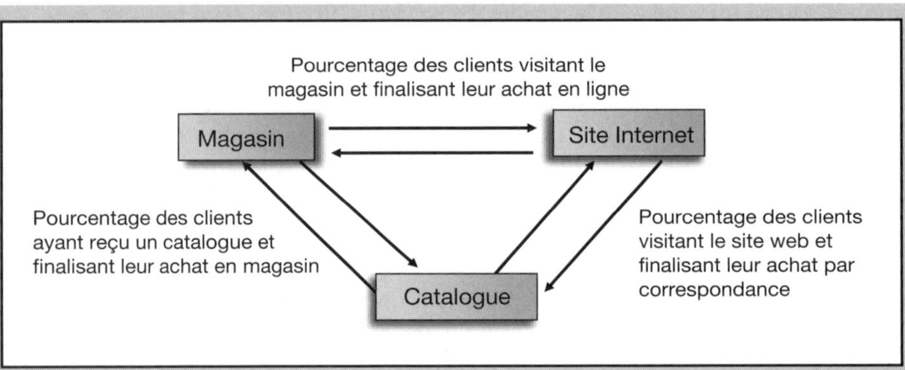

Figure 3.2 - Les comportements d'achat multicanal.

Sur chaque canal, une partie des clients ne finaliseront pas l'achat dans celui-ci. Ainsi, ils utiliseront le magasin pour s'informer, obtenir des conseils et finaliseront leur achat sur Internet. Réciproquement, une partie des internautes ayant consulté le site marchand finaliseront leur achat en magasin après avoir réuni des informations en ligne.

L'observation attentive des comportements d'utilisation des sites marchands montre bien que l'usage du canal électronique par une frange de clients n'est pas limité à l'acte d'achat lui-même.

1.2.2. La préparation de l'achat en magasin : recherche d'information

Une part importante des clients utilise le site Internet, non pas pour effectuer un achat en ligne, mais pour préparer un achat en magasin (voir chapitre 7). L'étude Médiascope Europe menée, en 2006, par l'EIAA (*European Interactive Advertising Association*, **http://www.eiaa.net**) montre que, dans de nombreuses catégories de produits, la recherche d'information constitue l'activité principale sur Internet, loin devant l'achat. Par ailleurs, la recherche d'information en ligne, dans de nombreux cas, conduit à un achat classique en magasin (le taux de conversion d'une recherche en ligne en un achat en magasin se situe au-dessus de 60 %). Le tableau 3.1 illustre ce phénomène.

Tableau 3.1 : Usage d'Internet comme source d'information (EIAA, 2006)

Catégorie de produit	Pourcentage d'internautes ayant recherché de l'information en ligne	Pourcentage d'internautes ayant recherché de l'information en ligne puis acheté en magasin
Billets d'avion	71 %	44 %
Produits informatiques	39 %	26 %
Livres	38 %	26 %
Vêtements	35 %	18 %
CD/DVD	33 %	22 %
Téléphones mobiles	26 %	17 %
Ameublement	25 %	19 %
Voitures	22 %	12 %
Cosmétiques	13 %	7 %
Assurance	12 %	7 %
Alimentation	8 %	4 %

Le confort de pouvoir réaliser une recherche sur un produit grâce à la puissance des moteurs de recherche est sans équivalent. En outre, le coût de la recherche d'information a fortement diminué.

Cette recherche d'information et/ou cette comparaison d'information et de prix est « aidée » par les dispositions applicables au commerce électronique. En effet, en matière de commerce électronique, le commerçant se doit de proposer au consommateur un processus d'informations extrêmement précises reposant sur trois notions distinctes, à savoir :

- la communication d'informations préalables à la vente ;
- la réitération de ces informations au moment de l'échange des consentements, à savoir au moment où la vente entre « absents » se réalise ;
- la confirmation de l'ensemble de ces informations, qui concerne tant la nature des produits que ses qualités ou les prix au plus tard au moment de la livraison.

Ce triptyque contractuel et législatif rend bien évidemment possible la publication d'informations complètes concernant l'ensemble des produits et se distingue ainsi d'une vente physique. La réalité juridique permet aux internautes consommateurs d'avoir à leur disposition des informations multiples, variées mais aussi nécessairement complètes, préalablement au processus décisionnaire d'achat. ☞

L'ensemble de ces informations est mis à profit par les consommateurs pour rechercher les produits qu'ils souhaitent selon les qualités et prix qu'ils désirent. Il s'agit d'un aspect tout à fait particulier du commerce électronique. Le consommateur dispose en effet de plus d'informations que lors d'un achat de biens ou de prestations de services dits classiques ou réels. Certains diront ainsi que le consommateur électronique est surinformé tant avant son processus de choix que pendant ou après. Cette multiplicité d'information qui se doit d'être exhaustive et complète affecte bien évidemment la distribution.

Les études sur le comportement d'achat en ligne montrent qu'une partie des clients choisit le canal électronique pour échapper à la pression des vendeurs en magasin, perçue négativement. Dans l'enquête Fevad/Médiatrie/Netratings (2005), cette catégorie de consommateurs représente 37 % des acheteurs en ligne. Dès lors, le canal électronique lève un frein à l'achat en magasin. De ce point de vue, la complémentarité des canaux devient une réponse à des segments de clientèle peu à l'aise avec les méthodes commerciales employées dans certains canaux et/ou réseaux commerciaux.

L'intensité de la recherche d'information préalable à un achat est plus importante sur le Web, comparativement au commerce conventionnel (Wang, 2006). La vocation d'Internet, comme source d'information et comme outil de comparaison, n'en est probablement qu'à ses débuts.

Exemple : L'enseigne Ikea a mis en place un dispositif ludique et pédagogique pour accompagner ses clients qui souhaitent réaménager leur cuisine, sachant que cette opération complexe dure plusieurs mois. Dans un premier temps, une campagne publicitaire sur Internet a permis de récupérer les mails de prospects à qui un DVD a été envoyé à domicile. Ce DVD contenant un ensemble de conseils formulés sur un ton décalé a été accompagné d'une série de cinq courriers électroniques (envoi mensuel). Chacun des mailings présentait une solution Ikea mettant en scène une nouvelle façon de vivre sa cuisine au travers d'exercices pratiques et ludiques. Chaque mailing comportait une offre spéciale pour générer du trafic en magasin (taux d'ouverture moyen de 50 %). Les résultats de l'opération ont été très satisfaisants, avec 770 000 visiteurs uniques sur le site **http://www.cuisine.com** et 92 000 prospects qualifiés. Ikea est passé numéro 2 en termes de notoriété *top of mind* sur les cuisines, et les ventes ont augmenté de 28 %.

Source : Chaibi, 2007

1.2.3. La comparaison des prix

Non seulement il est possible pour un consommateur de se renseigner sur les produits, mais il est également possible de comparer les prix assez aisément, afin de trouver la meilleure offre. En effet, le coût de recherche du meilleur prix est fortement abaissé par Internet, du fait de la possibilité de basculer d'un site à l'autre très facilement. En outre, le développement des moteurs de comparaison de prix (*shopbots* ou *pricebots*) met à disposition des consommateurs des outils de comparaison simples et efficaces.

Comme le montre la figure 3.3, l'intensité de la recherche d'information sur Internet s'explique à la fois par une plus forte dispersion des prix (Ancarani et Shankar, 2004), comparativement au commerce conventionnel, et par une plus grande efficacité de la recherche. En ce qui concerne la dispersion des prix, il est vrai que sur Internet, l'asymétrie de l'information entre l'acheteur et le vendeur est grande : les coûts de la recherche sont loin d'être nuls (notamment le temps nécessaire) et les informations sont soumises à une obsolescence très importante (tout change très vite).

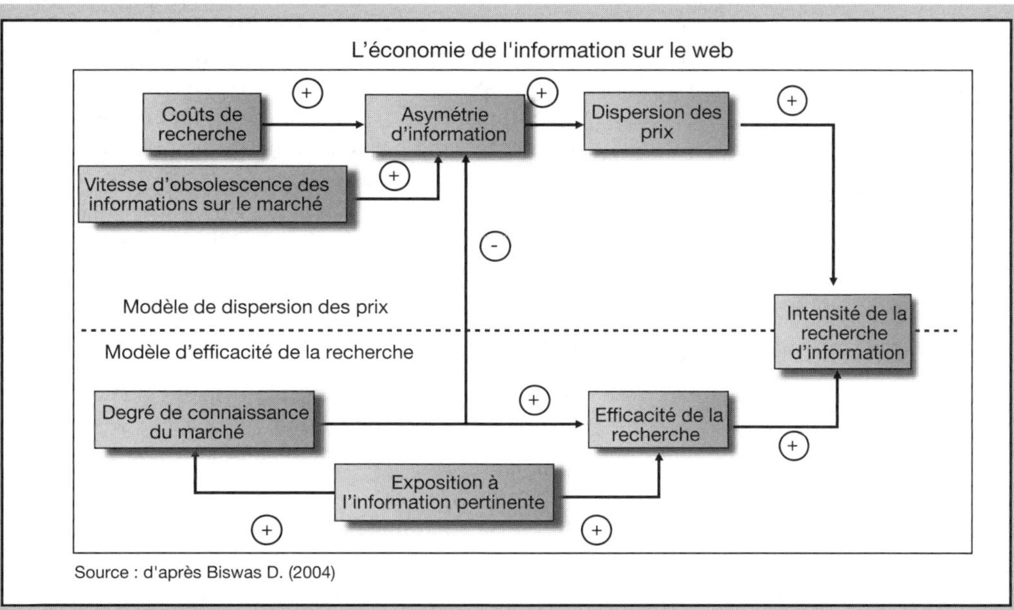

Figure 3.3 - L'intensité de la recherche d'information sur Internet (d'après Biswas, 2004).

En ce qui concerne l'efficacité de la recherche, tous les clients ne sont pas égaux. Mais les outils mis à disposition – moteur de recherche, robots, comparateurs de prix, etc. – facilitent l'approche. La connaissance du marché – qui se développe vite – améliore grandement l'efficacité du client en situation de recherche. Il est de plus en plus exposé à de l'information pertinente, notamment grâce aux systèmes de personnalisation, comme les alertes par e-mails ou les fils RSS.

L'utilisation du canal électronique peut donc se concevoir autrement qu'un canal pur sur lequel l'ensemble du processus d'achat se déroule complètement. Les consommateurs s'en servent pour réaliser une partie de l'acte d'achat qui peut se conclure sur d'autres canaux. Il apparaît donc incontournable de concevoir une politique multicanal, afin de mieux intégrer les nouveaux comportements d'achat des clients qui, eux, sont devenus multicanal.

2. Mettre en œuvre une politique de distribution multicanal à l'ère numérique

Il apparaît clairement que de nombreuses entreprises sont désormais contraintes d'envisager une véritable politique de distribution multicanal, dans laquelle chaque canal n'est pas envisagé séparément, mais collectivement au service d'une politique globale (Achabal *et al.*, 2005). Si chaque canal peut avoir son propre objectif, celui-ci doit s'envisager relativement à un objectif global de distribution.

La définition de cette politique de distribution doit tout d'abord articuler les différents canaux entre eux. Elle doit préciser l'assortiment mis à disposition dans les canaux de distribution, fixer le positionnement prix des différents canaux, trancher quant à l'existence d'une marque unique plutôt qu'une marque par canal. Enfin, un pilotage spécifique doit être mis en place. Si la conception d'une politique de distribution multicanal requiert une réflexion stratégique approfondie, le déploiement opérationnel de cette politique nécessite une déclinaison cohérente des décisions stratégiques (Achabal *et al.*, 2005), qui nécessite souvent de réinventer les modèles opérationnels. Ainsi, les modèles de stockage et logistique, la politique de relation client, le système d'information doivent être déployés afin de rendre possible la stratégie multicanal incluant le canal électronique.

2.1. Définition d'une stratégie multicanal

2.1.1. Conception de la politique multicanal

Les développements technologiques récents ont largement contribué à la croissance du nombre de canaux : téléphone, Minitel, Internet, téléphonie mobile, etc. se sont ajoutés à la vente à domicile, aux catalogues et aux différents formats de vente en magasin.

La conception d'une stratégie multicanal nécessite en premier lieu de distinguer les différents canaux nécessaires à sa réalisation. Combien de canaux faut-il pour atteindre nos objectifs ? Faut-il mobiliser les mêmes canaux selon les différents segments de clientèle ? Faut-il spécialiser les canaux par segments de clients, par produits ou par fonctions ? Comment faire en sorte d'optimiser le système global et non pas seulement d'accumuler les canaux ? Ces questions se compliquent naturellement à mesure que le nombre de canaux potentiels augmente.

En second lieu, il est nécessaire de distinguer le rôle que chaque canal peut exercer. Quatre rôles essentiels peuvent être identifiés :

- **Le rôle de prescription**, pour influencer les cibles qui ne jouent pas un rôle direct dans l'achat mais qui peuvent influencer son déroulement (déclencher la prise de conscience du besoin, par exemple, ou peser sur le choix de la marque ou sur le moment de l'achat).
- **Le rôle de communication**, pour informer et conseiller les cibles qui jouent un rôle direct dans l'acte d'achat.
- **Le rôle de transaction**, pour commander et éventuellement, pour payer.
- **Le rôle de relation**, pour poursuivre la relation, au-delà de l'acte d'achat.

En troisième lieu, il s'agit d'articuler les canaux entre eux. Pour penser cette articulation, il est pertinent de raisonner plus finement, en termes de processus d'achat, afin de préciser le rôle de chaque canal vis-à-vis des autres. Les phases du processus d'achat peuvent se décrire de la façon suivante :

- **Prise de conscience.** Durant cette phase, le client prend connaissance de l'existence d'une offre (voir chapitre 7).

- **Recherche d'information.** Le client cherche des informations relatives à l'offre de produits ou de service.
- **Recherche de conseils.** Le client recherche des conseils afin de finaliser sa décision d'achat (le conseil est une information personnalisée, en situation, adaptée au cas particulier de chacun). Il est donc nécessaire de pouvoir fournir des renseignements complémentaires aux informations sur les produits.
- **Commande et paiement.** Il s'agit de la réalisation de la transaction commerciale (sachant que seule la commande est constitutive du commerce électronique : une simple commande en ligne doublée d'un paiement physique à la réception du colis constitue une vente électronique).
- **Assistance et maintenance.** Processus de service après-vente dans lequel le client s'assure qu'en cas de difficultés, il trouvera des services d'assistance et des garanties sur les produits.
- **Rétention et fidélité.** Cette dernière phase consiste à satisfaire le client afin que celui-ci, lors d'un prochain achat, choisisse l'entreprise et non un concurrent (voir chapitre 9).

Il est possible de formaliser cette articulation des canaux par l'utilisation d'une matrice qui décrit le parcours possible d'un client au travers des différents canaux selon les phases du processus d'achat, comme le montre le tableau 3.2.

Tableau 3.2 : Matrice canaux/processus des parcours clients

Processus → Canaux ↓	Attraction	Information	Conseil	Vente (contrat)	Assistance SAV	Fidélisation
Magasin en propre						
Magasin des distributeurs						
Vente par correspondance						
Centre d'appels						
Site Internet						
Communautés en ligne						
Sites Internet affiliés						
Comparateurs de prix						
Médias traditionnels						

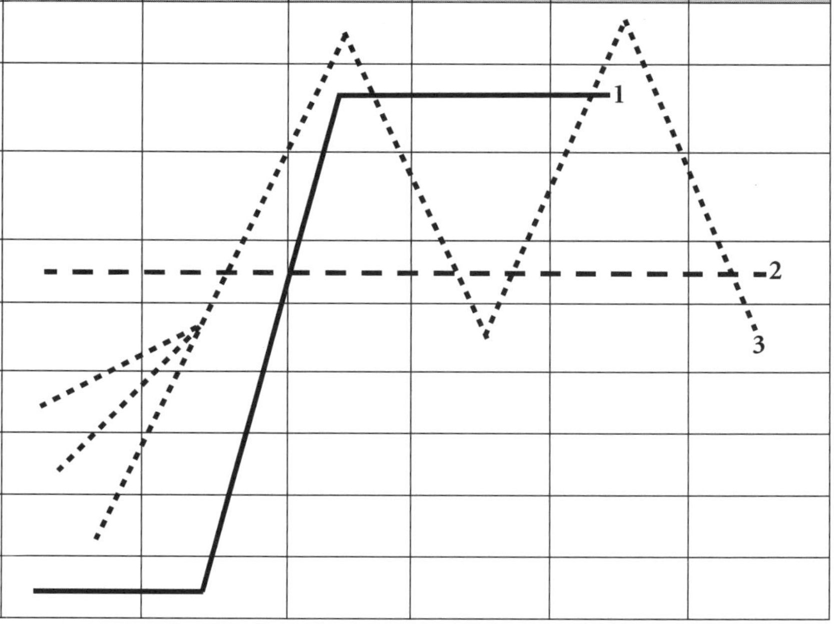

Sur cette matrice, trois parcours client différents sont identifiés. Le **parcours 1** correspond à un schéma classique, dans lequel le client est sensibilisé et informé par le biais d'une opération promotionnelle qui l'incite à se rendre en magasin pour y être conseillé, puis effectuer son achat. Le magasin effectue également le service après-vente.

Le **parcours 2** correspond à une vente réalisée exclusivement par correspondance, au travers d'un centre d'appel qui reste le point de contact et de communication pour toutes les étapes du processus.

Le **parcours 3** correspond à un parcours plus récent, qui débute sur Internet par le biais de différents canaux : comparateurs de prix, sites affiliés, communauté d'intérêt en ligne. Le client se rend ensuite dans le magasin pour voir le produit et obtenir des conseils de la part d'un vendeur. Il finalise son achat en ligne. Le service après-vente peut s'effectuer en magasin. La fidélisation s'effectue également en ligne grâce au site Internet et à l'envoi de courriers électroniques.

Sur la base de cette matrice, une stratégie multicanal peut être élaborée en formalisant des parcours clients et en anticipant les parcours possibles.

Exemple : Le site ldlc.com, initialement *pure player* d'Internet, a ouvert des magasins, l'un à Lyon, l'autre à Paris. Sur le site Internet, il est ainsi possible, pour chaque produit disponible en magasin et sur le site, d'avoir en temps réel une visibilité du stock de chacun des magasins. Les clients peuvent ainsi s'assurer de la disponibilité du produit avant d'effectuer une visite en magasin.

Source : ldlc.com

Cette analyse doit être complétée par une analyse du coût des ventes par canal et de la complexité de la vente (Payne et Frow, 2004). Certains canaux sont mal appropriés pour réaliser la vente de produits ou services complexes, comme vendre un prêt bancaire immobilier sur Internet. D'autres canaux se révèlent très peu coûteux pour réaliser des transactions simples. Afin de mener cette analyse, il est possible de s'appuyer sur la matrice décrite à la figure 3.4.

Grâce à cette matrice, l'entreprise positionne ses différents canaux les uns par rapport aux autres, comme à la figure 3.4, où quatre canaux ont été retenus par l'entreprise. Chaque canal se révèle adapté pour des produits et/ou services. Il sera ensuite nécessaire de rendre explicite au client ce positionnement. La tarification est souvent le moyen efficace pour orienter le client vers le canal le plus approprié.

Enfin, l'analyse stratégique doit toujours s'interroger sur la capacité de chaque canal à en optimiser un autre afin que l'articulation des différents canaux crée un réel effet de levier au global. Pour parvenir à un tel résultat, trois conditions doivent être réunies (Achabal *et al.*, 2005) :

- **La compatibilité.** Cette condition renvoie à la cohérence d'ensemble construite au travers des différents canaux et qui doit être explicitée au client final afin que ce dernier ait une compréhension de la proposition de valeur qui lui est faite. Les éléments

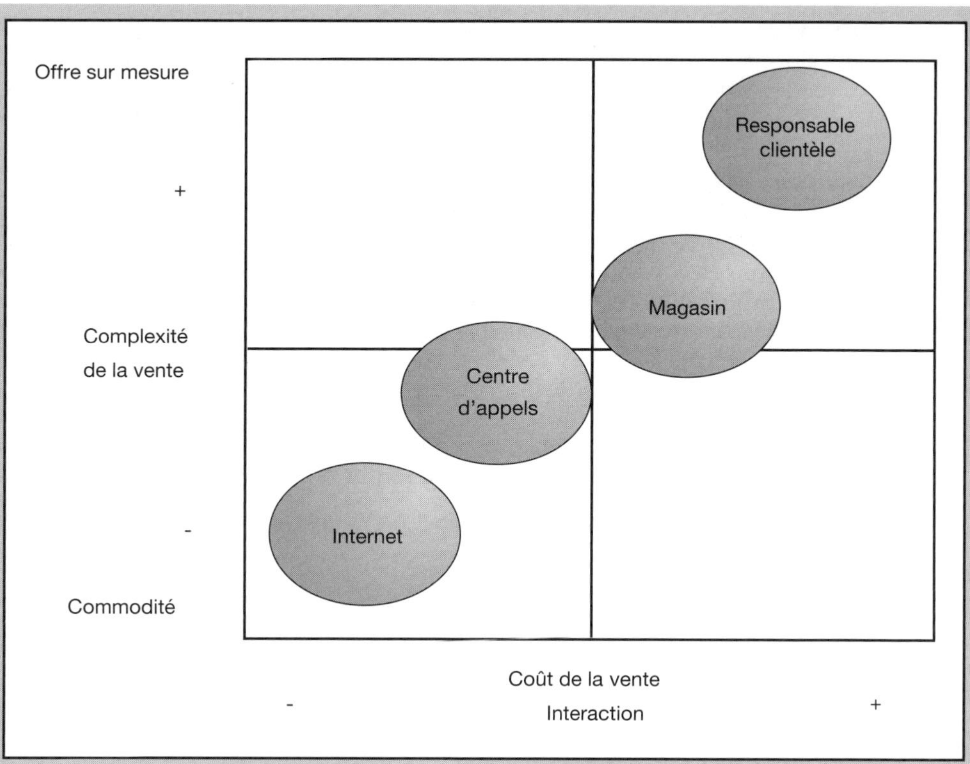

Figure 3.4 - Matrice complexité de la vente/coût de la vente (adapté de Payne et Frow, 2004).

techniques ou opérationnels peuvent mettre à mal une telle cohérence. Par exemple, des raisons techniques peuvent empêcher la mise à disposition d'une promotion sur un site marchand alors qu'elle est disponible en magasin. Dans ce cas, la compatibilité des réseaux est amoindrie.

- **L'intégration.** Elle est nécessaire si l'entreprise souhaite utiliser les différents canaux pour offrir à ses clients une expérience réellement multicanal. Le retrait en magasin d'un achat en ligne est un exemple d'intégration des canaux. Cette intégration ne nécessite pas de déplacement des activités, mais la mise en place d'une synchronisation des informations et des processus dans l'organisation.
- **L'optimisation.** Cette condition renvoie à la capacité d'utiliser les caractéristiques propres à chaque canal pour optimiser, d'une part, l'ensemble et, d'autre part, la structure de coût de chaque canal. Cette démarche nécessite de repenser les différents processus et de les affecter au bon canal.

Exemple : Internet, vendeurs et magasins – En diffusant de l'information sur Internet pour aider les clients à préparer leurs visites en magasins, les distributeurs peuvent libérer les vendeurs de tâches routinières, augmentant ainsi leur productivité. Cependant, il ne faut pas négliger deux conséquences potentiellement problématiques d'une large diffusion d'informations sur Internet. En effet, il arrive que le client en sache plus que le vendeur, grâce aux nombreuses informations diffusées sur le site. Par ailleurs, le client étant plus informé, il est moins susceptible d'interagir avec le vendeur, ce qui réduit les opportunités de montée en gamme ou de vente de produits complémentaires. La diffusion d'information en ligne doit donc s'accompagner de changements organisationnels (par exemple, la formation des vendeurs) mais aussi de changements dans le merchandising en magasin (par exemple, la diffusion dans la surface de vente des éléments d'informations diffusés sur le Net).

Après une réflexion sur les canaux, leur rôle, leur articulation et leur positionnement, il convient de concevoir une organisation qui facilite le déploiement d'une stratégie multicanal.

2.1.2. Organisation des canaux

Par organisation des canaux, il faut entendre la structure organisationnelle des différents canaux de distribution. Cette structure constitue souvent un obstacle au déploiement d'une stratégie multicanal. En effet, l'organisation fonctionnelle de l'entreprise en silos empêche de construire une vision transversale du client (Weinberg *et al.*, 2007).

De nombreuses entreprises, par prudence, ont tout d'abord placé leur activité de commerce électronique dans une filiale spécifique. Cette organisation préserve l'entreprise d'un éventuel échec du canal en limitant le risque à une filiale. En outre, elle permet de développer des innovations radicales dans une structure adéquate, non perturbée par les routines organisationnelles construites au fil du temps par l'entreprise, souvent porteuses d'inertie (Westerman, 2002). Le choix d'une filiale séparée dépend du niveau de changement dans les compétences à maîtriser pour réussir (voir chapitre 2). Plus les innovations sont radicales en termes de compétences, plus la nécessité de créer une nouvelle entité est nécessaire. Le commerce électronique constitue, pour les distributeurs traditionnels, une réelle innovation de rupture, tant les compétences sont différentes. Cet univers est perçu comme étant très dynamique, avec des évolutions de compétences très rapides (Wheeler, 2002), nécessitant de la part des entreprises une reconfiguration permanente de leurs compétences internes et externes, afin de tirer le meilleur parti des opportunités offertes dans l'univers digital (Rival, 2006).

Dans le même temps, créer une entité spécifique pour gérer le canal électronique peut se révéler un obstacle à long terme. En effet, en séparant les deux canaux, on s'empêche de créer des synergies opérationnelles. Par conséquent, l'arbitrage est délicat. Du point de vue de la performance, il est préférable d'opter pour une structure hybride, c'est-à-dire une structure qui s'appuie sur les compétences existantes. Ceci est d'autant plus vrai que le distributeur est un acteur de la vente à distance par catalogue (Westerman, 2002).

Exemple : Lors de la création du site Internet Fnac.com, l'enseigne Fnac décide de la loger dans une structure dénommée « Fnac Direct » qui rassemble les activités de vente à distance. Pendant plusieurs années, le site utilise son propre entrepôt. L'enseigne lui impose les mêmes prix qu'en magasin. Fnac.com est amené à construire son propre entrepôt de données clients, indépendant de celui de la Fnac. Progressivement, cette structure est perçue comme un obstacle à une stratégie multicanal. Opérationnellement, cette stratégie nécessite, en effet, de s'appuyer sur une structure logistique commune, d'avoir accès aux stocks en magasin et d'avoir une vision globale du client.

Sources : Le Journal du Net, http://www.ppr.com

2.1.3. Politique d'assortiment

Les décisions d'assortiment constituent un domaine stratégique pour tout site marchand, dans la mesure où l'identité même du distributeur en dépend (classifications par les professionnels ou catégorisations par les consommateurs) et dans la mesure où la performance du distributeur est une fonction directe de ses choix d'assortiment (chiffre d'affaires, marge, etc.). Relativement à l'offre disponible en magasin, on peut envisager plusieurs stratégies d'assortiment sur Internet :

- **Approfondir l'assortiment disponible en magasin.** Comparativement aux magasins, le site permet, bien souvent, de proposer un assortiment plus profond (plus de références pour une même unité de besoins : coloris, tailles et grammages, conditionnements, etc.), les contraintes de stockage étant moindres. Par ailleurs, même dans le cas où le marchand présente en ligne une sélection de son assortiment total, la vente en ligne permet aussi d'exposer le client internaute à un nombre supérieur de produits, comparativement au client qui se trouve dans un magasin donné. Par exemple, le site fnac.com offre plus de produits que n'importe quel magasin Fnac, même les plus achalandés.
- **Élargir l'assortiment disponible en magasin.** Le site permet parfois de proposer un assortiment plus large que les magasins (des références qui appartiennent à des catégories de produits différentes de celles vendues habituellement). De fait, nombreuses sont les enseignes qui utilisent le Web pour élargir leur « territoire produit ». Cette approche préfigure parfois un élargissement de l'assortiment en magasin, mais ce n'est pas systématique, car tous les produits disponibles sur le site n'ont pas forcément vocation à être vendus dans les magasins. Par exemple, l'enseigne Tesco (Royaume-Uni) développe son assortiment non alimentaire *via* sa filiale de vente à distance. De nombreuses catégories de produits ne sont pas disponibles dans les magasins mais le sont en ligne, comme les jouets.
- **Offrir des produits dont la durée de vie est plus courte que ceux offerts en magasin.** Le site marchand permet de présenter des offres qui ne pourraient pas trouver preneur dans le réseau de vente, compte tenu de leur durée de vie. En effet, le site permet une vitesse de montée en couverture sur la cible des acheteurs que ne permet pas le réseau de points de vente. Par exemple, dans le secteur du transport aérien ou du tourisme, la vente aux enchères de billets permet de maximiser le taux de remplissage à la dernière minute.

- **Déstocker des produits.** Le site marchand permet également de déstocker des produits en fin de vie, des fins de séries (Dholakia *et al.*, 2005). Certains se sont même fait une spécialité de la vente privée ou du déstockage (voir chapitre 1).
- **Développer les ventes additionnelles.** Le merchandising électronique permet aisément de proposer au client, pendant sa consultation du site ou à la fin du processus de commande, l'achat de produits complémentaires, notamment des accessoires. Si cela est possible dans le commerce réel, les potentialités offertes par le merchandising en ligne sont nettement supérieures (voir chapitre 7).
- **Développer la vente de services.** La vente de services est naturellement possible en magasin (extension de garantie, assurance contre le vol, etc.). Néanmoins, elle est rendue plus simple et plus systématique sur les sites marchands.

Dans certains cas, l'assortiment disponible sur Internet n'est ni plus large ni plus profond que celui offert en magasin. Au contraire, **l'offre en ligne peut constituer une sélection de l'offre disponible en magasin.** C'est notamment le cas quand :

- Le produit convient moins bien à la vente en ligne, notamment en raison de coûts logistiques (rapport poids/volume/prix) ou de la nécessité d'essayer le produit préalablement (comme pour les chaussures).
- Le modèle d'affaires repose sur une large participation des clients. Dans ce cas, il n'est pas viable économiquement de vendre sur Internet des produits offerts en magasin car le distributeur en subit tous les coûts et ne peut pas justifier d'une augmentation du prix, comparativement au magasin, pour compenser cette augmentation des coûts.

Exemple : Ikea, le distributeur de meubles et d'équipement de la maison, propose un site Web sur lequel l'ensemble des produits vendus en magasin est présenté. Cependant, nombre de produits ne peuvent être achetés sur le site Internet. Pour comprendre un tel choix, il faut analyser le modèle d'affaires de ce distributeur. Celui-ci repose, en effet, sur une offre de prix bas, qui n'est possible que parce que le client se déplace dans un magasin conçu comme un entrepôt. Le client se sert directement dans les stocks et se charge du transport des produits vers son domicile. La livraison par Ikea est possible mais très onéreuse, ce qui dissuade le client de la choisir. Plus que sa logistique, c'est son modèle d'affaires qui serait radicalement remis en question si Ikea vendait la totalité de son assortiment en ligne. Dès lors, le site est conçu pour préparer la visite en magasin. Pour chaque produit, il est ainsi possible de vérifier sa disponibilité en stock par magasin. Un outil de conception informatique de cuisine 3D permet même aux clients de préparer leur commande (les plans réalisés sont consultables en magasin par le vendeur).

Source : Ikea.fr

2.1.4. Politique de prix

La politique de prix sur Internet devra s'adapter aux contraintes et aux opportunités du média, ainsi qu'à l'environnement économique nouveau qui l'accompagne. Ces conditions militent donc fortement pour une différenciation des prix sur Internet.

Néanmoins, il serait dangereux de découpler trop fortement les prix d'un canal à l'autre. Les marchands sont donc amenés à trouver des systèmes plus complexes, notamment personnalisés.

Les spécificités des environnements électroniques

Les techniques de fixation des prix en ligne diffèrent des techniques conventionnelles pour quatre principales raisons (d'après Jap, 2004) :

- **La sensibilité aux prix dans les environnements de vente électroniques.** Les consommateurs en ligne ne sont pas plus sensibles aux prix bas que les clients dans les commerces conventionnels (Degeratu *et al.*, 2000). Il a même été montré que la mise à disposition d'informations supplémentaires – comparativement à un contexte d'achat en supermarché, par exemple – conduit l'acheteur à considérer d'autres attributs quand il choisit une marque, ce qui réduit l'importance du prix dans le processus de choix

- **Le degré de participation des consommateurs.** Sur les sites marchands qui font la part belle à l'esprit participatif du Web 2.0, le consommateur émet des signaux de qualité complémentaires à ceux des entreprises (votes, évaluations, avis, etc.). Ces signaux sont susceptibles de changer la valeur perçue des produits vendus.

- **La dispersion des prix.** On considère souvent que les marchés électroniques sont quasi parfaits en termes de concurrence, dans le sens où les écarts de prix sont faibles, puisque les acteurs se surveillent les uns les autres et ajustent en permanence leurs prix. Par ailleurs, les consommateurs seraient parfaitement informés des prix et de leur dispersion, ce qui conduirait les acteurs à s'aligner sur le prix le plus bas. En fait de concurrence pure et parfaite, les études montrent plutôt que la dispersion des prix persiste en ligne (Pan *et al.*, 2004), ce qui est corroboré par l'existence des intermédiaires, comme les comparateurs de prix. Le développement de stratégies multicanal conduit également à une différenciation des prix, pour éviter les conflits et s'adapter aux attentes des consommateurs, qui considèrent que les prix sur Internet doivent être inférieurs aux prix conventionnels (Huang *et al.* 2005).

- **Le degré d'information sur le consommateur.** Les systèmes d'identification, volontaires ou non (*cookies*), permettent de suivre le comportement d'achat des clients dans le temps et d'en tirer certains enseignements sur leur sensibilité aux prix. Il devient alors possible de personnaliser les prix.

La voie (étroite) de la personnalisation

La personnalisation des prix est une voie possible pour sortir de l'ornière d'un alignement des prix moyens d'un canal à l'autre. Les questions de personnalisation sont traitées plus loin (voir chapitre 9). Cela dit, la personnalisation des prix est une question bien spécifique, dans le sens où elle conduit plutôt à une défiance des consommateurs concernés et à une baisse des intentions de réachat (Grewal *et al.*, 2004). Si de nombreuses techniques de fixation différenciée des prix sont bien acceptées par les consommateurs, les variations individuelles liées au profil sont jugées comme injustes (Huang *et al.*, 2005), ainsi que l'illustre le tableau 3.3.

Tableau 3.3 : Jugements d'équité sur les techniques de fixation des prix (Huang *et al.*, 2005)

	Injuste*	Juste **
Une hausse des prix pour profiter de la fermeture temporaire d'un concurrent	79 %	21 %
Le même prix par fax ou par Internet	36 %	64 %
La mise aux enchères dans le cas où il resterait un grand nombre de chambres vides	7 %	93 %
La mise aux enchères dans le cas où il resterait peu de chambres libres	20 %	80 %
L'achat en groupe pour bénéficier d'un meilleur prix	24 %	76 %
L'annonce d'un prix plus bas, finalement accepté (*name your price*)	13 %	87 %
La négociation du prix *via* Internet	36 %	64 %
La réduction de prix aléatoire	76 %	24 %
La distribution sélective de bons de réduction auprès de certains clients	38 %	62 %
La différenciation des prix selon les zones géographiques	50 %	50 %
Une réduction de prix pour les nouveaux clients, les clients fidèles payant le prix normal	83 %	17 %
Une réduction du prix pour récompenser la fidélité (l'inverse du précédent)	18 %	82 %
Une réduction de prix pour les clients qui utilisent un comparateur de prix	79 %	21 %
Une réduction de prix selon les périodes (*yield management*)	51 %	49 %

* Pourcentage de personnes interrogées ayant répondu 4 ou 5 sur l'échelle sémantique différentielle en cinq positions de « juste » à « injuste ».

** Pourcentage de personnes interrogées ayant répondu 1, 2 ou 3 sur l'échelle en cinq positions.

La voie est donc étroite entre, d'une part, un alignement des prix qui pénalise la compétitivité du marchand *click and mortar,* relativement à ses concurrents *pure players,* et ne reflète pas la réalité des coûts et, d'autre part, la possibilité de personnaliser les prix, qui génère des insatisfactions du côté du client. C'est pourquoi les marchands mettent en œuvre une politique de différenciation des services, en parallèle avec la différenciation des prix, pour justifier les écarts de prix d'un canal à l'autre.

La livraison sert souvent de variable d'ajustement. On constate parfois que le prix hors livraison est inférieur au prix en magasin, mais que le prix incluant la livraison est identique. Il arrive parfois que le prix d'une commande d'un article soit supérieur en ligne, en incluant le coût de la livraison, mais que le prix soit inférieur avec 3 ou 4 articles dans le panier (ce qui incite naturellement les clients à acheter plus d'articles dans la même commande).

L'activisme promotionnel sert également à masquer les écarts systématiques entre le magasin et le site marchand. Le prix est souvent plus faible en ligne, mais il est rarement présenté comme tel. Le prix en ligne est tellement éphémère, ou soumis à de telles restrictions, qu'il ne peut jamais être comparé au prix en magasin. Cette technique se rapproche d'ailleurs de celle employée dans la grande consommation avec des formats spécifiques qui sont incomparables d'une enseigne à l'autre. Par exemple, le modèle de 275 grammes est présenté dans l'enseigne Carrefour et le modèle de 350 grammes dans l'enseigne Auchan, ce qui ne permet pas au client de faire des comparaisons directes et permet de différencier les prix d'une enseigne à l'autre.

De cette façon, en adoptant une logique de partition du prix (voir chapitre 7) et de promotion permanente, les marchands peuvent proposer des prix plus bas en ligne, sans soulever de conflits trop violents avec le réseau physique et sans inquiéter le client sur l'équité des prix en magasin. La cohérence est sauve, même si le prix en ligne est finalement plus faible !

2.1.5. Politique de marque

L'ère numérique a déjà donné de belles marques – comme Yahoo, Google, Amazon et eBay, ou encore Pixmania, PriceMinister, Kelkoo, RueduCommerce, etc. Rien ne semble arrêter le phénomène. La réputation de la marque est un enjeu considérable sur Internet (De Chernatony, 2001). Une marque ayant une forte réputation permettra d'attirer du trafic et augmentera le taux de conversion (le capital de confiance associé aux grandes marques rassure le visiteur et permet de déclencher la vente).

Pour les distributeurs *brick & click*, la question est de savoir s'il est nécessaire de développer des marques spécifiques sur Internet, comme le fait notamment Carrefour (avec boostore.com pour les produits non alimentaires et ooshop.com pour les produits alimentaires) ou s'il est important de capitaliser sur la même marque, comme le fait notamment Tesco (avec tesco.com). Il faut, avant tout, évaluer le risque pris dans l'aventure du commerce électronique. Si le risque est élevé, il est conseillé de ne pas risquer d'endommager la marque physique actuelle. Cependant, l'utilisation d'une marque inconnue augmente le coût marketing et soulève la défiance, ce qui conduit à augmenter encore le risque. Par ailleurs, si les produits vendus en ligne se situent dans le « territoire produit » de la marque enseigne (c'est-à-dire si ces produits sont perçus par les clients comme « allant bien » avec l'enseigne) ou renforcent sa stratégie, et si la marque enseigne est légitime sur Internet, il est de toute évidence pertinent d'utiliser cette marque. En retour, la présence sur Internet peut nourrir la modernité et la proximité de la marque, pour finalement la renforcer. En revanche, si les produits vendus en ligne se situent en dehors du « territoire produit » de la marque enseigne, ou si la marque enseigne réelle n'est pas légitime sur Internet, il est conseillé de ne pas utiliser cette marque.

Répondre à ces questions suppose donc de porter un jugement sur la capacité de la marque *offline* à créer de la valeur sur Internet. Ce jugement repose à la fois sur la puissance de la marque en général (notoriété, image, considération, préférence, etc.) et sur sa crédibilité sur Internet. De fait, les enseignes traditionnelles peuvent dépasser les *pure players* en matière de puissance, mais ces derniers peuvent, au contraire, dépasser les enseignes traditionnelles en matière de crédibilité sur Internet.

2.1.6. Pilotage d'une stratégie multicanal

Une stratégie multicanal ne peut être évaluée que par un ensemble de critères de performance spécifiques. Trop souvent, seule la performance d'un canal est évaluée. Ainsi, est-il classique désormais d'évaluer la performance d'un site marchand par le taux de transformation des visiteurs en acheteurs (voir chapitre 7). Dans la perspective multicanal, cet indicateur n'est guère pertinent car le site peut également générer du trafic en magasin. Mesurer la performance du canal électronique dépend donc de la finalité qui lui a été assignée dans le cadre de la stratégie globale de distribution (Zhuang et Lederer, 2003).

Si l'objectif du site Internet est de créer du trafic en magasin, un tableau de bord devra comporter un ou des indicateurs mesurant l'apport de trafic en magasin généré. Cela nécessite que des modalités opérationnelles tracent ces flux de clients et que le système d'information soit en mesure de délivrer une telle information. D'autres cas de figure sont bien évidemment envisageables. Ainsi, 66 % des entreprises américaines du panel shop.org utilisent-elles l'augmentation des ventes en ligne pour mesurer l'efficacité du catalogue qu'elles éditent.

2.2. Mise en œuvre opérationnelle de la politique multicanal

Une fois la stratégie définie, plusieurs aspects opérationnels doivent faire l'objet d'une attention particulière. La gestion des stocks est une des premières questions opérationnelles à examiner : faut-il un stock commun ou des stocks différents par canaux ? Comment tirer parti de l'existence de plusieurs canaux du point de vue logistique ? Comment organiser la relation avec le client lorsque celui-ci passe aisément de l'un à l'autre ? Enfin, quels sont les éléments du système d'information indispensables à la réussite d'une telle stratégie ?

2.2.1. Gestion du stock

Lorsque le site marchand est adossé à une chaîne de distribution physique, il est possible d'utiliser le stock des magasins pour compléter les commandes qui proviennent du site Internet de l'enseigne (Durand, 2004). Plusieurs enseignes utilisent cette solution comme Fnac.com ou encore Surcouf.fr.

Cette organisation, pour intéressante qu'elle soit, nécessite une réelle gestion intégrée des différents canaux de distribution. Du point de vue financier et comptable, un canal supporte les coûts de stockage liés à la variété de l'assortiment. Cela rend complexe la gestion des stocks en magasin et peu lisible la rentabilité de chaque canal[1]. Certaines entreprises *click and mortar*, comme Darty, ont cessé cette gestion des stocks pour ces raisons. Seule une approche intégrée permet de dépasser cette vision des coûts par canal. En revanche, Tesco a retenu ce modèle en s'appuyant uniquement sur les stocks en magasin pour préparer les commandes au départ de ceux-ci (Durand, 2004). Il n'y a pas deux stocks séparés : les produits et les stocks des magasins alimentent le canal électronique.

Exemple : Fnac.com bénéficie de la centrale d'achat du groupe Fnac, mais cela ne constitue pas son seul circuit d'approvisionnement. « D'un point de vue opérationnel, nous nous approvisionnons en produits culturels *via* trois canaux, explique Jan Löning, PDG de Fnac Direct. Deux d'entre eux sont des circuits Fnac. Il s'agit de la Société des Livres Français [...], et de certains magasins Fnac à Paris, qui nous livrent tous les matins. À cela s'ajoute un troisième canal : la livraison directe par nos fournisseurs. » Pour les produits techniques, le circuit d'approvisionnement est un peu différent dans la mesure où ces produits proviennent directement des entrepôts du groupe Fnac.

Source : Le Journal du Net, 2004

Outre la gestion des stocks dans les différents canaux, la logistique doit être soigneusement étudiée dans une stratégie multicanal.

2.2.2. Logistique

La livraison du client final, dans le cadre du commerce électronique, constitue un réel enjeu opérationnel (voir chapitre 8). Dans le cadre d'une politique multicanal, cet enjeu est rendu encore plus complexe. En effet, l'existence d'un réseau de magasins et d'un canal électronique nécessite la mise en œuvre de deux circuits logistiques. La prise en compte du service après-vente conduit parfois à la mise en place d'un circuit logistique spécifique pour le retour des produits. Du point de vue logistique, approvisionner des magasins se révèle très différent de la livraison à une multitude de clients dispersés géographiquement. Plusieurs possibilités de mutualisation de la logistique sont envisageables :

- L'utilisation du magasin comme point de retrait des commandes en ligne. Le client effectue sa commande sur le site Web et se rend en magasin où sa commande a été préparée par le personnel.
- L'utilisation de magasins spécialisés pour la réception de la commande.
- L'utilisation du magasin comme plate-forme logistique pour livrer les clients. Cette solution transforme le rôle des magasins.

1. Il n'existe pas de recherche sur cette pratique. Les modèles de gestion de stocks à plusieurs niveaux (*multi-echelon inventory systems*) n'intègrent pas le prélèvement possible sur le stock du magasin par le canal électronique ; voir Chiang W.K., Monahan G.E. (2005), « Managing inventories in a two-echelon dual-channel supply chain », *European Journal of Operational Research*, vol. 162, pp. 325–341.

Exemple : Le site Tesco.com, leader mondial du commerce alimentaire, a généré, en 2006, un chiffre d'affaires de 950 millions de livres. Il reçoit en moyenne 200 000 commandes par semaine d'une base de 750 000 clients réguliers. Le service Tesco Direct s'appuie uniquement sur les magasins Tesco. Des préparateurs circulent dans les rayons, à l'aide d'un chariot « intelligent » comportant plusieurs « paniers ». Le chariot indique au préparateur, depuis un écran, le circuit de collecte des produits dans le magasin. Chaque préparateur collecte plusieurs commandes simultanément et le chariot indique dans quel panier placer les produits. La commande du client est ensuite assemblée dans un espace appelé « Home shopping » à l'arrière du magasin et chargée dans l'un des 950 camions à plusieurs compartiments (température différente pour le froid et le surgelé). La tournée des camions est programmée par le système d'information. Il tient compte de la distance et des contraintes d'horaires de livraison choisis par les clients. En 2006, Tesco couvre 97 % de la population britannique. Cette organisation logistique, propre à Tesco, semble efficace pour les produits alimentaires, à une réserve près, la gestion des stocks. En effet, la probabilité d'une indisponibilité d'un article en magasin est plus élevée qu'en stock central et le réapprovisionnement en magasin est plus long. Comparé à ses principaux concurrents, Tesco se classe en sixième position (sur sept) pour le taux de substitution d'articles dans une commande et pour le taux d'articles manquants dans une commande. D'ailleurs, Tesco se classe assez mal, dans une étude sur la satisfaction globale des clients des supermarchés en ligne en Grande-Bretagne, par rapport à ses principaux concurrents.

Source : adapté de Murphy A.J., (2007), Grounding the virtual: the material effects of electronic grocery shopping, Geoform, vol. 38, pp. 941-953

2.2.3. Relation client

Lorsque l'entreprise s'appuie sur plusieurs canaux, la relation avec le client est initiée dans l'un ou l'autre des canaux, mais le client peut interagir avec les autres après cette phase initiale. Les points de contact avec le client sont multiples. Dès lors, il convient de s'assurer que l'ensemble des autres canaux accède à la même information sur le client, son historique. Il faut, certes, créer des rebonds entre tous les supports de la relation client (point de vente, carte de fidélité, site Web, mailing, centre d'appel, etc.), mais il est impératif que le discours tenu au client soit cohérent. Cette exigence de cohérence est complexe à construire car chaque canal a son objectif propre et donc ses propres messages de communication.

Cette problématique est souvent envisagée comme ayant une solution évidente dans la mise en place d'un système d'information couvrant l'ensemble des canaux. À cet égard, les éditeurs proposent tous des suites applicatives « CRM multicanal ». Mais, souvent, il existe une certaine confusion sur le terme « canal » utilisé par les éditeurs de progiciels. Il s'agit, en effet, plus de canaux de communication que de canaux de distribution. En outre, l'utilisation des canaux par les clients reste complexe.

La politique de management de la relation client doit s'envisager, dès le départ, comme un tout cohérent. La politique de fidélisation doit être homogène, l'ensemble des comportements de fréquentation ou d'achat – qu'ils soient en ligne, en magasin ou par catalogue – doit donner lieu à récompenses.

La satisfaction à l'égard de l'enseigne repose sur la satisfaction à l'égard de chaque canal (voir chapitre 9). Il s'agit de cartographier l'ensemble des **points de contact** entre le client et la marque, en s'assurant de la fluidité et de la « cumulativité » de la relation, tout au long des différentes phases. Des méthodologies ont été récemment développées pour optimiser l'allocation des ressources entre les canaux. La méthode proposée par Thomas et Sullivan (2005), par exemple, comporte six phases :

- estimation d'un modèle de choix des canaux, au niveau de chaque segment de clients ;
- assignation de chaque client à un segment, de façon à en dresser le profil ;
- prévision de la probabilité de choix au cours des périodes successives ;
- développement d'une communication spécifique pour chaque segment de clients ;
- classification des nouveaux clients dans l'un des segments ;
- mise à jour de la classification.

2.2.4. Système d'information

Pour que la stratégie multicanal soit possible, le système d'information de l'entreprise doit répondre aux différents enjeux présentés ci-dessus. Trois éléments clés doivent être particulièrement étudiés.

Le système informatique de gestion de stocks doit répondre au choix opérationnel en matière de stocks et autoriser la visibilité du montant des stocks par canal. Le client doit par exemple pouvoir accéder au stock des magasins depuis le site Internet. Cela exige une gestion informatique en temps réel des stocks, une forte fiabilité dans la gestion de ces mêmes stocks et l'utilisation du même outil informatique sur les différents canaux. Outre la gestion des stocks, il est possible d'accroître l'interdépendance des canaux grâce au système d'information.

Exemple : Le site Cdiscount.com offre 50 000 références, mais en propose « seulement » 4 000 dans son magasin. Cependant, des bornes Internet en magasin permettent de commander un article qui ne serait pas disponible dans la surface de vente. Le système d'information permet également de synchroniser les prix en magasin avec ceux du site marchand, grâce à des étiquettes électroniques. Dès qu'un prix est modifié en central, les étiquettes de prix électroniques sont mises à jour grâce à des bornes infrarouges. Le client a ainsi la garantie que le prix Internet est le même qu'en magasin.

Source : Le Journal du Net, 2006

La gestion de la relation exige également la mise en œuvre d'un système d'information apte à fournir une vue unique du client, quel que soit le canal que celui-ci utilise. De nombreux progiciels permettent de gérer des relations client dans une perspective multicanal. Mais il importe d'être attentif à la question des processus plus que des outils informatiques, car la confusion entre point de contact avec le client (communication) et canal de vente est souvent entretenue par les éditeurs de solutions logicielles.

Enfin, pour le pilotage et le suivi de la stratégie multicanal, il est impératif que le système d'information facilite le suivi des parcours des clients entre les différents canaux. Cela nécessite de consolider les données « client » issues de chaque canal dans un seul et même entrepôt de données (*datawarehouse*), afin de pouvoir se livrer à des analyses complètes sur les parcours des clients. Bien des entreprises rencontrent des difficultés à ce sujet, car elles doivent mettre en place une gestion client qui doit se traduire par une identification unique de ce client quel que soit le canal. Le système doit ainsi être en mesure de tracer les clients en provenance d'un canal qui effectuent une phase du processus d'achat sur un autre canal. La reconstruction d'une vue globale du client est souvent complexe et coûteuse tant les choix d'applicatifs par canal s'avèrent souvent incompatibles entre eux ou nécessitent une reprise et une consolidation des données.

Résumé

Le commerce électronique n'est désormais plus envisagé comme un canal électronique unique capable de répondre aux différents segments de la demande. De nombreux sites marchands développent des circuits de distribution physiques. Par ailleurs, des distributeurs longtemps réticents au commerce électronique ouvrent des sites marchands.

L'existence de ces différents canaux de distribution complique la politique de distribution. Les conflits avec les distributeurs sont nombreux. Dans le cas d'une distribution sélective (franchise), l'établissement d'un canal électronique est également une problématique délicate.

Ces questions sont d'autant plus complexes que, du point du vue du client, le passage d'un canal à un autre est assez naturel. L'observation des comportements d'achat met en évidence une utilisation des différents canaux par les clients : préparation de l'achat en magasin par une consultation du site Internet de l'entreprise, ou au contraire, visite en magasin et finalisation de l'achat en ligne. Dès lors, la nécessité d'une politique multicanal se fait jour. Celle-ci doit assigner des objectifs clairs par canal et être compréhensible par les clients.

La politique multicanal doit organiser l'articulation des canaux entre eux et la circulation des clients au sein de ceux-ci. Cette politique de distribution doit également clarifier le positionnement prix selon les canaux, la politique de marque et l'assortiment par canal.

Le déploiement d'une telle politique de distribution nécessite une organisation opérationnelle adéquate : la gestion des stocks, la logistique, la relation avec le client et le système d'information doivent être adaptés à une telle politique de distribution. Enfin, le pilotage d'une telle politique de distribution conduit à définir des indicateurs de performance spécifiques.

Bibliographie

Achabal D., Badgett M., Chu J., Kalyanam K., (2005), *Cross-channel optimization. A strategic roadmap for multichannel retailers*, IBM Business Consulting Services, 16 p.

Badot O. et Navarre C. (2002), « L'achat de véhicules automobiles sur Internet : un exemple d'articulation multicanaux expérientielle », Colloque Distribution, achat, consommation, 7e Journée de recherche en marketing de Bourgogne, Dijon, 13 novembre.

Belvaux B. (2006), « Du e-commerce au multi-canal : les différentes implications d'Internet dans le processus d'achat du consommateur », *Revue Française du Marketing*, n° 209, pp. 49-68.

De Chernatony L. (2001), « Succeeding with brands on the Internet », *Journal of Brand Management*, vol. 8, n° 3, pp. 268-274.

Dholakia R.R., Zhao M. et Dholakia N. (2005), « Multichannel retailing: A case study of early experiences », *Journal of Interactive Marketing*, vol. 19, n° 2, pp. 63-74.

Durand B. (2004), « Supérettes de proximité et épicerie électronique : une combinaison logistique prometteuse ? », *Actes du 7e Colloque Étienne Thil*, La Rochelle.

Kumar V. et Venkatesan R. (2005), « Who are the multichannel shoppers and how do they perform? », *Journal of Interactive Marketing*, vol. 19, n° 2, pp. 44-62.

Murphy A.J. (2007), « Grounding the virtual: The material effects of electronic grocery shopping », *Geoforum*, vol. 38, n° 5, pp. 941-953.

Payne A., Frow P. (2004), « The role of multichannel integration in customer relationship management », *Industrial Marketing Management*, vol. 33, n° 6, pp. 527-538.

Rival Y. (2006), « Performance de l'activité Internet et développement de compétences : quel lien existe-t-il ? », *Communication à la XVe Conférence internationale de management stratégique*, juin, Annecy/Genève.

Sarkar M., Butler B. et Steinfield C. (1998), « Cybermediaries in electronic marketspace: Toward theory building », *Journal of Business Research*, vol. 41, pp. 215-221.

Thomas J.S. et Sullivan U.Y. (2005), « Managing marketing communications with multichannel customers », *Journal of Marketing*, vol. 69, n° 4, octobre, pp. 239-251.

Wallace D.W., Gieseb J.L. et Johnson J.L. (2004), « Customer retailer loyalty in the context of multiple channel strategies », *Journal of Retailing*, vol. 80, pp. 249-263.

Wang E.T.G., Yeh H.Y. et Jiang J.J. (2006), « The relative weights of Internet shopping fundamental objectives: Effect of lifestyle differences », *Psychology & Marketing*, vol. 23, n° 5, pp. 353-367.

Wheeler, B.C. (2002), « NEBIC: A dynamic capabilities theory for assessing Net-enablement », *Information Systems Research*, vol. 13, n° 2, pp. 125-146.

Weinberg B.D., Parise S., Guinan P.J. (2007), « Multichannel marketing: Mindset and program development », *Business Horizons*, vol. 50, n° 5, pp. 385-394.

Westermann G. (2002), « Mixing bricks and clicks: Organization design for B2C e-commerce in incumbent retailers », *CISR Working Paper* n° 332 et *Sloan WP* n° 4400-03, 20 p.

Zhuang Y. et Lederer A.L. (2003), « An instrument for measuring the business benefits of e-commerce retailing », *International Journal of Electronic Commerce*, vol. 7, n° 3, pp. 65-99.

Sites Internet à consulter

http://www.conseil-concurrence.fr

http://www.customerthink.com/news/cross_channel_retail_environment_important

http://www.emota.org

http://www.franchise-fff.com

http://www.imrg.org

http://www.nrf.com

http://www.shop.org

Activités

Questions de révision

1. Quels problèmes de distribution un industriel rencontre-t-il lorsqu'il lance son site de vente en ligne ?
2. Quelles sont les raisons qui poussent un *pure player* du commerce électronique à ouvrir des magasins physiques ?
3. Quelles sont les possibilités d'organisation de la gestion des stocks dans une stratégie de distribution multicanal ?
4. Quels sont les principaux enjeux en matière de marque sur Internet ? Notamment, pour une entreprise existante, quels sont les arguments et les contre-arguments pour adopter la même marque en ligne ?
5. Comment organiser de façon efficace une relation client dans une stratégie multicanal ?
6. Quels sont les éléments du système d'information auxquels il faut apporter une attention particulière dans une stratégie multicanal ?

Exercices de synthèse

1. Rendez-vous sur le site de la marque Bleu Forêt à l'adresse **http://www.bleuforet.fr**. Expliquez pourquoi cette marque commercialise sa production en ligne. Pour quelles raisons toute l'offre n'est-elle pas commercialisée en ligne ?
2. Reprenez la figure 3.2 pour l'achat d'un véhicule de transport personnel. Quel est votre propre combinaison multicanal ? Cette combinaison serait-elle identique pour l'achat d'un billet de spectacle ?
3. Comparez les prix d'une catégorie de produit entre la Fnac et fnac.com. Qu'en déduisez-vous ?
4. Réalisez une cartographie des points de contact d'un opérateur de téléphonie mobile (en spécifiant qui maîtrise chaque point de contact : le siège, le réseau, des partenaires, etc.). Comment, en fonction de vos expériences, proposez-vous de fluidifier le parcours client ?

Questions à débattre

1. Quelles formes de différenciation des prix vous paraissent personnellement plus ou moins acceptables ? Pour quelles raisons ?
2. En quoi une stratégie de distribution multicanal oblige-t-elle à repenser les indicateurs de performance d'un site de commerce électronique ?

Partie II

Mettre en œuvre le commerce électronique

Chapitre 4

Choix d'une infrastructure technologique de commerce électronique

Objectifs pédagogiques

- Expliquer la pluralité des technologies d'infrastructure
- Comprendre les fondements technologiques des transactions sur Internet
- Appréhender la pertinence des infrastructures EDI dans le cadre du commerce électronique *B2B*
- Choisir un applicatif pour gérer le commerce électronique
- Comprendre les enjeux de la sécurisation des transactions en ligne
- Évaluer les solutions de paiement pour les transactions en ligne
- Appréhender le potentiel des technologies pour personnaliser la relation avec le client en ligne

Opération promotionnelle sur http://www.voyage-sncf.com et dimensionnement d'un site Web

En 2006, à l'occasion des 25 ans du TGV, la SNCF a mis en place une vaste opération de communication accompagnée de plusieurs actions promotionnelles. Cette opération s'inscrivait dans une série de promotions et d'opérations commerciales débutées au printemps, pour marquer successivement les 5 ans du TGV Med, les 10 ans du Thalys et les 25 ans du TGV qui avait transporté 1,2 milliard de voyageurs depuis sa mise en service.

Près de 50 000 billets allers simples en seconde classe, valables en France entre le 5 octobre et le 9 décembre 2006, ont été mis en vente, au prix de 5 euros. La vente était limitée à six billets par personne. Les billets n'étaient pas contingentés en fonction du type de train et de la destination, mais étaient ni échangeables ni remboursables. En théorie, la vente devait se prolonger jusqu'à minuit, mais la SNCF avait préféré préciser « qu'elle ne durerait probablement que quelques heures ». Coup d'envoi de cette « vente-flash » : midi dans les guichets SNCF, sur Internet ou par téléphone.

Paris-Lyon, Biarritz-Paris, Lyon-Marseille… Ce jeudi-là, depuis midi, le plus dur n'était pas de choisir sa destination mais d'arriver à acheter un billet. À midi et demi, le site Internet de la SNCF était déjà saturé et il était impossible de réserver une place. La SNCF avait prévu de vendre 50 000 billets à 5 euros. Devant l'affluence aux guichets et sur Internet, ce sont 200 000 billets qui sont partis en une heure. ☞

Opération promotionnelle sur http://www.voyage-sncf.com et dimensionnement d'un site Web (*suite*)

La SNCF parla de grand succès. Les déçus, de fiasco et d'opération mensongère. Le site Internet avait été fermé le premier en raison des difficultés à se connecter liées à l'affluence en ligne « dès 8-9 heures du matin ». « Notre service de réservation de billets est momentanément inaccessible, nous vous prions de nous en excuser et vous invitons à renouveler votre visite ultérieurement », indiquait le site vers midi. Dès 12 h 45, un nouveau message annonçait : « Les 50 000 places à 5 euros ont été vendues. » Même accueil pour ceux qui avaient tenté leur chance au téléphone. Au bout du fil, ils obtenaient le message suivant : « En raison d'un grand nombre d'appels, votre demande ne peut aboutir. »

La vente devait théoriquement se terminer à minuit. Le porte-parole de Voyages-sncf.com ne pouvait que reconnaître : « Nous sommes à peu près dans la situation à laquelle nous pouvions nous attendre malheureusement. » « Nous avons *grosso modo* triplé la capacité de notre site Internet, qui vend aux alentours de 80 000 à 90 000 billets lors d'une journée normale, mais nous ne pouvions pas la multiplier par 50 ou par 100 », a-t-il expliqué.

Résultat : un gigantesque embouteillage qui a empêché bon nombre d'internautes d'accéder à l'offre promotionnelle, mais aussi à l'ensemble des services de l'agence de voyages (train, avion, location de voitures et loisirs+), rubriques qui étaient encore indisponibles quatre heures après le début de l'opération. « Nous avons été obligés de rendre ces rubriques inaccessibles, car après avoir commandé leur billet les internautes ont cherché à réserver un hôtel », explique Louis Brosse, responsable marketing de Voyages-sncf.com. « Or nous n'avions pas anticipé une telle affluence sur ces services et n'avions pas mis en place de montage technique particulier sur ces dernières. »

Autant d'éléments qui, mis bout à bout, ont contribué à créer une situation sans précédent pour Voyages-sncf.com. Il est vrai que l'opération était elle-même la première du genre au sein de la SNCF. Il était donc difficile, dans ces conditions, de dimensionner avec exactitude les infrastructures techniques. Anticipant une volumétrie en très nette progression, Voyages-sncf.com avait pourtant pris des mesures particulières. Le site accueillant ces promotions et les serveurs correspondants étaient dédiés à l'opération. De même, pour faire face au flux croissant des internautes, le site promotionnel pouvait puiser dans les ressources allouées à Voyages-sncf.com. Enfin, les capacités de paiement du site avaient été multipliées par quatre, lui permettant ainsi d'accepter jusqu'à 280 000 paiements par jour.

Toutefois, cette journée a été économiquement pénalisante pour le site. Car, bien qu'il n'ait jamais été totalement inaccessible, il a vu sa rentabilité affectée, notamment en raison de la difficulté rencontrée pour naviguer sur les autres rubriques du site. Par ailleurs, il semblerait qu'Internet n'ait pas été le grand gagnant de cette opération. La majorité des ventes a été réalisée par les agences de voyages et les gares. Pour avoir un billet à 5 euros, il fallait non pas être internaute mais se rendre dans les gares.

Questions :

À quel problème d'infrastructure Voyage-sncf.com est-elle confrontée ?

Comment l'infrastructure du site Internet aurait-elle dû être configurée pour répondre aux objectifs de la campagne promotionnelle ? Est-ce économiquement possible pour l'entreprise ?

Quelles sont les conséquences du mauvais dimensionnement du site Internet pour l'entreprise ?

Quelles réflexions vous inspire un tel cas ?

Sources : *lci.tf1.fr, Le Journal du Net*

Le commerce électronique repose sur un ensemble d'infrastructures variées et de plus en plus nombreuses. Limité dans un premier temps au Minitel, le commerce électronique s'est progressivement déployé sur d'autres réseaux électroniques : Internet, réseaux dédiés au commerce *B2B* (EDI), et réseaux de téléphonie sans fil. La multiplication de ces infrastructures nécessite de bien comprendre leur intérêt respectif selon le type de client auquel l'entreprise s'adresse : client particulier *B2C*, client professionnel *B2B*. Si le réseau Internet est sans nul doute une infrastructure d'avenir, les infrastructures EDI constituent toujours une base fondamentale des échanges électroniques entre entreprises. En fonction de l'infrastructure qui est retenue, les conséquences en termes de développement informatique sont loin d'être identiques. Qui plus est, les aspects de paiements électroniques et la sécurité des transactions diffèrent profondément suivant l'infrastructure employée. Si l'EDI continue à se développer, il est certain que les échanges *B2C* se multiplieront sur Internet. Dans cette perspective, la personnalisation de la relation avec le client est un enjeu fondamental. Force est de constater que les technologies disponibles dans l'environnement Internet ont un potentiel considérable dans la personnalisation de cette relation.

1. Choisir une infrastructure technologique de commerce électronique en B2C et B2B

Si Internet est l'infrastructure la plus visible du grand public, le commerce électronique a débuté avec des infrastructures technologiquement éloignées d'Internet. En France, le commerce électronique a été possible dès le début des années 1980 grâce au Minitel développé par l'opérateur historique France Telecom. En outre, les besoins d'échange de données entre entreprises ont conduit dès les années 1960 aux premiers développements des technologies EDI aux États-Unis, encore très largement utilisées aujourd'hui dans les transactions commerciales électroniques. Par conséquent, si Internet constitue l'infrastructure de fait du commerce électronique à destination du grand public (*B2C*), le commerce électronique *B2B* transite majoritairement sur des infrastructures EDI. Il importe donc de comprendre les fondements technologiques de ces différentes infrastructures car elles n'offrent pas les mêmes caractéristiques en termes d'interface homme-machine, de sécurité des transactions et de coûts.

1.1. Les technologies Internet

Les technologies Internet sont nombreuses et variées. Ce chapitre se focalise sur les principaux fondements d'Internet nécessaires à la compréhension du fonctionnement d'un site Internet de commerce classique. Sous l'appellation « technologies Internet » sont rassemblés à la fois les protocoles de réseaux et les protocoles applicatifs utilisés.

1.1.1. Le protocole TCP/IP

Le réseau Internet est une interconnexion de réseaux informatiques locaux. Par nature, ces réseaux sont très hétérogènes et n'ont pas forcément la possibilité de s'interconnecter. L'interconnexion est rendue possible par un protocole de communication, le protocole IP (*Internet Protocol*). Il a été l'un des premiers protocoles permettant d'interconnecter des sous-réseaux aux caractéristiques physiques différentes. Il fournit des fonctions de réseau sans connexion fondées sur un datagramme. Il travaille en collaboration avec le protocole TCP (*Transfer Control Protocol*). Leur association donne le protocole TCP/IP, véritable protocole sur lequel fonctionne Internet.

1.1.2. Le protocole IP

Le protocole IP transporte les paquets d'informations (paquets IP). Il utilise le principe du datagramme. Chaque envoi de fichier donne lieu à une décomposition de celui-ci en plusieurs petits paquets d'informations qui contiennent l'adresse du destinataire et des informations sur la nature du fichier Le serveur envoie ensuite les informations sur le réseau, chaque paquet pouvant emprunter des parcours différents. Le serveur destinataire attend l'arrivée de tous les paquets pour recomposer le fichier et l'adresser au destinataire final.

Ce mode de fonctionnement permet de fluidifier le trafic sur le réseau. Il arrive cependant que des paquets d'informations soient bloqués sur un serveur ou se perdent après une erreur de routage d'un serveur ou d'un routeur.

1.1.3. Le protocole TCP

Le protocole IP n'assure pas le contrôle de la transmission. C'est le protocole TCP qui procure un service de communication fiable entre applications. Après avoir acheminé l'information vers la machine ciblée (le rôle de IP), il s'agit alors d'atteindre l'application référencée. TCP établit une connexion virtuelle entre applications distantes et utilise à cette fin un numéro de port[1]. Sur la plupart des machines connectées, plusieurs applications se déroulent simultanément ; par le biais des numéros de port, TCP joue le rôle d'un multiplexeur d'applications. Il assure également la fiabilité de la transmission (remise en ordre des paquets, retransmission des paquets perdus). Il reste à comprendre comment les paquets trouvent le serveur destinataire. Ceci est possible grâce à l'adressage IP.

1. Par exemple, le protocole HTTP utilise le port 80, le protocole POP (*Post Office Protocol*, employé pour la relève du courrier électronique), le port 25.

1.1.4. L'adressage IP

Dans un réseau IP, toutes les machines, postes client ou serveurs, possèdent une adresse qui permet de les identifier. Ainsi, il est possible de déterminer qui est l'émetteur d'un message et qui est son destinataire. Dans le protocole IP actuel (version 4), une adresse IP est codée sur 4 octets, ce qui correspond à une adresse de 32 bits. L'adresse IP est généralement présentée sous forme décimale « pointée ». Exemple d'adresse IP : 195.132.197.252.

Un découpage logique interne permet de numéroter les réseaux, les sous-réseaux et enfin les machines. Les plages de numéros sont attribuées par l'IANA (*Internet Assigned Number and naming Authority*) par le biais de relais nationaux. Compte tenu de l'accroissement du nombre de réseaux et de machines, la numérotation actuelle (sur 4 octets) sera saturée à l'horizon de 2010.

Une nouvelle version de l'adressage IP (version 6) est désormais finalisée (**http://www.urec.cnrs.fr/ipv6/IPv6.html**). Elle devrait permettre de satisfaire la croissance du réseau IP mondial. Le protocole IP version 6 constituera une étape importante dans l'évolution du réseau Internet. En effet, IPv6 va améliorer plusieurs fonctionnalités de gestion des paquets IP. Outre un renforcement de la sécurité, il sera possible d'accorder des priorités à des paquets IP à l'aide du protocole RSVP (*Resource reSerVation Protocol*). Mais si ce protocole est très efficace pour identifier des serveurs ou des postes client, il n'en demeure pas moins qu'il est difficile de retenir des numéros IP. Dans le cadre d'une utilisation régulière, on recourt à des adresses explicites comme **http://www.monsitedecommerce.fr**. Comment le lien entre cette adresse et l'adresse IP s'effectue-t-il ? Ce lien repose sur l'existence d'un plan de nommage.

1.1.5. Le DNS, les URL, les noms de domaine

Aux débuts d'Internet, il n'y avait pas beaucoup de machines connectées entre elles ; chacune avait un nom. Les administrateurs de serveurs s'informaient par courrier électronique des modifications des noms de leur machine. Très vite cela n'a plus été possible. Il a fallu mettre en place un système qui gère la correspondance entre les noms des machines et les numéros IP. C'est le rôle du DNS. Mais désormais on accédait non plus à une machine mais directement à un document (une page Web). Par conséquent, il a fallu organiser une structure d'accès des documents sur les serveurs. C'est ce que fait l'URL (*Uniform Resource Locator*). Il n'est pas possible d'utiliser n'importe quel nom pour nommer son serveur Web. Un plan de nommage structuré par des noms de domaine assure une cohérence dans les noms de sites Internet.

Le DNS

Le DNS (*Domain Name System*) est une base de données distribuée qui opère la translation entre une adresse URL et un numéro IP. La nature distribuée du DNS permet à certaines machines de contrôler certains segments de la base de données des noms, tandis que toute la base de données est accessible avec un mécanisme client-serveur. Un système de réplication de la base assure une fiabilité raisonnable, tandis que des caches augmentent la performance du système. En fait il s'agit d'une forme d'annuaires distribués qui se secondent mutuellement. Lorsque l'adresse n'est pas trouvée sur un serveur DNS, la requête est routée vers un autre serveur DNS jusqu'à ce qu'elle soit résolue.

Les URL

L'URL est un identifiant de document à travers le réseau Internet permettant la détermination de la méthode à utiliser (http ou ftp, par exemple) pour transférer le document, l'adresse du serveur sur lequel se trouve le document, et le chemin d'accès du document sur le serveur.

La structure d'une URL est la suivante :

```
Méthode d'accès :// Nom absolu du serveur [:numéro de port]/[chemin d'accès]
```

Les noms de domaine

Afin d'identifier l'ensemble des ressources sur Internet, un principe de nommage a été mis en place, au départ aux États-Unis et désormais au niveau mondial. Il fait l'objet actuellement d'âpres négociations sur son évolution et sa gestion par l'ICANN (*Internet Corporation for Assigned Names and Numbers*) [**http://www.icann.org/**]. Cette association rattachée au gouvernement américain a la charge de créer et de gérer des noms de domaine.

Il existe deux structures de noms de domaine : les gTLD et ccTLD. Les ccTLD (*country code Top Level Domains*) utilisent les codes ISO 3166-1 des noms de pays sur deux lettres. Ainsi, le nom de domaine de la France est .fr. Relativement limités au début (.edu, .gov, .mil, .com, .net, .org), les gTLD (*generic Top Level Domains*) ne cessent de se multiplier. Désormais, des noms de domaine sont ouverts pour des organisations variées (aero, biz, coop, info, int, jobs, mobi, museum, name, pro, travel). Les conditions d'obtention d'un nom de domaine sont variables selon les pays ou les positions des intermédiaires en charge de leur attribution (**http://www.afnic.fr/**).

Cette structure permet une gestion déléguée sans laquelle l'organisation d'Internet serait impossible compte tenu de l'augmentation permanente du nombre de sites.

Les noms de domaine s'achètent. En France, pour obtenir un nom de domaine avec une extension .fr, il faut être une entreprise ou un particulier, depuis 2006. La gestion des noms de domaine, leur achat, leur réservation, leur protection sont un enjeu très important pour l'entreprise souhaitant développer une activité de commerce électronique. D'abord, le nom de domaine est signifiant pour le client. Ensuite, les moteurs de recherche comme Google s'appuient en partie sur les noms de domaine pour apprécier la pertinence d'une page. Enfin, de nombreuses entreprises sont victimes de « cybersquatting », ce qui signifie que d'autres entreprises ont déjà acquis le nom de domaine ou que des personnes malintentionnées ont acheté des dizaines de noms de domaine afin d'en tirer profit. Il est donc important d'intégrer la réflexion sur le nom de domaine dès la phase amont du projet de site marchand, pour maximiser le trafic et éviter des coûts inutiles.

> La marque est un élément extrêmement important en matière de commerce électronique, elle est encore plus un vecteur d'attraction des consommateurs que dans le commerce physique. En effet, sur la base d'une marque ou d'un groupe de mots sont directement accessibles les modes de distribution électronique. La gestion du droit des marques, des logos, des signes distinctifs et de tout élément permettant d'isoler et d'identifier un commerçant électronique est essentielle. De nombreuses décisions de justice sont intervenues en matière d'utilisation de marque et de réservation de nom de domaine (Cybersquatting).

Plus récemment, les décisions de justice sont intervenues en matière de référencements commerciaux fondés sur des marques et des processus décrits par des moteurs de recherche et/ou annuaires de type Adwords par Google. Dans le cas de conflit entre signes quelconques utilisés sur le secteur d'Internet et droit des marques, les juges nationaux ont toujours fait prévaloir le droit des marques comme un élément distinctif fort de distribution de produits ou de services.

Il n'en demeure pas moins que des réflexions doivent être menées à ce titre, notamment pour que les professionnels du commerce électronique, nouveaux entrants ou ouvrant de nouveaux secteurs et canaux de distribution, puissent être protégés. Une politique de nom de domaine, de ciblage de références commerciales doit donc être menée pour qui veut ouvrir une activité dite de commerce électronique.

La marque est un élément du fonds de commerce qui doit être protégée indépendamment de tout type d'activité, qu'il s'agisse de commerce électronique, ou plus généralement de vente à distance, ou d'autre type de distribution de produits ou de services.

Ainsi, à travers la notion de commerce électronique, ce sont non pas simplement la responsabilité du commerçant, la qualification ou la qualité du consommateur qui priment, mais également d'autres éléments affectant le patrimoine de l'entreprise et notamment l'ensemble des éléments incorporels d'un fonds de commerce au sein duquel se trouve bien sûr le site Web, le patrimoine intellectuel composé des marques et logos ainsi que, par exemple, son site de commerce en ligne.

1.1.6. Le protocole HTTP

Pour transférer une page Web d'un site vers le navigateur Internet d'un client, il faut transporter des fichiers. HTTP (*HyperText Transfer Protocol*) est le protocole qui se charge de cette tâche. Il affiche des pages Web conçues en langage HTML avec des liens hypertexte. Pour bien comprendre la spécificité de ce protocole et son fonctionnement, il convient de présenter la façon dont fonctionnent les relations entre l'ordinateur de l'internaute et le serveur qui héberge des fichiers. Pour cela, il faut remonter un peu dans le temps, au début de l'existence des serveurs dans les années 1970. À cette époque, les ordinateurs des utilisateurs étaient des terminaux passifs. L'utilisateur ne pouvait rien faire d'autre que ce que le serveur l'autorisait à faire. La relation s'apparentait à une relation maître-esclave. Ce type de relation client-serveur est très fiable et très sécurisée car elle s'appuie sur les notions de session (on identifie les requêtes) et de transaction (on valide la requête).

Le protocole HTTP n'utilise ni la notion de session ni la notion de transaction. Ceci se comprend aisément : les documents hypertexte renvoient à des serveurs multiples. Par conséquent, une requête pourrait générer plusieurs sessions, ce qui deviendrait très vite ingérable. Outre l'absence de session, il y a donc absence de transaction, dans la mesure où le serveur ne valide pas la requête par un contrôle particulier. Dès lors, ce protocole permet la gestion des requêtes de pages Web, mais il n'est pas sans générer des enjeux de sécurité (voir la section 3.1).

1.1.7. Le HTML

Les pages Web sont écrites dans un langage informatique spécifique nommé HTML (*HyperText Markup Language*). Issu du SGML, le HTML est un langage qui décrit le contenu d'un document à l'aide de balises (*markup*). Par exemple, la balise TITLE permet à un navigateur Web de connaître le titre d'un document qui est décrit par la balise.

Quels sont les avantages d'un tel langage ? C'est une méthode normalisée pour représenter l'information contenue dans un document :

- L'information est représentée indépendamment des systèmes utilisés pour sa saisie et son traitement.
- L'information représentée est indépendante de toute forme physique finale.

Concrètement, cela signifie qu'au travers d'une seule application – le navigateur Web –, il est possible de lire n'importe quel document pourvu qu'il respecte le langage HTML.

Une des particularités du langage HTML tient à l'existence d'un certain nombre de balises spécifiques qui permettent de décrire le contenu d'une page. Certaines balises d'en-tête (*meta tags*) sont utilisées pour le référencement des sites dans les moteurs de recherche, principale porte d'entrée des internautes pour la recherche d'informations sur Internet. Il existe ainsi une balise « *keywords* ». Il s'agit des mots-clés qui permettent aux robots des moteurs de recherche de trouver des pages correspondant à une recherche. Une balise de description, « *description* », existe également. Certains moteurs de recherche s'en servent pour apprécier le contenu d'un site, d'une page. Enfin, la balise « *Title* » est importante, car des moteurs de recherche utilisent le titre de la page pour effectuer leur requête.

Le langage HTML permet la production de pages qualifiées de statiques (dont le contenu est figé). Ceci constitue donc une limite, notamment dans une optique de site de commerce électronique pour lequel la production des pages à partir de nombreuses références de produits se révèle laborieuse. En effet, le catalogue de produits peut évoluer, les prix également. La mise à jour des pages statiques serait donc très coûteuse en temps et en travail. En outre, la personnalisation de la relation avec le client nécessite de modifier le contenu de la page en fonction de certaines de ses caractéristiques. Plusieurs méthodes permettent de dépasser cette limitation. On parle alors de sites dynamiques. Ces sites s'appuient sur des technologies qui lient des bases de données ou des applications informatiques au serveur chargé de générer les pages HTML et de les envoyer à l'ordinateur qui en fait la demande.

1.1.8. Les technologies de sites dynamiques

Les technologies du Web dynamique reposent sur le principe selon lequel les données doivent être séparées de leur interface de présentation. Cette séparation permettra de réaliser des transactions complexes, parce que les données pourront venir de plusieurs applications différentes, par exemple de la base de données commerciale, mais aussi de la base de données client ou directement d'applications de production. Les données pourront faire l'objet de traitements différents, alimenter des bases de données et, ensuite, être affichées dans le navigateur de l'internaute.

Plusieurs technologies permettent de créer des sites Web dynamiques. La plus ancienne, toujours utilisée car elle est très robuste, est la méthode des scripts CGI (*Common*

Gateway Interface). Outre cette méthode, il existe plusieurs langages de requêtes de base de données fonctionnant avec un serveur Web.

Les scripts CGI

Imaginons une page HTML avec un questionnaire que l'internaute doit remplir pour constituer un dossier client. Les données fournies par l'internaute sont envoyées au serveur. Sur le serveur, il existe des petites applications – des scripts CGI – qui traitent les informations transmises. Les données fournies par l'internaute sont extraites puis envoyées dans une base de données. À partir de ces données, des informations personnalisées peuvent être envoyées grâce à un script CGI. Celui-ci va extraire les données personnalisées, les ajouter dans une page HTML, puis le serveur Web enverra la page ainsi construite. L'efficacité de cette méthode repose sur l'indépendance du langage de programmation des scripts et sur la portabilité des scripts.

Cette méthode simple est très adaptée aux petits sites. Dès lors qu'il y a des milliers ou des millions de requêtes dans des laps de temps très courts, le serveur est accaparé par l'exécution des scripts. Très rapidement, cette méthode se révèle inadaptée à des sites de commerce électronique comptant de nombreux clients et une gamme étendue de produits.

Les pages Web dynamiques

Pour dépasser les limitations de la méthode des scripts CGI, de nombreux langages d'interrogation de base de données ont été développés afin de faciliter la programmation d'application utilisant le navigateur Web comme client. Quelle que soit la solution retenue (ASP.Net, PHP, JSP), l'architecture repose sur une séparation des données et de la mise en page sur le navigateur Web. L'internaute remplit un formulaire. Les données sont envoyées par le serveur Web dans une base de données grâce à une requête écrite dans un langage de gestion de base de données. Ce langage peut être le PHP, l'ASP.Net, le JSP. Plusieurs éditeurs proposent des langages propriétaires liés au type de serveur Web utilisé (IIS, Apache, WebStar) et au type de base de données (SQL Server, MySQL, FileMaker, 4D, etc.).

Toutes ces technologies sont à la base des produits logiciels commerciaux qui permettent de développer un site marchand.

1.2. Les technologies EDI

Dès la fin des années 1960, certaines entreprises américaines ont entrevu tout le potentiel des échanges de données électroniques. Au fil du temps, les groupes de travail ont compris la nécessité absolue d'avoir un langage commun afin de faciliter les échanges entre entreprises. Il fallait que toute entreprise participant aux échanges électroniques soit d'accord sur ce qu'est une facture, une commande. Les groupes de travail vont définir un langage standardisé spécifique aux échanges commerciaux électroniques, l'ANSI X12. En Europe, la réflexion commence au début des années 1980 et ce n'est qu'au début des années 1990 qu'émerge effectivement un langage international de commerce électronique, l'EDIFACT (*Electronic Data Interchange For Administration, Commerce and Transport*). Il n'en demeure pas moins que chaque secteur industriel présente des particularismes qui nécessitent des adaptations de ce langage générique. Dès lors, des instances nationales vont adapter l'EDIFACT à leurs spécificités, générant ainsi des langages « métier » comme dans la banque, l'assurance, l'automobile, la distribution, le BTP. Outre ce langage, des normes de communication sont édictées afin de garantir la sécurité des échanges électroniques sur des infrastructures de télécommunications souvent nommées RVA (réseau à valeur ajoutée). L'apparition d'Internet a quelque peu occulté l'existence de l'EDI, dont les atouts sont nombreux du point de vue de la sécurité des transactions. Afin de tirer parti de la souplesse d'Internet et de la robustesse de l'EDI, des solutions dénommées Web-EDI se sont multipliées ces dernières années.

1.2.1. Comprendre l'EDI

EDI signifie « échange de données informatisé ». C'est la traduction de l'expression américaine *Electronic Data Interchange*. Il s'agit d'un langage informatique normalisé sous forme de messages, qui permet le codage et l'envoi d'informations commerciales directement de machine à machine sans intervention humaine dans le processus de traitement de l'information. L'objectif d'un tel langage est de dématérialiser et d'automatiser les échanges d'informations entre entreprises. En effet, les entreprises échangent des factures, des bons de commande, des ordres de virement et bien d'autres documents sous format papier. Ces échanges sont coûteux (saisie, resaisie des informations), lents et parfois aléatoires (performance du système postal). L'automatisation abaisse les coûts d'exécution et accélère les échanges. Pour ce faire, il est toutefois nécessaire que les entreprises s'entendent sur ce qu'est une facture et qu'elle puisse être traitée automatiquement par leur système d'information. Dès lors, il est fondamental de parvenir à un langage normalisé, accepté par toutes les entreprises qui l'utilisent. Ce langage international de commerce électronique a été progressivement construit sous l'égide de l'ONU après des initiatives américaines (ANSI X12) et européennes.

Tout langage EDI définit un vocabulaire, une syntaxe et une grammaire normée. Ce langage s'exprime sous la forme de messages structurés. Il existe un très grand nombre de messages dans la norme EDIFACT, couvrant l'essentiel des transactions commerciales, financières, douanières et administratives des activités économiques (**http://www.edifact.fr/** pour des exemples de messages). Un message EDI comme celui qui permet de dématérialiser une facture – le message INVOIC – est créé à l'aide d'une application informatique qui encode ce message à partir de données provenant du système d'information de la société émettrice. On parle de traducteur EDI.

L'enchaînement de messages est possible et permet d'orchestrer des échanges commerciaux en temps réel, nécessaires dans les chaînes logistiques reposant sur le juste-à-temps. De façon plus générale, l'envoi d'un message peut déclencher dans le système d'information du destinataire des processus de gestion qui à leur tour peuvent lancer l'envoi d'une réponse automatique. La réelle difficulté réside dans l'intégration des données dans le système d'information des entreprises et plus particulièrement dans le système d'information des PME, souvent peu développé et faiblement apte à traiter de tels messages.

Certaines industries, pour tirer pleinement bénéfice de la dématérialisation des échanges d'information, ont souhaité adapter certains messages ou certains enchaînements de messages. Des langages « métiers » sont donc apparus, la plupart issus d'EDIFACT. On peut citer ETEBAC dans le domaine bancaire, ODETTE-GALIA dans l'industrie automobile européenne et française, EAN-GENCOM dans la distribution en France. Les langages EDI sont donc des langages de commerce électronique qui permettent par exemple de demander un devis à un fournisseur, de lui adresser une commande, de recevoir la facture, d'accuser réception d'une marchandise et d'effectuer le paiement de la commande selon les modalités prévues. Par quels réseaux sont envoyés ces messages s'ils n'utilisent pas le réseau Internet ? Plusieurs possibilités existent, mais toutes utilisent généralement un protocole de messagerie X.400. Le protocole X.400 est un ensemble de spécifications techniques permettant l'envoi de messages sur des réseaux de télécommunications (**http://www.x400.org/**).

L'échange de données informatisé est intégré dans les dispositions du Code général des impôts et notamment dans l'article 289 *bis* dudit Code concernant la transmission des factures par voie électronique, « qui se présente sous la forme d'un message structuré selon une norme convenue entre les parties… ». Les dispositions de cet article reposent sur une identité des informations émises et des informations reçues et sur la possibilité de restitution desdites informations.

La conception et l'organisation d'un échange de données informatisé nécessitent le respect de dispositions normatives de l'Union européenne reconnues et intégrées dans le Code général des impôts. Le principe est que l'administration et ses agents puissent effectuer des contrôles inopinés dans les locaux professionnels des entreprises émettrices et réceptrices afin de déterminer le critère d'identité des messages adressés et reçus.

1.2.2. Le routage et la sécurité des messages EDI : les réseaux à valeur ajoutée (RVA)

Le transport des messages EDI entre entreprises, lorsqu'il n'existe pas de connexion de point à point entre elles (c'est-à-dire quand il n'y a pas de liaison physique de télécommunication directe entre les deux partenaires commerciaux), repose sur des réseaux à valeur ajoutée gérés par des prestataires de services. On peut citer Allegro, Atlas400, IBM, GEIS, UAFI.

Ces réseaux sont qualifiés de réseaux à valeur ajoutée car les prestataires agissent comme des tiers de confiance dans la relation commerciale dématérialisée. En effet, grâce au protocole de messagerie et à sa gestion, les prestataires sont en mesure d'horodater les envois et les réceptions, de garantir l'intégrité des données échangées et d'apporter la preuve de la transaction. Ils garantissent de fait le principe de non-répudiation. D'un point de vue juridique, ces éléments sont fondamentaux dans des transactions commerciales professionnelles et expliquent pourquoi de nombreuses entreprises n'ont pas fait migrer leurs échanges de données vers Internet. Par défaut, Internet n'offre pas ce type de garantie et de preuve[1].

Il n'en demeure pas moins que si ces réseaux se révèlent robustes et efficaces, ils sont coûteux pour des entreprises de petite taille qui n'ont, en outre, ni les compétences ni les infrastructures pour utiliser ce type de technologie. L'arrivée d'Internet a quelque peu modifié la donne pour ces entreprises, et très vite des solutions mêlant EDI et Internet sont apparues.

1. Il est cependant possible de recréer une telle configuration sur Internet, voir section 3.1.

1.2.3. De l'EDI à Internet : le Web-EDI

Le terme Web-EDI désigne des solutions techniques qui, par le biais d'Internet, autorisent l'accès à l'échange de messages EDI même si l'entreprise n'a pas de connexion à un RVA et n'utilise pas de logiciels de traduction EDI. Cette approche privilégie la connexion d'un plus grand nombre d'acteurs économiques, au détriment de la fiabilité des transactions qui s'en trouve quelque peu amoindrie du fait de l'utilisation des protocoles Internet, même si le protocole sécurisé HTTPS est employé. Une entreprise ne souhaitant pas ou n'ayant pas la capacité de déployer une solution complète d'EDI et d'intégration avec son système d'information choisira une telle solution. Elle nécessite de recourir à un prestataire de services qui met à disposition une plate-forme accessible par le biais d'une connexion Internet, plate-forme qui assure la réception et la conversion des messages EDI dans différents formats, comme les fichiers à plat, CSV, XML, voire une conversion en fax. La configuration technique se présente comme suit : l'entreprise se connecte directement sur le site Web sécurisé du prestataire après avoir reçu une notification par courrier électronique. Le client accède ainsi à un message EDI qui a été traduit et qui peut être géré depuis la plate-forme (réponse, impression d'étiquettes, etc.).

Cette solution souple représente une étape transitoire vers une utilisation plus large des technologies Internet. Cela sera le cas lorsqu'il existera un langage normalisé au niveau international de commerce électronique. De nombreuses tentatives ont avorté (cXML), d'autres s'imposent progressivement, comme le ebXML. Seul le ebXML est normalisé par l'OASIS au niveau international et constitue donc le langage d'avenir du commerce électronique *B2B*.

2. Choisir une solution technologique selon la taille du projet

Le développement du commerce électronique sur Internet a généré une offre importante de solutions logicielles pour développer un site marchand. Une première décision managériale consiste donc à finaliser le choix d'une solution logicielle pour gérer les transactions électroniques. Plusieurs alternatives sont possibles : le développement interne, l'achat d'un logiciel dédié, la location d'une application en ligne ou le recours à un logiciel open-source.

2.1. Le développement interne

Certaines entreprises ont fait le choix de développer leur propre outil de gestion de ventes en ligne. Cette solution a été retenue, par exemple, par des acteurs aussi importants qu'Amazon aux États-Unis ou Pixmania en France. Ces choix nécessitent des compétences informatiques importantes en interne pour développer une solution logicielle spécifique. Un tel choix offre cependant des avantages indéniables à long terme. Amazon a ainsi breveté certains de ses algorithmes ou fonctions de sa solution de commerce électronique, comme la fonction One-Click® qui permet l'achat d'un produit en un seul clic. Amazon commercialise cette fonction auprès d'autres sites marchands, comme l'iTunes Music Store d'Apple, générant ainsi des revenus additionnels. Plus encore, la maîtrise de sa solution interne de commerce électronique permet de développer de nouvelles activités. La solution ainsi développée peut être vendue ou louée, générant alors des revenus complémentaires. C'est le choix de Pixmania en France qui exploite grâce à sa plateforme logicielle le site de commerce électronique de Bouygues Telecom, entre autres.

Il n'en demeure pas moins qu'une telle solution est souvent le fait d'acteurs historiques d'Internet (lorsque l'offre d'outils de gestion était peu développée, voire inexistante) ou d'entreprises qui ne trouvent pas de logiciels intégrant la spécificité de leurs produits ou de leurs processus commerciaux.

2.2. Les solutions logicielles packagées

Face à la montée en puissance du canal électronique, nombre d'éditeurs de logiciels de gestion ont développé une offre dédiée au commerce électronique. On peut distinguer deux types d'offres dans cette catégorie : les logiciels spécifiques et les modules dédiés de progiciels de gestion intégrée (PGI).

2.2.1. Les suites logicielles spécialisées

Dans la première catégorie, on trouve des logiciels spécialisés pour la gestion du commerce électronique. Ces logiciels offrent une large palette de fonctions : gestion d'un ou plusieurs catalogues, gestion de la relation client, gestion marketing, gestion des commandes, fonctions de reporting, connecteurs vers d'autres applicatifs du système d'information de l'entreprise. On trouve des acteurs comme Microsoft (Commerce Server), Intershop (Enfinity). Des acteurs plus spécialisés offrent des logiciels spécifiques à la gestion de catalogues de produits ou de familles de produits complexes (nombreuses sous-catégories) et des configurateurs de produits. Un éditeur comme Access Commerce (**http://www.access-commerce.com/**) est très représentatif de ce type d'offre. Des offres logicielles plus sophistiquées existent également, intégrant la problématique de distribution multicanal (par exemple, IBM Websphere Commerce Enterprise).

2.2.2. Les modules de progiciels de gestion intégrée

Dans la seconde catégorie, on trouve des logiciels très complets comprenant de nombreuses fonctionnalités et autorisant la gestion d'un nombre important de produits et de transactions. Les modules proposent typiquement les fonctions de catalogue, de gestion de stocks, de commande en ligne, de gestion des promotions. L'ERP SAP R/3 offre par exemple ce type de module dédié au commerce électronique, tout comme le PGI dédié aux PME (SAP Business One). Dans ce module, il existe une fonction avancée de configuration de produits par le client que l'on ne trouve pas dans les solutions hébergées ou open-source. On retrouve d'autres fonctions avancées dans le module iStore de la suite applicative d'Oracle « e-business Suite », par exemple la gestion du site par segment de clientèle, la gestion des ventes croisées. L'intérêt d'une telle solution pour l'entreprise réside dans l'intégration de ce module au progiciel de gestion intégrée et donc dans l'intégration des processus opérationnels (stocks, comptabilité, facturation, logistique). C'est donc le choix pertinent pour les entreprises qui ont opté pour le PGI et qui n'ont pas de produits très spécifiques nécessitant des adaptations des processus classiques de vente.

> Le système d'information du commerçant électronique est la base de son activité. Il doit prendre en considération, outre l'aspect commercial, l'aspect juridique, qu'il s'agisse tant du processus devant offrir aux consommateurs des biens et services que de la présentation des conditions juridiques de la vente ou encore de la conservation des transactions envisagées.
>
> ☞

Le système d'information doit donc comprendre un aspect conservation de la preuve de l'activité, qu'il s'agisse de cette activité avant la rencontre des consentements mais aussi après cette rencontre. Le système d'information doit donc être dimensionné spécifiquement au commerce électronique. Il s'agit d'investissements extrêmement importants sur le plan informatique qui doivent enfin comprendre le système de paiement sécurisé, élément de la confiance du consommateur électronique.

2.3. Les solutions hébergées

Le développement d'Internet et l'augmentation des débits ont permis l'émergence d'une offre de solutions de commerce électronique hébergées. Cette offre est le fait d'entreprises qualifiées d'ASP (*Application Service Provider*) [**http://fr.wikipedia.org/wiki/Application_Service_Provider**]. Ce type de solution consiste à louer à un prestataire (l'ASP) une application accessible par le biais d'Internet. Dès lors, aucun développement, aucune maintenance informatique ne sont nécessaires. Cette solution est donc très pertinente pour des entreprises ne possédant aucune compétence informatique propre et ne souhaitant pas investir dans ce domaine, préférant se focaliser sur leur offre commerciale ou la relation client. Comme pour l'ASP en général, cette solution comporte d'indéniables avantages (coûts, gain de temps, économie de compétences), mais également des risques qu'il s'agit d'évaluer dès le début du projet : fiabilité du prestataire, sécurité des données confiées au prestataire, taux de disponibilité de l'application en ligne. Le choix d'un prestataire est difficile, tant l'offre est foisonnante. À titre d'exemple, on peut citer les offres hébergées comme celles de BoutikOne (**http://www.boutikone.com/**), Novisoft-Shop (**http://www.novisoft-shop.com/**) ou encore Myeshop (**http://www.myeshop.fr/**). Les critères de choix d'une telle solution sont : la pérennité du prestataire (depuis quand existe-t-il ?), le nombre de références (y a-t-il un nombre conséquent d'entreprises ayant opté pour cette solution ?), les prestations de services assurées (hébergement, sauvegarde, etc.).

2.4. Les solutions open-source

Le développement de l'open-source est un des faits marquants de l'évolution récente de l'informatique. D'abord focalisée sur les systèmes d'exploitation (Linux, Debian, RedHat, etc.) et les logiciels destinés aux professionnels de l'informatique, l'offre de logiciels open-source s'est considérablement développée. Il existe plusieurs projets open-source crédibles, utilisés par de nombreuses entreprises pour leur site marchand. On peut citer les projets osCommerce (**http://www.oscomerce-fr.info**), xt:Commerce (**http://www.xt-commerce.com**) et Zen Cart (**http://www.zen-cart.com**). OFBiz (**http://ofbiz.apache.org/**) est un autre projet qui prend de l'importance. Supporté par la fondation Apache, ce projet de progiciel intégré possède un module entièrement dédié au commerce électronique.

Enfin, les outils de gestion de contenus en ligne (CMS, *Content Management Systems*), plutôt destinés à déployer des sites éditoriaux, qui proposent des modules spécifiques pour le commerce électronique, constituent une autre tendance. Ainsi, on trouve de nombreuses extensions pour le CMS Joomla ! ou encore eZ Publish qui facilite le déploiement d'un site marchand.

Le choix de l'open-source, s'il évite des coûts de licence à l'entreprise, nécessite cependant des compétences internes élevées en développement logiciel. En effet, de tels logiciels demandent une installation minutieuse, de nombreux paramétrages et une intégration avec le reste du système d'information de l'entreprise. En outre, si les logiciels open-source sont généralement gratuits, les éditeurs facturent souvent des modules complémentaires (souvent indispensables, comme les modules de langue ou de paiement en ligne). Il existe des offres hébergées en mode ASP fondées sur des solutions open-source, comme Ma Petite Entreprise En Ligne (**http://www.peel.fr**).

3. Sécuriser les transactions et le paiement en ligne

Un des enjeux majeurs des transactions électroniques concerne leur sécurité. À cet égard, le développement du réseau Internet n'a pas contribué à diminuer l'importance de cette problématique. La sécurité est un enjeu fondamental qui touche à la confiance dans les transactions, élément essentiel du commerce électronique (voir chapitre 6). Durant de nombreuses années, les internautes français se sont montrés méfiants vis-à-vis du canal électronique dont les dangers ont été sans cesse pointés par les médias. En 2007, 79 % des non-acheteurs sur Internet ont déclaré avoir peur de payer en ligne, et 68 % des acheteurs en ligne ont avoué avoir encore des craintes lors du paiement en ligne (**http://www.carte-bleue.com**).

Ce manque de confiance doit donc être pris en considération, même si le taux de fraude à la carte bancaire est extrêmement faible en France (0,064 % des montants gérés, en incluant les transactions internationales, 0,029 % sur les seules transactions en France en 2005[1]). Si les questions de sécurité existent bien et constituent un défi permanent pour les entreprises de commerce électronique, de nombreuses techniques permettent de sécuriser les transactions tout comme les paiements en ligne. Il n'en demeure pas moins que pour les transactions *B2B*, Internet présente encore à ce jour des lacunes importantes, notamment sur l'identification et l'authentification des parties de la transaction commerciale. C'est une des raisons majeures pour lesquelles l'essentiel des transactions électroniques *B2B* utilise l'EDI, système et infrastructure d'un niveau de sécurité bien supérieur à celui d'Internet.

3.1. Sécuriser les transactions électroniques

La structure technique d'Internet ne permet pas, par elle-même, de garantir la sécurité des transactions commerciales (voir section 1). Il ne faut pas perdre de vue qu'Internet n'a jamais été conçu à l'origine pour gérer des transactions commerciales. Il a donc fallu ajouter aux protocoles de base d'Internet plusieurs technologies pour sécuriser les transactions : cryptage des échanges de données, mécanismes d'authentification. Ceux-ci sont nécessaires pour parvenir à un niveau suffisant de sécurité. Cependant, d'autres problèmes de sécurité subsistent, qui n'ont pas de solutions techniques satisfaisantes à ce jour et nécessitent un effort d'éducation important des internautes, notamment sur l'usurpation d'identité et l'hameçonnage.

1. Source : Observatoire de la sécurité des cartes de paiement. En outre, selon l'observatoire, les fraudes à la carte bancaire dans la vente à distance en général représentent seulement 15 % du total des fraudes.

Des problèmes de sécurité existent à différents stades de la transaction et sont quelque peu différents du point de vue du client et du point de vue de l'entreprise. Pour un client en ligne, la sécurité inclut les problématiques suivantes :

- Comment s'assurer que le site sur lequel le client réalise un achat est bien celui qu'il prétend être (authentification) ?
- Comment assurer le client que le site sur lequel il effectue un achat ne contient pas du code informatique dangereux qui pourrait prendre le contrôle de son ordinateur (code malicieux ou *malware*) ?
- Comment éviter les détournements de clients, à partir de faux courriers électroniques, vers des faux sites répliquant les sites marchands (hameçonnage ou *phishing*) ?
- Lorsque le client transmet des informations de paiement (numéro de carte bancaire par exemple), comment garantir que ces données ne seront pas capturées ou modifiées (intégrité des données) ?

Quant à l'entreprise, outre la réponse aux problématiques précédentes, elle est confrontée à d'autres enjeux de sécurité :

- Comment être sûr de l'identité du client qui effectue un achat ? S'agit-il d'un fraudeur (authentification) ?
- Comment garantir la protection physique des données collectées lors de la transaction commerciale (intégrité) ?
- Comment rassurer le client sur l'usage des données privées que le site collecte (vie privée) ?

Un des enjeux majeurs des transactions électroniques demeure l'authentification des parties. Les technologies de certificats numériques et le chiffrement lui apportent une réponse satisfaisante. Il n'en reste pas moins que ceux-ci sont à ce jour utilisés essentiellement dans les transactions *B2B*. En France, la déclaration fiscale et le paiement de l'impôt s'appuient sur un certificat numérique personnel. Il s'agit d'un des rares usages généralisés des certificats numériques sur Internet. À l'avenir, il est très probable que l'on assiste à une généralisation de ces technologies dans le commerce électronique afin d'augmenter le niveau de sécurité des transactions électroniques. L'intégrité des transactions repose sur l'utilisation du protocole TLS/SSL largement répandu. En revanche, la détection des fraudes et des usurpations d'identité reste plus complexe techniquement.

3.1.1. Authentifier les parties prenantes à la transaction

Dès lors que les transactions sont dématérialisées, la question de l'identité des parties dans l'échange est posée. Comment est-il possible de s'assurer que l'on effectue bien la transaction sur le site de l'entreprise que l'on a choisie ? Comment le site de commerce électronique peut-il être réellement certain d'être en présence du bon client et non d'une personne qui usurpe une identité ? S'il y a un doute sur l'identité des parties, il y a un risque juridique de litige. Le client peut en effet nier avoir effectué une transaction. Sans preuve juridique, le site de commerce électronique est dans l'impossibilité de faire quoi que ce soit. C'est ce qu'on appelle le principe de non-répudiation. L'utilisation de l'EDI et des RVA (voir section 1.2) permet de faire respecter ce principe de façon très efficace. Ce principe essentiel vise à apporter la preuve de l'identité des parties, de telle sorte qu'une partie ne puisse contester avoir participé à la transaction et ne puisse refuser, par exemple, d'honorer une facture reçue électroniquement. C'est pour cette raison que l'écrasante majorité des transactions électroniques *B2B* utilise les infrastructures EDI.

Dans l'environnement Internet, la mise en œuvre du principe de non-répudiation s'appuie sur les certificats numériques et les infrastructures à clé publique (*Public Key Infrastructure*, PKI). Un tiers de confiance à la relation commerciale (une autorité de certification) délivre à une entreprise ou à une personne physique un certificat numérique qui constitue une réelle pièce d'identité numérique. Il existe plusieurs niveaux de certification (**http://www.ssi.gouv.fr**). L'autorité émettrice garantit par la délivrance du certificat l'identité de l'utilisateur. Cette autorité gère également la validité des certificats dans le temps (révocation).

Les certificats numériques permettent de chiffrer les documents échangés, offrant ainsi un niveau élevé de sécurisation des transactions. Lors de la création d'un certificat numérique, l'autorité de certification délivre deux clés, l'une privée, l'autre publique. On parle alors de chiffrement asymétrique. Ces clés autorisent la circulation de documents cryptés lors des échanges. La clé privée encrypte les données envoyées (courrier électronique, documents, formulaires, etc.), tandis que la clé publique permet le déchiffrement par le destinataire du document, sans que la clé privée ne soit utilisée lors de cette phase. Un internaute communique sa clé publique (un mot de passe d'une longueur suffisante) à son interlocuteur. Il expédie un courrier électronique qu'il crypte à l'aide de sa clé privée. À la réception, pour décrypter le message, le destinataire utilisera la clé publique pour lire le courrier électronique.

Le protocole TLS (*Transaction Layer Security,* ex-SSL) utilise le chiffrement pour crypter les données échangées lors d'une transaction commerciale. Tous les sites marchands emploient ce protocole pour garantir l'intégrité des informations lors de la transmission des données bancaires par le client. Il est important de noter que le protocole TLS n'utilise pas le chiffrement asymétrique présenté. Il utilise une autre méthode plus souple pour les transactions commerciales.

3.1.2. Garantir l'intégrité des transactions : le chiffrement des données par le protocole TLS/SSL

Le protocole HTTP envoie les données en clair entre un navigateur Internet et un serveur Web. Autrement dit, les données qui transitent sur le réseau Internet sont facilement lisibles par des routeurs ou par des personnes malintentionnées qui chercheraient à les intercepter. Aussi, il est nécessaire de rendre les données échangées non accessibles à des tiers. Le chiffrement et le certificat numérique sont la solution technique retenue. Elle prend la forme du protocole TLS/SSL (*Transaction Layer Security/Secure Socket Layer*). Ce protocole permet d'authentifier le serveur lors de la transaction, de chiffrer les données échangées à l'aide du certificat numérique (numéro de carte bancaire, mot de passe, etc.). L'intégrité des données lors des transactions (pas de modification possible des données lors des échanges) est ainsi garantie. Un site marchand doit impérativement déployer le protocole SSL pour chiffrer l'envoi des données de cartes bancaires. L'internaute peut vérifier l'utilisation de ce protocole à l'aide de son navigateur qui visualise sa présence au travers d'une icône.

Les clés de chiffrement utilisées pour des transactions sont plus ou moins robustes, autrement dit plus ou moins faciles à « casser » par un pirate. Le minimum requis pour assurer un niveau de sécurité suffisant est une clé de 128 bits. Le cryptage en 40 bits ou 56 bits peut être cassé en une journée à l'aide d'un PC puissant. Il faudrait 2^{88} fois plus de temps pour une clé de 128 bits ! Et décrypter cette clé n'aurait guère d'intérêt car elle ne pourrait déchiffrer qu'une seule session.

3.1.3. Limiter les risques de fraude

Garantir l'intégrité des transactions grâce au protocole TLS ne met pas fin aux problèmes de fraude. En effet, le protocole TLS est limité pour la partie authentification. Comment lors d'un paiement par carte bancaire s'assurer que le payeur est bien le détenteur officiel de la carte ? D'autre part, comment un internaute peut-il s'assurer que le site sur lequel il effectue une transaction commerciale est bien le véritable site ? Ces interrogations sont d'autant plus importantes que des pratiques frauduleuses dénommées *phishing* ou hameçonnage se sont développées. La fraude par hameçonnage consiste, la plupart du temps, à piéger l'internaute en lui envoyant un courrier électronique qui lui demande de mettre à jour ses informations sur un site marchand falsifié qui reproduit le site d'origine de façon quasi identique, de manière que l'internaute ne voie pas la différence avec le site originel. Le côté sérieux du courrier électronique et le faux site suffisent à tromper l'internaute. Ce risque de tromperie peut être limité principalement par l'éducation et l'information de l'internaute, et également par l'utilisation des derniers navigateurs Internet (Internet Explorer 7.0, Firefox 2) qui permettent de le réduire en partie.

Par ailleurs, la fraude en ligne constitue un risque financier non négligeable pour le site marchand. Celui-ci peut être abusé par un client qui utilise des codes de cartes bancaires volées ou des fausses cartes bancaires. Ce risque reste faible d'après les données du marché français publiées par la société FIA-NET (société d'assurance spécialisée dans l'assurance des transactions en ligne) : le taux de commandes frauduleuses s'élève en 2005 à 1,73 % du total des commandes effectuées en ligne. Le taux d'impayés s'élève quant à lui à 0,07 %[1] (**http://www.fia-net.com**). Par conséquent, la sécurisation des transactions électroniques nécessite de recourir à des services de paiement en ligne qui garantissent la fiabilité des transactions et plus particulièrement des paiements électroniques.

La confiance des internautes dans le commerce électronique a impliqué la modification des dispositions juridiques existantes ou la création de mécanismes juridiques spécifiques.

Au titre de la loi LCEN, le législateur a entendu, pour que le contrat puisse être valablement conclu, que le « destinataire de l'offre doit avoir eu la possibilité de vérifier le détail de sa commande et son prix total, et de corriger d'éventuelles erreurs, avant de confirmer celle-ci pour exprimer son acceptation… ». Comme pour le commerce traditionnel, la notion de prix ainsi que les paiements en résultant sont des éléments de la formation du contrat mais aussi de la sécurité.

1. Source : *Livre Blanc Sécurité des transactions commerciales sur Internet*, mai 2006, FIA-NET.

Dès avant la loi LCEN, des dispositions législatives avaient été votées pour prendre en compte ce besoin légitime de sécurité. La loi du 15 novembre 2001 (loi n° 2001-1062 – 2062) est venue renforcer la sécurité des titulaires de carte de paiement. En particulier, les dispositions de l'article L. 132-4 du Code monétaire et financier précisent que la responsabilité du titulaire d'une carte de retrait ou d'une carte de paiement ne peut être engagée « si le paiement contesté a été effectué frauduleusement à distance, sans utilisation physique de sa carte ». Dans cette hypothèse, il appartient au titulaire de la carte de contester par écrit avoir effectué un paiement ou un retrait.

Par la suite, les sommes contestées doivent lui être recréditées et sans frais dans le délai de 1 mois à compter de la réception de la contestation, comme l'indiquent les dispositions de l'article L. 132-4 du Code monétaire et financier. De même, en cas de contrefaçon de la carte, la responsabilité du titulaire n'est pas engagée.

Bien évidemment, et à l'époque du vote de la loi, ces dispositions ont été propres à renforcer la confiance des internautes dans les moyens de paiement électronique. En 2004, ce renforcement de la confiance nécessaire a trouvé également son expression dans la modification de la réglementation française en matière de moyens de cryptologie, c'est-à-dire de « matériels ou logiciels conçus ou modifiés pour transformer des données, qu'il s'agisse des informations ou de signaux, à l'aide de conventions secrètes ou pour réaliser l'opération inverse avec ou sans convention secrète… ».

Le législateur a par ailleurs établi un régime de responsabilité des fournisseurs de prestations de cryptologie, comme un régime de responsabilité des prestataires de services de certificats électroniques, suite aux modifications du Code civil en matière de preuve et de signature électroniques. Ainsi, sur le plan juridique, qu'il s'agisse de la dématérialisation de la preuve et de la signature, de la fourniture des prestations de cryptologie ou encore des dispositions en matière de carte de paiement, le dispositif est complet et permet une véritable confiance des internautes. La notion, par ailleurs, de confirmation de l'acceptation de l'offre par l'internaute (technique du double clic) parachève cette confiance. Le consentement de l'internaute est donc à ce titre parfaitement éclairé et sécurisé.

3.2. Mettre en place des solutions sécurisées de paiement pour les transactions en ligne

Cette problématique concerne essentiellement les transactions *B2C*. Le règlement financier des transactions *B2B* s'effectue selon des modalités différentes (voir section 1.2).

3.2.1. Choisir une solution de paiement en ligne

Pour un site marchand, plusieurs options sont envisageables pour gérer les règlements des transactions en ligne. Elles prennent quatre formes principales : l'emploi d'une plateforme bancaire, le recours à un prestataire de services de paiement (PSP, *Payment Service Provider*), la facturation sur l'abonnement Internet de l'utilisateur, ou encore l'utilisation d'une solution de micropaiement. Les critères de choix concernent le montant des transactions (panier moyen), les coûts de transaction facturés par les prestataires, le volume des transactions.

La solution bancaire

La plupart des banques ont développé des prestations de paiement en ligne pour les clients professionnels. Déployer une telle solution est souvent le plus simple car elle nécessite essentiellement d'installer des connecteurs entre le serveur de commerce électronique et les serveurs bancaires qui sont aptes à recevoir des demandes liées à l'exécution d'une transaction par carte bancaire. La banque vérifie auprès du système de cartes bancaires que la carte employée dans la transaction est valide et autorise ou rejette la demande d'autorisation qui a été transmise par le site marchand.

> En matière de vente à distance, les contrats conclus entre les établissements bancaires/banques et les sites marchands sont le plus souvent des contrats d'adhésion proposés par des banques et ont trait bien évidemment aux opérations de crédit et de débit suite aux paiements électroniques. Il doit être noté également l'existence de contrats spécifiques concernant la sécurité des paiements et la mise à disposition et/ou l'utilisation des mécanismes employés par les sites marchands.
>
> Lors de la négociation de ces contrats et/ou de leurs conclusions (lorsqu'il s'agit de contrats d'adhésion), une attention toute particulière doit être apportée quant au système de sécurité et au moyen de cryptologie utilisé afin de déterminer s'ils sont conformes à la réglementation française en cette matière. Ces informations sont de nature à générer la confiance des consommateurs.

Les passerelles de paiement sécurisées

L'intérêt d'une telle solution réside dans l'indépendance qu'elle procure par rapport à un établissement bancaire. Elle peut également offrir une palette de prestations plus large que celle d'une banque classique : prise en charge d'un plus grand nombre de cartes bancaires (carte de débit, carte de crédit, carte internationale mais aussi cartes privatives), acceptation de paiements en devises, prestations additionnelles (méthode antifraude par scoring des transactions). Le marché des PSP est devenu très concurrentiel, et de nombreuses offres existent, comme celles de PayBox, Ogone, Klik & Pay, etc.

Le paiement par facturation sur l'abonnement Internet

Une solution de paiement très intéressante a fini par se développer en France : Internet+. Elle consiste à proposer le débit de la transaction marchande sur la facture d'abonnement du fournisseur d'accès à Internet (FAI). Le principe est simple. L'accès à Internet se fait majoritairement depuis le domicile et nécessite donc un abonnement auprès d'un FAI. Celui-ci prélève chaque mois un abonnement sur le compte bancaire du client. Lors de la phase de paiement, il suffit pour le client de choisir cette option. Cet achat sera alors débité sur sa prochaine facture d'abonnement à Internet. Cette solution présente l'avantage de la sécurité pour le client final puisqu'il n'a aucune donnée bancaire à fournir. Simple pour le client, elle nécessite que les principaux FAI y adhèrent, ce qui est le cas en France[1] (**http://www.internetplus.fr/**). Elle est bien adaptée pour commercialiser des produits ou services sur abonnement.

---

1. À l'exception de Free, les autres FAI adhèrent à Internet+.

Les solutions de micropaiement

Cette solution convient à la gestion des transactions d'un faible montant (inférieur à 10 euros). En effet, les commissions facturées par les prestataires bancaires ou les passerelles de paiement sont coûteuses dès lors que le montant de la transaction est faible. Les solutions de micropaiement se révèlent plus adaptées.

La plus répandue d'entre elles est celle de l'entreprise américaine, filiale d'eBay, PayPal (**http://www.paypal.com**). Outre le fait que PayPal soit un PSP classique, il offre une solution de paiement par courrier électronique simple pour le client qui possède un compte PayPal. Il en existe d'autres avec des modalités différentes. Certaines utilisent l'Audiotel, comme Allopass (**http://www.allopass.com**). Le client compose un numéro de téléphone surtaxé et obtient un code temporaire qui permet de dénouer la transaction en ligne. D'autres solutions comme w-HA font payer le client sur sa facture d'abonnement à son FAI. Plus anecdotique, la carte prépayée est également proposée par certains prestataires comme Neosurf (**http://www.neosurf.info/**). Le client achète dans le commerce une carte créditée d'un montant donné avec laquelle il paye en ligne.

Quelle que soit la méthode choisie par le site marchand, il est important de comprendre que le commerçant en ligne doit faciliter le processus de paiement. Par conséquent, il doit chercher à offrir une variété de modalités de paiement en ligne.

3.2.2. Multiplier les modalités de paiement des transactions en ligne

Le paiement des transactions en ligne ne s'effectue pas forcément en ligne ! Face à l'appréhension d'une partie des consommateurs, il convient de multiplier les options de règlement des achats en ligne (le paiement en ligne n'étant qu'une modalité). Il est important de comprendre que les modalités peuvent être nombreuses et ne se limitent pas au paiement par carte bancaire, qui est très développé en France mais l'est beaucoup moins dans d'autres pays européens. Il existe une variété de modalités de paiement.

Le virement bancaire de compte à compte est l'une d'entre elles. Peu développé en France, ce moyen de paiement est très utilisé dans un pays comme l'Allemagne. Il présente l'intérêt d'être facile et fiable. Il nécessite la saisie par le client des identifiants bancaires (RIB ou IBAN). Ce mode de paiement est cohérent avec l'environnement Internet dans la mesure où il ne ralentit pas l'exécution des transactions, comme le chèque dans certains cas.

Le chèque constitue un mode de paiement possible, même si l'envoi du chèque ralentit considérablement l'exécution de la commande en ligne. Or la rapidité est une des caractéristiques que recherchent une partie des consommateurs utilisant un site marchand. Certains sites qui maîtrisent la livraison chez le client offrent la possibilité de payer par chèque à la livraison, comme Auchandirect.fr (**http://www.auchandirect.fr**). Une autre option consiste, outre ces moyens de paiement classiques, à passer dans les points de retrait (qui est une alternative à la peur du paiement en ligne). C'est une solution que le site Pixmania a développée dans plusieurs pays européens (France, Espagne, Portugal, Belgique, Grande-Bretagne).

4. Personnaliser les interactions avec le client

Afin de faciliter l'expérience du consommateur en ligne, mais également de le fidéliser, il est possible d'utiliser les technologies Internet pour personnaliser l'achat en ligne. Après avoir identifié le client lors de sa visite, les technologies facilitent la présentation d'une offre qui lui est adaptée, grâce à différents moyens.

4.1. Identifier le client sur Internet

Identifier un client en ligne n'est pas sans poser quelques difficultés. En effet, l'adresse IP n'est pas suffisante. En raison de leur rareté relative, les adresses IP sont attribuées dynamiquement et temporairement par les FAI aux internautes grâce au protocole DHCP. Par conséquent, il n'est pas possible d'identifier par son adresse IP un client effectuant successivement deux visites sur un même site à des dates différentes. Durant la navigation sur le site, il est également difficile d'identifier le client de façon certaine de par la nature même du protocole HTTP. Ce protocole sans session ne permet pas d'avoir la certitude que deux requêtes[1] successives proviennent du même utilisateur. Aussi, pour identifier de façon certaine un internaute, une solution simple consiste à placer un petit fichier (4 ko environ) sur son ordinateur. Ce fichier sera recherché et lu dès que l'internaute se connectera au site qui l'a déposé. Ce fichier s'appelle un cookie.

Plusieurs types de cookies existent. Le cookie de session a une durée de vie limitée à quelques heures et permet de conserver le contexte de navigation de l'internaute. Lorsque celui-ci termine sa navigation, le cookie disparaît. Le cookie persistant a une durée de vie bien plus longue, fixée par le site. Placé par le site lors de la première visite de l'internaute, si celui-ci a configuré son navigateur pour une acceptation automatique des cookies, le fichier cookie permet lors des visites suivantes d'identifier de façon certaine l'utilisateur. Dès lors, il est possible d'associer à cet identifiant des données de personnalisation déclarées par l'internaute lui-même lors de sa première visite.

Le cookie constitue donc une réponse technique à une problématique liée à la nature des protocoles utilisés pour la navigation sur Internet. Son utilisation étendue par la plupart des sites Internet l'a transformé en une technologie perçue comme intrusive par de nombreux internautes. Le peu de transparence des sites quant à leur utilisation de cette technique ne fait qu'augmenter les craintes des internautes sur la finalité réelle des cookies. Beaucoup d'entre eux sont en effet utilisés pour enregistrer les comportements de navigation à des fins publicitaires. Pour beaucoup d'associations de défense des libertés individuelles, il s'agit là d'une intrusion dans la vie privée des internautes (voir le chapitre 6 sur les questions de confiance sur le respect de la vie privée). Il convient donc pour le site marchand de mettre en place une politique de transparence sur l'utilisation des cookies, afin d'établir une relation de confiance avec l'internaute.

Une fois que l'internaute est identifié, il est possible de déployer une interaction personnalisée avec lui. Plusieurs types de personnalisation existent. Chacune repose sur des techniques sensiblement différentes.

---

1. Toute page HTML est constituée d'éléments (photos, images, textes, vidéos, sons) que le navigateur affiche en effectuant, pour chacun d'eux, une requête sur le serveur sur lequel ils sont stockés.

4.2. La personnalisation de la relation client sur Internet

Même lorsqu'elle l'a identifié par un cookie, l'entreprise ne possède aucune information sur le client qui navigue sur son site. Afin de personnaliser la relation avec ce client, le site doit combiner plusieurs techniques pour offrir au client internaute une interface individualisée.

4.2.1. La personnalisation déclarative

La première technique consiste à collecter des informations directement auprès du client afin de créer un profil d'utilisateur. On parle de personnalisation déclarative. Celle-ci présente plusieurs avantages. Le premier avantage est le faible coût de collecte de l'information client. Afin d'obtenir une information de qualité sur le profil utilisateur, il peut être intéressant de lier l'obtention de ces informations (par exemple âge, sexe, adresse, etc.) à l'effectivité de la personnalisation. Second avantage, le client maîtrise l'information qu'il fournit, ce qui augmente la confiance dans le site.

L'inconvénient d'une telle personnalisation, outre le fait qu'elle donne peu d'informations sur les préférences de l'utilisateur, est qu'elle ne repose pas sur la navigation dans le site ou sur une situation du client. Pour cette raison, on doit mettre en place une personnalisation de type dynamique.

4.2.2. La personnalisation dynamique

La personnalisation dynamique complète la précédente, qui reste indispensable. Elle permet d'adapter les contenus du site Internet en fonction de la navigation du client et donc de ses choix. Cette approche de la personnalisation nécessite une conception particulière du site et une architecture dédiée. En effet, l'adaptation en temps réel du contenu d'une page Web exige que les contenus soient disponibles de façon modulaire et qu'ils puissent être combinés selon des règles de gestion prédéfinies. Par conséquent, la personnalisation dynamique requiert que l'entreprise définisse des profils d'utilisateurs, des profils de navigation, des règles de gestion des contenus et des règles marketing associées

L'architecture de site Web autorisant une personnalisation dynamique se décompose en plusieurs éléments :

- Un serveur Web qui agrège les contenus et les formate pour un affichage sur le navigateur du client.
- Un serveur d'applications qui d'une part exécute les requêtes que lui transmet le serveur Web et d'autre part renvoie le traitement des requêtes dans le moteur de filtrage collaboratif et la base de recommandations.
- Le moteur de filtrage collaboratif analyse le profil de navigation par rapport à un référentiel préexistant.
- La base de recommandations est un ensemble de règles marketing qui s'appliquent sur les résultats de l'analyse du moteur de filtrage collaboratif. Le département marketing est en charge de la définition de ces règles.

À partir de cette architecture, des relations personnalisées sont générées grâce à la base de recommandations. La logique de recommandation se fonde sur un calcul de distance entre le profil du client et un référentiel[1]. Il existe trois logiques de recommandation :

- La recommandation d'une offre (produit ou service) sur la base de la distance entre le profil client et un profil produit ou service. C'est la base de recommandations qui est alors utilisée.
- La recommandation d'une offre à partir des comportements d'achat d'autres clients ayant un profil semblable. La recommandation utilise alors le moteur de filtrage collaboratif[2].
- La recommandation d'une offre en fonction de la seule navigation dans les contenus du site (*context mapping*).

Il est donc possible à l'aide de ces technologies de créer des relations personnalisées sur un site Internet, complétant ainsi la palette d'opportunités de contact avec le client. Il est à noter aussi que ces technologies sont nécessaires dès lors qu'on souhaite déployer des ventes croisées afin d'augmenter le panier moyen du client. Des offres d'outils de recommandation standard commencent à apparaître pour différents types de produits, comme les produits culturels (DVD, CD, etc.). On peut citer la technologie de la société Criteo (**http://www.criteo.com**).

Résumé

Développer un site de commerce électronique nécessite de bien comprendre l'architecture technique indispensable à l'établissement de ce canal de distribution. Les technologies Internet constituent sans conteste des opportunités importantes de par la souplesse des différents protocoles utilisés (TCP/IP, DNS, URL, HTTP). Cet ensemble de technologies a permis l'émergence de sites dynamiques de commerce, en facilitant l'interconnexion des bases de données (catalogues). Une offre logicielle conséquente existe aujourd'hui pour déployer un site marchand. Le choix s'effectue selon les critères de maîtrise des compétences informatiques, de taille de l'entreprise, de volume de transactions escompté, de nécessité d'intégrer la solution au système d'information existant. Le déploiement d'une infrastructure de commerce électronique nécessite également de sélectionner une technologie pour gérer le processus de paiement en ligne. Une attention particulière doit être portée aux questions de sécurité des transactions, en recourant à des transactions cryptées grâce au protocole TLS. Mais la détection des fraudes requiert en outre l'utilisation de technologies spécifiques pour limiter le montant des transactions frauduleuses. Le choix de l'infrastructure doit concerner également les technologies qui rendent possible la personnalisation de l'expérience client en ligne, afin d'augmenter les revenus en ligne et la fidélité des clients.

---

1. Pour approfondir le sujet, voir Bazsalicza M. (2001), *Data mining pour le web : profiling, filtrage collaboratif, personnalisation client*, 280 p., Hermès, Paris. Voir également Cheung K.W., Kwok J.T., Law M.H. et Tsui K.-C. (2003), « Mining customer products ratings for personalized marketing », *Decision Support Systems*, vol. 35, pp. 231-243.
2. Sur les types d'algorithmes utilisés dans les moteurs de filtrage collaboratif, voir Berrut C. et Denos N. (2003), « Filtrage collaboratif », pp. 255-283, dans Gaussier E., Stéfanini M.H. (éd.), *Assistance intelligente à la recherche d'informations*, 314 p., Hermès, Paris.

Bibliographie

Burriel S. et Mercer D. (2007), *Réussir son site e-commerce avec osCommerce*, 445 p., Eyrolles, Paris.

Charmot C. (1997), *L'échange de données informatisé (EDI)*, 128 p., PUF, Paris.

Hashem Sherif M. (2007), *Paiements électroniques sécurisés*, 582 p., PPUR.

Herellier J.-M. (2007), *Site web marchand en PHP/MySQL*, 933 p., Micro Application, Paris.

Kurose J., Ross K., Battu D. et Pauquet S. (2007), *Analyse structurée des réseaux : Des applications de l'internet aux infrastructures de télécommunication*, 787 p., Pearson Education, Paris.

Langlois M. et Gasch S. (2001), *Le commerce électronique B to B : De l'EDI à Internet*, 304 p., Dunod, Paris.

Wéry E. (2007), *Paiements et monnaie électroniques : Droits européen, français et belge*, 243 p., Larcier.

Sites Internet à consulter

http://www.abondance.com/

http://www.certinomis.com/

http://www.edifact.fr

http://www.galia.com/

http://www.gs1.fr

http://www.paybox.com/

https://www.paypal.com/fr/cgi-bin/webscr?cmd=_security-center-outside

http://www.ssi.gouv.fr/fr/index.html

http://www.telecom.gouv.fr/rubriques-menu/entreprises-economie-numerique/securite/29.html

http://fr.wikipedia.org/wiki/echange_de_donnees_informatise

http://fr.wikipedia.org/wiki/Portail:Cryptologie

Activités

Questions de révision

1. Quels sont les problèmes de sécurité dans les transactions en ligne ?
2. Comparez les avantages respectifs des infrastructures de type EDI et Internet.
3. Comment est-il possible de personnaliser un site de commerce électronique pour un client donné ?
4. Qu'est-ce qu'un certificat numérique ? Comment sécurise-t-il une transaction électronique ?
5. Pourquoi parle-t-on de réseau à valeur ajoutée dans le cadre de l'EDI ?
6. Pourquoi les relations commerciales *B2B* continuent-elles de transiter par l'EDI ?
7. À quoi servent les cookies dans le cadre d'un site de commerce électronique ?
8. Qu'est-ce qu'un nom de domaine ? Quels sont les enjeux de la gestion des noms de domaine pour un site marchand ?
9. Quelles sont les technologies qui permettent de construire des sites marchands dynamiques ?
10. Quelles sont les méthodes permettant de limiter la fraude sur Internet ?

Exercices de synthèse

1. Dressez un tableau synthétique des solutions logicielles qui existent pour développer un site marchand, qui fasse apparaître leurs avantages et leurs inconvénients.
2. À l'aide d'un schéma, résumez les différentes options de paiement qu'un site de commerce électronique peut déployer. Discutez de leurs avantages respectifs.

Questions à débattre

1. Les transactions commerciales sur Internet sont-elles plus risquées que les transactions physiques ?
2. Va-t-on vers la généralisation des certificats numériques à l'avenir ?
3. Le téléphone mobile constitue-t-il le futur d'un site marchand ? Argumentez votre réponse à l'aide de faits précis.
4. Jusqu'où les technologies permettent-elles de personnaliser la relation avec un client ? Quelles sont les limites d'une telle approche fondée sur la technologie ?

Chapitre 5

Construction du catalogue électronique

Objectifs pédagogiques

- Comprendre l'importance du catalogue dans le commerce électronique
- Identifier les processus de gestion du catalogue électronique
- Comprendre la notion de fiche-produit et son enrichissement
- Analyser la structure d'un catalogue électronique
- Appréhender le rôle particulier des catalogues électroniques dans le commerce *B2B*

Manutan : du catalogue papier aux catalogues électroniques

En 1966, André-Pierre Guichard et son fils Jean-Pierre créent Manutan, la toute première société française de vente par catalogue d'équipements industriels. Dès 1973, l'entreprise s'implante en Grande-Bretagne et se développe en Europe du Nord, puis en Europe de l'Est. Le groupe Manutan occupe une position forte en France, au Royaume-Uni, en Belgique, aux Pays-Bas et en Scandinavie. Il est aussi présent en Italie et au Portugal, marchés encore émergents. La vente par catalogue interentreprises se développe et dispose d'un potentiel de croissance certain. Elle représente 2 % de la vente des produits d'équipements industriels en France, contre 3 à 5 % en Europe du Nord. En 2000, l'entreprise comprend rapidement qu'Internet représente un nouveau canal de vente pour le type de distributeur qu'elle est : vépéciste sur une offre étendue (200 000 produits) à une large clientèle de clients professionnels (plus d'un million de clients sur l'Europe). Le groupe se lance alors dans un vaste projet au niveau européen, dans lequel la question des catalogues électroniques occupe une place importante. Le projet *e-business* se déploie autour de différents programmes :

- Mise en place d'une plate-forme Internet commune (architecture, logiciels et matériels centralisés et mutualisés au niveau de la holding) pour les sites de commerce de chacune des filiales. C'est la brique « Webshops ».
- Mise en place d'un système de gestion des informations sur les produits permettant d'alimenter à partir d'une source unique tous les canaux de vente, système appelé « Product Sourcing ».

☞

Manutan : du catalogue papier aux catalogues électroniques (*suite*)

- Mise en place d'une plate-forme d'échanges interapplicatifs en interne et avec ses clients et fournisseurs (sorte de EAI étendue) appelée « HubXML ».
- Choix d'externaliser les développements informatiques et l'administration de la plate-forme (en mode ASP) car ils sont identifiés comme non stratégiques. Manutan conserve en interne une équipe de « haut niveau » maîtrisant l'architecture et à même de piloter son évolution.

Pour la gestion des catalogues électroniques, Manutan a mis en place un système de « Content Management » qui lui permet de gérer une information riche et complexe à la source de ses publications électroniques et papier (ses sites Web, les systèmes *e-procurement* de ses clients, ainsi que ses catalogues papier). Au cours de ce projet, Manutan a acquis un véritable savoir-faire en matière de gestion électronique de catalogues en environnement multicanal. En effet, le passage d'une gestion de catalogues au format papier (où toute l'information est stockée de manière déstructurée dans des fichiers de logiciels de mise en page graphique de type Quark XPress) à une gestion de catalogues électroniques plus structurée par nature mais néanmoins toujours riche en termes d'information sur les produits, pour répondre au défi multicanal, n'est pas chose aisée. Manutan a consenti de lourds investissements afin de maîtriser cet aspect que l'entreprise considère comme stratégique. En plus de la gestion de catalogues électroniques, Manutan a acquis des compétences dans la réalisation et le paramétrage d'extracteurs et de transformateurs agiles pour produire des catalogues personnalisés en termes de contenu et de format, et répondre aux demandes des clients désirant mettre en place des systèmes d'*e-procurement*.

Dans ce projet, Manutan a été confrontée à un certain nombre de difficultés. En effet, la complexité de création, de gestion et de rendu final aux acheteurs des catalogues électroniques a été fortement sous-estimée par l'ensemble des acteurs. Le passage d'une culture papier à une culture électronique a nécessité une phase de démarrage de plus d'une année. Le format papier reste ancré dans la culture d'un vépéciste. Chez les clients utilisant une solution d'*e-procurement*, l'obtention « à la demande » des catalogues fournisseurs et la capacité d'intégration de ces catalogues dans les systèmes ont été surestimées. En effet, un fournisseur n'est pas nécessairement capable de répondre rapidement à une demande de catalogue dans un format particulier. À réception, il se peut qu'à la suite de contraintes propres au système d'information du client ou à son organisation, la mise à disposition de ce catalogue prenne plusieurs semaines (enrichissement des données, contrôle, intégration avec les ERP, etc.). L'absence de véritables normes reconnues et employées dans les catalogues électroniques (hormis la classification internationale UNSPSC) ne facilite pas non plus les échanges et l'intégration des catalogues et des transactions entre les systèmes d'information.

On peut se demander si le métier de Manutan n'est pas en train de changer, pour passer de celui de vépéciste généraliste, avant tout lié à ses clients par son catalogue papier annuel envoyé en masse, à un rôle d'intermédiation, où la valeur ajoutée se déplace vers la capacité de personnalisation du service de vente à distance.

Questions :

Quelle architecture informatique Manutan a-t-elle mise en œuvre pour construire ses catalogues électroniques ?

Quelles sont les compétences que Manutan a dû déployer pour développer ses catalogues électroniques ?

Identifiez les difficultés rencontrées dans le projet de création de catalogues électroniques. Analysez-les.

Quelles réflexions vous inspire un tel cas quant à l'évolution du métier de vente par catalogue ?

Sources : *Manutan ; EBG/Deskom, 2004 ; http://www.manutan.fr, http://www.manutan.com*

Si tous les sites de commerce électronique ne possèdent pas un catalogue électronique (comme les sites de vente privée ou les sites C2C), l'écrasante majorité des sites marchands doit bâtir un catalogue électronique qui constituera l'offre accessible au client depuis le site Internet. Loin d'être une simple question technique, qui se résumerait à la gestion d'une base de données plus ou moins sophistiquée, la construction, l'alimentation, la maintenance et la mise à jour d'un catalogue électronique sont autant d'actions managériales nécessaires à la qualité de l'offre en ligne. La gestion du catalogue constitue une dimension souvent sous-estimée d'un projet de site marchand, surtout lorsque le nombre de références est élevé, comme c'est le cas pour la plupart des sites majeurs du commerce électronique qui proposent à la vente plusieurs milliers de produits.

Dès lors, la gestion du catalogue électronique constitue un enjeu majeur pour un site marchand. Dans le commerce *B2B*, cet enjeu augmente avec les problématiques d'intégration du catalogue dans les systèmes d'information des clients, dans le cadre d'un système d'*e-procurement*. Aussi, la question du catalogue électronique doit-elle être envisagée de façon différenciée selon que le site marchand opère en *B2C* ou en *B2B*.

1. Construire et gérer le catalogue électronique en B2C

L'élaboration d'un catalogue électronique dépend en premier lieu de la nature des produits. En second lieu, la construction du catalogue doit tenir compte du niveau d'information que l'entreprise souhaite mettre à disposition du client sur le site marchand. Une fois constitué, le catalogue doit être intégré au reste du système, mis à jour régulièrement. Sa gestion parfois complexe peut conduire à l'externaliser auprès d'un prestataire spécialisé.

1.1. La nature des produits et le catalogue

Construire un catalogue électronique nécessite que les produits soient identifiables et qu'ils possèdent une description permettant de formaliser leur présentation dans une fiche qui pourra être stockée et éventuellement échangée entre les partenaires commerciaux dans le cadre du commerce interentreprises. Il faut également que ce produit possède des caractéristiques stables sur une période donnée, afin que sa description corresponde effectivement à sa réalité. On comprend dès lors que nombre de produits échappent au catalogage : produits sur mesure (construction à la demande du client d'un produit spécifique), produits à spécifications changeantes (campagne de publicité, par exemple), produits à prix variables (comme les matières premières). Par conséquent, la construction d'un catalogue dépend tout d'abord de la nature des produits que l'on souhaite commercialiser. Notons également que la problématique d'un catalogue électronique diffère entre un site de vente de voyages et un site de vente d'ordinateurs, dans la mesure où la gestion de produits périssables (les voyages) s'accompagne généralement d'une gestion dynamique des prix et des quantités (*yield management*) qui classe ces produits dans la catégorie « produit à spécifications changeantes » (ici le prix). Dès que l'on s'écarte de produits standard, la possibilité d'établir et gérer un catalogue s'éloigne.

À cet égard, les sites de fabrication à la demande de produits sur mesure ne peuvent se contenter d'un simple catalogue de composants dont on vérifierait la compatibilité lors de la commande. En effet, offrir la possibilité au client de personnaliser un produit (comme un ordinateur ou une automobile) complique singulièrement la question du catalogue électronique, puisque le produit final n'existe pas dans le catalogue mais va être finalisé au travers d'un processus de configuration en ligne. De tels produits nécessitent la mise en place d'un configurateur de produit, véritable application informatique qui embarque des informations de production nécessaires à l'assemblage des composants. Ici, il faut distinguer trois types de production à la demande :

- *Assemble-To-Order* (ATO) : produits à options et variantes comme un ordinateur. Un guide de configuration aide le client en ligne à spécifier son besoin pour parvenir à un produit sur mesure. Dell est l'exemple type de cette forme de personnalisation.
- *Configure-To-Order* (CTO) : produits configurables par le biais d'un dialogue interactif avec le client qui fournit des éléments de spécifications du produit final. La configuration d'une cuisine en ligne (comme sur le site IKEA.fr) constitue un bon exemple : le client doit fournir des dimensions pour que le produit soit configuré.
- *Engineer-To-Order* (ETO) : produits très complexes, nécessitant une collaboration étroite entre le client et le fournisseur au travers d'outils CAO. Les pièces dans le secteur aéronautique sont un bon exemple de ce type de produits sur mesure.

Ce configurateur est relié au système de planification de la production afin de s'assurer de la faisabilité du produit dans un délai raisonnable. La problématique du catalogue est donc plus complexe pour les produits fabriqués à la demande.

1.2. La construction du catalogue électronique

Une fois l'assortiment de produits constitué (voir chapitre 3), l'entreprise doit construire une base de données des articles qu'elle a sélectionnés. Les fournisseurs du site marchand établissent des fiches-produits afin de présenter leurs produits à leurs clients. Celles-ci forment donc la base du catalogue. Cependant, les besoins spécifiques au commerce électronique nécessitent d'enrichir la fiche au moyen d'attributs complémentaires.

1.2.1. Le catalogue et les fiches-produits

Le catalogue électronique est une base de données structurée qui constitue une brique fondamentale d'un site Internet marchand. La constitution d'un catalogue de produits nécessite d'avoir à disposition des informations qui les décrivent, des éléments multimédias (photos, vidéos) qui les illustrent. Construire un catalogue pour un site marchand se révèle assez différent de la création d'un catalogue au format papier (Stanoevska-Slabeva K. et Schmid B., 2000). En effet, l'élaboration d'un catalogue papier (pour la vente par correspondance par exemple) est souvent le fait d'équipes marketing utilisant des outils informatiques de mise en page (du type Quark XPress). Même si ces outils acceptent des données structurées issues de base de données, le processus de création d'un catalogue papier est assez éloigné de la notion de catalogue électronique, qui intègre un nombre beaucoup plus important d'informations et qui interroge les concepteurs sur la présentation d'un vaste ensemble de références sur une interface limitée (écran).

Les besoins du canal électronique sont différents, car la façon de présenter l'information relative à un produit se distingue de celle d'un catalogue papier. Il suffit pour s'en convaincre de comparer le catalogue de l'entreprise de vente par correspondance La Redoute avec son site Internet. En outre, il n'est pas certain que, dans le cas du catalogue électronique, ce soient les équipes marketing qui se chargent de son élaboration, mais plutôt l'équipe des achats, en relation directe avec les fournisseurs.

En outre, dans le cas d'une stratégie multicanal (voir chapitre 3), le catalogue du site marchand peut également servir pour le canal physique (magasins) ou pour éditer des catalogues saisonniers distribués directement aux clients (par voie postale ou sur la voie publique). Dès lors, une méthode consiste à créer une base de données unique qui alimentera le catalogue électronique du site marchand, les catalogues au format papier, et qui servira de base dans la gestion des articles en magasin. Cette base de données tampon se nomme communément PIM (*Product Information Management*). Elle permet la réception des fiches-produits (par EDI, par fichier XML ou par envoi de fichiers à plat CSV) et l'intégration et la synchronisation des données avec les fournisseurs. Certains fournisseurs alimentent directement le PIM à partir de leur propre catalogue de fiches-produits.

La construction et/ou la conception d'un catalogue électronique nécessite de prendre en compte les impératifs légaux contenus notamment dans le Code de la consommation, qu'il s'agisse de contrats à distance ne portant pas sur des services financiers (articles L. 121-16 et suivants du Code de la consommation) ou portant sur des services financiers (articles L. 121-20-8 et suivants du Code de la consommation). Le plus important dans cette phase est de gérer l'information complète du consommateur.

De façon générique, le Code de la consommation contient une obligation générale d'information des consommateurs qui impose à tout professionnel, vendeur de biens ou prestataire de services, de mettre « le consommateur en mesure de connaître les caractéristiques essentielles du bien ou du service », et ce avant la conclusion du contrat.

Nonobstant la formation sur les caractéristiques essentielles du contrat, l'article L. 113-3 du Code de la consommation précise que le consommateur doit être informé par tout procédé approprié sur les prix, les limitations éventuelles de la responsabilité contractuelle ainsi que les conditions particulières de la vente. ☞

À ces obligations s'ajoutent celles relevant de l'utilisation d'une technique de conclusion des contrats à distance.

En particulier, pour les contrats ne portant pas sur des services financiers, les dispositions du Code de la consommation imposent que l'offre de contrat comprenne les éléments suivants :

- les modalités de paiement, de livraison ou d'exécution ;
- l'existence d'un droit de rétractation sauf dans les cas où ce droit est exclu ;
- la durée de la validité de l'offre et du prix ;
- le coût de l'utilisation de la technique de communication à distance ;
- la durée minimale du contrat proposé lorsqu'il porte sur la fourniture continue ou périodique d'un bien ou d'un produit.

Il est essentiel également que le catalogue précise que l'ensemble de ces informations « dont le caractère commercial doit apparaître sans équivoque » est communiqué au consommateur de manière « claire et compréhensible » par tout moyen adapté à la technique de communication à distance utilisée.

Pour les contrats portant sur les services financiers, en complément des informations précitées, le professionnel doit transmettre au consommateur l'ensemble des documents d'information particuliers relatifs aux « produits, instruments financiers et services proposés… ».

L'ensemble de ces éléments est non exclusif de tous les éléments liés à l'identification du vendeur ou du prestataire de services tels qu'ils résultent du Code de la consommation ou de la loi pour la confiance dans l'économie numérique.

1.2.2. La fiche-produit et l'EDI

Afin de décrire les produits qu'elles commercialisent, les entreprises constituent des fiches-produits. La fiche-produit se définit comme un message électronique standardisé par lequel le créateur d'un produit fournit à ses partenaires toute l'information qui concerne celui-ci. Les fiches-produits varient bien évidemment d'un secteur économique à l'autre ; la quantité d'informations qu'elles contiennent dépend de la nature des produits. En outre, l'ensemble des informations de la fiche-produit n'a pas vocation à être publié sur un site marchand, dans la mesure où les informations logistiques (poids, volume, taille des lots par exemple) n'intéressent pas directement le consommateur.

La multiplication des références de produits a conduit les entreprises à automatiser l'échange de ces données avec les distributeurs. Longtemps construites de façon spécifique par chaque entreprise, les fiches-produits se sont standardisées au fil du temps. Dès lors, la fiche-produit a été normalisée pour être échangée sous forme de messages EDI. Ces fiches-produits contiennent l'ensemble des données associées à un produit, que l'industriel doit transmettre au distributeur. Ces données recouvrent les aspects commerciaux, tarifaires, techniques et logistiques. Une fiche-produit comporte trois données obligatoires : l'identifiant de l'éditeur de l'information (GLN, *Global Location Number*), l'identifiant de l'unité commerciale GTIN (*Global Trade Item Number*), le marché cible. Elle comprend également des champs obligatoires comme la description, la classification, les mesures, le conditionnement. Des informations optionnelles peuvent s'y ajouter (couleur/taille, emballage, informations complémentaires, multimédia, etc.).

Dans la distribution, la coopération avec les industriels a débouché sur la normalisation de la fiche-produit par des messages EDI. Les messages PRODAT (*Product catalog*) et PRICAT (*Price catalog*) permettent l'échange automatisé et normalisé des informations sur les produits (**http://www.unece.org/trade/untdid/d07b/trmd/prodat_c.htm**, **http://www.unece.org/trade/untdid/d01a/trmd/pricat_c.htm**).

Le message PRODAT contient des données pérennes sur les produits, c'est-à-dire des informations peu susceptibles de changer. Ces données incluent des éléments de description technique et fonctionnelle. Ce message ne contient jamais d'informations commerciales, comme les conditions tarifaires accordées à un client. Celles-ci sont contenues dans le message PRICAT. Ce dernier est utilisé pour la transmission d'informations descriptives, logistiques et tarifaires, article par article. Il s'agit d'une liste de prix que l'on transmet à son partenaire commercial.

Si l'utilisation de ces messages ne pose aucun souci d'ordre technique, il ne faut pas perdre de vue que tous les fournisseurs ne sont pas aptes à alimenter de tels systèmes ou ne souhaitent pas consentir les investissements nécessaires à leur mise en place. D'après les données disponibles sur les échanges EDI en France, seules 14 % des entreprises utilisent l'échange de fiches-produits par le canal EDI (GS1 France, 2005). Par conséquent, l'alimentation des catalogues électroniques est encore loin d'être automatisée, surtout pour les sites de commerce électronique ayant peu de références et travaillant avec des petits fournisseurs.

1.2.3. L'enrichissement de la fiche-produit

La fiche-produit transmise automatiquement par le fournisseur ou saisie par l'entreprise dans son catalogue ne saurait suffire à elle seule à fournir une information complète au consommateur en ligne. Par conséquent, d'autres informations doivent être ajoutées à cette fiche-produit de base. Si on prend l'exemple d'un ouvrage, il est possible ainsi d'enrichir sa description par un commentaire éditorial qui donne un avis supplémentaire au client. Ce commentaire peut même provenir des clients eux-mêmes, comme sur amazon.fr ou fnac.com (voir chapitre 6). Il en est de même des produits techniques pour lesquels le résultat de tests d'utilisation fournit à l'internaute un avis complémentaire et indépendant des informations du fournisseur. D'autres attributs peuvent être envisagés ; tout dépend de la nature des produits et de la mise en avant souhaitée par le site marchand. Il faut toutefois faire attention à ne pas multiplier le nombre d'attributs. En effet, ceux-ci constituent également des critères de tri pour l'internaute, ce qui risque de compliquer sa recherche d'informations.

Il y a cependant des attributs importants qui prennent tout leur sens dans le cadre d'une politique marketing visant à accroître la valeur du panier moyen de l'internaute au travers de ventes croisées (voir chapitre 9). Afin de proposer au client un produit complémentaire, il est impératif d'affecter des attributs de complémentarité entre produits dès la conception de la base. Comme on l'a vu au chapitre 4, plusieurs solutions techniques intègrent nativement cette fonction. Ces solutions nécessitent donc de déclarer les associations de produits dans la base de données. À un produit X donné il faut associer un produit Y présent dans la base. Il est possible d'associer plusieurs produits à un autre et d'établir un ordre de priorité dans l'affichage des produits associés. Il est par exemple possible de présenter des produits en fonction de leur prix (le plus élevé en premier).

La figure 5.1 montre les offres de produits complémentaires pour un appareil photo numérique sur le site **http://www.pixmania.fr**. La particularité de ce site est de formaliser le mécanisme des ventes croisées sous forme d'assortiments prédéfinis (« packs »). Cela n'empêche pas le site de recommander des produits complémentaires dans une rubrique « nos recommandations » (voir figure 5.2). Toutes ces informations visent à augmenter le panier moyen du client.

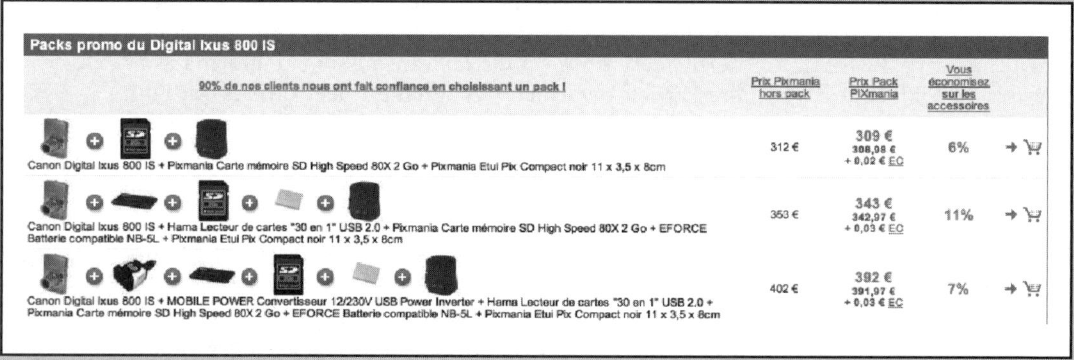

Figure 5.1 - Produits complémentaires pour la vente croisée, présentés sous forme de « package » sur le site Pixmania.fr.

Figure 5.2 - Recommandations de produits complémentaires pour un appareil photo sur Pixmania.fr.

Si on souhaite afficher des produits associés commandés par d'autres clients, il est nécessaire de recourir à d'autres types d'outils, des moteurs de filtrage collaboratif, comme ceux qui sont présentés au chapitre 4 (voir également le chapitre 6). En effet, les achats effectués par d'autres internautes ne constituent pas en soi un attribut du produit. Par ailleurs, cette information n'est pas stockée dans le catalogue mais dans la base client, qu'il est nécessaire d'interroger par une requête pour obtenir l'information sur les produits associés.

Une fois les fiches-produits établies, la structure du catalogue constitue une étape importante dans la mise en œuvre de celui-ci.

1.2.4. La catégorisation des produits, la structure du catalogue et la navigation dans le site

Dès lors que le site marchand propose une offre étendue de références, il devient impératif de réfléchir à une catégorisation des produits qui facilitera leur présentation sur le site et leur recherche par le client. Cette problématique est absolument fondamentale, pour plusieurs raisons.

En premier lieu, un écran d'ordinateur a une taille relativement restreinte, ce qui rend difficile la présentation d'un grand nombre de produits sur un espace aussi limité. En second lieu, plus le nombre de produits est élevé, plus la recherche d'un produit dans le site se révèle délicate pour le client (Lee, Lee et Wang, 2004). L'objectif de la catégorisation des produits est donc de simplifier la navigation dans l'offre (Chiang et Manuel, 2007).

Afin de clarifier cette navigation, la tentation est grande de multiplier les catégories et les sous-catégories (Kim et Lee, 2003). Mais la multiplication des sous-catégories augmente le nombre de clics nécessaires pour arriver à un produit au cours de la navigation sur le site (voir chapitre 6). Le nombre de clics pour atteindre un produit représente une partie de ce que l'on nomme le « *clickstream* », c'est-à-dire l'ensemble des clics nécessaires pour finaliser un achat en ligne depuis la page d'accueil du site marchand. Il est désormais acquis que quatre ou cinq clics constituent le maximum que l'internaute est prêt à accepter pour atteindre un produit depuis la page d'accueil. Au-delà, le risque de désorientation sur le site est grand, car la navigation dans l'offre devient complexe pour l'internaute.

En outre, la multiplication des sous-catégories n'est pas forcément une solution pertinente, car l'affectation d'un produit à une sous-catégorie est parfois ambiguë et oblige à l'associer en fait à plusieurs sous-catégories. Ceci entraîne des risques en termes de pertinence de la recherche d'information, mais plus encore en termes de gestion de la volumétrie de la base de données (multiplication de fiches-produits redondantes), voire en termes de gestion des stocks (tout dépend de la façon dont la gestion des stocks est déployée dans le système d'information). Une solution consiste à masquer certaines sous-catégories sur la page d'accueil, mais à les afficher dans le moteur de recherche du site. Par exemple, les rubriques « Disques variétés », « Disques classiques » et « Livres épuisés » n'apparaissent pas dans la barre horizontale rassemblant les catégories du catalogue d'un site de vente de CD ; en revanche, elles apparaissent dans le menu déroulant du moteur de recherche.

1.3. La gestion du catalogue électronique

1.3.1. L'intégration du catalogue dans le système d'information

Une fois la structure du catalogue constituée et la base de données alimentée, la question de l'intégration du catalogue au reste du système d'information se pose. Si l'entreprise recourt à une solution « packagée », décrite au chapitre 4, les différents modules de la solution logicielle s'intégreront facilement, et plus particulièrement la gestion des stocks qui est directement liée au catalogue. Par exemple, dans la solution open-source de osCommerce, les stocks sont directement intégrés dans le catalogue, ce qui est une solution admissible pour un site présentant peu de produits. Cependant, lorsque le nombre de produits et les visites sur le site augmentent, il est pertinent de gérer les stocks dans un module dédié ou une application spécialisée, car cette opération de gestion ne peut s'effectuer directement dans la base de données qui alimente le site marchand. Ceci est d'autant plus vrai que la gestion des stocks sera en partie automatisée grâce à une collaboration électronique avec les fournisseurs, de type gestion partagée d'approvisionnement (GPA). Dans cette configuration, le réapprovisionnement se fait automatiquement sur un seuil du stock (défini par contrat). Le système d'information envoie une commande électronique par message EDI chez le fournisseur. Le déploiement de la GPA impose donc une gestion des stocks séparée du catalogue et nécessite une synchronisation par l'intermédiaire du module de gestion des commandes.

1.3.2. La mise à jour du catalogue

L'enjeu est d'offrir en permanence un catalogue à jour sur le site Web. En effet, l'entreprise perdrait en crédibilité si elle proposait à la vente des articles qui ne sont plus fabriqués par ses fournisseurs ou plus disponibles. Par conséquent, la mise à jour du catalogue est une tâche lourde pour les sites proposant plusieurs milliers de références, car la durée de vie de certains produits est limitée dans le temps. Une solution technique consiste, lorsque les fournisseurs ont les systèmes d'information nécessaires et la volonté de collaborer avec le site Internet, à synchroniser les fiches-produits directement dans la base PIM (voir section 2.3.1).

Quelles que soient les méthodes déployées pour collecter et alimenter le catalogue, il est impératif que la fiabilité des informations y soit la plus élevée possible et que le site ne propose pas à la vente des articles qui n'existent plus.

1.3.3. L'internalisation ou l'externalisation du catalogue

La charge que représente la gestion d'un catalogue électronique conduit souvent les entreprises qui proposent à la vente des milliers de références à s'interroger sur l'externalisation de ce service. En effet, concevoir, alimenter, enrichir, maintenir, mettre à jour un catalogue électronique sont des tâches complexes techniquement et financièrement coûteuses, alors même que la gestion de cette fonction ne constitue pas le cœur de métier de l'entreprise. Dès lors, il est possible d'externaliser une telle gestion dans sa totalité ou sur l'une ou l'autre de ses composantes (conception, alimentation, maintenance). Il existe des entreprises spécialisées dans la gestion de catalogues électroniques, qui commercialisent des logiciels spécifiques en gestion de catalogues, et qui conçoivent également des catalogues pour des distributeurs (par exemple, **http://www.access-commerce.com/**). D'autres entreprises fournissent des catalogues clés en main. Elles maintiennent des catalogues dans différents secteurs d'activité économique et les mettent à disposition des entreprises qui en ont besoin.

> ***Exemple :*** CNET Channel a développé depuis 1998 une base de données qui, en août 2006, comprenait 2,7 millions de produits dans le domaine de l'électronique grand public, l'informatique, l'électroménager. Cette base de données dénommée DataSource™ est disponible en 13 langues et couvre 35 pays. Les fiches-produits comportent parfois plus de 100 attributs.
>
> *Source : http://www.cnetchannel.com*

Certains acteurs du commerce électronique considèrent en revanche que la gestion du catalogue électronique est un élément stratégique et souhaite en conserver le contrôle.

Exemple : Pixmania.fr a conçu sa propre solution de catalogue électronique en interne et gère son catalogue également en interne. Cette société estime que la maîtrise de l'information, sa richesse, sa qualité sont des éléments cruciaux dans l'expérience d'achat de l'internaute et doivent donc être parfaitement maîtrisés par l'entreprise elle-même.

La problématique du catalogue électronique se révèle quelque peu différente en *B2B*. En effet, elle doit inclure les besoins d'intégration du catalogue dans le système d'information du client. Les entreprises formalisent en effet souvent leur politique d'achat dans des outils de gestion des achats (*e-procurement*).

2. Créer et gérer des catalogues en B2B

2.1. Le type d'approvisionnement et le catalogue

Dans le cadre des échanges *B2B*, la problématique évoquée ci-dessus prend davantage d'importance, dans la mesure où les produits à spécifications changeantes ne sont pas rares. De ce fait, de nombreux produits ou services échappent totalement aux catalogues électroniques. Plus encore, la finalité des approvisionnements constitue une autre dimension qui explique le caractère « cataloguable » d'un produit. En effet, on peut distinguer les approvisionnements destinés à la production et les achats « hors production ». Les informations sur les produits destinés à la production ne sont pas, la plupart du temps, gérées par des catalogues électroniques standardisés. L'entreprise acheteuse intègre en effet ces informations directement dans son système d'information en charge de gérer la production. Les achats « hors production » constituent des frais généraux pour l'entreprise ; ils sont souvent l'objet d'une pression forte à la baisse. Aussi toute solution pour réduire leur coût est la bienvenue. Ce sont en général des produits standard (matériels de bureau, fournitures, etc.) ; ils sont donc aisément cataloguables. Il est alors possible de dresser un tableau synthétique en fonction des types d'approvisionnements (voir tableau 5.1).

Tableau 5.1 : Types d'achats et catalogues

Articles cataloguables (prix prénégociables)	Articles non cataloguables (prix non prénégociables)
Achats de production stockés : Pièces mécaniques, composants électroniques	***Produits spéculatifs :*** Matières premières Achats d'affaires/achats de projets : Construction d'une usine
Achats hors production : Transport, matériel informatique, voyages professionnels	***Produits à spécifications changeantes :*** Prestation juridique, conseil, imprimés publicitaires
Achats catalogues : Pièces de rechange, mobilier de bureau	***Produits à spécifications changeantes :*** Études techniques, prototypes, pièce sur plan

On retiendra que, dans la perspective du commerce électronique, de nombreux produits ne peuvent être catalogués. Ceci explique en partie l'échec des places de marché qui avaient cru que tous les achats pourraient être gérés grâce à des catalogues électroniques (voir chapitre 1).

Dans les échanges *B2B*, les besoins sont différents de ceux des sites marchands classiques (Baron, Shaw et Bailey, 2000). En effet, les entreprises désireuses de s'approvisionner par le biais du canal électronique (*e-procurement*) – dans le cadre d'une politique d'achats définie au niveau stratégique de l'entreprise – souhaitent la plupart du temps intégrer les données sur les produits achetés directement dans leur système d'information et plus spécifiquement dans leur système comptable et financier, afin d'avoir un suivi précis et une intégration poussée, source d'économie de coûts administratifs. En outre, dans certains secteurs industriels, sous l'égide de l'organisme international de standardisation GS1, un réseau international de catalogues électroniques de produits est en train de se mettre en place.

2.2. L'e-procurement et le catalogue électronique

La fréquence des échanges entre entreprises conduit celles-ci à rechercher l'optimisation des coûts de traitement de ces transactions. L'automatisation des commandes et de leur traitement sur la base d'une solution informatisée est souvent retenue. Le déploiement par les entreprises de système de gestion électronique automatisée des achats ou *e-procurement* est la solution la plus utilisée (voir chapitre 1). Trois cas de figure se présentent, selon le degré d'intégration dans le système d'information que le client souhaite :

- La personnalisation du catalogue pour le client sur le site Internet. Le catalogue reste chez le fournisseur.
- La personnalisation du catalogue sur le site, avec intégration des données dans le système d'information du client. Le catalogue reste chez le fournisseur et des données sont intégrées au système d'information du client.
- L'intégration complète du catalogue dans le système d'information du fournisseur.

2.2.1. La personnalisation du catalogue sur le site Internet

Dans cette configuration, on est proche d'une situation classique d'un site *B2C*, dans la mesure où l'acheteur se rend sur le site Internet du fournisseur pour effectuer ses achats en ligne. La différence réside dans la personnalisation du catalogue mis à disposition. L'acheteur est authentifié par le biais d'un identifiant et d'un mot de passe et accède ainsi à un catalogue qui lui est spécifique. Le processus d'achat consiste à sélectionner des produits dans le catalogue. La confirmation de la commande est envoyée par courrier électronique ou par télécopie, tout comme la facture. La figure 5.3 illustre cette configuration assez répandue.

2.2.2. La personnalisation du catalogue sur le site Internet et l'intégration partielle

De nombreuses entreprises ont fait le choix d'une solution *e-procurement* intégrée à leur système d'information (SAP, Ariba, Commerce One, etc.) et ne souhaitent pas y inclure directement les catalogues de leur fournisseur, soit pour des raisons techniques, soit pour ne pas dépendre d'un seul fournisseur. Il est alors possible d'envisager la connexion à un catalogue électronique distant, tout en intégrant totalement le processus d'achat.

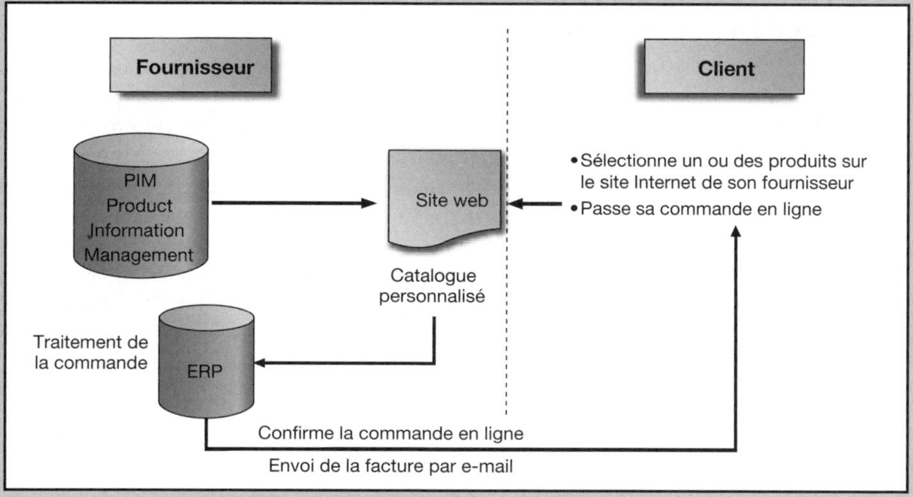

Figure 5.3 - Catalogue électronique personnalisé sur le site du fournisseur en B2B.

Chacune des parties conserve son savoir-faire et la gestion de ses processus (présentation de l'offre et gestion du catalogue chez le fournisseur, gestion du *workflow* et consolidation comptable des achats et analyse des achats). L'avantage d'une telle solution est que l'acheteur ne se préoccupe pas de l'hébergement et de l'intégration des catalogues de ses fournisseurs. Ce système est appelé « *punch out & round trip* ». La figure 5.4 illustre cette logique d'intégration partielle du catalogue électronique.

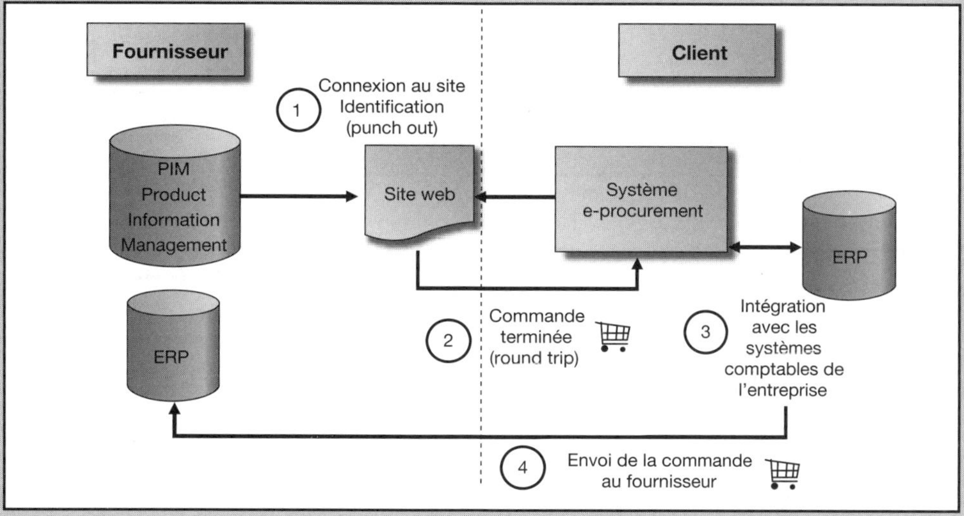

Figure 5.4 - Intégration partielle du catalogue électronique (punch out & round trip).

2.2.3. Le catalogue sur mesure et l'intégration complète dans le système d'information du client

Dans cette configuration, l'acheteur déploie un logiciel dans son système d'information et souhaite intégrer les références des produits de ses fournisseurs qui font l'objet d'un contrat, les autorisations d'achat des salariés et le processus de traitement associé (*workflow*). Dans cette perspective, l'acheteur ne souhaite pas accéder à un site Internet sur lequel il consulte un catalogue en ligne. Il souhaite posséder au sein de son système d'information un catalogue personnalisé qui comprend uniquement les références qui l'intéressent et font l'objet d'un accord-cadre (prix négocié, marge avant, marge arrière). Dès lors, le fournisseur doit être en mesure de proposer un catalogue sous format électronique qui s'intègre dans le système d'information du client. Il doit être capable de maîtriser les aspects informatiques relatifs à cette demande. Le client peut exiger des fichiers EDI, XML, CSV, ou plus spécifiques encore. Par conséquent, on mesure bien l'importance d'une base de type PIM pour extraire des catalogues spécifiques à chaque client. La figure 5.5 illustre cette configuration dans laquelle le catalogue sur mesure est directement intégré dans le système d'information du client.

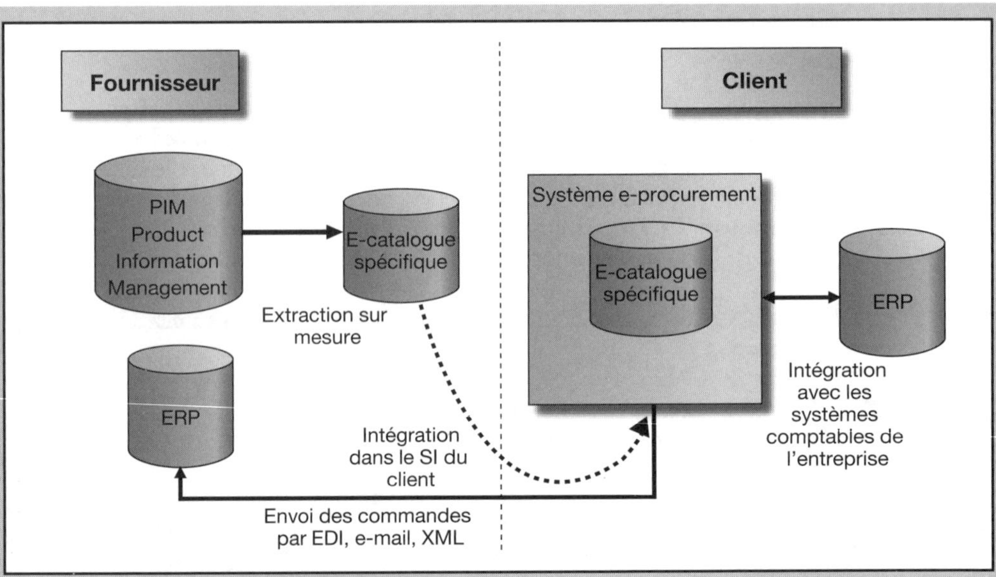

Figure 5.5 - Intégration du catalogue électronique dans le SI du client.

2.3. Les réseaux de catalogues électroniques synchronisés (Global Data Synchronisation Network)

Des prestataires de catalogues électroniques émergent dans différents secteurs d'activité économique. Il existe de plus en plus de catalogues multientreprises, comme le catalogue Verticalwine dans le domaine du vin. S'ils présentent l'avantage d'une mutualisation des coûts, la question de l'intégration de tels catalogues dans les systèmes d'information est loin d'être automatique.

Les distributeurs développent également leur propre catalogue, avec souvent la nécessité pour les industriels d'alimenter plusieurs catalogues électroniques avec des formats différents. Cette situation, qui avait toujours cours en 2007, est actuellement en passe de trouver une solution satisfaisante avec le déploiement progressif d'un réseau international de catalogues électroniques interopérables et synchronisés.

2.3.1. La synchronisation de catalogues

L'idée d'un réseau de catalogues qui se synchronisent repose sur les technologies de services Web (*Web Services*). Le principe est de développer une application qui soit requêtable à distance à partir du réseau Internet, soit par le protocole HTTP, soit par le protocole SMTP[1] (**http://www.ietf.org/rfc/rfc0821.txt**). Il s'agit en fait de rajouter une couche dans l'application, de telle sorte qu'elle soit capable de communiquer en respectant un certain nombre de standards (SOAP, UDDI). Dès lors, il est possible de construire une application à laquelle on s'abonne et que l'on mobilise lorsqu'on en a besoin. Il faut donc concevoir un catalogue électronique comme un service Web auquel un autre catalogue s'abonne (par exemple celui d'un client). Il est alors très facile de synchroniser automatiquement les catalogues. En effet, on peut aisément émettre un message à destination des catalogues abonnés dès qu'une modification de fiches-produits est effectuée, et déclencher la mise à jour automatique de ces derniers. Ce principe est illustré à la figure 5.6.

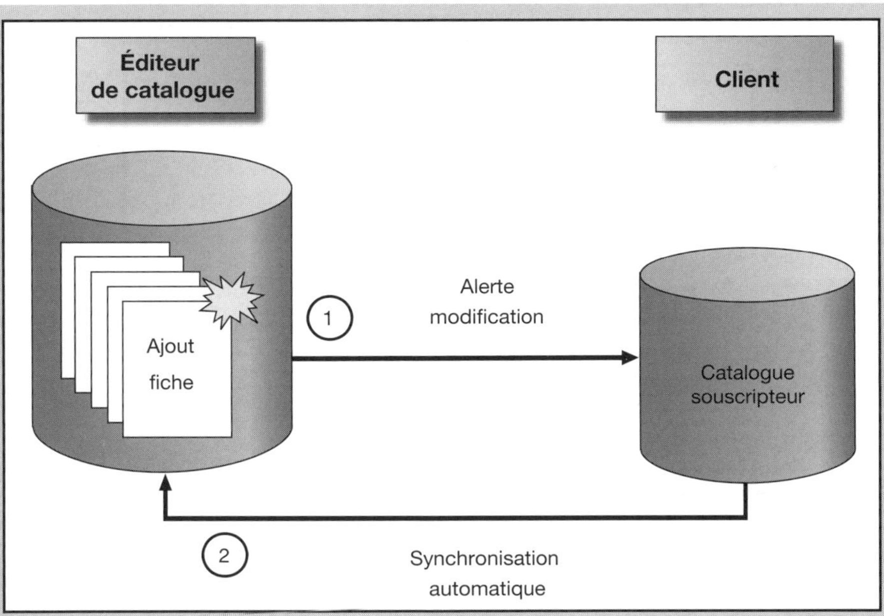

Figure 5.6 - Principe de synchronisation de catalogue électronique.

En France, en 2006, il existait onze catalogues électroniques interopérables certifiés par le GS1. On peut citer Verticalwine, Parangon, Equadis, Catalogic. La certification de ces

1. SMTP(*Simple Mail Transfer Protocol*) : protocole utilisé pour l'envoi de courrier électronique.

catalogues signifie qu'ils respectent des standards de codification de l'information et plus particulièrement le standard international EAN.UCC qui est utilisé dans le réseau international de synchronisation de catalogues.

2.3.2. Le réseau international de synchronisation de catalogues

Cette initiative, lancée en 2004, vise à déployer un réseau de catalogues interopérables respectant le standard EAN.UCC, afin de permettre aux entreprises du monde entier d'échanger leurs informations produits. Les catalogues sont reliés entre eux par l'intermédiaire d'un répertoire global (*global registry*). Ce réseau de catalogues s'appuie sur la codification de la fiche-produit, la classification internationale des produits GPC (*Global Product Classification*), et la normalisation des échanges de données grâce à EDIFACT-EANCOM et EAN.UCC XML. La logique de ce réseau mondial repose sur la synchronisation entre annuaires par l'intermédiaire d'un annuaire mondial centralisé (*global registry*) qui orchestre les enregistrements de catalogues et les demandes de synchronisation. Cette logique est présentée à la figure 5.7.

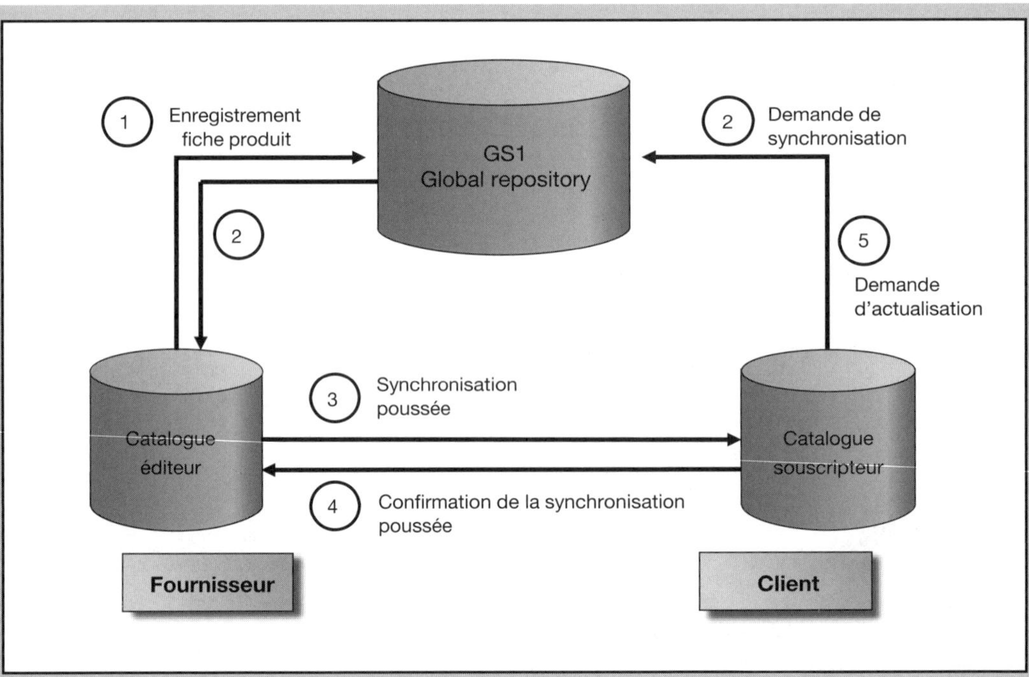

Figure 5.7 - Le réseau mondial de synchronisation (GDSN) et le principe de la synchronisation.

Ce réseau de catalogues électroniques en rassemblait 26 fin 2006 au niveau mondial. Même s'il est utopique de penser qu'il existera un jour un seul catalogue de fiches-produits au niveau mondial, ce réseau de catalogues synchronisés esquisse d'ores et déjà un avenir dans lequel la mise en place d'un catalogue électronique consistera à s'abonner à des catalogues fournisseurs par l'intermédiaire du GDSN.

Résumé

Le catalogue électronique est un élément central dans un site marchand de commerce électronique *B2C*. Si tous les produits ne sont pas catalogables, la plupart des produits courants sont aisément descriptibles de façon standardisée par le biais d'une fiche-produit. Celle-ci constitue l'élément de départ d'une base de données de produits. Les fiches-produits peuvent être standardisées par des messages EDI et donc échangeables entre les systèmes d'information des entreprises. Même si leur utilisation reste modeste dans l'économie en général, ces fiches sont en revanche très employées dans certaines industries. Pour bâtir une solution pérenne de catalogue électronique, une base de données tampon (PIM) est conseillée. Elle reçoit les données des fournisseurs sous plusieurs formats (EDI, XML, CSV). L'entreprise enrichit cette base de données pour construire ces différents catalogues. Elle doit accorder une attention particulière à la structure de sa base de données pour optimiser la navigation sur son site Internet, en veillant à une bonne catégorisation des produits. La maintenance de la base de données constitue également un enjeu important en termes de fiabilité des informations mises à disposition du client. Lorsque le catalogue comprend un très grand nombre de références, son externalisation est une éventualité que l'entreprise doit envisager.

Dans le cadre des marchés *B2B*, la construction des catalogues électroniques est quelque peu différente dans la mesure où la fréquence des achats et les systèmes d'*e-procurement* conduisent à la création d'un catalogue personnalisé pour le client. Ces catalogues sur mesure sont directement intégrés dans les systèmes de gestion des clients. Afin d'optimiser les mises à jour de catalogues, des solutions de catalogues électroniques synchronisés émergent depuis quelques années. Elles facilitent grandement la transmission, l'échange et la mise à jour des fiches-produits entre partenaires commerciaux.

Bibliographie

Baron J., Shaw M. et Bailey A. (2000), « Web-based E-catalog Systems in *B2B* Procurement », *Communications of the ACM*, vol. 43, n° 5, pp. 93-100.

Chiang R. et Manuel N. (2007), « Improving Web-Catalog Design for Easy Product Search », *INFORMS Journal on Computing*, vol. 19, n° 4, pp. 510-519.

De Corbière F. (2006), « Systèmes d'information interorganisationnels pour la transmission des informations produit : architectures dans le secteur de la grande distribution française », *Communication au XIe congrès de l'AIM*, Luxembourg.

EBG/Deskom (2004), *Le livre blanc de la facture électronique*, 242 p., Paris.

Kim G.-M. et Lee G.-S. (2003), « e-catalog evaluation criteria and their relative importance », *Journal of Computer Information Systems*, vol. 43, n° 4, pp. 55-62.

Lee J., Lee H.S. et Wang P. (2004), « An interactive visual interface for online product catalogs », *Electronic Commerce Research*, vol. 4, n° 4, pp. 335-358.

Stanoevska-Slabeva K. et Schmid B. (2000), « Internet electronic product catalogs: An approach beyond simple keywords and multimedia », *Computer Networks*, vol. 32, pp. 701-715.

Yen B.P.-C. et Kong R.C.W. (2002), « Personalization of information access for electronic catalogs on the Web », *Electronic Commerce Research and Applications*, vol. 1, n° 1, pp. 20-40.

Sites Internet à consulter

http://www.access-commerce.com

http://www.eannet-france.org/fille/b/b61.htm

http://www.fevad.com

http://www.gs1.fr

http://www.journaldunet.com

http://www.manutan.com

http://www.verticalwine.com/

Activités

Questions de révision

1. Définissez la fiche-produit.
2. Comment organiser la collecte des informations constitutives du catalogue électronique ?
3. Quels sont les formats utilisés pour échanger des fiches-produits ?
4. Quelle architecture technique est plus efficace pour gérer un catalogue dans le cadre d'une stratégie multicanal ?
5. Qu'est-ce qu'un *Product Information Management* ? Précisez son rôle dans la gestion des catalogues électroniques.
6. En quoi la structure du catalogue influence-t-elle la navigation sur le site Internet ?
7. Quelles sont les raisons qui amènent à développer des catalogues spécifiques pour un client dans le domaine du *B2B* ?
8. Qu'est-ce que la synchronisation de catalogue électronique ?
9. Quels sont les avantages d'un réseau de catalogues électroniques synchronisés ?

Exercices de synthèse

1. À partir de la consultation des trois sites marchands suivants :

   http://www.auchandirect.fr, **http://www.ooshop.fr**, **http://www.houra.fr**

   Recherchez sur chaque site le même produit, par exemple un camembert de la même marque, sans utiliser le moteur de recherche du site.

   Repérez votre navigation et les rubriques par lesquelles vous avez été amené à naviguer.

   Combien de clics ont été nécessaires pour parvenir au produit ? Qu'en concluez-vous ?

2. À partir de la consultation des sites marchands **http://www.hp-fr.com, http://www.dell.fr**, **http://www.apple.fr**, sélectionnez un ordinateur portable d'entrée de gamme. Personnalisez-le en lui ajoutant de la mémoire vive et une extension de garantie de 3 ans. Au terme de ce paramétrage, que concluez-vous quant à l'organisation du catalogue de ces sites Internet ?

3. Consultez le site Internet **http://www.pixmania.fr**.

   Sélectionnez un ordinateur portable de la marque Toshiba. Identifiez les propositions de produits complémentaires qui vous sont suggérées. Comment sont-elles présentées ? Qu'en concluez-vous sur la structure du catalogue support de ce site ?

Questions à débattre

1. Le développement d'un réseau global de catalogues électroniques de produits vous paraît-il réaliste ? Identifiez les obstacles à un tel projet.
2. Est-il pertinent d'externaliser la gestion de son catalogue électronique pour un site marchand ? Argumentez.
3. Quel département au sein de l'entreprise doit être en charge de la gestion du catalogue électronique ?

Chapitre 6

Conception de l'interface marchande et création de valeur pour le visiteur

Objectifs pédagogiques

- Comprendre le concept de valeur expérientielle d'une visite
- Comprendre pourquoi la confiance est un enjeu majeur en matière d'e-commerce
- Savoir comment rassurer le visiteur
- Identifier les éléments constitutifs d'une interface marchande
- Savoir porter un jugement sur la qualité d'une page d'accueil
- Savoir comment améliorer l'accessibilité de l'offre
- Savoir comment améliorer l'efficacité du processus de commande
- Comprendre les enjeux du design textuel, iconographique et sonore
- Connaître les parties impliquées et les étapes pour concevoir une interface
- Identifier la variété des moyens envisageables pour enrichir l'expérience de visite

Yves Rocher : un site remarquable et remarqué

Entreprise d'origine bretonne fondée en 1959, Yves Rocher est aujourd'hui le leader mondial du cosmétique végétal, commercialisant plus de 700 produits, employant 15 000 personnes et réalisant un chiffre d'affaires de 2 milliards d'euros dans 15 pays. En plus de sa marque phare, le groupe Yves Rocher comprend des entreprises comme Daniel Jouvance pour le cosmétique marin, Stanhome pour la vente à domicile de produits d'entretien ou encore, Petit Bateau.

En 2007, six ans après le lancement d'une première version, le site marchand d'Yves Rocher a fait peau neuve. Ce projet majeur a occupé une équipe d'environ dix personnes pendant huit mois, en s'appuyant sur de nombreux prestataires, comme Nurun ou Novacom (réalisation d'un centre de beauté virtuel en 3D). Un investissement à la hauteur de l'enjeu commercial, dans la mesure où le site accueille plus d'un million de visiteurs uniques chaque mois et représente à peu près 5 % du chiffre d'affaires d'Yves Rocher (1 650 magasins, dont 550 en France, représentent 50 % du CA, le solde étant réalisé en vente à distance par catalogue/courrier). L'objectif principal des concepteurs du site marchand était double : améliorer la performance commerciale (taux de conversion des visiteurs en clients, panier moyen, etc.) et améliorer la qualité de l'expérience de visite, pour créer notamment une plus grande proximité avec la marque.

☞

Yves Rocher : un site remarquable et remarqué (*suite*)

Ce faisant, la refonte du site permettait également d'optimiser le référencement sur les moteurs de recherche et d'intégrer de nouvelles technologies, comme l'Ajax. Ainsi que le précise Matthieu Guinard, directeur Internet : « Nous souhaitions avoir un site plus proche des valeurs de la marque, mais aussi plus ergonomique, plus étoffé en matière de contenus et en conseils. » En termes d'expérience de visite, il s'agissait donc à la fois d'offrir plus de fonctionnalités et de rendre la navigation plus facile.

Lorsqu'on se rend sur le site marchand d'Yves Rocher (**htpp://www.yvesrocher.fr**), sur la page d'accueil, on remarque immédiatement que des visuels animés en Flash mettent en avant une sélection de quelques produits, les mêmes que ceux qui sont exposés au même moment en magasin. Ces produits mis en avant sont accompagnés de témoignages de clientes, présentés dans une boucle d'environ 10 secondes. Une sélection de produits en promotion est également accessible à partir de ce visuel.

Comparativement au site précédent, la charte graphique a été modernisée, et un nouveau code coloriel a été retenu, afin d'aligner le site sur les magasins et de (re)donner à la marque les signes de la modernité. La colonne de navigation, à gauche, a été supprimée au profit d'une colonne plus développée, à droite, qui permet l'accès direct à des services : commande directe à partir d'une offre catalogue/magazine, localisation des points de vente, inscriptions à la newsletter, panier dynamique, espace client, aide, etc. L'accessibilité aux produits est très satisfaisante, avec un moteur de recherche visible (par mot-clé ou par référence dans le catalogue), un accès direct à la totalité des produits (« Tous nos produits en un clic »), un accès aux promotions, aux nouveautés et aux best-sellers. Un accès à une sélection d'idées cadeaux est également proposé. Le site émet de nombreux signaux destinés à rassurer le visiteur : témoignages de clientes qui s'affichent dans la zone centrale, forte visibilité des autres canaux de commercialisation (magasins, courrier), accès à une rubrique d'aide, mise en évidence du numéro de téléphone du service client, présence d'une récompense professionnelle décernée par la FEVAD… Une entrée spécifique pour les nouvelles clientes, en haut à gauche, donne accès à un guide d'achat illustré, très didactique.

Sur ce nouveau site, les images sont prépondérantes, de l'accès aux dix catégories présentées sur la barre de navigation en haut de l'écran (maquillage, soins du corps, cheveux, nutri-cosmétique, etc.) jusqu'au panier dynamique, en passant par les fiches-produits. Les produits sont mieux mis en valeur, et beaucoup sont scénarisés (visuels en situation). Chaque fiche comprend quelques recommandations du type « Vous aimerez aussi », de façon à développer le panier moyen. Le bloc de services dénommé « Mon espace » est très visible et permet de gérer son compte, de suivre les commandes en cours ou d'accéder à une liste de produits stockés lors de précédentes visites (« favoris »). La dimension conseil s'exprime dans ce bloc par l'accès à une rubrique « Mes questions de beauté » très complète, où le rédactionnel prime, à la différence des autres parties du site. À partir de ce bloc, de nombreuses autres fonctions interactives sont proposées, notamment un outil de diagnostic personnalisé pour découvrir des produits adaptés à son type de peau, son style… ou « l'accès à des programmes beauté adaptés à l'humeur du moment », dans la rubrique « Aujourd'hui, j'ai envie de… ». En cliquant sur ce lien, on arrive sur des pages qui proposent des conseils et présentent les produits associés autour de thématiques comme « Changer de look de maquillage » ou « Trouver le meilleur soin jeunesse pour ma peau ». Sur ces pages, un quiz est proposé pour « Choisir un parfum qui me ressemble ».

Les valeurs de la marque sont largement développées dans une section « Ma marque s'engage ». Des documents peuvent être téléchargés, comme le bilan écocitoyen. Les engagements de la marque peuvent être consultés, ainsi que les actions de la Fondation Yves Rocher. La dimension communautaire se traduit par l'accès à un site dédié à la tribu des « végétaliseurs ». La rubrique « Mes goodies » permet de télécharger des fonds d'écran très esthétiques et tout à fait cohérents avec l'imaginaire de la marque (ces fonds d'écran ne mentionnent pas la marque et ne comportent pas de logo).

Un panier d'achat dynamique est proposé, visible sur chaque page, comprenant les visuels des produits choisis et l'accès en un seul clic à la fiche-produit de chacun. L'information sur la gratuité des frais de livraison est présentée de façon très visible, par un bandeau déroulant juste au-dessus du panier, incitant le client à atteindre les 25 euros de commande qui permettent de se faire livrer gratuitement. Un clic sur le panier dynamique donne accès à une page très claire et complète, permettant de choisir un cadeau, rappelant le contenu de la commande et les seuils qui font bénéficier d'une livraison gratuite. En bas de la page, plusieurs suggestions de produits complémentaires sont formulées. Le processus de commande est transparent, incluant de nombreux signaux pour rassurer le client potentiel pendant sa commande (informations sur la sécurisation des paiements, garantie « satisfait ou remboursé », accès au centre d'appels, etc.).

Le site de la boutique en ligne donne accès – *via* le lien « Découvrez nos sites » situé en haut à droite – au site des « centres de beauté », c'est-à-dire le réseau de points de vente. On accède alors à de nombreuses informations et fonctionnalités, comme les promotions ou le soin du mois. Les soins sont aussi présentés, en mêlant textes, images et vidéos. Il est également possible de prendre un rendez-vous par téléphone (appel gratuit), une fonctionnalité relationnelle originale. L'onglet « Les services » permet de présenter le diagnostic de peau gratuit en magasin, la carte de fidélité, les coffrets cadeaux, l'espace entreprises, etc. L'onglet « Les produits de beauté » donne accès à une visite virtuelle d'un centre de beauté. Pour présenter son offre de produits à l'occasion des fêtes de Noël 2007, Yves Rocher a proposé une nouvelle expérience en ligne à ses clientes : un espace de vente immersif en 3D – mêlant textes, sons, images et vidéos –, où l'internaute pouvait naviguer librement ou bien se laisser guider par une conseillère filmée.

Questions :

D'après vous, les objectifs ont-ils été atteints ? De quelle façon ?

Quels sont les points positifs et les points à améliorer en matière d'expérience de visite ?

La cohérence entre la boutique en ligne, le site du réseau et les magasins est-elle bonne ?

Comparez le site marchand d'Yves Rocher avec un site concurrent dans le secteur des cosmétiques ou de la beauté. Lequel préférez-vous ? Pour quelles raisons ?

Quelles réflexions vous inspire le cas Yves Rocher ?

Sources : *http://www.yvesrocher.fr, Emarketing.fr, Le Journal du Net, Les Echos*

Pour vendre en ligne, l'entreprise doit proposer aux visiteurs une interface marchande qui permette d'atteindre plusieurs objectifs : présenter l'offre de façon claire et complète, donner confiance au visiteur, répondre à ses attentes en proposant des contenus adaptés… En un mot créer de la valeur pour le client en lui offrant une expérience de visite satisfaisante, tout en minimisant les coûts associés et les risques encourus. Si l'expérience de visite présente également un caractère ludique ou esthétique, le marchand aura vraiment atteint tous ses objectifs, car dans la société de consommation actuelle le shopping, même électronique, est aussi une activité de loisir.

Dans ce chapitre, après avoir exposé le concept de valeur délivrée au visiteur, il s'agira de savoir comment le marchand peut rassurer le client et lui donner confiance. Nous détaillerons ensuite comment construire une interface client/machine efficace, dont l'architecture, le design et les fonctionnalités permettent précisément de délivrer une expérience de visite satisfaisante. Nous aborderons également les façons d'enrichir l'expérience de visite, avec des fonctions interactives avancées et des contenus.

1. Créer de la valeur pour le visiteur

Faire en sorte que les visiteurs soient satisfaits constitue un objectif majeur pour les responsables de sites marchands, car la satisfaction est l'un des principaux déterminants de la fidélité. Si un niveau élevé de satisfaction ne permet pas de garantir à coup sûr une fidélité absolue – dans un monde très concurrentiel où les sites marchands se sont multipliés –, satisfaire ses clients reste encore la meilleure recette du succès : à défaut d'être une condition suffisante, c'est une condition nécessaire. Mais au-delà de la satisfaction, l'objectif consiste à créer de la valeur pour le visiteur. La valeur peut être appréhendée comme le ratio entre la satisfaction tirée de la visite, d'une part, et l'ensemble des coûts associés à la visite, d'autre part, en termes de temps consacré, d'efforts accomplis et de risques encourus. Pour maximiser la valeur créée, le site marchand ne doit donc pas se contenter de satisfaire le visiteur, il doit également réduire l'ensemble des coûts associés à la visite. Il doit notamment penser à rassurer le client potentiel, c'est-à-dire limiter les risques perçus et améliorer le niveau de confiance.

Dans ce chapitre, nous nous attachons exclusivement à la valeur expérientielle (c'est-à-dire la valeur générée intrinsèquement par l'expérience de visite) et non à la valeur globale créée par le marchand électronique (voir chapitre 2)[1].

1.1. La valeur expérientielle de la visite

Comment faire en sorte que l'expérience de visite crée de la valeur pour le visiteur, en maximisant son niveau de satisfaction tout en diminuant les coûts associés, notamment les risques perçus ?

---

1. La valeur globalement créée par le marchand comprend la valeur attachée à l'expérience de visite (simplicité de l'interface pour accéder à l'offre, etc.), mais aussi la valeur de l'offre elle-même (qualité, originalité, prix, etc.), la valeur du service de livraison (délai, ponctualité, solidité de l'emballage, etc.), la valeur de la relation post-achat (disponibilité du centre d'appels, compétence et courtoisie des employés, etc.), la valeur de la communauté d'utilisateurs, etc.

1.1.1. La satisfaction tirée de la visite

La satisfaction par rapport à l'expérience de visite est un élément central de la satisfaction totale à l'égard du marchand électronique. Mais quels sont les éléments qui concourent à rendre une expérience de visite satisfaisante ? La satisfaction résulte d'une comparaison entre la performance délivrée par le site, telle qu'elle est perçue par le visiteur, et ses attentes. Les attentes du visiteur reposent sur les expériences qu'il a pu avoir avec d'autres sites, sur des promesses vues et lues ici ou là, mais aussi sur des chimères diverses (tout doit être simple, immédiat, gratuit, etc.), ce qui donne aux attentes une nature parfois irréaliste.

Les internautes surfent et achètent en ligne pour deux grandes raisons (Wolfinbarger et Gilly, 2001) : la liberté (*freedom*) et le plaisir (*fun*). La satisfaction perçue lors d'une visite sur un site marchand résulte donc de plusieurs facteurs qui s'ajoutent ou se multiplient pour former une satisfaction totale. Ces facteurs sont utilitaires/fonctionnels et hédoniques/émotionnels.

Les facteurs utilitaires (ou fonctionnels)

Une étude de l'EIAA (*European Interactive Advertising Association*) menée en 2006 montre que les personnes associent Internet à la vitesse, la maîtrise et l'interactivité : « avoir ce que l'on veut tout de suite » (*get what you want quick*), « avoir ce que l'on veut quand on le veut » (*has what you want when you want it*), « un média qui vous donne le contrôle » (*a media that puts you in control*) et « un média pour un cerveau actif » (*a media for an active brain*).

De fait, les facteurs de satisfaction utilitaires résultent avant tout d'exigences rationnelles du visiteur en termes de commodité, de praticité, de pertinence et de performance (Chaffey *et al.*, 2006). Ces facteurs sont aussi divers que :

- la facilité d'utilisation de l'interface ;
- la richesse des fonctionnalités du site ;
- la vitesse d'interaction avec le site et la fluidité des parcours proposés ;
- l'offre proposée et les informations présentes sur le site ;
- le degré de pertinence personnelle des contenus ;
- le respect de la vie privée et la sécurité des transactions, etc.

La qualité de l'offre et de l'information. La qualité de l'offre détermine en grande partie la qualité de la visite. Toutefois, il convient de distinguer deux cas de figure. Quand la visite est tournée vers un but précis, la présence du produit recherché est la condition même du succès de la visite. Mais quand la visite n'a pas de but précis – découvrir ce qui se fait de nouveau, trouver des idées, etc. –, la présence d'une offre variée et originale devient alors une condition de succès.

La qualité de l'information délivrée sur l'offre est également un facteur de satisfaction essentiel. Les sites marchands sont aujourd'hui utilisés par les visiteurs comme des sources d'information irremplaçables. L'information se doit donc d'être pertinente, actuelle, fiable, étendue (gamme des sujets couverts et niveau de détail), mais aussi utile (ayant une bonne probabilité d'influencer la décision).

Les autres facteurs utilitaires de satisfaction. La satisfaction utilitaire tirée de la visite dépend également de facteurs qui précèdent ou suivent directement la visite elle-même :

- la facilité pour trouver le site sur la Toile (moteurs de recherche, accès direct, etc.) ;
- la qualité des supports de communication proposés autour du site (lettre d'information, etc.) ;
- la qualité des réponses apportées aux questions posées par l'internaute ;
- le degré d'intégration et de cohérence entre la communication en ligne et la communication dans le monde réel.

Les facteurs hédoniques (ou émotionnels)

Du point de vue de l'entreprise, la création de valeur peut prendre une dimension moins fonctionnelle et plus émotionnelle. En effet, il ne faut pas négliger les « autres » motivations du shopping : motivations personnelles (se tenir au courant des nouveautés, se distraire, etc.) ou motivations sociales (rencontrer des gens, exprimer son appartenance à un groupe, etc.). Par ailleurs, l'acte d'achat est une expérience à forte teneur émotionnelle.

Les facteurs hédoniques résultent d'exigences émotionnelles du visiteur, en termes de plaisir et de stimulation, d'esthétique, de divertissement, ou encore de sérénité. Ces facteurs hédoniques sont aussi divers que :

- les animations proposées et les fonctionnalités ludiques ;
- le degré de nouveauté et les surprises offertes par le site (coins et recoins, *goodies*, etc.) ;
- les qualités esthétiques de l'interface ;
- les éléments rassurant l'acheteur potentiel, etc.

Finalement, si le site doit répondre aux exigences fonctionnelles des clients, l'activité de shopping est aussi vécue par beaucoup comme une activité récréative intrinsèquement motivante. Parfois il ne s'agit pas d'acheter mais plutôt de passer un bon moment. Il est donc important d'offrir aux visiteurs une véritable expérience de visite, susceptible de valoriser l'offre proposée, mais aussi de créer *en elle-même* de la valeur. Si on fait le parallèle avec l'exemple du coiffeur, le client veut ressortir avec une belle coupe (*outcome*) mais aussi passer un moment agréable (*process*).

Le poids relatif des facteurs de satisfaction

Les motivations des internautes pour l'achat électronique sont plus utilitaires qu'hédoniques. Une étude récente de l'EIAA montre que les qualificatifs utilisés par les clients pour décrire leurs expériences d'achat en ligne sont : praticité, gain de temps, rapidité, facilité (plus de 2/3 des répondants), choix gigantesque, économie monétaire, pas de souci (plus de 50 % des répondants). De fait, les axes de création de valeur en matière de commerce électronique sont essentiellement le gain de temps et la praticité, loin devant les autres items (Pew Internet & American Life Project, 2006). Toutefois, si la valeur perçue dépend plus de la dimension utilitaire de l'expérience de visite que de la dimension hédonique, les deux éléments sont significativement liés à la valeur (Overby et Lee, 2006 ; Steenkamp et Geyskens, 2006). Par ailleurs, les facteurs utilitaires ne sont pas ceux qui différencient le plus les sites les uns des autres. Ainsi, l'organisation du site et la qualité des informations expliquent conjointement 18 % de la variance de l'attitude envers le site, alors que le caractère divertissant explique 36 % de la variance (Chen, 1999). Autrement dit, les facteurs hédoniques (caractère divertissant) sont plus discriminants que les facteurs utilitaires (organisation et qualité des informations).

1.1.2. Les coûts associés à la visite

La valeur étant le ratio entre la satisfaction tirée de la visite et l'ensemble des coûts qui lui sont associés, après avoir parlé du numérateur, il faut maintenant se tourner vers le dénominateur : les coûts associés. Ces coûts englobent le temps consacré à la visite, les efforts accomplis et les risques perçus.

Le temps consacré à la visite

Le temps total consacré à la visite est l'addition du temps passé dans trois principales séquences : le temps pour trouver le site, le temps pour trouver les produits recherchés (ou pour se décider, dans le cas où le visiteur ne sait pas exactement ce qu'il désire acheter), le temps pour passer la commande et pour finaliser la transaction. À ces principales séquences s'ajoutent le temps passé à s'inscrire (si le visiteur n'a pas encore de compte) ou à se loguer (s'il a déjà un compte), le temps passé à consulter les informations nécessaires pour choisir, etc. Il va de soi que l'entreprise peut agir – plus ou moins bien – à chacune de ces étapes. L'entreprise peut réduire le temps nécessaire pour trouver son site en améliorant son référencement (voir chapitre 7) ; elle peut diminuer le temps nécessaire pour acheter et finaliser la transaction en travaillant sur la fluidité de la recherche d'information et du processus de commande (voir plus loin).

En tout état de cause, la vitesse de la navigation est un critère de satisfaction essentiel. De façon symétrique, la lenteur de la navigation est un facteur de frustration. La vitesse de navigation permise par la qualité de l'interface marchande est donc un élément-clé, qui joue autant sur le degré de satisfaction que d'insatisfaction. Les professionnels s'accordent sur la règle dite des « 4/12 secondes » : il est indispensable d'afficher quelque chose en moins de 4 secondes et d'afficher toute la page en moins de 12 secondes. Or, seulement 1/3 des pages s'affichent en moins de 12 secondes, la moyenne étant de 26 secondes, malgré le développement du haut débit (Turban *et al.*, 2006). Tous les sites ne vont donc pas à la même vitesse, malgré la généralisation du haut débit. Pour garantir une navigation rapide, il faut veiller à ne pas alourdir inutilement les pages, notamment par l'usage abusif d'images ou de contenus personnalisés. Il faut systématiquement peser l'intérêt de ces éléments pour le visiteur, comparativement à la perte de satisfaction liée au ralentissement du site. Ceci dit, la performance de la navigation en termes de vitesse ne dépend pas seulement des choix liés à l'interface (architecture, fonctionnalités et design). De nombreux choix techniques ont une incidence sur cette performance, comme le choix de l'application ou de l'hébergeur (bande passante, etc.).

Exemple : La vitesse d'interaction détermine en grande partie la satisfaction vis-à-vis du site. Ceci dit, l'évaluation du temps d'attente n'est pas une fonction linéaire du temps réellement passé à attendre. Cette évaluation est largement biaisée, car elle dépend du degré d'incertitude (le temps d'attente semble moins long lorsque le client est tenu

☞

informé du décompte), du moment précis où l'attente est subie (le temps semble moins long quand l'attente a lieu *avant* la visite plutôt que pendant la visite), et finalement des souhaits du client (l'attente semble moins longue quand le client s'y attend).

En conclusion, si le temps d'attente est bien géré – notamment si on fait en sorte que le visiteur distingue bien le temps d'attente du temps de visite –, il peut ne pas avoir d'incidence sur la satisfaction vis-à-vis du site.

Source : d'après Dellaert B., 1999

Les efforts accomplis et les compétences nécessaires

Acheter en ligne impose au visiteur d'accomplir des efforts spécifiques et d'acquérir de nombreuses compétences liées à l'ordinateur (en attendant le développement du m-commerce sur les téléphones portables), au réseau, au Web, etc. L'enjeu est que l'internaute maîtrise bien les compétences que ces efforts nécessitent… sous peine de l'exposer à une grande frustration. Quand les efforts que l'internaute fait correspondent bien à ses compétences *et* que ces efforts dépassent un certain seuil, le visiteur se trouve dans un état de contrôle et de motivation optimal que l'on nomme « état de flux » (*flow state*).

Exemple : L'état de flux est un état psychologique de forte motivation intrinsèque : l'individu est motivé par l'activité *pour elle-même* plus que par ses résultats éventuels. Pour plus de précisions sur ce concept, consultez les références complémentaires données à la fin de ce chapitre, notamment Smith (2004) et Huang (2006). Quand l'individu se trouve en état de flux, les interactions avec l'interface sont rapides, la conscience du temps qui passe disparaît en partie, l'individu a la sensation d'être immergé dans l'espace virtuel. En état de flux, l'individu est motivé pour découvrir tous les recoins de l'environnement virtuel, et développe également une attitude positive à l'égard du site, du marchand et des produits. À l'état de flux est également associé un plus grand intérêt pour les produits nouveaux et une plus grande sensibilité aux promotions.

Sources : d'après Novak, Hoffman et Young, Marketing Science, 2000 ; Menon et Kahn, Journal of Retailing, 2002 ; Mathwick et Rigdon, Journal of Consumer Research, 2004

L'état de flux s'oppose à trois autres états psychologiques qui sont nettement moins favorables :

- l'état d'apathie, quand les compétences et les défis sont équilibrés, mais à un faible niveau de stimulation générale ;
- l'état d'ennui, quand les compétences dépassent les défis ;
- l'état d'anxiété, quand les défis dépassent les compétences.

Il ne s'agit pas forcément de minimiser les défis et les efforts auxquels l'internaute est confronté. En revanche, il est indispensable d'ajuster le niveau d'effort requis au niveau de compétence acquis par l'internaute.

Par ailleurs, sachant que le commerce en ligne est généralement préféré au commerce traditionnel pour des raisons fonctionnelles (facilité, rapidité, etc.), l'enjeu consiste aussi à minimiser les efforts inutiles. De nombreuses solutions sont aujourd'hui mises en œuvre pour limiter ces efforts inutiles : possibilité de stocker une liste de courses ou une liste d'adresses pour éviter de tout recommencer à zéro à l'occasion d'un achat ultérieur, possibilité de commander en un clic pour éviter de ressaisir ses coordonnées bancaires, etc.

Les risques perçus

Le risque perçu est une variable centrale pour comprendre et expliquer les comportements de consommation, car tout achat comporte une part de risque (Darpy et Volle, 2007). Les dimensions habituelles du risque perçu sont : le risque de performance (le produit/service ne fonctionne pas comme prévu), le risque physique (le client court un danger), le risque financier (le client perd une partie de son investissement, ou cela lui coûte plus cher que prévu), le risque psychologique (le client ressent de la culpabilité, de la honte, de la gêne, du dégoût, etc.) et le risque social (le client est tourné en ridicule ou montré du doigt par son entourage, etc.). Le risque est essentiellement lié à la catégorie de produits, modulé par un risque spécifique à la marque considérée (autrement dit, la marque peut réduire ou accroître le risque lié à la catégorie). Par ailleurs, au risque attaché au produit marqué est également ajouté un risque spécifique lié au canal de distribution (supermarché, grand magasin, vente à distance, etc.). Dans le commerce électronique, les acheteurs perçoivent également des risques liés à l'usage de technologies (l'ordinateur, le protocole IP, etc.).

Les risques perçus liés à l'achat en ligne. Les clients ont tendance à percevoir plus de risques dans le commerce en ligne, comparativement au commerce en magasin (Biswas, 2004), et par ailleurs, ils prêtent davantage attention aux risques qu'aux bénéfices potentiels (Bhatnagar et Ghose, 2004). Les risques liés à l'usage et à la divulgation d'informations personnelles – y compris les coordonnées bancaires – sont particulièrement saillants pour le commerce électronique et expliquent largement les comportements d'achat (ou de non-achat) sur Internet (Forsythe, 2003). Les risques les plus importants concernent la divulgation d'informations personnelles, le manque de fiabilité du site, la déception ressentie lors de la réception de la commande et le mauvais usage des informations bancaires (Cases, 2002).

> ***Exemple :*** Dans le modèle des 4F (PricewaterhouseCoppers, 2000), les peurs liées à la sécurité et à la confidentialité des transactions (*fear*) constituent le principal frein à l'utilisation d'Internet comme canal d'achat. Les autres F sont : *feel* (manque de sensations et impossibilité de toucher les produits avant d'acheter), loin devant *fulfillment* (coût de livraison et délai d'attente) et *frustration* (difficultés rencontrées et temps passé pour acheter en ligne).

Pour maximiser ses chances de convaincre le client potentiel d'acheter, l'entreprise doit tenter de réduire les risques perçus, soit en diffusant plus d'informations pour diminuer l'incertitude, soit en minimisant les conséquences négatives éventuelles de l'achat. Pour minimiser l'incertitude, le marchand peut donner plus d'informations au client. Pour minimiser les conséquences négatives, le marchand peut offrir la possibilité d'annuler la commande, de retourner le produit en cas d'insatisfaction, de rembourser partiellement l'acheteur, mettre en évidence les services après-vente, etc.

Si les clients perçoivent plus de risques en ligne, en revanche les signaux utilisés par les sites pour réduire ces risques sont plus efficaces sur Internet, notamment la réputation du vendeur et les garanties de remboursement (Biswas, 2004).

1.2. La question de la confiance

D'après de nombreuses études, la perception de risques vis-à-vis de l'achat en ligne et le manque de confiance envers les sites marchands constituent le frein essentiel au développement du commerce électronique. La probabilité d'acheter en ligne dépend donc en grande partie de ces deux facteurs : risque et confiance.

La confiance est un mécanisme qui permet au client d'accepter un certain niveau de risque. Logiquement, pour des niveaux de risque perçu très faibles, la confiance n'est *a priori* pas indispensable. En revanche, pouvoir faire confiance est particulièrement crucial quand le client perçoit des risques élevés (Schlosser, Barnett White et Lloyd, 2006)[1]. Par ailleurs, parmi les internautes acheteurs, le risque et la confiance constituent des critères d'évaluation et de choix des sites entre eux. Si le site donne confiance, la probabilité qu'il soit finalement sélectionné par l'internaute est plus forte. La confiance a même été désignée par certains comme un facteur plus important que le prix (Reichheld et Schefter, 2000).

1.2.1. La notion de confiance relationnelle ou institutionnelle

La confiance est un état psychologique dans lequel le client attend que le vendeur n'exploite pas sa vulnérabilité et honore ses engagements. La confiance envers le vendeur comporte plusieurs dimensions : la crédibilité (compétence de l'entreprise pour vendre au meilleur prix, bien livrer, etc.), la bienveillance (prise en compte par l'entreprise de l'intérêt de ses clients), et l'intégrité (respect par l'entreprise de ses promesses et de ses engagements). La confiance se manifeste aussi quant à la volonté et à la capacité de l'entreprise à résoudre les problèmes qui peuvent survenir après l'achat (Chouk et Perrien, 2004).

La confiance peut se porter sur le vendeur : on parle alors de confiance relationnelle. Cependant, le client peut aussi avoir confiance dans les mécanismes de protection techniques et légaux, en cas de défaillance du vendeur : on parle alors de confiance institutionnelle. La confiance institutionnelle est renforcée par les pouvoirs publics (exemple de la loi pour la confiance dans l'économie numérique, en France, votée en 2004) et par les organisations professionnelles (FCD, Fédération du commerce et de la distribution, et FEVAD, Fédération du e-commerce et de la vente à distance, etc.).

1. Le lien entre risque perçu, confiance et achat n'est toutefois pas aussi mécanique : la confiance ne permet pas systématiquement de couvrir le niveau de risque perçu et, donc, de permettre un achat. Il peut arriver que le niveau de risque perçu soit trop important pour que le client accepte d'acheter, même s'il a confiance dans le vendeur et dans les institutions qui le protègent. Il peut également arriver qu'à un niveau de risque pourtant faible le client n'achète pas, car il n'a aucune confiance dans le vendeur.

1.2.2. Pourquoi la confiance est-elle une question cruciale sur Internet ?

Si la question de la confiance est importante pour l'économie en général, elle l'est particulièrement pour le commerce électronique. Les raisons sont nombreuses, et on relèvera notamment :

- **La jeunesse des entreprises sur ce canal, la faible réputation des marques et la difficulté à identifier précisément à qui l'on achète.** Aux débuts de l'Internet marchand, en 1998-2000, de nombreuses marques étaient des *pure players* d'Internet, totalement inconnues du public. L'arrivée de distributeurs réputés a naturellement fait beaucoup pour le développement du canal (la Fnac, La Redoute, les 3 Suisses, etc.).
- **L'éloignement spatial entre l'acheteur et le vendeur.** Si pour de nombreux observateurs « les frontières disparaissent sur Internet », la notion de proximité psychologique est toujours importante : les distances ne sont pas abolies (Volle, 2000).
- **L'absence de contact physique et/ou humain.** L'impossibilité d'examiner et de toucher les produits prive le client d'un sens particulièrement important en matière d'achat (Citrin et al., 2003), ce qui entretient la suspicion sur la qualité du produit. Par ailleurs, l'absence de contact humain, pour une activité éminemment sociale comme le commerce (le terme étant synonyme de « relation »), ne permet pas de réduire les ambiguïtés relationnelles et de lever les malentendus, le dialogue avec la machine étant souvent de moins bonne qualité que le dialogue avec un vendeur en chair et en os.
- **Le délai entre l'achat et la livraison.** Ce délai constitue un interstice pendant lequel, dans la tête du client, tout peut se passer, y compris le pire (produit indisponible, faillite de l'entreprise, etc.).

1.2.3. Comment accroître la confiance et diminuer le risque perçu

Pour tenter de limiter les risques perçus par leurs clients – en plus des actions évoquées plus haut pour réduire l'incertitude ou/et les conséquences négatives –, les marchands électroniques doivent mettre en place des actions destinées à créer ou à renforcer le sentiment de confiance. Cette démarche active passe par des actions spécifiques. Toutefois, des actions qui agissent sur la satisfaction et sur la valeur perçue peuvent également, de façon indirecte, donner confiance au client.

Les actions spécifiquement destinées à rassurer le visiteur

Les responsables du site marchand peuvent envisager une multitude d'actions destinées à donner confiance au client, notamment :

- mettre en avant la réputation de la marque ;
- mettre en avant des partenaires réputés qui, d'une certaine manière, cautionnent l'entreprise ;
- mettre en avant des références (nombre de clients, nombre de produits vendus, etc.) ;
- mettre en ligne des témoignages de clients ;
- mettre en avant des classements et des prix professionnels (meilleur site de l'année, etc.) ;
- mettre en avant des labels et des certificats (surtout quand ils sont connus et respectés) ;

- mentionner explicitement des clauses détaillées de protection des données personnelles ;
- limiter le nombre d'informations personnelles nécessaires pour passer une commande ;
- utiliser des procédures d'authentification et des protocoles de paiement sécurisés (voir chapitre 4) ;
- rendre l'information « Contact » très accessible sur le site ;
- développer une présence, même symbolique, dans le monde réel (téléphone, magasin) ;
- permettre au client de joindre l'entreprise par téléphone pendant qu'il surfe (*Click-To-Call*).

Exemple : D'après Paul de Rosen, directeur commercial de la SNCM (Société nationale maritime Corse Méditerranée), la mise en place d'un *Click-To-Call* (CTC) répond avant tout à un objectif de réassurance pour les produits plus risqués : « Il y a dix ans le clic représentait 10 % des ventes, aujourd'hui nous sommes passés à 30 %. Et, dans l'avenir, cette proportion devrait encore croître. Pour les ventes dites standard, vers la Corse notamment, pour lesquelles le coût unitaire du billet s'élève à 100 euros, le CTC ne se justifiait absolument pas. En revanche, en ce qui concerne le Maghreb, il s'agit de produits plus particuliers. Bien souvent, une famille entière s'embarque et il faut compter le coût de la cabine, de la traversée, de l'hôtellerie (couchage, repas, etc.), soit près de 2 000 euros. Compte tenu des montants en jeu, ces clients ont souvent besoin d'un élément de réassurance, que peut leur apporter le CTC. En effet, nous avons constaté qu'un tiers des internautes doublaient leur transaction d'un coup de fil pour conforter leur démarche d'achat. [...] Depuis la mise en place du CTC, le taux de conversion s'est ainsi amélioré de plus d'un tiers depuis février. »

Source : d'après E-commerce, juin 2007

Les actions qui agissent indirectement sur la confiance

Certaines actions, sans être spécifiquement destinées à donner confiance au client, peuvent toutefois atteindre indirectement cet objectif. De fait, une présentation soignée et professionnelle incite à donner sa confiance, dans la mesure où la simplicité et la clarté sont synonymes de transparence. Il en va de même de l'exhaustivité de l'information sur l'offre et sur les conditions de livraison. Enfin, la possibilité de modifier, d'annuler ou simplement de suivre sa commande agit également sur la confiance. La réversibilité éventuelle de l'achat incite fortement le client à passer à l'acte.

L'ensemble des éléments ci-dessus précités correspond aux dispositions, notamment, du Code de la consommation et de la LCEN en matière de commerce électronique. Il est précisé que la confiance peut également être renforcée par la mise à disposition des internautes d'une FAQ ou encore d'éléments explicatifs concernant les principales dispositions, ou la totalité des dispositions, des conditions générales de vente ou de prestations de services du Web marchand.

D'autres éléments juridiques concourent à la confiance, à savoir l'identification claire et précise de l'éditeur du site ou encore la réalisation de déclarations par ce dernier auprès de la CNIL pour les fichiers de ses clients et/ou prospects. Ces informations sont en général contenues dans des sections dénommées « notices légales » ou « informations légales ».

Ces sections constituent une obligation au titre de la loi pour la confiance dans l'économie numérique. Il est précisé que le non-respect des obligations d'identification précitées est puni d'une peine de 1 an d'emprisonnement et de 75 000 euros d'amende (article 6, VI, de la LCEN). La même loi précise que les personnes morales peuvent être déclarées pénalement responsables du non-respect des dispositions précitées.

Enfin, il peut être fait référence à des « labels » ou à l'adhésion à des organisations ou syndicats professionnels en matière de commerce électronique. Selon la jurisprudence, il est précisé que la référence à de telles organisations et/ou à leur charte déontologique ou à leurs règles internes constitue des obligations pour les Web marchands, obligations qui viennent s'ajouter aux obligations issues du Code de la consommation, du Code civil ou encore de leurs propres conditions générales de vente.

1.2.4. Les facteurs les plus efficaces pour rassurer le visiteur

Une étude américaine menée auprès d'environ 7 000 internautes montre que les facteurs qui améliorent la confiance envers les sites varient assez fortement d'un type de site à l'autre (Bart *et al.*, 2005). Par exemple, les clauses de protection de la vie privée jouent un rôle fondamental pour les sites de voyage, mais ont un rôle mineur pour les portails.

Pour les sites marchands, les principaux facteurs qui induisent la confiance sont : les outils de navigation et la présentation, les conseils, les clauses de protection de la vie privée, l'absence d'erreurs et la fiabilité de la livraison (Shankar, Sultan et Urban, 2005). Certains facteurs sont importants pour presque tout type de site, comme la réputation de la marque ou les outils de navigation et la présentation. Globalement, on constate que les éléments non spécifiques jouent un grand rôle en matière de confiance. Plusieurs études attestent notamment que le design joue un rôle déterminant (Schlosser, Barnett White et Lloyd, 2006) : il ne s'agit donc pas seulement d'une question d'esthétique.

Exemple : La mise en avant de labels rassure les visiteurs, comme la présence d'une information de qualité sur les produits. En revanche, alors que les visiteurs les plus impliqués sont particulièrement attentifs aux informations, les visiteurs les moins impliqués sont attentifs aux labels. Ces résultats sont conformes à la théorie de l'élaboration cognitive, dans le sens où une forte implication conduit à considérer les éléments centraux (l'information) plutôt que les éléments périphériques (le signal de qualité apporté par le label).

Source : Yang et al., Psychology & Marketing, 2006

L'affirmation claire des engagements du site à protéger les informations personnelles a un effet positif sur la confiance, particulièrement quand les risques sont élevés. Les engagements clairs et directs sont préférables aux engagements trop formels à teneur juridique (Pan et Zinkhan, 2006).

2. Concevoir l'interface marchande

Diverses études montrent que l'interface d'un site marchand est une arme à double tranchant, qui peut inhiber la visite, comme elle peut la faciliter. D'après les experts comme Jakob Nielsen (**http://www.useit.com**), environ 10 % du budget total d'un site marchand devrait être investi sur l'ergonomie et le design. Mais, faute de standardisation, l'expérience d'achat en ligne reste encore complexe (Ladwein, 2000).

Si une interface doit créer de la valeur pour le visiteur, elle doit également en créer pour l'entreprise, en incitant le visiteur à devenir client, puis en incitant le client occasionnel à devenir un client régulier. La conception d'une interface marchande est donc une question centrale, car la performance du site en dépend largement. D'après une étude menée par la société Keynote (**http://www.keynote.com**), la qualité de l'interface est de loin le premier facteur explicatif de la performance du site marchand (impact visuel, processus d'achat et de commande, recherche de produits sur le site, organisation générale et navigation).

Exemple : L'interface marchande influence significativement le comportement des visiteurs. Plus précisément, l'interface agit directement sur les émotions et sur l'attitude par rapport au site, sur les comportements exploratoires (désir de découvrir le site), sur le temps passé et le nombre de pages vues, ainsi que sur l'intention d'achat. De façon plus subtile, le design du site incite le visiteur à plus ou moins considérer certains attributs pour prendre sa décision. Ainsi, la présence visible du symbole « $ » en fond de page incite le consommateur à plus comparer les prix que lorsque le symbole du dollar est absent.

Sources : d'après Mandon et Johnson, Journal of Consumer Research, 2002 ; Eroglu et al., Psychology & Marketing, 2003 ; Richard, Journal of Business Research, 2005

Après une présentation détaillée des éléments constitutifs d'une interface marchande, nous donnerons quelques indications sur les étapes à suivre pour la concevoir et la réaliser.

2.1. Les éléments constitutifs d'une interface marchande

Ces éléments sont nombreux. En plus de la page d'accueil, la structure du site comprend généralement des pages qui présentent l'offre (produits, services, informations, etc., l'équivalent des rayons et de la surface de vente pour un magasin) et des pages qui permettent de réaliser effectivement la transaction (l'équivalent de la ligne de caisse pour un magasin). Des fonctions interactives sont ajoutées à ces pages, qui facilitent l'accès à l'offre et permettent d'effectuer plus efficacement la transaction.

On constate un certain degré de standardisation d'un site marchand à l'autre, reflet d'une histoire qui a commencé au milieu des années 1990. Néanmoins, tous les sites ne disposent pas des mêmes fonctionnalités. Certaines fonctionnalités sont aujourd'hui considérées comme basiques (la présence d'un moteur de recherche, par exemple), alors que d'autres peuvent constituer des avantages concurrentiels pour le site (comme la présentation de l'offre en réalité virtuelle, la rotation des objets en 3D, l'essayage virtuel, etc.)[1].

1. Le design des applications de commerce mobile en est aujourd'hui à ses prémices et n'est pas traité ici. Comme point de départ, nous conseillons au lecteur de se reporter au texte de Lee et Bensabat (2004).

2.1.1. La page d'accueil

Pour un site marchand, la page d'accueil est l'équivalent d'une vitrine dans un magasin. Sa principale vocation est de positionner le site, de proposer quelques clés d'accès rapide (pour les clients les plus familiarisés avec le site) et, surtout, de donner envie aux visiteurs d'en savoir plus, de découvrir les contenus et d'utiliser les services. Les responsables du site doivent particulièrement veiller à ce que la page d'accueil soit précisément « à la page » (ne proposant pas d'éléments datés, dépassés, etc.), à l'instar des commerçants qui ne laissent pas de produits défraîchis en vitrine (voir chapitre 5).

Les éléments constitutifs d'une page d'accueil

Les pages d'accueil sont dans l'ensemble assez standardisées. On trouve généralement un logo, accompagné éventuellement d'une signature, une barre de navigation, une colonne de navigation, un moteur de recherche, une partie centrale, des blocs applications, parfois des liens promotionnels et/ou des bannières publicitaires.

Le logo. Le logo est situé en haut à gauche, point d'ancrage du circuit de lecture, pour faciliter un repérage rapide. Ce logo est parfois accompagné d'une signature ou « base line », c'est-à-dire quelques mots, voire une petite phrase, qui indiquent la mission, le métier, les activités, le territoire, les produits vendus et les services offerts, les bénéfices client, etc. On se souvient par exemple de la base line d'Amazon en 1995 (« *The biggest bookstore on earth* »), qui indique le métier (libraire), les produits vendus (livres), le territoire de livraison (le monde) et le bénéfice client (le choix). De nombreuses signatures mettent en avant la notion de confiance, comme celle de PriceMinister (« L'achat-vente garanti ») ou, naturellement, celle de Darty (« Le contrat de confiance »).

La présentation de l'entreprise. La majorité des sites donne accès à une présentation visible de l'entreprise. Ces liens « corporate » ont pour fonction de renseigner le visiteur sur l'éditeur du site, mais surtout de rassurer les clients potentiels qui peuvent voir derrière le site l'institution qui en est responsable. Le lien vers l'entreprise est parfois peu visible, quand la fonction de réassurance ne semble pas prioritaire (en bas de la page d'accueil, à côté des mentions légales).

> ***Exemple :*** Sur pixmania.com, « Qui sommes-nous ? » est le premier lien visible à partir de la page d'accueil, en haut à gauche. Ce lien mène vers une présentation de l'entreprise, où sont précisés les atouts de Pixmania, la façon dont l'entreprise répond aux attentes des clients (pourquoi les prix sont bas, comment le site est sécurisé, etc.), ainsi que l'histoire de l'entreprise. Sur laredoute.fr, le lien vers l'entreprise est peu visible, en bas de page, car la marque est historiquement légitime sur la vente à distance. Il n'a pas semblé nécessaire de rassurer le visiteur.

La barre de navigation. La barre de navigation, en haut, permet d'accéder aux principales rubriques. Ces rubriques proposent bien souvent l'accès à des univers de produits, mais elles peuvent aussi proposer l'accès à des services, à l'espace client, à une liste de magasins, etc. On trouve généralement les rubriques rangées par ordre d'importance décroissante, de gauche à droite (les rubriques à droite sont toutefois plus visibles que celles du milieu). Les onglets de premier niveau sont parfois complétés par des onglets de deuxième niveau, présentés horizontalement. Des menus déroulants permettent de compléter la barre de navigation, afin de réduire la surcharge d'information et de permettre un accès plus rapide aux sous-catégories. Une deuxième barre de navigation est parfois proposée, en bas de page, de façon à éviter l'utilisation de l'ascenseur vers le haut.

La colonne de navigation. La colonne de navigation n'est pas systématique : elle est utilisée dans 30 % des sites marchands (Turban *et al.*, 2006). Elle est issue de la pratique des « frames » HTML (cadres), très en vogue dans les années 1990, mais qui sont aujourd'hui en voie de disparition (ce point fait toutefois l'objet de quelques débats parmi les experts). La colonne de navigation double la barre de navigation, en reprenant parfois les mêmes rubriques, dans le même ordre. Elle peut aussi offrir une sélection des principales rubriques, en proposant un accès plus complet à un nombre limité de rubriques (nouveautés, promotions, services, etc.), ou en proposant un accès plus « à plat » aux principales rubriques de la barre de navigation.

Le moteur de recherche. Un moteur de recherche est systématiquement proposé. Il est généralement situé sous le logo, à la croisée de la barre de navigation (à gauche de celle-ci) et de la colonne de navigation (en haut de celle-ci). Le moteur de recherche permet un accès direct à des références particulières. Il est souvent accompagné d'un menu déroulant pour limiter la recherche à certaines familles de produits.

La partie centrale. La partie centrale comprend les contenus mis en avant par le marchand. Par convention, la partie centrale est une partie fraîche, en mouvement, animée, alors que les éléments de stabilité se trouvent plutôt sur le côté. Dans la partie centrale, on trouve les catégories de produits que le marchand souhaite rendre plus visibles, des produits à offrir, des produits de saison (rentrée, collection d'été ou d'hiver, etc.), ou les produits proposés dans une boutique spécifique (marque, créateur, etc.). Il peut s'agir également d'offres promotionnelles.

Les blocs applicatifs. Des blocs applicatifs sont généralement disposés à droite de la partie centrale et sous la colonne de navigation, ou à sa place quand la colonne n'est pas proposée. Ces blocs offrent le plus souvent des services (agenda, compte client, panier d'achat, etc.). Plus loin dans ce chapitre, nous reviendrons en détail sur les fonctions interactives désormais proposées par la majorité des sites marchands.

Les bannières publicitaires et liens promotionnels. Certains sites – souvent des portails ou des galeries marchandes – mettent en avant des liens promotionnels afin de compléter leur modèle d'affaires par une source de revenus publicitaires. Ces liens sont généralement situés sur la droite de l'écran, ou dans la partie haute du texte central.

Certains sites proposent également des bannières publicitaires. Il est conseillé de les placer au-dessus de la barre de navigation, pour éviter que la barre ne soit pas visible pour les utilisateurs les plus expérimentés qui savent précisément qu'elles se trouvent à cet endroit (phénomène dit de *banner ad blindness*, qui consiste à zapper les bannières situées en vision périphérique).

Les autres accès au site

L'accès *via* une animation. L'accès au site se fait parfois par l'intermédiaire d'une animation. Cependant, cette solution est souvent écartée pour des raisons de coût (une belle animation peut être très coûteuse), et surtout d'un faible degré d'acceptation par les visiteurs.

L'accès *via* une page référencée et le problème du *deep linking*. L'accès au site ne se fait pas nécessairement par la page d'accueil (sur ce point, le commerce électronique s'écarte assez sensiblement du commerce traditionnel, même si certains magasins ont plusieurs entrées). Le visiteur peut potentiellement accéder au site par n'importe quelle page référencée, ou même par un accès direct dans une rubrique, sur une référence (utilisation de signets, URL tapée dans le navigateur, etc.). Ce phénomène, nommé *deep linking*, impose de faire en sorte que chaque page du site soit d'une certaine manière une page d'accueil. Pour le moins, il faut penser aux fonctionnalités qu'il est indispensable de présenter dans cette page, et surtout, il faut penser à un retour facile vers la page d'accueil.

2.1.2. Les pages et fonctions d'accès à l'offre

La façon de présenter l'assortiment offert peut rendre l'expérience de visite intuitive, intéressante, fluide… ou au contraire, la perturber considérablement. Les questions d'ergonomie des sites Web sont au centre des réflexions depuis plusieurs années (Ladwein, 2000). Il ne faut pas considérer que le fait de vendre en ligne affranchit le marchand des contraintes d'espace et le dispense d'optimiser la présentation (Volle, 2000). En fait, plus le marchand propose une offre large et complète, plus il est contraint de travailler les modalités d'accès à cette offre foisonnante. Sans cet effort additionnel d'organisation, le client est perdu et l'offre reste virtuellement accessible (elle existe quelque part sur le site, mais dans les faits, elle n'est pas accessible).

Les questions d'accès à l'offre débouchent rapidement sur le problème du *merchandising électronique*. Ces aspects seront traités plus en détail au chapitre 7, quand nous aborderons les questions de conversion du visiteur en client. L'accès à l'offre dépend de la structure du site (hiérarchique ou réticulaire) et des aides à la navigation qui sont proposées aux visiteurs. Cependant, l'accessibilité de l'offre dépasse les questions de simple présentation, car les exigences du client sont aujourd'hui plus sophistiquées : des fonctions interactives complémentaires sont alors nécessaires.

La structure du site

Pour les sites marchands, il est recommandé de concevoir des sites larges (environ une dizaine de sections par niveau de profondeur) et peu profonds (en se limitant à deux ou trois niveaux de profondeur). L'architecture du site doit permettre la sélection des produits en quatre à cinq clics au maximum (voir chapitre 5 pour plus de précisions sur la construction des catalogues).

Dans une *structure hiérarchique*, les pages s'enchaînent comme des poupées russes, du plus grand ensemble de produits au plus petit : univers de produits, familles, catégories, sous-catégories, segments… jusqu'à la page de la référence recherchée. Exemple : produits alimentaires, produits laitiers, yaourts, yaourts aux fruits, pack de 16 yaourts aux fruits de Danone. Dans une *structure réticulaire* – c'est-à-dire « en réseau » –, les pages sont liées entre elles sur une base logique plus que hiérarchique. Plusieurs modalités d'organisation sont proposées : par prix, par marque, par usage, par cible… Certains sites utilisent également des *pop-up* (fenêtres qui s'ouvrent automatiquement) pour inciter le visiteur à découvrir une autre partie de l'assortiment ou un site partenaire.

Les structures plus hiérarchiques sont particulièrement adaptées aux utilisateurs non experts (car elles sont simples et rigides pour faire ses premiers pas) ou aux visites orientées vers un but précis. Pour les utilisateurs experts, ou dans le cas de visites plus exploratoires destinées à se balader pour découvrir l'offre, les structures plus réticulaires sont préférables car elles permettent des connexions mentales plus souples et intuitives. La plupart des structures sont mixtes, dans le sens où chaque page est située dans une structure hiérarchique, complétée par une structure réticulaire selon deux ou trois logiques. D'un site à l'autre, la logique réticulaire est donc plus ou moins poussée.

La question du degré de contrôle perçu. Le degré de contrôle que le client exerce sur son environnement est un enjeu marketing important. Si le client a l'impression de contrôler son environnement, un sentiment de maîtrise va poindre, puis un sentiment de liberté. En revanche, quand le client a l'impression d'être bombardé, baladé d'un point à un autre…, la qualité perçue de l'expérience de visite se dégrade très vite. Un sentiment de frustration peut même surgir rapidement. Le client est alors amené à quitter le site ou à s'acharner, deux cas de figure qui ne sont pas souhaitables pour le responsable du site.

Un principe de base consiste donc à donner au client un degré de contrôle qui correspond à ses ressources (capacité cognitive, compétences, temps disponible, etc.). Les clients les mieux armés pourront se frayer un chemin dans les méandres du site, utiliser des fonctionnalités sophistiquées…, tandis que les novices se contenteront d'un faible degré de contrôle, finalement confortable compte tenu de leurs ressources. Cependant, cette règle du contrôle maximal, en dehors du fait qu'elle n'est pas valable pour tous les visiteurs, peut avoir une autre limite. En effet, quand le visiteur est totalement en situation de contrôle, quand il découvre l'offre à sa guise, il ne navigue pas forcément par les « passages obligés ». Il peut manquer les informations importantes, les stimulations commerciales efficaces, etc. Il s'agit donc plutôt de trouver un juste milieu – c'est tout l'enjeu – entre aucun contrôle et trop de contrôle.

Les fonctions interactives pour accéder à l'offre

Les fonctions interactives destinées à faciliter l'accès à l'offre. La profusion des offres pose de nombreux problèmes, notamment la hausse du temps nécessaire pour choisir le bon produit, et un certain sentiment de confusion. Pour y faire face – en plus d'une catégorisation de l'offre explicite et pertinente –, les marchands proposent des fonctions interactives, qui sont autant de raccourcis pour accéder à l'offre :

- un moteur de recherche dédié à une partie de l'offre (accessoires, cadeaux, etc.) ;
- un moteur de recherche avec des caractéristiques précises (par marque, par prix, par format, etc.) ;
- la possibilité de spécifier les références du catalogue dans le moteur de recherche (dans le cas d'un distributeur multicanal catalogue + Web) ;
- la possibilité d'accéder aux mots-clés les plus utilisés par les autres clients ;
- des bannières pour permettre un accès direct à certaines catégories de produits ;
- un accès direct aux nouveautés, aux meilleures ventes, aux bonnes affaires, aux produits dont les prix ont baissé.

Les fonctions interactives destinées à permettre une promenade dans l'offre. Trouver le produit recherché en un minimum de temps n'est pas la seule exigence du visiteur. Les clients ont parfois envie de découvrir l'assortiment en se laissant porter par leur instinct ou d'être surpris par des offres inattendues. Les fonctions interactives répondent également à cette exigence qui consiste non pas à se laisser guider sur un chemin bien tracé, mais au contraire à se promener :

- des *pop-up* (catégorie de produits, boutiques dédiées à une marque, etc.) ;
- une catégorisation inattendue ou surprenante (« 1 000 idées pour… ») ;
- une rubrique pour découvrir des recommandations personnalisées ;
- des boutiques thématiques qui regroupent des produits de diverses catégories autour d'un personnage (Harry Potter), d'une marque (Apple, etc.).

Exemple : Pour Sam Woodman (Nurun), il est fondamental de ne pas décevoir l'utilisateur, ce qui suppose d'éviter les erreurs suivantes : l'utilisateur ne trouve pas le produit recherché (difficulté de navigation, moteur de recherche inexistant ou mal intégré, etc.) ; l'utilisateur se retrouve dans une impasse et il est perdu (manque de navigation contextuelle ou transversale) ; l'utilisateur n'est pas rassuré par l'offre (marque, produit, méthodes de paiement, frais de livraison, etc.) ; le produit n'est pas disponible, sans plus d'explications (quand sera-t-il disponible ? une réservation est-elle possible ?) ; l'utilisateur est plongé dans un tunnel d'achat trop long, compliqué et peu rassurant.

Source : d'après E-Commerce, février 2007

L'accessibilité de l'offre comprend également l'accessibilité des magasins physiques. Au-delà des adresses et d'une cartographie des magasins, certains sites proposent des contenus très poussés sur l'offre disponible en magasin : catégories de produits ou références spécifiques offertes dans chaque magasin, niveau des stocks pour chaque magasin…

2.1.3. Les pages et fonctions de transaction

La prise de commande constitue le point d'orgue du processus de décision, le moment de vérité. Cette action concentre à elle seule une bonne partie des peurs du grand public vis-à-vis du commerce en ligne. Une étude menée par TNS Sofres montre que près de 20 % des visiteurs abandonnent le site pendant le processus de commande (Viot, 2006). C'est la raison pour laquelle le processus de prise de commande doit être le plus explicite et le plus transparent possible. Au sens strict, la prise de commande recouvre les étapes de confirmation de la commande et de paiement[1]. Au sens plus large, la prise de commande débute avant la confirmation (constitution d'une liste de souhaits ou d'un panier d'achat, choix de produits complémentaires, etc.) et se termine après le paiement (réception d'un courriel de confirmation, etc.).

Au sens strict, la confirmation et le paiement

Les étapes du processus de prise de commande doivent être présentées dès le départ, et le client doit pouvoir suivre sa progression dans le processus. Ce sont généralement l'identification, la confirmation de l'adresse (livraison et facturation), la confirmation du contenu de la commande (panier), le choix des options d'emballage, le choix des options de livraison, le choix des options de paiement et la validation finale de la commande.

1. Le paiement en ligne n'est pas constitutif du commerce électronique : seule la possibilité de commander en ligne est indispensable pour qualifier le site de « marchand ».

Même si le client s'est déjà identifié à l'étape de consultation du catalogue, il est recommandé de demander une *authentification* supplémentaire, pour signifier clairement au client qu'on entre dans une zone sécurisée. L'étape de *confirmation d'adresse* doit permettre d'entrer une nouvelle adresse de livraison et/ou de choisir parmi une liste d'adresses utilisées lors des commandes précédentes. L'étape de *confirmation du contenu de la commande* doit permettre d'enlever certains articles, de modifier les quantités achetées et, éventuellement, d'ajouter de nouveaux articles au panier. Cependant, il ne s'agit pas de perdre de vue l'objectif final : faire en sorte que l'internaute valide sa commande. Cette étape ne doit pas conduire à un retour en arrière. L'étape du *choix des options d'emballage* permet de personnaliser l'envoi, avec éventuellement un message personnel, un emballage cadeau et la possibilité de ne pas imprimer le prix sur les bordereaux de conditionnement (pour éviter naturellement que le destinataire du cadeau en connaisse le prix). L'étape du *choix des options de livraison* permet d'indiquer la vitesse ou le mode de livraison, parfois même le créneau précis (voir chapitres 7 et 8). L'étape du *choix des options de paiement* permet de sélectionner le mode de paiement (carte bancaire, chèque, téléphone, PayPal, chèque-cadeau, etc.) et d'entrer éventuellement les coordonnées bancaires. À cette étape, il est d'usage de rassurer le client en lui indiquant les modalités de sécurisation, de cryptage et de protection des données (voir chapitre 4). Cette étape permet aussi de choisir une adresse de facturation (cas des entreprises, des professions libérales ou même des particuliers qui souhaitent recevoir une facture). L'étape de *validation finale* permet de consulter un récapitulatif et de valider définitivement la commande. L'étape de validation vaut pour acceptation des conditions générales de vente (CGV) et de la politique de protection et de gestion des informations personnelles.

Il existe de nombreuses variantes à ce schéma de base : le panier peut être confirmé au début de la séquence, avant l'authentification ; la confirmation de l'adresse de livraison et de facturation peut être simultanée, etc.

Au sens large, avant la confirmation et après le paiement

Les marchands sont amenés à proposer des fonctions interactives sophistiquées pour gérer le processus de commande dans son intégralité, notamment la gestion d'une liste de souhaits que l'on peut éventuellement faire parvenir ou partager avec des proches, la possibilité de commander en un clic (ou presque) pour accélérer les achats. Au sens large, le processus de commande recouvre donc les étapes qui précèdent la confirmation :

- la constitution d'une liste de souhaits (*wish list*) pour une commande ultérieure ;
- la constitution progressive du panier, avec plusieurs vérifications éventuelles au cours du processus de décision ;
- la « simple » réservation d'un produit, destiné à être retiré plus tard en magasin ;
- la substitution d'un produit qui ne serait plus disponible par un autre.

Les étapes qui suivent le paiement peuvent être considérées également comme faisant partie du processus de commande :

- la réception d'un courrier électronique de confirmation ;
- la visualisation des commandes en cours, et leur état d'avancement ;
- la possibilité d'annuler ou de modifier la commande ;

- plus spécifiquement, le remplacement d'un article en attente dans une commande non livrée.

La conception d'une interface marchande et, plus généralement, d'un site marchand nécessite la prise en compte et le respect des dispositions du Code de la propriété intellectuelle. En effet, tout ou partie du site peut constituer une œuvre de l'esprit dont l'auteur et/ou le titulaire de droits sont protégés par les dispositions de ce Code. Toute violation des droits de l'auteur constitue ainsi une contrefaçon.

À ce titre, il a déjà été jugé que tout ou partie d'un site Web constitue une œuvre collective, propriété « de la personne physique ou morale sous le nom de laquelle elle est divulguée ». En cette qualité, cette personne physique ou morale est investie des droits de l'auteur et peut agir en contrefaçon dans l'hypothèse où ses créations seraient reprises. Le tribunal de grande instance de Paris (jugement du 9 février 1998, disponible sur **http://www.legalis.net**) a déjà sanctionné de contrefaçon la personne ayant reproduit partiellement des modèles de présentation de sites Web.

Cette protection par le droit d'auteur couvre tous les éléments susceptibles d'être intégrés dans l'interface marchande et/ou dans le site Web marchand (design, logo, texte, photo, animation, plan, etc.). Le e-commerçant devra donc être très attentif à la réalisation de son interface et de son site Web et aux conditions d'acquisition des droits de propriété intellectuelle, laquelle acquisition doit se faire conformément au Code de la propriété intellectuelle.

2.2. Le design du site marchand

La question du design commercial fait l'objet de nombreuses réflexions depuis plus de 20 ans (Rieunier *et al.*, 2006). En revanche, si dans les magasins réels tous les sens peuvent être exploités, en matière de commerce électronique, les deux sens concernés sont la vue et, dans une moindre mesure, l'ouïe. D'après une étude menée par la société Keynote (**http://www.keynote.com**), l'impact visuel est le premier facteur explicatif de la performance d'un site marchand.

2.2.1. L'impact du design

Le *look and feel* du site, comme disent les Anglo-Saxons, détermine en grande partie la première impression. D'après les études menées sur le sujet, la première impression est formée très rapidement (moins d'une seconde), mais persiste dans le temps et influence fortement la perception du site tout entier. Il est donc important de bien maîtriser les codes de façon que le client soit favorablement impressionné, dès les premiers instants. Cette première impression peut agir comme un filtre (le client quitte alors le site dans les premières secondes) ou comme un dispositif de rétention (le client a envie d'en savoir plus, etc.).

Le design positionne fortement le site ; il doit donc s'adapter aux codes du secteur. Le design d'un site bancaire ne sera pas le même que celui d'un site de produits culturels. Il concourt aussi au positionnement voulu du site et, notamment, à la cible visée. Le design d'un site qui veut évoquer le raffinement ne sera pas le même que celui d'un site qui promet la praticité, ou la profusion de bonnes affaires. De même, le design d'un site qui s'adresse majoritairement à des seniors ne sera pas le même que celui d'un site qui s'adresse à des adolescents. Plus encore que son architecture, le design du site induit chez le visiteur des réactions affectives (préférence, irritation, etc.) et des réactions cognitives (qualité perçue, lisibilité et crédibilité perçue, etc.). Ces réactions peuvent naturellement être positives ou négatives. L'enjeu pour le site marchand est de créer une expérience de visite agréable, voire mémorable.

2.2.2. Les éléments du design

La lisibilité du site détermine en partie la satisfaction du visiteur (Gonzales, 2005). Plus le site est lisible, plus le visiteur considère qu'il lui apporte de la valeur (utilitaire et hédonique) et l'apprécie. Cette lisibilité tient à la fois à la disposition générale des éléments (blocs de texte et images) et à une écriture qui doit être spécifique au Web. La lisibilité tient aussi à l'utilisation pertinente de visuels qui complètent le texte et lui répondent.

La disposition générale des éléments

La colonne la plus à gauche est généralement une colonne de navigation (liste de catégories de produits, etc.). Si ce n'est pas le cas, cette colonne est vide ou réservée pour l'accès à des applications. La colonne de droite est rarement vide, car elle est importante en termes de visibilité. Elle est généralement réservée pour l'accès à des applications (compte client, localisation des magasins, panier d'achat, etc.).

La partie centrale est souvent divisée en trois colonnes, qui sont combinées de différentes façons (2 + 1, 1 + 2, 1 + 1 + 1) et parfois même regroupées en une seule colonne (voir tableau 6.1). Il est par ailleurs possible de trouver des variantes au sein de la même page.

Tableau 6.1 : Structure générale de la page

<table>
<tr><td>Texte/Visuel</td><td>Texte/Visuel</td><td>Texte/Visuel</td></tr>
<tr><td colspan="2">Texte/Visuel</td><td>Texte/Visuel</td></tr>
<tr><td colspan="3">Texte/Visuel</td></tr>
<tr><td>Texte/Visuel</td><td colspan="2">Texte/Visuel</td></tr>
</table>

Sur le Web, il est conseillé de disposer les différentes catégories verticalement et les sous-catégories horizontalement, face à chaque catégorie, de façon à fluidifier la lecture (voir tableau 6.2). L'usage de l'ascenseur doit rester limité. Il faut donc éviter de construire des pages qui nécessitent d'aller trop bas (plus de trois écrans).

Tableau 6.2 : Organisation de la navigation

Catégorie 1	Sous-catégorie 1
	Sous-catégorie 2
Catégorie 2	Sous-catégorie 1
	Etc.

Comme le précise Joël Ronez (2007) : « La page Web doit faire l'effet d'une commode aux tiroirs transparents. Pas question d'ouvrir successivement tous les tiroirs pour découvrir où se trouvent les chaussettes. » Autrement dit, chaque bloc doit être suffisamment explicite, avant même de cliquer, grâce au texte ou au visuel.

Par ailleurs, la cohérence d'un site, d'une page à l'autre, est un aspect important du design. La disposition générale des éléments y concourt largement, même si la cohérence doit s'exprimer de nombreuses autres façons : code coloriel, polices de caractères, aides à la navigation. Le design du site repose largement sur l'identité visuelle de la marque, ou même sur l'identité des produits de l'entreprise. D'un canal à l'autre, la cohérence est fortement recherchée.

Les éléments textuels, iconiques et iconographiques

La question de l'écriture sur le Web fait l'objet de nombreuses réflexions de la part de « gourous » comme Crawford Kilian, Jonathan Price ou, pour le monde francophone, Jean-Marc Hardy (**http://www.redaction.be**). Sur le Web, les experts s'accordent à dire qu'une *écriture spécifique* s'impose. Cependant, c'est moins « l'écriture » qui est spécifique – au sens du vocabulaire, de la syntaxe, du ton, etc. – que les modalités de présentation du contenu.

De ces réflexions, on peut tirer quelques conclusions solides :

- Chaque page doit avoir un titre court, visible, explicite, de façon à donner des repères au visiteur.
- En aucun cas il faut se contenter de reproduire sur le Web des contenus rédigés pour le papier. Le style doit être plus concis, et la structure doit être revue de fond en comble pour correspondre à une présentation hypertextuelle du contenu.
- Les textes peuvent être longs, mais en revanche la présentation doit être aérée, structurée. Il ne faut pas hésiter à diviser les textes en plusieurs parties. Au-delà de 10 000 caractères, il faut découper le texte en plusieurs pages Web.
- Chaque paragraphe doit contenir une idée majeure, présentée en exergue dans la première phrase, suivie d'éléments complémentaires autour de cette idée directrice.
- Les textes ne doivent pas être présentés dans des blocs trop larges, de façon à entraîner le lecteur dans un mouvement de bas en haut qui donne l'impression de progresser dans la lecture et la découverte des contenus.
- L'usage de l'hypertexte doit être modéré (deux à trois liens au maximum pour 1 000 caractères), sous peine de désorienter le lecteur, même si cette fonctionnalité constitue l'essence même de la lecture sur le Web. Un hyperlien regroupe généralement trois à cinq mots.
- Le soulignement doit être absolument évité, car il est réservé aux hyperliens : une mauvaise utilisation du soulignement va induire le visiteur en erreur. L'usage alternatif du gras est préférable (à préférer aussi à l'italique qui est moins lisible), à condition de ne pas en abuser.

- La plupart des sites utilisent des polices de caractères sans bâton/serif (comme l'Arial), plus modernes. Même si la lisibilité des polices sans bâton/serif est plus faible à grande vitesse de lecture, l'affichage sur les écrans étant meilleur, elle est finalement très satisfaisante.
- Le texte doit être relié à d'autres ressources, notamment multimédias, et être associé à une certaine dose d'interactivité (forum, commentaires, etc.).

Certains sites marchands parmi les plus efficaces utilisent peu d'images et peu de couleurs, comme Amazon (Turban *et al.*, 2006). Ceci dit, en matière de commerce électronique, le manque d'image est souvent rédhibitoire, car voir le produit constitue la seule alternative à la possibilité de le manipuler, le toucher, le sentir, le tâter… comme le font les clients dans les magasins réels.

Exemple : Les clients ayant un fort besoin de cognition (ceux qui recherchent la connaissance pour la connaissance) préfèrent les sites comprenant beaucoup de textes aux sites comprenant beaucoup d'images. Par ailleurs, les clients ayant un fort besoin de sensations préfèrent les sites complexes sur le plan iconographique, alors que les clients ayant un faible besoin de sensations préfèrent les sites simples. Conclusion : il n'existe pas de recette simple en matière de design de sites Web !

Source : d'après Martin et al., Psychology & Marketing, 2005

Pour améliorer la vitesse d'affichage des pages, même avec du haut débit, il est important d'utiliser des images en faible résolution (ce qui suppose un travail additionnel sur une chaîne graphique). Il est également possible de proposer une image réduite permettant d'accéder à l'image en haute définition à la demande (*thumbnail*), ou encore de proposer des images composites (qui s'affichent progressivement en plusieurs morceaux) ou des images dont la netteté augmente peu à peu.

L'usage de couleurs facilite grandement la navigation et permet de structurer le site. Les onglets peuvent être colorés, de même que les menus déroulants. Les zones dans les pages font également l'objet d'une colorisation signifiante (c'est-à-dire « qui a une signification »).

Exemple : Sur fnac.com, des codes couleur sont appliqués systématiquement, quelles que soient les catégories de produits : rouge pour les offres spéciales, jaune pour les offres adhérent, noir pour les nouveautés et bleu pour les meilleures ventes. Sur pixmania.com, les onglets de deuxième niveau et les menus déroulants sont colorisés.

L'usage de certaines couleurs permet également de positionner le site : couleurs plus sombres pour symboliser le luxe, couleurs plus vives pour indiquer le discount (avec une dominante de jaune et de rouge). L'impact des couleurs n'est pas seulement symbolique (Darpy et Volle, 2007) : elles peuvent induire des changements de comportements *via* leurs effets sur les émotions.

Exemple : Une expérience menée aux États-Unis en 2004 montre qu'on peut modifier le niveau de relaxation du visiteur en faisant varier la couleur dominante du fond d'écran (les teintes, la saturation et la valeur, c'est-à-dire le pourcentage de couleur noire). À son tour, le niveau de relaxation modifie les perceptions et les évaluations. Plus précisément, plus le visiteur est relaxé, moins il perçoit le temps d'attente… et meilleure est son évaluation du site.

Source : d'après Gorn et al., Journal of Marketing Research, 2004

Le design sonore

L'impact de la musique dans les environnements commerciaux a fait l'objet de nombreuses études. L'effet est globalement faible, mais réel, sur un ensemble de variables comme le temps de visite ou l'agrément (Rieunier *et al.*, 2006 ; Garlin, 2006). Sur Internet, peu d'études ont été menées, compte tenu de la jeunesse du canal et du fait que la musique n'est pas fréquemment utilisée. De fait, sur un site marchand, quand on compare un groupe exposé à de la musique à un groupe témoin qui n'a pas été exposé, la durée de la visite est identique (Galan, 2002). La musique ne semble pas avoir d'effet. Cependant, quand le tempo est médium (95 à 105 battements), on constate que la durée de visite est sensiblement plus longue que pour le tempo lent (+12 %), ou pour le tempo rapide (+35 %). Cette influence sur la durée de visite résulte à la fois d'un effet positif sur le nombre de pages vues et d'un effet positif sur le temps passé en moyenne sur une page.

Faut-il pour autant systématiser l'usage de la musique ? Malgré ces premiers résultats encourageants, le déclenchement automatique d'une sonorisation à l'ouverture du site n'est pas conseillé, dans la mesure où l'internaute peut parallèlement écouter de la musique, ou surfer dans un environnement où la discrétion est requise (lieu public, bureau, etc.). La sonorisation doit donc rester une option. Par ailleurs, il ne s'agit pas de diffuser n'importe quelle musique. La signature sonore des marques est un véritable enjeu marketing. Il faut donc choisir une musique qui exprime et consolide le positionnement (peu importe qu'elle soit connue ou non). Toutefois, comme la plupart des marques n'ont pas de charte musicale ou d'identité sonore (comme elles peuvent avoir une charte graphique ou une identité visuelle), elles activent rarement ce levier sensoriel.

2.2.3. Réflexions générales sur le design des sites marchands

L'accessibilité du site

Pour Tim Berners-Lee, l'un des pionniers d'Internet, l'accessibilité consiste à « mettre le Web et ses services à la disposition de tous les individus, quels que soient leur matériel ou logiciel, leur infrastructure réseau, leur langue maternelle, leur culture, leur localisation géographique, ou leurs aptitudes physiques ou mentales ».

Si l'accessibilité est un critère important pour l'ensemble des visiteurs, ceci est particulièrement vrai pour *les visiteurs malvoyants ou non voyants*. Des contraintes légales et réglementaires garantissent que les sites soient utilisables par ces publics à l'horizon de 2008 (loi du 11 février 2005 pour l'égalité des droits et des chances, la participation et la citoyenneté des personnes handicapées). Il est naturellement indispensable de s'y conformer, notamment pour les sites publics. Les recommandations WCAG 1.0 (*Web Content Accessibility Guidelines*) portent sur le contraste des couleurs, la description précise des images, des fichiers audio et vidéo (ce qu'on appelle les *alt tags*), la mise à disposition d'informations pour les utilisateurs qui ne peuvent pas afficher les scripts, etc.

En France, l'association AccessiWeb décerne chaque année les Trophées de l'accessibilité, à partir de 92 critères. Les sites qui se conforment à ces exigences peuvent également bénéficier d'un label spécifique, à l'instar de Gaz de France ou de Groupama. Depuis juin 2007, un label européen est également délivré (Euracert). Fin 2007, plusieurs sites publics ou sites d'entreprises ont été labellisés, mais aucun site marchand.

La navigabilité du site

La navigabilité d'un site est considérée comme bonne quand la navigation est intuitive (les produits sont rangés de façon pertinente pour le visiteur), cohérente (les pages du site font bien partie d'une « même famille ») et prédictible (au sens où les mêmes actions, d'une page à l'autre, donnent bien les mêmes résultats).

Ceci dit, la navigabilité dépend aussi des aides à la navigation :

- la mise à disposition d'un moteur de recherche, indispensable pour les sites qui comportent plusieurs centaines de références ;
- la mention du cheminement, en dessous de la barre de navigation ;
- l'utilisation de couleurs différentes pour chaque rayon ;
- la possibilité de retrouver les derniers produits consultés ;
- la mise à disposition d'une carte du site, proposée sur 50 % des sites (Turban *et al.*, 2006).

2.3. Le processus de conception

De nombreuses personnes ont leur mot à dire en matière de conception de site marchand, et les arbitrages ne sont pas toujours faciles à réaliser (Chaffey *et al.*, 2006). Les étapes à suivre sont présentées ci-dessous.

2.3.1. Les parties impliquées dans la conception

Parmi les parties qui sont plus ou moins impliquées dans les étapes de conception, on peut distinguer :

- les dirigeants (des « sponsors » qui considèrent le site comme l'un des outils pour atteindre leurs buts stratégiques, la croissance et la rentabilité, et dégagent des moyens pour son développement) ;
- les responsables marketing et commerciaux (qui voient dans le site un moyen d'atteindre leurs objectifs d'image, de vente ou de relation client) ;
- le chef de projet (qui est responsable de la planification et de la coordination, du suivi des budgets et des délais, etc.) ;
- le designer (qui va définir le « look and feel » du site, son apparence et son ton) et le développeur de contenus (qui va définir les contenus nécessaires, les [faire] écrire ou les acheter à l'extérieur) ;
- le webmestre (qui va administrer et gérer le site au quotidien, mais aussi se faire l'avocat des évolutions souhaitables) ;

- les animateurs du site (chefs de produits ou chefs de marché qui vont animer les rubriques en choisissant les assortiments, les prix, les promotions, etc.) ;
- les parties prenantes du site (les membres de l'organisation dont l'activité est modifiée par le site marchand, comme les personnels de la production ou de la logistique, et qui ont en partie leur mot à dire) ;
- indirectement, les visiteurs et les clients (qui vont par leurs comportements donner des indications sur les points forts et les faiblesses du site, et donc susciter des changements).

Les prestataires jouent également un grand rôle dans la conception de l'interface, qu'il s'agisse de l'assistance à la maîtrise d'ouvrage, d'agences de communication interactive ou de *web agencies*, etc. Il est très rare qu'une entreprise développe son site seule, sans l'assistance de divers experts.

2.3.2. Les étapes pour concevoir une interface marchande

La conception d'une interface est une étape importante dans la démarche de création d'un site marchand (voir chapitre 4 pour les questions de noms de domaine, d'applications et voir le chapitre 5 pour l'élaboration d'un catalogue électronique). Les étapes pour mener à bien la conception d'une interface marchande sont les suivantes[1] :

- L'identification des *personas*, c'est-à-dire les profils types qui sont représentatifs des différentes cibles visées (quelles sont les principales cibles ?).
- La description de chaque *persona* en termes de profil et de style de vie, besoins et attentes, interactions possibles avec la marque, etc. (quel est le degré d'expertise en matière d'Internet, quels sont les besoins informationnels, quelle va être la fréquence de visite, etc. ?).
- L'analyse comparative des sites directement concurrents et des sites « *best in class* », y compris dans des secteurs industriels parfois éloignés mais qui s'adressent aux mêmes clients (les clients jugent chaque entreprise comparativement à celles qu'ils connaissent, indépendamment de leurs activités).
- La structuration de l'information en construisant une cartographie du site ou « *blueprint* », afin d'étudier les différentes entrées et le parcours de chaque *persona* (à ce stade, les cibles peuvent être sollicitées pour indiquer à l'entreprise leur façon personnelle d'envisager le classement des informations).
- La construction d'un « *storyboard* » fonctionnel, en donnant la priorité à différents contenus et à des fonctionnalités pour chaque page type ou « *template* », afin de créer des scenarii de navigation pour chaque *persona.*
- La réalisation d'un premier test utilisateur (test qualitatif) avec les storyboards. À partir de ces storyboards, créer des templates graphiques et écrire les spécifications fonctionnelles.
- La réalisation d'un deuxième test utilisateur (test quantitatif) avec un prototype (cette phase n'étant pas systématique) ; il est recommandé de tester le site avec des vrais utilisateurs, mais des utilisateurs internes à l'organisation sont souvent utilisés.

---

1. Cette section s'inspire également des conseils de Sam Woodman, directeur de projet au sein de l'agence Nurun (*E-commerce*, 2007).

- La création d'une charte graphique, d'une charte éditoriale et d'un document comprenant les spécifications techniques.
- La « localisation » éventuelle du design, en fonction des contraintes culturelles (sens de lecture, symbolique des couleurs, etc.) et, éventuellement, des spécificités de la marque dans le pays considéré (certaines marques n'ont pas la même identité visuelle dans tous les pays).

2.3.3. Faire évoluer le site

Le site marchand est un outil en permanente évolution, un peu comme un magasin qui doit être nettoyé, réassorti, rangé…, parfois plusieurs fois par jour. Le site est régulièrement amené à évoluer, face à l'exigence croissante des visiteurs, l'amélioration des sites concurrents, les tendances du design ou, encore, les progrès technologiques. De fait, l'interface marchande doit être conçue pour pouvoir être ajustée facilement dans le futur (*scalability*). Certains marchands refondent leurs sites en profondeur tous les deux ou trois ans. D'autres, en revanche, préfèrent une solution plus progressive, qui consiste à réaliser des transformations régulières. Le site PriceMinister, par exemple, annonce chaque année plusieurs nouvelles fonctionnalités[1]. C'est une façon de s'ajuster aux évolutions technologiques et à la sophistication croissante des attentes.

De nombreux prestataires peuvent aider à faire évoluer le site, notamment à réaliser un diagnostic préalable destiné à identifier les points à améliorer, comme Keynote (**http://www.keynote.com**).

3. Enrichir l'expérience de visite

Les fonctions interactives sophistiquées – comme la réalité virtuelle – ne sont encore proposées que par une petite minorité de sites (Danaher *et al.*, 2006). Ces fonctions ont pourtant le potentiel d'enrichir considérablement la visite. De même, proposer des contenus additionnels ou personnaliser l'interface sont des démarches qui permettent de créer de la valeur pour le visiteur.

Exemple : Le site toutrenover.com, mis en ligne en mars 2007, constitue un tremplin entre le site marchand de Leroy Merlin et ses magasins, en rendant accessible à tous la démarche de rénovation. Accueilli par le responsable du site, l'internaute est tout de suite prévenu des « effets secondaires » provoqués par la visite : une irrésistible envie de tout rénover. Il entre alors dans une zone de tests, habitée par six « allumés » du bricolage l'invitant à se former en quelques clics à la mise en œuvre d'un projet de rénovation. Au-delà de cette dimension pédagogique, qui conforte le positionnement de l'enseigne, le site offre au client des services qui permettent d'arriver dans le magasin avec les bonnes informations : questions à poser reçues par e-mail, magasin le plus proche avec itinéraire, noms des personnes en charge des rayons, liste des produits associés au projet… L'utilisation de la 3D, qui permet l'intégration de personnages réels dans le site et illustre la facette « conseil » de l'enseigne, donne une dimension plus humaine au site, dans un environnement *rich media* très différenciant.

Source : d'après E-Commerce, juin 2007

1. Source : *Assises du marketing, Les Echos, 2007.*

Avant de présenter les diverses façons d'enrichir l'expérience de visite, il est utile de préciser que ces dispositifs (animations, vidéos, etc.) n'ont pas pour seul rôle d'enrichir l'expérience, mais aussi d'influencer les comportements d'achat : décision d'acheter ou non, type de produit acheté, etc. (voir chapitre 7).

3.1. Les fonctions interactives avancées

Au cœur du média Internet, on trouve le concept d'interactivité (Yadav et Varadarajan, 2005). L'interactivité recouvre des notions comme la bidirectionnalité (la communication va dans les deux sens), l'immédiateté, la réactivité (les échanges se répondent les uns les autres), et la contrôlabilité (le moment, la durée, le contenu de la communication sont décidés conjointement par les parties qui communiquent).

Les fonctions interactives que nous évoquons ci-dessous visent à renforcer l'interactivité du site marchand, qui ne va pas de soi mais résulte au contraire d'un investissement important de la part de l'entreprise. Ces fonctions interactives avancées sont très diverses : études marketing, expérience de l'offre, aide au choix, divertissement, communication et gestion de la relation client. Le développement des widgets participe aussi à l'explosion des applications interactives sur les sites marchands.

3.1.1. Les études marketing

Certains sites proposent des sondages en ligne à propos de leur architecture, leurs fonctionnalités, leur design, etc., ou à propos de l'offre, des contenus éditoriaux ou des services présentés. La réalisation d'études déclaratives (sondages, enquêtes, etc.) permet de comprendre des modes de fonctionnement que les études comportementales reposant sur l'analyse des clics n'ont pas permis d'expliquer. Ces études éclairent le responsable du site sur les perceptions des visiteurs et sur les raisons de leurs comportements. Mais au-delà de cette volonté de comprendre les internautes, les études marketing servent plusieurs autres objectifs, comme celui de démontrer concrètement la bienveillance du site à l'égard de ses clients. Réaliser une étude revient à dire au visiteur : « Nous nous soucions de votre avis, nous faisons le maximum pour vous écouter et prendre vos commentaires en considération. » À l'instar des quiz dans les magazines, les études servent aussi à animer le site, à créer une connivence avec les visiteurs. Elles servent même à créer du contenu (lorsque les résultats sont publiés, avec ou sans commentaires).

De nombreux prestataires sont susceptibles de mettre en place une démarche d'étude marketing sur un site Web, pour écouter « la voix du client », comme OpinionLab (**http://www.opinionlab.com**) ou CRM Metrix (**http://www.crmmetrix.com**).

3.1.2. L'expérience de l'offre

Sur Internet, il n'est évidemment pas possible de toucher les produits avant de les acheter, ce qui constitue encore l'un des principaux avantages du commerce traditionnel. Or, ce besoin impérieux de toucher les produits – particulièrement fort chez les clientes et pour quelques catégories de produits comme les vêtements ou les fleurs – explique en partie pourquoi le Web n'est pas plus utilisé pour réaliser des achats (Citrin *et al.*, 2006). Pour pallier ce désavantage concurrentiel, les marchands en ligne proposent de nombreux dispositifs visant à rendre l'expérience de l'offre plus vivante, notamment la présentation des produits en Flash ou en vidéo. La réalité virtuelle est également de plus en plus utilisée : mannequins virtuels pour essayer les produits, visite virtuelle de l'espace de vente, etc. Cependant, l'expérience d'achat en magasin reste encore préférable en matière de sensations.

Exemple : Ainsi que le montre une étude américaine réalisée auprès des 32 plus grands sites américains dans le secteur de l'habillement, les fonctionnalités sophistiquées de merchandising visuel ne sont pas encore généralisées, loin s'en faut. Seuls 5 % des sites proposent un accès en 3D et 2 %, une représentation sous différents angles. 40 % des sites présentent des mannequins humains, pourtant préférés des visiteurs. L'étude montre également que les *pure players* d'Internet ne font pas mieux que les distributeurs *click and mortar.* Ces derniers ont même une performance supérieure en termes d'illustrations 2D.

Source : d'après Khakimdjanova et Park, Journal of Retailing and Consumer Services, 2005

L'utilisation de mannequins virtuels – tels que ceux qui sont proposés par landsend.com ou par laredoute.fr – permet d'augmenter significativement l'impression de téléprésence (sensation d'être *dans* l'écran), d'améliorer l'attitude vis-à-vis du marchand, ainsi que l'expérience de visite (Fiore *et al.*, 2005). L'effet du mannequin virtuel sur la valeur instrumentale du site est également très positif : le mannequin est apprécié non seulement pour sa valeur expérientielle, mais aussi pour les services qu'il rend pendant le processus de choix.

Le divertissement

Les sites marchands proposent parfois des contenus ludiques, comme des e-cards, des fonds d'écran, des publicités de la marque, des jeux… Ces contenus sont destinés à créer une connivence avec la cible, dans un registre et sur un ton moins commercial. Ces contenus sont particulièrement appréciés des plus jeunes visiteurs, mais aussi des clients attachés à la marque qui les propose (fond d'écran, par exemple).

3.1.3. L'aide au choix

De nombreux sites marchands proposent aux visiteurs des dispositifs pour les aider à choisir – plus facilement, plus vite, ou mieux –, notamment les comparateurs de produits et les outils de diagnostic personnalisés. Comme le montre une étude réalisée par la société Keynote (**http://www.keynote.com**), pour certains sites, l'impact visuel compte moins que la possibilité de comparer facilement les offres. C'est le cas des sites qui vendent des téléphones portables et des services d'abonnement.

Les conseillers virtuels

Certains sites proposent également aux visiteurs de rencontrer un conseiller virtuel, ou « avatar ». Cette fonctionnalité avancée permet d'améliorer la satisfaction à l'égard du marchand, l'attitude vis-à-vis du produit vendu et, finalement, les intentions d'achat (Holzwarth *et al.*, 2006).

Cependant, tous les avatars ne sont pas également efficaces. Ainsi, pour les produits à forte implication, un conseiller en ligne qui donne tous les signes de l'expertise est plus efficace qu'un conseiller séduisant mais qui semble moins expert (plus jeune, habillé de façon plus décontractée, etc.). En revanche, pour les produits à implication modérée, un conseiller séduisant est plus efficace qu'un conseiller expert (voir figure 6.1).

Exemple : Une étude expérimentale réalisée en France montre que la présence d'un agent virtuel et d'un centre d'appels couplé à un site Web a un effet très positif sur la performance. En comparant un échantillon de visiteurs exposés à une version classique du site Artisans du Monde et un autre échantillon de visiteurs exposés au même site mais incluant l'agent virtuel et la possibilité d'accéder à un centre d'appels, l'étude montre que l'agrément de la visite et la satisfaction à l'égard du site s'améliorent. Au-delà, l'intention de recommander le site, l'intention de se rendre dans l'enseigne et l'attachement à l'organisation progressent également.

Source : d'après Notebaert, Association française du marketing, 2005

Figure 6.1 - Efficacité des avatars expert (d'après Holzwarth et al., 2006).

Exemple : En proposant un avatar, un site marchand donne tous les signaux d'une forte sociabilité. Ce faisant, il offre à ses visiteurs une visite qu'ils jugent plus plaisante et plus stimulante. Le plaisir et la stimulation induisent à leur tour un état de flux, une plus grande valeur expérientielle perçue (à la fois hédonique et utilitaire), et finalement une augmentation des intentions d'achat. Cela dit, ces effets ne sont pas identiques pour tous les visiteurs. Seuls les visiteurs les plus impliqués dans la catégorie de produits sont sensibles à l'agrément additionnel produit par la présence de l'avatar. Les femmes sont plus sensibles que les hommes à la dimension plaisante de l'avatar, alors que pour les visiteurs plus âgés l'état de flux ne conduit pas à plus de plaisir.

Source : Wang et al., Journal of Marketing, 2007

3.1.4. La communication et la gestion de la relation client

Les sites marchands mettent en place de nombreux dispositifs pour communiquer en ligne avec leurs clients : bons de réduction ciblés, jeux-concours et offres de parrainage, inscription à des newsletters, informations en « push » présentées de façon inattendue (ventes flash), etc. Ces dispositifs font l'objet d'un approfondissement ultérieur au chapitre 7.

En 1996-1997, lors de l'avènement du commerce électronique, la gestion de la relation n'était pas une priorité sur les sites marchands. Aujourd'hui, les sites proposent de nombreux dispositifs pour gérer la relation client (tout ce qui se passe après la commande) : accès au compte client, consultation de l'historique des commandes, facilités de paiement, configuration d'alertes personnalisées, accès à des forums où poster des commentaires et des évaluations, etc. (voir chapitre 9).

Exemple : La Fnac Éveil & Jeux propose de nombreux services et contenus pour accompagner le visiteur : moteur de recherche avec présélections, conseillers en ligne et assistance téléphonique, liste de vœux et envoi de fiches-produits à des proches, disponibilité des articles en stock, informations pour accéder aux magasins, lien vers des sites connexes ou des associations amies, lettre d'information, magazine et dossiers thématiques, présentation des activités de la fondation, jeux interactifs, etc.

3.2. Les contenus mis à disposition des visiteurs

Pour certains, sur Internet, « le contenu est roi » (Agarwal et Venkatesh, 2002). Cette affirmation est sans doute moins vraie pour les sites marchands que pour de nombreux sites, mais il faut admettre que le niveau d'information du visiteur d'un site marchand est en général bien supérieur à celui du client dans un magasin physique. Le contenu informatif du site est une source d'avantage concurrentiel. Mais encore faut-il que les contenus soient actuels, exacts, crédibles et pertinents.

3.2.1. Les types de contenus

Sur un site marchand, les contenus envisageables sont très variés :

- actualités générales, ou spécifiques au marchand ;
- notices descriptives plus ou moins structurées des produits (voir chapitre 4 sur l'enrichissement des catalogues produits) ;
- critiques de produits généralement rédigées par d'autres clients (on parle alors d'avis de consommateurs) ;
- astuces et conseils d'utilisation ;
- encarts publirédactionnels, à la frontière de la publicité ;
- guides d'achat ;
- articles de fond, qui conduisent à qualifier ces supports de « webzines » (à l'instar des « consumer magazines » diffusés par les commerçants classiques) ;
- blogs du personnel.

Exemple : Sur fnac.com, on peut trouver plus de dix éléments de contenus pour un produit technique comme un téléphone portable : extraits du guide d'achat, démonstrations vidéo, reprise d'émissions de Victor Jachimowicz sur RMC, plusieurs articles publiés dans le magazine *Epok*. Sur leroymerlin.fr, la plupart des familles de produits sont accompagnées de fiches techniques, guide au format PDF.

L'usage de la vidéo

Certains sites font un usage important de la vidéo pour présenter l'entreprise, pour présenter certains produits/services ou pour mettre à disposition des contenus sur l'univers des produits vendus (comme les défilés de mode sur les sites d'habillement). L'utilisation de la vidéo se justifie pour des raisons didactiques (il est parfois plus simple d'expliquer les choses en vidéo) et pour des raisons d'animation commerciale (la vidéo permet d'enrichir la visite, de la rendre plus qualitative).

Exemple : Sur laredoute.fr, on trouve de nombreuses vidéos sur le thème de la mode (présentation des dernières tendances, interview de créateurs, reportage sur la mode éthique, extraits de défilés, etc.). Sur pixmania.com, on trouve une vidéo qui présente l'entreprise et les bénéfices apportés aux clients, ainsi que de nombreuses vidéos sur les produits vendus, souvent réalisées par les clients eux-mêmes. Sur leroymerlin.fr, on trouve des reprises vidéo d'émissions TV comme « Du côté de chez vous » ou « Question maison ».

Les flux RSS

Certains sites utilisent des flux RSS (*Really Simple Syndication*), une famille de formats XML employés pour la syndication de contenus (pour le RSS 2.0). Ces flux permettent de se tenir au courant d'informations qui changent régulièrement : annonce de nouveaux produits, changements de tarifs, alertes de toute nature, etc. Le client est ainsi tenu informé sans avoir à visiter le site marchand.

3.2.2. Les contenus générés par les visiteurs et la question de l'ergonomie des sites Web 2.0

Dans la perspective du Web 2.0 (Web collaboratif où le visiteur coproduit son expérience de visite avec l'entreprise… et les autres visiteurs), les contenus offerts sur les sites sont de plus en plus souvent le fait des visiteurs eux-mêmes : on parle alors de *User Generated Content* (UGC). Ces contributions peuvent prendre diverses formes : avis de consommateurs, témoignages, évaluations chiffrées, commentaires postés sur les forums, etc. Il est également de plus en plus fréquent de lire de véritables contenus rédactionnels écrits par les clients, ou de trouver des liens vers des sites personnels ou des blogs de clients. Les contenus générés par les autres visiteurs sont généralement appréciés, car ils constituent une source d'information interpersonnelle *a priori* non commerciale, donc crédible (Darpy et Volle, 2007). Par ailleurs, ces messages portent bien souvent sur le produit en situation d'usage. En cela, ils complètent les notices techniques et les listes de caractéristiques généralement fournies par les sites.

Exemple : Les sites marchands n'ont plus grand-chose à envier aux magasins physiques. Grâce au Web 2.0, les clients sont présents en boutique, au-delà même de ce qui se passe dans les points de vente réels. Les clients communiquent entre eux, se conseillent mutuellement, évaluent et donnent leur avis sur l'offre ou sur les améliorations possibles. Parfois même, les clients cocréent un produit ou un service avec l'entreprise. En un mot, le Web 2.0 permet aux clients de vivre une nouvelle expérience de consommation.

☞

Du côté de l'entreprise, le Web 2.0 présente de nombreux atouts : il fidélise, renforce la crédibilité du site (d'autant plus si les commentaires négatifs sont maintenus), apporte un bénéfice d'image, et permet d'offrir des services supplémentaires. Étant un point de départ du marketing viral, il rend possible la diminution des investissements en communication. En outre, il augmente la pertinence du CRM (de nouvelles variables relationnelles sont désormais utilisées, au-delà du classique RFM). Enfin, le Web 2.0 est un laboratoire permanent car il permet de connaître les attitudes et les opinions des clients. Toutefois, la vigilance s'impose : les marques ne sont plus dans les seules mains des responsables marketing qui peuvent en perdre la maîtrise.

Source : d'après Brial B., Université Paris-Dauphine, janvier 2008

La préférence pour les messages postés par les autres visiteurs, relativement aux recommandations proposées par le site, dépend étroitement du type de visite (utilitaire ou hédonique). Ces messages sont par ailleurs traités de façon superficielle, sans vraiment porter attention au niveau d'expertise et de proximité de leur auteur. Ainsi, lors des visites hédoniques, les messages laissés par les autres visiteurs sont largement préférés aux recommandations du site, y compris quand l'auteur est peu crédible (Smith *et al.*, 2005).

Exemple : Les vendeurs sur les sites d'enchères comme eBay utilisent peu les évaluations disponibles sur les acheteurs potentiels. Ainsi, même dans des conditions extrêmes, notamment un prix très élevé, ces informations sont effectivement utilisées par moins de 10 % des vendeurs. En l'état actuel des choses, les évaluations ne permettent pas de discriminer les acheteurs ni de prédire leurs comportements futurs.

Source : d'après Dholakia, Journal of Interactive Marketing, 2005

Les pratiques marketing 2.0 ne sont pas exemptes de critiques. On peut légitimement penser que les contenus sont parfois orientés par les marques (manque d'objectivité), ou qu'ils ne présentent pas un grand intérêt (manque de pertinence). Cependant, si ces messages sont souvent utiles aux visiteurs, d'un point de vue marketing, leur usage doit être contrôlé. Les effets ne sont pas toujours positifs pour la marque, car les messages ne sont pas forcément valorisants chaque fois.

Les responsables marketing et commerciaux devraient au minimum en prendre connaissance de façon systématique. Au-delà d'une simple lecture, la question est de savoir s'il est possible d'agir, et de quelle façon. De fait, les marques agissent parfois de façon maladroite en intervenant directement sur les forums, en masquant leur identité. Si ces pratiques se généralisent, la crédibilité des messages – déjà mise en doute par les internautes – va réellement s'effondrer et priver le marché d'un signal utile.

Exemple : Pour les marques fortes, la présence de messages positifs ou négatifs sur un forum n'a d'influence que si leur nombre est important (12 messages plutôt que six). En revanche, pour les marques qui ne jouissent pas d'une forte notoriété, les messages négatifs ont un impact sur l'évaluation des produits, même avec un faible nombre de messages. Pour ces marques, les messages positifs n'ont pas d'effet. Autrement dit, pour les marques qui ne jouissent pas d'une image forte, les forums doivent être utilisés avec prudence.

Source : d'après Chiou, Journal of Interactive Marketing, 2003

Malgré les critiques, les contenus générés par les consommateurs sont certainement appelés à se développer, sous des formes de plus en plus sophistiquées. Les contenus photo ou vidéo connaissent par exemple un développement important.

Exemple : Pour les responsables de surcouf.com, il semblait indispensable d'être implanté dans la « cybersphère du 2.0 », ce qui demandait une refonte complète de l'ergonomie du site, même si la dernière version n'avait qu'un an et demi. En effet, face au Web 2.0 – qui impose un nouveau modèle où l'internaute est à la fois vendeur, acheteur, et devient également éditeur –, les marques voulant faire de leur site un pôle majeur dans leur secteur se doivent d'offrir un espace d'échange quasi transparent, d'accepter la critique ouverte et d'y répondre publiquement. Les responsables de surcouf.com sont partis du constat que le site ne pouvait plus se contenter de vendre, mais qu'il devait aussi amener des services capables d'intéresser le plus grand nombre, et d'initier une « intelligence collaborative » entre les visiteurs. Parmi les options disponibles se trouvaient l'Ajax, les blogs, les wikis, les tags, les forums, les notations, la personnalisation, l'expertise et enfin le RSS. Une approche par itération successive a été mise en œuvre, et la décision a été prise d'apporter régulièrement de nouveaux services aux clients. Par ailleurs, les retours des clients ont été utilisés au maximum (adhésion, critiques et améliorations). Depuis la fin de l'année 2006, les grandes évolutions ont concerné la refonte des pages produits, la refonte des outils de comparaison en Ajax, la possibilité dans toutes les arborescences d'avoir un tri par « Meilleures ventes », « Bonnes affaires », « Nouveautés », « Tendance »…, et la refonte complète de l'espace « Mon compte ». Par ailleurs, depuis janvier 2007, tous les quinze jours, il y a des upgrades du site. En 2007, les étapes ont été la personnalisation, le partage d'expériences et la mise en place de tags. Une étude de satisfaction en ligne a été menée pour prendre en compte le maximum de demandes clients dans la refonte ergonomique. Beaucoup de remontées positives ont été obtenues des clients en magasins, par téléphone, et le taux de transformation s'est amélioré. Un autre bénéfice constaté est la diminution du nombre de pages vues : d'où des visites plus efficaces, les visiteurs mettant moins de temps à rechercher leurs produits. Parallèlement, les responsables se sont aperçus qu'il y avait moins d'appels de clients sur des questions liées aux produits, au suivi de commande ou encore à la sécurité des paiements. Les services proposés sont mieux utilisés, ce qui représente une vraie valeur ajoutée pour le client. Surcouf.com a également noté une augmentation du nombre de produits par panier, due à une meilleure visibilité des produits complémentaires (comme la sacoche avec le PC portable, les cartouches avec l'imprimante, etc.).

Source : d'après E-Commerce, février 2007

3.2.3. La mise en place d'un processus de gestion des contenus

Offrir aux visiteurs des contenus riches constitue certainement un facteur d'attractivité et de rétention. Cependant, ce processus nécessite des ressources importantes et des compétences pointues. Les étapes du « *content life cycle* » sont nombreuses : collecte des informations (auprès d'experts, de consommateurs, etc.), édition des contenus (corrections stylistiques et orthographiques, réécriture pour le Web, mise aux normes des photos, compression des vidéos, etc.), publication sur le site, mises à jour (avec élimination des contenus obsolètes).

Déléguer aux visiteurs la création de contenus résout seulement une partie des problèmes. En effet, les contenus générés par les clients doivent être relus, et éventuellement modérés, éliminés s'ils sont obsolètes ou sur demande, s'ils sont faux, diffamatoires, injurieux, etc. Ces différentes étapes nécessitent des ressources et des compétences spécifiques, notamment juridiques.

Les contenus sont parfois créés par un grand nombre de contributeurs. Des outils collaboratifs accessibles aux non-spécialistes sont aujourd'hui couramment utilisés (*Content Management System* ou CMS), qu'il s'agisse d'employés (comme des chefs de marché, de produits ou de rayons, etc.) ou encore de pigistes en freelance, d'experts. Parmi les leaders de la gestion de contenus intégrés pour les sites Web, on trouve notamment Mediasurface (**http://www.mediasurface.com**). On peut aussi se tourner vers des prestataires qui offrent des services de syndication de contenus, comme YellowBrix (**http://www.yellowbrix.com**). Certains prestataires sont spécialisés dans les contenus multimédias, comme Mirror Image (**http://www.mirror-image.com**). Dans une perspective 2.0, il est également possible de syndiquer des blogs.

Exemple : Vertbaudet est une marque leader sur le marché de la mode et de la décoration enfantine, qui a lancé son premier site marchand en 2001 (**http://www.vertbaudet.fr**). À côté de ce site marchand, l'entreprise a décidé de créer en 2006 un site de partage et de conseils pour les jeunes parents : Planet Vertbaudet. Comme l'indique Antoine Leroy, directeur général du pôle enfant-famille des enseignes spécialisées Redcats : « Partager, échanger, informer, créer du lien entre jeunes parents et Vertbaudet, telle est la mission de ce nouveau site 100 % communautaire. » Le contenu du site, destiné à faciliter la décision d'achat en amont, doit incarner les valeurs de la marque (joie de vivre, gaieté, praticité, créativité). Un logo et une signature spécifiques ont été développés pour Planet Vertbaudet. Le site permet aux jeunes parents d'exprimer leur sensibilité et leurs expériences, mais il comprend aussi des contenus éditoriaux (articles, reportages, vidéos). Une newsletter hebdomadaire « suivi de grossesse » a également été lancée (en quelques mois, 5 000 mamans se sont inscrites). Des outils créatifs ont été proposés avec succès : scrapbooking en ligne (possibilité de créer son album de photos), faire-part, e-cards, histoires personnalisées… Après huit mois d'existence, le site a accueilli plus de 300 000 visiteurs uniques, soit 10 000 par jour. Plus de 60 000 billets ont été postés sur les forums et 1 600 blogs, créés, relatant les joies de vivre de la famille.

Source : d'après Chaibi L., 2007

3.3. La personnalisation de l'interface marchande

Tous les internautes n'ont pas la même façon d'utiliser Internet, ne recherchent pas les mêmes bénéfices ou ne sont pas satisfaits par les mêmes choses. Il est donc indispensable de comprendre cette hétérogénéité des profils d'internautes pour pouvoir ajuster l'ensemble des actions marketing, notamment les caractéristiques de l'interface marchande (architecture, design, etc.).

Le client peut retirer trois principaux bénéfices de la personnalisation (De Pechpeyrou, 2007) : une réduction de la charge cognitive liée au processus de choix (il devient plus simple de trouver le bon produit dans un assortiment très large et complet), une réduction du risque associé à un mauvais choix (savoir que d'autres ont déjà acheté le même produit rassure le client), et le bénéfice expérientiel lié à la découverte de nouveaux articles (les recommandations du site permettent de découvrir des offres auxquelles le client n'aurait pas pensé).

Les pratiques de personnalisation se développent – y compris dans le domaine du commerce *B2B* –, même si on ne peut pas encore parler de généralisation. Ainsi, l'entreprise britannique RS Components personnalise les contenus offerts sur son site de pièces détachées électroniques (Chaffey *et al.*, 2006) selon l'historique d'achat (familles de produits achetés habituellement) et selon le rôle du client dans le centre d'achat (acheteur, utilisateur, etc.).

Exemple : Pour Sam Woodman, directeur de projet au sein de l'agence Nurun, « il faut créer des contenus et fonctionnalités adaptés aux différents segments d'audience avec des entrées et des parcours multiples ». De fait, si le consommateur aguerri privilégie la vitesse, le consommateur qui a « besoin d'être guidé, inspiré ou rassuré » cherche d'autres fonctionnalités et d'autres contenus pour l'aider à affiner son choix. D'après Woodman, « la plupart des sites d'e-commerce satisfont uniquement la première catégorie d'internautes ». Pour lui, « une interface e-commerce doit, en effet, être à la fois innovante, pour mieux mettre en valeur la marque, mais aussi basée sur des standards ». Or, très peu de sites marchands arrivent à trouver cet équilibre : « Soit le site est trop innovant, avec une forte courbe d'apprentissage, soit il est pratique, mais esthétiquement banal. »

Source : d'après E-Commerce, février 2007

La philosophie du « *one size fits all* » (une taille unique pour tout le monde) n'est plus adaptée au Web d'aujourd'hui. De fait, si offrir aux visiteurs une interface marchande, des services et des contenus personnalisés constitue une démarche complexe et coûteuse, cela permet potentiellement des gains importants (satisfaction, temps passé sur le site, taux de conversion, etc.), sous certaines conditions.

La personnalisation a un effet sur la qualité de la visite, mais plus encore un effet potentiel sur le taux de conversion des clients en visiteurs et sur le panier d'achat moyen. C'est la raison pour laquelle nous explorerons plus en détail au chapitre 9 les formes de personnalisation (de la customisation au filtrage collaboratif), ainsi que les conditions à réunir pour que la démarche soit efficace (notamment les ressources et les compétences qui doivent être mobilisées par l'entreprise).

Résumé

La création de valeur expérientielle repose sur un double mécanisme de satisfaction et de diminution des coûts associés à la visite (temps, efforts, risques). La confiance est au cœur des enjeux du commerce électronique, et le site marchand doit mettre en œuvre une véritable politique pour rassurer le visiteur et favoriser ainsi l'éventualité d'un achat.

Il s'agit également de concevoir une interface marchande qui permette d'accroître la performance du site. Pour ce faire, le site marchand manipule de nombreux éléments, de la page d'accueil aux pages de transaction, en passant par les pages d'accès à l'offre. Le travail sur les structures se double d'un travail sur le design – textuel, iconographique et sonore –, qui doit permettre de positionner le site tout en améliorant son accessibilité et sa navigabilité. Les éléments esthétiques jouent un rôle important, y compris pour la fonctionnalité du site. La conception d'une interface marchande implique de nombreuses parties prenantes et suppose de passer par plusieurs étapes désormais bien codifiées. Au cœur de la démarche, on trouve l'idée que le site doit répondre aux attentes de clients types ou « personas ».

La visite doit être enrichie aussi de fonctions interactives avancées : sondages en ligne, visites virtuelles, mannequins, avatars et conseillers en ligne, contenus générés par les visiteurs, etc. La personnalisation constitue également une voie pertinente pour créer de la valeur pour le visiteur.

Bibliographie

Agarwal R. et Venkatesh V. (2002), « Assessing a firm's web presence: A heuristic evaluation procedure for the measurement of usability », *Information Systems Research*, vol. 13, n° 2, pp. 168-86.

Bart Y., Shankar V., Sultan F. et Urban G.L. (2005), « Are the drivers and role of online trust the same for all web sites and consumers? A large-scale exploratory empirical study », *Journal of Marketing*, vol. 69, pp. 133-52.

Bhatnagar A. et Ghose S. (2004), « A latent class segmentation analysis of e-shoppers », *Journal of Business Research*, vol. 57, n° 7, pp. 758-67.

Biswas D. et Biswas A. (2004), « The diagnostic role of signals in the context of perceived risks in online shopping: Do signals matter more on the web? », *Journal of Interactive Marketing*, vol. 18, n° 3, pp. 30-45.

Cases A.S. (2002), « Perceived risk and risk-reduction strategies in Internet shopping », *International Review of Retail Distribution and Consumer Research*, vol. 12, n° 4, pp. 375-94.

Chaffey D., Mayer R., Johnston K. et Ellis-Chadwick F. (2006), *Internet marketing : strategy, implementation and practice*, 3e édition, Financial Times, Prentice Hall.

Chen Q. (1999), « Attitude toward the site », *Journal of Advertising Research*, vol. 42, n° 2, pp. 33-46.

Chouk I. et Perrien J. (2004), « Les facteurs expliquant la confiance du consommateur lors d'un achat sur un site marchand : une étude exploratoire », *Décisions Marketing*, vol. 35.

Citrin A.V., Stem D.E., Spangenberg E.R. et Clark M.J. (2003), « Consumer need for tactile input: An Internet retailing challenge », *Journal of Business Research*, vol. 56, n° 11, pp. 915-22.

Danaher P.J., Mullarkey G.W. et Essegaier S. (2006), « Factors affecting web site visit duration : A cross-domain analysis », *Journal of Marketing Research*, vol. 43, n° 2, pp. 182-194.

De Pechpeyrou P. (2007), « Personnalisation du merchandising en ligne : identification des réactions des internautes », *Journée nantaise du e-marketing*, Institut d'économie et de management, Nantes. Document accessible gratuitement en ligne.

Eroglu S.A., Machleit K.A. et Davis L.M. (2003), « Empirical testing of a model of online store atmospherics and shopper responses », *Psychology & Marketing*, vol. 20, n° 2, pp. 139-50.

Fiore A.M., Kim J. et Lee H.-H. (2005), « Effect of image interactivity technology on consumer responses toward the online retailer », *Journal of Interactive Marketing*, vol. 19, n° 3, pp. 38-53.

Forsythe S.M. et Shi B. (2003), « Consumer patronage and risk perceptions in Internet shopping », *Journal of Business Research*, vol. 56, n° 11, pp. 867-875.

Galan J.-P. (2002), « L'analyse des fichiers log pour étudier l'impact de la musique sur le comportement des visiteurs d'un site web culturel », *Actes du Congrès international de l'Association française du marketing*, Lille. Document accessible gratuitement en ligne.

Garlin F. et Owen K. (2006), « Setting the tone with the tune: A meta-analytic review of the effects of background music in retail settings », *Journal of Business Research*, vol. 59, n° 6, pp. 755-64.

Gonzales C. (2005), « Satisfaction du consommateur suite à la visite du catalogue électronique : impact de la lisibilité perçue et de la stimulation perçue », *Revue française du marketing*, vol. 205, n° 5/5, pp. 91-109.

Holzwarth M., Janiszewski C. et Neumann M.M. (2006), « The influence of avatars on online consumer shopping behavior », *Journal of Marketing*, vol. 70, n° 4, pp. 19-36.

Ladwein R. (2000), « Ergonomie et accessibilité des sites web : quelques problèmes et enjeux pour le e-commerce », *Décisions Marketing*, vol. 21, pp. 57-71.

Mathwick C. et Rigdon E. (2004), « Play, flow, and the online search experience », *Journal of Consumer Research*, vol. 31, n° 2, pp. 324-32.

Overby J.W. et Lee E.-J. (2006), « The effects of utilitarian and hedonic online shopping value on consumer preference and intentions », *Journal of Business Research*, vol. 59, n° 10/11, pp. 1160-66.

Pan Y. et Zinkhan G.M. (2006), « Exploring the impact of online privacy disclosures on consumer trust », *Journal of Retailing*, vol. 82, n° 4, pp. 331-38.

Reichheld F.F. et Schefter P. (2000), « E-loyalty: Your secret weapon on the web », *Harvard Business Review*, vol. 78, n° 4, pp. 105-113.

Schlosser A.E., Barnett White T. et Lloyd S.M. (2006), « Converting web site visitors into buyers: How web site investment increases consumer trusting beliefs and online purchase intentions », *Journal of Marketing*, vol. 70, n° 2, pp. 133-48.

Smith D., Menon S. et Sivakumar K. (2005), « Online peer and editorial recommendations, trust, and choice in virtual markets », *Journal of Interactive Marketing*, vol. 19, n° 3, pp. 15-37.

Steenkamp J.-B. et Geyskens I. (2006), « How country characteristics affect the perceived value of web sites », *Journal of Marketing*, vol. 70, n° 3, pp. 136-50.

Turban E., King D., Viehland D. et Lee J.K. (2006), *Electronic commerce: A managerial perspective*, Prentice Hall.

Vernette E. (2002), « Le rôle et le profil des leaders d'opinion pour la diffusion de l'Internet », *Décisions Marketing*, vol. 25, pp. 37-51.

Viot C. (2006), *Le e-marketing*, Gualino éditeur, Paris.

Volle P. (2000), « Du marketing des points de vente à celui des sites marchands : spécificités, opportunités et questions de recherche », *Revue française du marketing*, vol. 177/178, pp. 83-100.

Wolfinbarger M. et Gilly M.C. (2001), « Shopping online for freedom, control, and fun », *California Management Review*, vol. 43, n° 2, pp. 34-54.

Yadav M.S. et Varadarajan R. (2005), « Interactivity in the electronic marketplace: An exposition of the concept and implications for research », *Journal of the Academy of Marketing Science*, vol. 33, pp. 585-603.

Sites Internet à consulter

http://www.accessiweb.org/

http://www.crmmetrix.com

http://www.cyberjournalisme.net

http://www.eiaa.net

http://www.keynote.com

http://www.mediasurface.com

http://www.mirror-image.com

http://www.opinionlab.com

http://www.pewinternet.org

http://www.redaction.be

http://www.useit.com

http://www.w3.org/wai

http://www.yellowbrix.com

Activités

Questions de révision

1. Quelles sont les principales composantes de la valeur expérientielle ?
2. Quelles actions entreprendre pour rassurer le visiteur ?
3. Quels sont les éléments constitutifs d'une page d'accueil ?
4. Quelle est la différence entre structure hiérarchique et structure réticulaire ?
5. Quelles sont les principales étapes pour concevoir une interface marchande ?
6. Dans quelle mesure les fonctions interactives améliorent-elles l'expérience de visite ?

Exercices de synthèse

1. Visitez trois sites marchands dans trois catégories différentes et identifiez la façon dont ces sites tentent de rassurer les visiteurs. Commentez les différences entre les sites et proposez quelques améliorations possibles.
2. Comparez les sites amazon.fr et fnac.com en termes de *look and feel*. Discutez vos résultats en termes de lisibilité, de cohérence et de facilité de navigation. Proposez quelques améliorations possibles en vous inspirant d'autres sites que vous connaissez.
3. Choisissez un site marchand et réalisez un diagnostic d'accessibilité en vous appuyant sur la méthodologie développée par Jean-Marc Hardy (**http://www.redaction.be**).
4. Choisissez deux sites marchands et rédigez un brief de design sonore pour chacun.

Questions à débattre

1. À partir d'exemples concrets glanés sur le Web, quels sont d'après vous les avantages et les inconvénients des contenus générés par les visiteurs ?
2. En matière de conception de site Web, comment trouver un équilibre entre la liberté qui doit être laissée au visiteur et la directivité nécessaire pour améliorer la performance commerciale du site ?
3. Quels sont les avantages et les limites du concept de « persona » ?
4. Pensez-vous que les avatars vont se développer fortement dans les cinq prochaines années ? Sous quelles formes ? Justifiez vos positions.

Partie III

Gérer le commerce électronique

Chapitre 7

Création de trafic vers le site et conversion des visiteurs en clients

Objectifs pédagogiques

- Comprendre la variété des processus de choix d'un site marchand
- Identifier les enjeux associés à chaque processus de choix
- Savoir comment doser les leviers de visibilité et de réputation
- Connaître les atouts des principaux leviers de visibilité sur Internet
- Connaître les conditions d'efficacité des leviers de visibilité
- Savoir comment exploiter les synergies entre leviers de communication
- Savoir comment augmenter le taux de transformation
- Comprendre les enjeux du merchandising électronique
- Connaître les différentes politiques de fixation des prix
- Connaître les techniques promotionnelles en ligne

Voyages-sncf.com : une politique marketing volontariste pour créer du trafic

Avec près de 10 millions de visiteurs uniques (plus du quart des internautes) et 1,5 milliard d'euros de chiffre d'affaires, Voyages-sncf est aujourd'hui l'un des tout premiers sites français, en termes de trafic et de volume d'affaires en ligne. À l'origine, en 1998, il s'agissait d'un simple guichet virtuel de la SNCF : les ventes étaient entièrement réalisées avec des billets de train. En 2000, la vocation du site s'est élargie, avec l'ambition de devenir une agence de voyage globale. Pour ce faire, le site s'est appuyé sur Expedia, partenaire dont il a distribué le catalogue (l'alliance a été rompue en 2004, Expedia décidant de faire cavalier seul). L'entreprise a fortement communiqué sur la diversité de l'offre de voyage, même si, aujourd'hui, le train représente encore 80 % des ventes.

Voyages-sncf représente environ 20 % du volume d'affaires de la SNCF. Le succès du site repose sur plusieurs facteurs : la nature du produit, qui se vend facilement en ligne (en 2006, 38 % des internautes ont acheté un billet de train en ligne, loin devant les CD et DVD, avec un taux de pénétration de 28 %) ; la puissance de la marque, qui rassure les clients (l'entreprise publique fait partie des entreprises les plus appréciées des Français) ; la création d'une structure dédiée au Web (afin de laisser se développer une culture d'entreprise propre à Internet, en marge de la maison mère) ; une forte synergie entre informatique et marketing, avec de lourds investissements technologiques (aujourd'hui, l'entreprise revend des solutions développées en interne à d'autres acteurs du secteur ferroviaire) ; un renouvellement régulier du site, Voyages-sncf venant de lancer sa 16e version en 10 ans. ☞

Voyages-sncf.com : une politique marketing volontariste pour créer du trafic (*suite*)

Parmi l'ensemble des facteurs qui permettent d'expliquer le succès du site, la politique marketing volontariste de Voyages-sncf n'est sans doute pas le dernier. Comme le précise Rachel Picard, directrice marketing, « notre valeur ajoutée tient en quatre points : notre capacité à bien acheter, notre savoir-faire technologique et aussi, bien sûr, notre aptitude à aller chercher des clients et notre pilotage de la relation client ». L'entreprise estime que cette politique lui permet de réaliser 15 % de croissance de plus que le simple développement du nombre d'internautes lié au haut débit. Cette politique est ambitieuse dans la mesure où l'entreprise affirme : « Au-delà du choix et du prix, nous voulons être le référent du marché. » Voyages-sncf vise une position de référent en matière de transparence et de fiabilité des informations, de service client et de services associés au voyage, notamment avec les assurances. Comme le précise Rachel Picard : « C'est une posture de leader et un positionnement durable, source d'innovations. » En matière d'innovation récente, par exemple, le comparateur multimodal permet de comparer le train, la voiture et l'avion sur trois critères que sont le prix, la durée et l'émission de CO_2, en s'appuyant sur les données de l'ADEME (pollution) et de Mappy (temps de trajet).

Premier annonceur français sur le Web avec près de 90 millions d'euros d'investissements publicitaires en 2006 (d'après TNS Media Intelligence, Internet Marketing, 2007), Voyages-sncf consacre une part importante de son budget à l'achat de mots-clés sur les moteurs de recherche. Les 4 500 sites affiliés et le partenariat avec Eurostar apportent également une fraction substantielle du trafic. Plus de 50 % de ce dernier reposent sur les bannières, les liens et les newsletters. En ce qui concerne la publicité, les formats varient selon les produits, la bannière standard étant privilégiée pour les transports et les autres formats (sky scraper, bannières *expand*, etc.) pour les hôtels et les séjours.

En plus des campagnes promotionnelles sur Internet, Voyages-sncf mène, depuis 2005, une politique de communication de marque (les médias radio et presse absorbent environ 15 % du budget), afin de mieux faire connaître son activité d'agence de voyages, qui représente seulement 20 % du chiffre d'affaires.

La campagne Transatlantys, lancée en mai 2005, s'appuie sur un *a priori* largement répandu, pour mieux le renverser : « Voyages-sncf ne vend que des billets de train ». Le concept publicitaire repose sur une mystification qui trouve un écho dans l'imaginaire collectif : la construction d'un tunnel sous l'Atlantique, mettant New York à 8 heures de Paris en train. La communication a été savamment orchestrée, faisant de la campagne Transatlantys un cas d'école en matière de *buzz marketing*. J – 13, la rumeur est lancée sur Internet avec la mise en ligne d'un « vrai faux » site présentant le projet Transatlantys. J – 6, une campagne radio et affichage prend le relais pour amplifier le buzz. Le jour J, la révélation : « Parce qu'on ne peut pas aller partout en train, voyages-sncf.com vous propose aussi de l'avion, des séjours, etc. » La campagne a été largement amplifiée par les internautes lors du *teasing* (avec 53 000 références sur Google autour du mot Transatlantys), puis reprise par les médias. Pour Voyages-sncf, les retombées ont été importantes, en termes de notoriété et de ventes. Dans les jours qui ont suivi la révélation, le site a enregistré des records historiques : + 67 % sur les billets d'avion, + 66 % sur les séjours, + 73 % sur le train, etc.

La campagne Transatlantys a été prolongée plus récemment avec une opération détournant des panneaux de signalisation en entrée d'agglomération (Nouillorc, St Gapour, Losse-en-Gelaisse, etc.). Grâce à ces efforts continus pour expliquer que Voyages-sncf ne vend pas que des billets de train, la notoriété de l'activité d'agence de voyages est passée de 24 % à 34 % entre 2006 et 2007.

Questions :

En quoi le Web est-il complémentaire des autres canaux ?

À la différence de Voyages-sncf, Air France a décidé de ne pas filialiser son activité de revente de billets sur Internet. Pourquoi une telle différence ?

Pourquoi les formats publicitaires varient-ils selon les produits ?

Pour quelles raisons l'entreprise consacre-t-elle une part de son budget média au offline ? Conseillez-vous à Voyages-sncf de faire de la télévision ?

Pourquoi la campagne de *buzz marketing* Transatlantys a-t-elle été aussi efficace ?

Sources : *Ateliers de la Performance Client (La Poste), Le Journal du Net et Emarketing.fr*

Afin de générer un certain chiffre d'affaires, l'entreprise doit attirer un grand nombre de visiteurs, puis transformer une fraction de ces visiteurs en clients.

Dans ce chapitre, après avoir présenté une typologie des processus de choix d'un site marchand sur Internet et mis en évidence les principaux enjeux en matière d'attractivité, nous examinerons la palette d'outils qu'un site marchand peut mettre en place pour augmenter sa visibilité. Nous évoquerons les bannières publicitaires et les courriers électroniques, les moteurs de recherche et les comparateurs de prix, les réseaux d'affiliés et les partenariats. Nous insistons sur la triple nécessité de diffuser des messages pertinents et ciblés, de s'appuyer sur des mécanismes de diffusion virale et, surtout, d'intégrer les médias pour gagner en efficience.

Un défi de taille pour tous les sites marchands consiste à convertir le flux de simples visiteurs en flux de clients. Pour cela, après avoir étudié comment un internaute décide d'acheter en ligne, nous verrons comment la présentation de l'offre est susceptible de favoriser un achat. Nous aborderons, enfin, les questions de fixation des prix et les techniques promotionnelles qui peuvent inciter le visiteur à acheter.

1. Comprendre les comportements de choix pour créer du trafic

Les étapes par lesquelles l'internaute va passer pour choisir un site marchand sont-elles les mêmes que celles suivies par un consommateur pour sélectionner un point de vente ? Les facteurs qui l'attirent vers tel ou tel site marchand sont-ils ou non identiques aux facteurs qui l'attirent vers tel ou tel magasin ? Pour répondre à ces questions, il est nécessaire de dresser une typologie des processus d'achat sur Internet et pour chaque processus, d'identifier les principaux enjeux pour créer du trafic sur un site marchand.

1.1. Une typologie des processus d'achat sur Internet

1.1.1. Les dimensions de la typologie

Il est nécessaire de distinguer plusieurs cas de figure, selon deux dimensions essentielles qui caractérisent habituellement les processus de choix des points de vente : (1) la clé d'entrée employée par l'internaute dans son processus d'achat (site ou produit) et (2) son degré de connaissance de l'offre, préalablement à toute recherche d'information complémentaire.

La clé d'entrée

Soit l'internaute se rend sur un site, avec une vague idée des produits qu'il souhaite acheter, soit il souhaite acheter un ou plusieurs produits sans avoir nécessairement une idée très précise des sites marchands où il peut les acheter. Dans le premier cas, la clé d'entrée est « le site marchand à visiter », alors que dans le deuxième cas, la clé d'entrée est « le produit à acheter ». Dans le commerce réel, il arrive régulièrement aux clients de se rendre dans les magasins juste « pour voir », sans savoir précisément ce qu'ils vont y trouver. Ce cas de figure est certainement moins fréquent sur Internet (même si le « lèche-écran » est probablement susceptible de se développer parallèlement avec une plus grande familiarité des internautes avec le commerce en ligne). Autrement dit, sur Internet, la clé d'entrée dominante est probablement le produit à acheter, plus que le site à visiter.

La connaissance préalable

Soit l'internaute connaît bien l'offre (les sites marchands, leur positionnement, les catégories de produits vendus, etc.), soit il la connaît peu. La méconnaissance peut être totale (ignorance du nom même des sites marchands) ou partielle (connaissance des noms, mais ignorance des catégories vendues, ou du positionnement prix et des services offerts, etc.).

En règle générale, il ne faut pas surestimer le degré de connaissance du client, d'autant que sur Internet les marchés sont très volatils : les sites ouvrent régulièrement des catégories de produits et en ferment parfois ; ils changent fréquemment les prix, lancent une multitude d'offres promotionnelles, etc. Cependant, les sphères de connaissance ne sont pas indépendantes. Dans le cas d'une faible connaissance de l'offre marchande en ligne, il est probable que l'internaute utilise sa connaissance du monde physique pour s'orienter sur le Web. Par exemple : « Je veux acheter un poste TV sur un site marchand… chez Darty, je sais qu'on vend des TV… donc je vais voir darty.fr… ou si je ne connais pas l'adresse, je vais taper "darty" sur Google. »

1.1.2. Les quatre processus d'achat

Les deux dimensions du processus d'achat ne sont pas parfaitement indépendantes l'une de l'autre, dans le sens où, si l'internaute connaît peu l'offre disponible sur Internet, il est probable qu'il emploiera d'autant plus une clé d'entrée « produit » qu'une clé d'entrée « site » (voir tableau 7.1).

Cependant, les deux dimensions sont à la fois suffisamment centrales et non liées pour justifier de les employer conjointement. On distingue quatre cas de figure :

- Dans le premier cas, la visite expérientielle, l'internaute se rend sur un site marchand comme il se rendrait dans un magasin pour faire du lèche-vitrines, pour voir quelles sont les bonnes affaires, les nouveautés, etc., sans avoir une idée précise en tête. Ce processus de décision n'est pas guidé par un objectif ; les motivations de visite sont plutôt hédonistes (découvrir une offre originale, se faire surprendre, se promener dans un vaste assortiment, comme une caverne d'Ali Baba, etc.). Les visites régulières sur PriceMinister ou sur eBay rentrent naturellement dans cette catégorie des achats expérientiels, notamment quand il s'agit de compléter une collection.

- Dans le deuxième cas, la visite expéditive, l'internaute se rend sur un site pour réaliser un achat assez précis. Soit il connaît l'offre de ce site pour ce produit (il a vu une offre sur une publicité ou un ami lui en a parlé, par exemple), soit il sait, avec un degré de confiance suffisamment fort, que ce site est le meilleur pour telle catégorie de produits (sur la base de son expérience ou d'après l'avis d'un proche, par exemple). Il peut également s'agir d'un achat routinier ou d'un réachat, auquel cas on parlera de fidélité au site marchand (voir chapitre 9). À la différence du précédent, ce processus de décision est guidé par un objectif précis ; les motivations de visite sont plutôt utilitaires (trouver le produit recherché en un minimum de temps).
- Dans le troisième cas, la visite exploratoire, l'internaute souhaite réaliser un achat dans une catégorie précise, mais ne connaît pas les sites à visiter. Il choisira probablement de surfer sur des sites connus dans le commerce physique, ou bien de saisir le nom de la catégorie de produits sur un moteur de recherche ou sur un comparateur. Ce processus de décision est guidé par un objectif précis, mais nécessite toutefois des phases de découverte ; les motivations de visite sont plutôt utilitaires mais l'internaute est susceptible de se laisser distraire.
- Dans le quatrième cas, la visite comparative, l'internaute souhaite réaliser un achat précis et connaît les sites qui commercialisent la catégorie de produits recherchée (sur la base de son expérience ou d'après un article publié dans un magazine, par exemple). L'internaute va donc comparer les différents sites qui font partie de son ensemble de considération. Ce processus de décision est guidé par un objectif précis. Il est encadré par une présélection des sites à visiter. On ne peut exclure que l'internaute soit dévié de sa course, mais *a priori*, ce processus est plutôt fermé et laisse peu de place à l'improvisation.

Tableau 7.1 : Typologie des processus d'achat sur Internet

<table>
<tr><td colspan="2" rowspan="2"></td><th colspan="2">Degré de connaissance de l'offre</th></tr>
<tr><th>Faible</th><th>Fort</th></tr>
<tr><th rowspan="2">Clé d'entrée dans le processus d'achat</th><th>Site</th><td>Visite expérientielle</td><td>Visite expéditive</td></tr>
<tr><th>Produit</th><td>Visite exploratoire</td><td>Visite comparative</td></tr>
</table>

1.2. Les enjeux en matière d'attraction des visiteurs

Sur Internet, la recherche d'information préalable à l'achat est sans doute plus importante que dans le commerce physique : l'internaute est plus fréquemment en situation de comparer une offre avec une autre, d'un site à l'autre (voir chapitre 3). Dans ces conditions, l'attractivité naturelle de la marque doit être doublée de démarches très actives pour attirer les visiteurs. Autrement dit, si la réputation de la marque reste fondamentale sur Internet – notamment pour rassurer le visiteur et l'inciter à passer à l'acte – cela ne suffit pas pour garantir une forte part de trafic.

1.2.1. La déclinaison des enjeux selon les processus d'achat

Les sites marchands sont contraints de mettre en place des actions volontaristes, souvent coûteuses, pour attirer les visiteurs. Il est cependant nécessaire de distinguer plusieurs enjeux, selon le type de processus d'achat.

Le cas de la visite expérientielle

Le site doit devenir une référence dans sa catégorie. La présence à l'esprit doit être à un niveau très élevée (notoriété *top of mind*), grâce à une communication régulière en ligne et/ou dans le monde réel, selon les habitudes de consommation média des clients ciblés.

S'appuyer sur une communication de présence à l'esprit et sur une réputation forte n'empêche pas, par ailleurs, de proposer des offres ponctuelles qui donnent envie de découvrir le site. Le client ne s'y rendra pas nécessairement pour acheter l'offre promue, mais cette dernière pourra servir de point de départ à une visite expérientielle. La promesse tenue d'un assortiment renouvelé constamment et de nombreuses bonnes affaires est également indispensable, sans quoi la communication de présence à l'esprit n'aura qu'un effet limité au-delà d'une première visite nécessairement décevante.

Les grandes enseignes du commerce traditionnel ont naturellement un avantage sur les *pure players* dans la mesure où le rôle de référent s'inscrit dans une plus longue durée. Cependant, qu'il s'agisse de catégories de produit nouvelles – comme les DVD – ou de nouvelles technologies comme les téléphones portables ou les ordinateurs, les *pure players* ont réussi à prendre des places fortes (Pixmania, Ldlc, Cdiscount, etc.), sans parler des sites C2C pour lesquels ils sont naturellement incontournables (Price Minister, eBay, etc.).

Le cas de la visite expéditive

Dans le cas de la visite expéditive, les enjeux s'expriment plutôt en termes de satisfaction et de fidélité, quand la connaissance de l'offre repose sur une expérience directe. L'internaute retourne sur le site pour renouveler un achat ou pour réaliser un achat précis, car il sait que ce site commercialise le produit recherché.

Les enjeux s'expriment plutôt en termes de bouche-à-oreille quand la visite résulte d'une recommandation d'un proche ou d'un journaliste. Certaines formes de communication, comme le parrainage, se situent à la frontière entre le recrutement de nouveaux clients et la fidélisation de clients actuels. Tous les sites sont susceptibles de bénéficier d'un effet positif de la fidélité.

Le cas de la visite exploratoire

Ce cas de figure est certainement celui qui pose les défis les plus importants, car le site marchand doit se trouver sur la route d'un client qui erre sur la toile et ne sait pas où trouver le produit qu'il cherche.

La prime aux enseignes connues dans le commerce physique est naturellement très forte. Mais des enseignes peu connues peuvent aussi rentrer dans l'ensemble évoqué, à condition d'être présentes dans les toutes premières lignes, lorsque l'internaute interroge un moteur ou un comparateur. Une enseigne totalement inconnue sera peu choisie dans un moteur de recherche (l'absence de réputation étant un obstacle difficile à surmonter sans une bonne raison). En revanche, si l'offre proposée *via* le comparateur est réellement très attractive, une visite est tout à fait envisageable.

Le cas de la visite comparative

Dans ce cas, le site doit entrer durablement dans l'ensemble évoqué de l'internaute et être très fortement associé à une catégorie de produits, pour être retenu quasi automatiquement. La différence avec le cas précédent réside dans le degré de fermeture du processus de décision. Comme l'internaute a un degré de connaissance élevé, il pensera immédiatement à quelques sites, sans forcément envisager une recherche ouverte avec un moteur ou un comparateur.

Encore une fois, la prime aux enseignes connues est forte, sans doute encore plus forte que dans le cas précédent. Rentrer durablement dans l'ensemble évoqué, pour des catégories de produit précises, demande un investissement important, dans la durée. Aujourd'hui, seuls quelques *pure players* comme Amazon, Pixmania ou Cdiscount sont en mesure de le faire.

1.2.2. Les leviers majeurs pour créer du trafic : visibilité x réputation

Si l'on se penche vers les facteurs les plus déterminants pour attirer un client dans un magasin, les experts s'accordent tous sur l'importance de la localisation. Bernardo Trujillo, l'un des grands consultants du commerce, avait souligné l'importance de ce facteur, dès les années 1950, en affirmant que « les trois règles de succès dans le commerce sont la localisation, la localisation et la localisation ».

Il va de soi que les facteurs géographiques, qui sont essentiels dans le commerce, jouent un rôle différent sur Internet dans la mesure où la notion même de distance prend une dimension plus psychologique (Volle, 2000). Cependant, sur Internet, ces enjeux de localisation ne disparaissent pas, ils changent de nature.

Les enjeux s'expriment plus en termes de visibilité – dans un environnement désormais très concurrentiel – qu'en termes de distance géographique entre le client et le magasin. Cela signifie que le site marchand doit être proche des flux de trafic naturel, notamment sur les portails et les sites à grand volume. Mais cela signifie aussi que, quand les internautes recherchent tel ou tel produit, notamment sur les moteurs et sur les comparateurs, ils doivent être exposés au site marchand pour que celui-ci puisse être considéré. Un site dont la réputation est nulle transformera mal sa visibilité – même forte – en trafic. Réciproquement, avec la meilleure réputation du monde, les sites marchands doivent travailler leur visibilité. Il en va ainsi pour les enseignes traditionnelles, qui ne peuvent se reposer exclusivement sur la puissance de leur marque, mais qui doivent impérativement entrer dans l'arène du Web. Les plus gros annonceurs du Web sont aussi de grandes marques, comme SNCF, HP, SFR ou Orange.

L'enjeu de la visibilité

Le degré de visibilité d'un site se mesure par sa présence dans les médias, *via* des bannières et des e-mails, sur d'autres sites, dans les moteurs de recherche, dans les forums, etc. La visibilité d'un site est le premier facteur explicatif du trafic.

Exemple : Visibilité et trafic – Le degré de visibilité varie fortement d'un site à l'autre. Aux États-Unis, l'indice calculé de visibilité pour Amazon s'élève à 0,8 contre 0,4 pour eBay ou encore 0,32 pour CDNow ou Barnes & Noble, et 0,18 pour Victoria Secret. La visibilité explique environ 75 % du trafic. La présence du site marchand sur d'autres sites est le premier facteur explicatif de la visibilité (partenaires, affiliés, moteurs, etc.), devant les bannières et la publicité conventionnelle (même si plus du tiers des visiteurs déclare se rendre sur le site suite à une exposition publicitaire).

Source : d'après Drèze et Zufryden, 2004

La visibilité du site marchand est particulièrement importante pour le cas des visites exploratoires, dans la mesure où le client est en phase de recherche d'information active et qu'il n'a qu'une faible connaissance préalable de l'offre.

L'enjeu de la réputation

L'enjeu de la réputation, qui concerne l'ensemble des visites (mais surtout les visites expérientielles et les visites comparatives) est d'une nature différente. La réputation du site marchand dépend à la fois de la puissance de la marque (notoriété, image, considération, préférence, etc.) et de sa crédibilité sur Internet. Les enseignes traditionnelles peuvent dépasser les *pure players* en matière de puissance (notoriété et image), mais ces derniers peuvent, au contraire, dépasser les enseignes traditionnelles en matière de crédibilité sur Internet.

Le tableau 7.2 présente les enjeux en matière de visibilité et de réputation.

Tableau 7.2 : Les enjeux en matière de visibilité et de réputation selon les processus d'achat

	Visibilité	Réputation
Visite expérientielle	+	+ + +
Visite expéditive	+	+ Plus une question de satisfaction/ fidélité que de réputation
Visite exploratoire	+ + + Visibilité essentiellement online	+ + Pour transformer le potentiel de visite en visite effective
Visite comparative	+ Visibilité autant offline qu'online	+ + + Place à conquérir durablement dans l'ensemble de considération

Mettre plutôt l'accent sur la visibilité ou sur la réputation ?

La visibilité du site marchand est particulièrement importante dans la première étape du processus d'achat, celle qui consiste à sélectionner un ensemble de sites dignes de considération. La réputation est plus importante dans la phase intermédiaire, qui consiste, pour l'internaute, à éliminer certains sites pour se faciliter la tâche et n'en comparer qu'une poignée.

L'importance relative de la visibilité et de la réputation dépend beaucoup du comportement des internautes (répartition des achats entre les différents processus identifiés ci-dessus). D'autres variables peuvent également jouer – en plus de la clé d'entrée et du degré de connaissance de l'offre – comme le temps disponible pour choisir.

Pour déterminer l'importance de la réputation, un moyen consiste à regarder le pourcentage d'internautes qui utilisent un moteur de recherche pour se rendre sur le site (*versus* le pourcentage qui accèdent directement au site en saisissant l'URL), sachant que cette information est très courante dans les outils de suivi du trafic. On peut aller plus loin dans l'analyse en croisant ce pourcentage avec le type de visite (la fréquence d'utilisation d'un moteur devrait logiquement être supérieure pour les visites comparatives et surtout, pour les visites exploratoires).

La question de la réputation des marques dépasse largement l'objet de cet ouvrage. Pour aller plus loin, le lecteur est donc encouragé à consulter un manuel spécialisé sur les marques (Lewi et Lacoeuilhe, 2007) et les quelques études disponibles sur le sujet des marques en ligne.

Dans la suite du chapitre, nous présentons les moyens concrets dont dispose un site marchand pour augmenter sa visibilité, notamment pour générer des visites exploratoires et des visites comparatives.

2. Utiliser une palette d'outils pour augmenter la visibilité du site

Un site marchand qui désire augmenter sa visibilité sur Internet dispose de nombreux outils, dont les principaux sont : la diffusion de bandeaux publicitaires, l'envoi de courriers électroniques, le référencement sur les moteurs de recherche et la présence sur des comparateurs de prix, la mise en place de réseaux d'affiliés ou de partenariats, les relations publiques en ligne (voir figure 7.1).

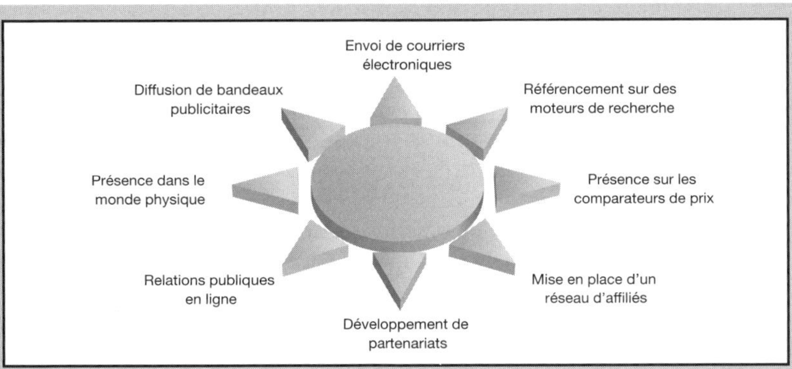

Figure 7.1 - Les dispositifs de création de trafic sur un site marchand.

Cependant, malgré la forte croissance des communications électroniques, il est essentiel de rappeler que la communication conventionnelle – celle qui se déroule dans le monde physique – reste un levier incontournable de visibilité pour un site marchand. À tel point que certains *pure players* déploient des efforts considérables sur certains supports – comme les prospectus – qui paraissent *a priori* dépassés à l'ère du Web 2.0 !

2.1. La diffusion de bandeaux publicitaires

Dans les pays développés, Internet est devenu le quatrième média (hors liens sponsorisés), devant le cinéma, et juste derrière l'affichage (les autres médias sont la presse, la télévision, la radio). En France, par exemple, la publicité sur Internet représente plus de 6 % des dépenses média (TNS Media Intelligence). Les plus gros annonceurs se recrutent dans le domaine du voyage (SNCF, Expedia, etc.) et de la téléphonie (SFR, Orange, etc.). Les sites marchands font rarement partie du top 10 des plus gros annonceurs sur le Web, en dehors de eBay (plus de 60 millions d'euros d'investissement brut pour 2006).

2.1.1. La tarification et le coût d'une campagne

Les bandeaux publicitaires (*banners*) sont facturés de trois façons : selon l'exposition (nombre d'impressions), selon l'interaction (nombre de clics) et selon la performance (nombre de ventes effectivement déclenchées). La tarification repose généralement sur le nombre d'expositions pour les campagnes de notoriété, de présence à l'esprit et d'image. La tarification au nombre de clics est préférable pour les campagnes de promotion des ventes. La tarification à la performance reste rare, mais se justifie quand le message comporte une offre immédiatement accessible.

Le coût pour mille expositions (CPM) varie fortement, de 1 euro à près de 80 euros. Le prix de 1 000 expositions varie surtout selon le format de la publicité (les bannières plus grandes sont naturellement plus chères) et selon le type de site (les bannières sont plus chères sur les sites spécialisés dont l'audience est plus homogène, ce qui permet d'en connaître l'affinité avec la cible visée).

Le coût moyen d'une campagne se situe autour de 500 000 euros. Le coût d'entrée pour une campagne de 15 jours se situe plutôt autour de 100 000 euros.

Exemple : Les serveurs de bannières – La page qui s'affiche sur l'écran de l'internaute est la combinaison de plusieurs éléments qui proviennent de différents serveurs. Dans la plupart des cas, les bannières ne sont pas diffusées par le même serveur que celui qui héberge le site dans lequel elles sont affichées. Les bannières sont diffusées par des régies publicitaires, des agences de communication interactive ou des prestataires informatiques. Ces acteurs sont à même de cibler les bannières selon la période de la journée, l'emplacement sur le site (ciblage contextuel)… ou selon le profil de l'internaute (si celui-ci s'est identifié ou si un cookie est lisible sur son disque). Ils sont également capables de contrôler le nombre d'expositions sur le même internaute, de façon à éviter la lassitude et, surtout, de façon à pouvoir essayer différentes bannières, plus ou moins susceptibles de déclencher un clic. Concrètement, le serveur de contenus diffuse un code qui contient un appel à programme vers le serveur publicitaire (*AdServer*).

Un logiciel décide alors quelle bannière diffuser (*AdManager*). Les régies publicitaires offrent également des outils de planification (choix des sites ciblés, nombre de répétitions, etc.), des outils de reporting (suivi de l'efficacité de la campagne) et des outils de commercialisation d'espace disponible pour les sites marchands qui souhaitent générer un flux de revenus publicitaires.

Source : d'après Hussherr et al., 2000

2.1.2. L'efficacité des bandeaux publicitaires

Le taux de clics sur un bandeau publicitaire est généralement faible – entre 0,2 et 0,3 % d'après la régie Doubleclick (**http://www.doubleclick.com**). Cependant, toutes les campagnes publicitaires sur Internet ne sont pas également (in)efficaces. Certaines campagnes peuvent générer des taux de clics supérieurs à 1 %, ce qui constitue une bonne performance. L'efficacité d'une campagne dépend, comme toute campagne de communication, de la pertinence conjointe du message, du ciblage et de la planification, par rapport à un objectif précisé à l'avance.

Le message

Comparativement à une communication classique, l'objectif de persuasion est certainement moins critique dans la mesure où le message est avant tout destiné à susciter un clic vers un message plus élaboré (qui, lui, est destiné à convaincre). L'objectif de mémorisation est également moins critique dans la mesure où le message et l'action se situent dans une forte continuité temporelle (ce qui n'est pas le cas d'une exposition publicitaire qui sera suivie d'une visite dans un point de vente parfois plusieurs semaines après) [1].

Naturellement, si l'objectif est l'exposition plus que le clic, le bandeau doit délivrer un message en lui-même persuasif et de préférence mémorisable. De fait, l'efficacité d'une bannière publicitaire ne se mesure pas uniquement en termes de nombre de clics. La mémorisation du message, notamment non consciente ou implicite, constitue également l'un des objectifs (Pêtre, 2005).

Les études disponibles montrent que l'efficacité du message dépend :

- **Du format.** Le rectangle de 300 × 250 pixels est plus efficace que les formats classiques, comme la bannière de 468 × 60. Les formats larges sont globalement plus efficaces, d'autant que la bannière large de 728 × 90 pixels permet, par exemple, d'exprimer plus de créativité. Les pop-ups sont plus efficaces mais peu appréciés des internautes car intrusifs.
- **De la présence d'images ou d'animations.** Les messages animés, dits rich media, sont généralement plus efficaces que les messages non animés (Yoo, 2005). Les animations peuvent prendre plusieurs formes : gif animé, flash, streaming, etc. (Des archives de bannières rich media sont proposées sur différents sites comme **http://www.tangozebra.com** ou **http://www.eyeblaster.com**). Ces messages représentent plus d'un tiers des messages diffusés en France, en raison du développement du

1. Dans les approches les plus sophistiquées, le taux de clic immédiat (*clickthrough rate*) peut être complété par le nombre de visites ultérieures dans un délai de 30 jours (*viewthrough*).

haut débit (le pourcentage est sensiblement moindre aux USA). Les bandeaux interactifs, qui permettent de saisir des données, sont également plus efficaces.

Exemple : L'impact de l'animation sur l'efficacité des bannières – L'utilisation d'images améliore la performance des bannières, notamment la réaction affective (attitude envers l'annonce). Le clignotement n'entraîne pas forcément de réactions négatives. En revanche, la multiplication des animations entraîne des problèmes de compréhension, comme un tempo trop rapide. Le tempo modéré est également préférable au tempo lent, qui irrite l'internaute.

Source : d'après Chaura-Abida et Chtourou, 2005

- **Du nombre de créations différentes pour une même campagne.** Il est préférable de ne pas multiplier les créations (versions différentes d'un même concept publicitaire) lorsque la navigation est guidée par un objectif précis (Chatterjee, 2005). Globalement, une augmentation du nombre de créations induit même une baisse de performance (Manchanda *et al.*, 2006). En tout état de cause, il est important de tester l'efficacité des différentes communications car les scores peuvent varier fortement pour une même campagne (la même création peut aussi marcher très différemment d'un site à l'autre).

Le ciblage

L'affinité entre le support et la cible de l'annonceur est naturellement une condition essentielle du succès de la campagne. Diffuser un message sur une cible qui n'est pas visée constitue un gaspillage inconséquent dans la période actuelle. La pression des financiers est forte pour faire en sorte d'améliorer l'efficience des investissements marketing et commerciaux.

Sur Internet, la cible de communication est généralement plus étroite que la cible marketing (ceux qui sont susceptibles d'acheter). Le marketing est nettement plus individualisé sur Internet, grâce aux dispositifs d'identification volontaire, mais aussi grâce aux cookies.

Le contexte d'exposition détermine également l'efficacité d'une bannière. L'efficacité est réduite par l'encombrement. Elle est également affectée par un mauvais ciblage contextuel : quand l'internaute navigue dans un but précis, on constate une baisse de l'attention portée aux bannières. En revanche, plus l'internaute reste longtemps sur la page – comme c'est le cas des sites proposant un contenu développé – plus les messages sont efficaces en termes de mémorisation. Les messages contenus dans les newsletters émises par d'autres sites sont également efficaces, à condition que le ciblage et la contextualisation soient pertinents.

La planification

Le ciblage temporel est pertinent si la période de communication est judicieuse par rapport au rythme d'achat et aux habitudes de consommation de la catégorie de produits sur laquelle on communique (par exemple, au moment où les clients sont susceptibles de décider d'un achat ou de changer de marque). Les décisions de ciblage temporel plus fines sont également déterminantes (jour de la semaine, heure de la journée).

Par rapport au médiaplanning traditionnel, sur Internet, on contrôle parfois le nombre d'expositions maximal au niveau individuel (*capping*). Ceci est d'autant plus nécessaire qu'au-delà de trois répétitions, l'efficacité du message, mesurée avec le taux de clic, baisse. Cependant, la probabilité d'achat augmente en fonction du nombre d'expositions (Manchanda *et al.*, 2006).

Si les questions de répétition semblent mieux maîtrisées sur Internet, comparativement à la communication conventionnelle, les questions de duplication de l'audience d'un site à l'autre restent naturellement très complexes. Les régies connaissent bien les supports qu'elles commercialisent, mais les mesures d'audience sont moins contrôlées que pour les médias classiques.

Depuis la première bannière diffusée en France en 1996, la publicité sur Internet est devenu un domaine où s'expriment de véritables expertises : c'est pourquoi, pour aller plus loin, le lecteur est encouragé à consulter les études spécialisées disponibles sur le sujet.

2.2. L'envoi de courriers électroniques

De la même façon que les sites marchands vont à la pêche aux prospects (*leads*) grâce aux bannières publicitaires, ils peuvent également décider d'envoyer des courriers électroniques de recrutement (*e-mails*). Ces e-mails de recrutement sont à distinguer nettement des courriers électroniques de fidélisation destinés aux clients actuels (voir chapitre 9).

À la différence des bannières, les courriers électroniques de recrutement sont envoyés à des internautes ayant donné leur accord (*opt-in*) pour recevoir des e-mails commerciaux. Dans le cas contraire, on peut clairement parler de courriers non sollicités (*spams*).

La liste des internautes ciblés par le site marchand peut provenir de fichiers internes (par exemple, les clients du catalogue ayant laissé leur adresse électronique) ou de fichiers externes (comme des adresses louées à un prestataire spécialisé).

Le marché de l'adresse électronique comporte à la fois des sites (marchands ou non) qui peuvent louer leur fichier d'adresses et à de nombreux prestataires spécialisés, comme Acxiom Data, 1000Mercis (Elisa), Com & Stay, iBase, KDP Data ou encore des sites de loteries comme Bananalotto.fr et des programmes de fidélisation en ligne comme Maximiles.

Le courrier électronique de prospection contient généralement une offre promotionnelle de recrutement. Il peut néanmoins se contenter de viser une simple prise de contact sans commande (visite du site, demande de documentation, etc.). Il peut aussi contenir un jeu/concours, voire même proposer un mécanisme viral pour en faciliter la transmission à un proche.

Les avantages du courrier électronique sont le ciblage (comparativement aux bannières), la vitesse de retour (maximum 3 jours, avec un pic de réponse en 24 heures, contre plusieurs semaines pour un publipostage classique), le coût (comparativement aux courriers papier) et la traçabilité. Sur ce dernier point, on sait notamment qui a reçu le mail (le pourcentage se situe généralement autour de 90 %), qui l'a ouvert, lu, cliqué, etc.

2.2.1. La tarification et le coût d'une campagne d'e-mailing

Il serait faux de dire qu'un courrier électronique ne coûte rien même si, naturellement, ce coût est beaucoup plus faible que celui d'un courrier postal classique. À des coûts de conception, s'ajoutent des coûts de diffusion, incluant notamment les coûts afférents à la location d'adresse et/ou à la constitution d'une base de données d'envois. Le coût de constitution du fichier d'adresses électronique varie fortement selon les sources (internes ou externes), mais il est courant de devoir consacrer autour de 0,20 euro par adresse cible louée, et 2 à 3 euros par adresse achetée, quand cela est possible (Clayessen, 2008). Le coût augmente pour des populations plus complexes à toucher ou plus petites. Le coût augmente aussi sensiblement selon le degré de qualification des adresses. Plus on obtient d'informations sur l'internaute qui se cache derrière l'adresse, plus cette adresse est coûteuse (de 1 à 4 euros).

Une estimation consistant à diviser les montants investis par le nombre d'e-mails de recrutement diffusés conduit à un coût moyen de 0,25 euro par email, soit environ un quart du coût moyen d'un courrier postal[1].

2.2.2. L'efficacité des courriers électroniques

Environ 90 % des courriers électroniques arrivent à destination. Le taux d'ouverture des courriers avoisine 30 % [2] et le taux de clic 8 % (source : **http://www.doubleclick.com**). Cependant, les courriers électroniques sont plus ou moins efficaces selon :

- **Les caractéristiques physiques du message** (police de caractère utilisée, présence ou non d'images, format texte ou HTML, etc.). Le taux de clic semble corrélé avec le nombre d'images (Chitterden *et al.*, 2003).
- **L'objet du message.** La lisibilité de l'objet détermine le taux d'ouverture et le degré d'attention (Cases *et al.*, 2006).
- **L'émetteur du message.** Les mails « froids » (*coldmails*) envoyé par des émetteurs inconnus du destinataire sont moins efficaces que les mails cosignés par une marque connue du client.
- **Les caractéristiques de l'offre** (produits, texte, etc.). Un mailing comprenant deux offres est plus efficace que deux mailings comprenant une offre (Cases *et al.*, 2006).
- **Le contenu de l'offre promotionnelle.** La gratuité des frais de port est une offre promotionnelle particulièrement efficace, comme l'est également le bon de réduction immédiat. La combinaison du jeu et du viral est également très efficace.
- **Le degré de personnalisation.** Les courriers électroniques personnalisés sont plus efficaces.
- **Le contexte de diffusion.** L'efficacité varie selon le jour de la semaine et l'heure de la journée, mais aussi selon le type de connexion.

Comme tout message de communication, l'efficacité du courrier électronique dépend aussi de son adéquation avec la cible. Cette adéquation dépend non seulement de l'affinité entre la cible et la catégorie de produits, l'offre promotionnelle, la promesse, le

---

1. Source : d'après le Syndicat national de la communication directe (**www.sncd.org**).
2. Le taux d'ouverture d'un mail, qui signifie généralement qu'au moins une image a été téléchargée, nécessite d'être analysé avec prudence, compte tenu des aléas techniques (type et paramétrage du navigateur, etc.).

ton, etc., mais également du degré avec lequel le média est lui-même accepté. Il semble que certaines cibles soient plus réceptives que d'autres, comme les mères au foyer de plus de 35 ans (Lancelot *et al.*, 2005).

> ***Exemple :*** Les SMS et autres MMS – Les sites marchands sont aujourd'hui en mesure d'envoyer des offres de recrutement à des possesseurs de téléphones mobiles, *via* SMS (*Short Message Service*) ou MSS (la version multimédia des SMS). Toutefois, il est déconseillé d'utiliser ces techniques à des fins de recrutement. Si les messages sur téléphone mobile sont très appréciés pour la gestion de la relation client (notamment pour prévenir de l'arrivée d'une commande), il n'en va pas de même pour les SMS/MSS commerciaux, qui sont souvent rejetés.
>
> *Source : d'après l'étude menée chaque année par CSA pour les Ateliers de la Performance Client, La Poste, 2006*

L'e-mailing est maintenant un domaine où se développent des expertises pointues. Pour aller plus loin, le lecteur est donc encouragé à consulter un manuel spécialisé (par exemple, Clayessen, 2008), les études disponibles sur le sujet, ainsi que les sites des prestataires.

2.3. Le référencement sur les moteurs de recherche (search marketing)

Jusqu'à une période assez récente, le terme de référencement désignait les efforts réalisés par les sites, au moment de leur (re)lancement, pour qu'ils puissent être présents en bonne place sur les moteurs de recherche et sur les annuaires, comme Yahoo. Cet effort important était généralement ponctuel et concernait surtout le référencement de la page d'accueil. Il passait par un travail sur les mots-clés insérés dans les pages, à des emplacements spéciaux nommés « métabalises », ou « métatags » (voir chapitre 4). De cette façon, le site pouvait être repéré par les robots qui sillonnent le Web en permanence pour indexer les contenus.

Au fil du temps, cette approche dite de référencement « naturel » a été quelque peu délaissée – avec la sophistication croissante des techniques marketing et la marchandisation des mots-clés – au profit du référencement payant. Depuis 2001, les mots-clés sont payants et certains s'arrachent à prix d'or. Les mots-clés sont devenus des attracteurs très puissants, susceptibles de drainer des centaines de milliers de visites.

L'arrivée de Google n'est pas étrangère à cette révolution ; elle en est même au centre. Google représente environ le tiers de tous les accès à des sites Web en France, pour deux raisons essentielles :

- Les internautes utilisent de moins en moins l'accès direct aux sites et privilégient les moteurs de recherche (plus de 40 % des accès se font *via* un moteur). Ils accèdent aux sites par des liens qui sont donnés par les moteurs de recherche en réponse aux requêtes des internautes, mais que l'on trouve aussi sur de nombreux autres sites.
- Les recherches sont concentrées de façon stupéfiante sur Google. L'entreprise détient une part de marché située autour de 80 %, loin devant Yahoo, Orange/Voilà et MSN

(autour de 5 %), ce qui donne à Google un caractère tout à fait incontournable sur ce marché très lucratif.

Avec l'émergence d'un véritable marché des mots-clés, le référencement est devenu une activité stratégique qui suppose des efforts permanents pour référencer non seulement la page d'accueil mais aussi des rubriques ou des pages spécifiques (notamment des boutiques et des catégories de produits). De fait, certains sites marchands consacrent chaque année plusieurs millions d'euros au référencement.

2.3.1. Améliorer la visibilité du site sur les moteurs de recherche

Il existe trois voies principales pour augmenter la visibilité d'un site sur un moteur de recherche :

- La première voie consiste à optimiser le balisage des pages pour améliorer gratuitement sa position dans les classements (*ranking*). C'est la technique du référencement naturel[1]. Il s'agit plus précisément d'associer à chaque page des mots-clés qui seront repérés ensuite par les robots de Google, Yahoo, etc., qui balayent en permanence le Web.
- Apparaître sur la première page est crucial dans la mesure où peu d'internautes prennent la peine de consulter ne serait-ce que la deuxième page[2]. La seconde voie consiste donc à payer le moteur de recherche pour s'assurer un bon positionnement, lorsque l'internaute saisit tel ou tel mot-clé (ou plus exactement telle ou telle combinaison de mots-clés). C'est la technique du positionnement payant. La qualité d'un référencement s'apprécie en fonction de la position obtenue sur les moteurs de recherche les plus importants pour la cible marketing du site marchand.
- La troisième voie consiste, non pas à payer pour un bon positionnement, mais à payer pour faire apparaître un lien sponsorisé lorsque l'internaute saisit tel mot-clé ou telle combinaison de mots-clés. Ce lien est généralement situé en haut de la liste des réponses, ou à droite de celle-ci ; parfois les deux, comme sur Yahoo ou Google. Ces liens sponsorisés sont appelés « liens commerciaux » ou « liens promotionnels ».

Exemple : La désindexation – Certains moteurs de recherche peuvent décider de désindexer un site (*blacklistage*), décision qui aura des conséquences majeures sur le trafic. Cela peut arriver quand le site se comporte de façon contraire à l'éthique, notamment quand il tente de tromper les moteurs de recherche (*spamdexing*) : en répétant les mots-clés ; en créant de fausses pages optimisées pour tel ou tel moteur (pages alias et pages satellites) ; en présentant au moteur des pages différentes de celles présentées aux internautes, etc.

---

1. Le référencement naturel ne se limite pas à la question du balisage. Le positionnement résulte d'une combinaison de facteurs, comme la fréquence d'occurrence du mot-clé dans le texte, le nombre de liens vers les pages et la qualité des sites qui les conseillent (ce qui indique sa popularité sur le Web), l'indice *page rank* de Google (une formule plus ou moins secrète qui a fait une part du succès de l'entreprise), les mots-clés accompagnant les images (car à ce jeu des mots-clés les sites très visuels sont naturellement handicapés).
2. Cette dictature du top 10 est cependant contestée dans la mesure où les internautes réalisent plusieurs recherches successives, lorsqu'ils ne trouvent pas ce qu'ils cherchent (Chaffey *et al.* 2006, p. 374).

2.3.2. La tarification et le coût du référencement payant

Le coût du référencement naturel n'est pas nul. Il suppose de s'appuyer sur les bonnes compétences et de passer du temps à optimiser patiemment le balisage des pages. Certains sites font appel à des expertises en interne, d'autres se tournent vers des agences spécialisées en référencement. Le positionnement payant absorbe une bonne partie du budget. Les montants en jeu peuvent être très importants et constituer une véritable barrière à l'entrée pour les petits sites marchands. Une simulation réalisée au Royaume-Uni montre que l'achat des deux mots-clés « assurance » et « assurance automobile » coûte plus de 30 000 euros par jour (Chaffey *et al.*, 2006) !

Les mots-clés sont vendus aux enchères, selon leur popularité. Il va de soi que les termes « location voiture » ou « lecteur dvd » sont naturellement plus coûteux que « oursin » et « haricot ». Les enchères débutent à quelques centimes d'euros, mais certains mots stratégiques peuvent s'élever à 1 euro.

Les mots-clés plus spécifiques ont un coût par clic généralement supérieur aux mots-clés plus génériques. Toutefois, au lieu de se payer un mot-clé très populaire, ce qui suppose un budget important, certains sites marchands préfèrent multiplier les achats de mots-clés secondaires. L'intérêt de cette stratégie consiste également à attirer un trafic plus qualifié, donc finalement plus rentable.

En tout état de cause, une optimisation suppose une bonne connaissance des mots-clés les plus pertinents pour la cible et un réajustement permanent, car les mots-clés peuvent évoluer dans le temps, parfois même rapidement. Par exemple, dans le classement des requêtes les plus populaires de Google à fin 2007, on trouve spider cochon, badoo, secret story. Combien feront partie des plus populaires en 2008 ?

Le coût total du *search marketing* dépend étroitement du nombre de clics générés. L'un des avantages de cette technique consiste donc à bien maîtriser les coûts : le site peut suivre au jour le jour les dépenses ; il est également possible de caper le budget (fixer une limite maximale à ne pas dépasser). Ces techniques étant coûteuses, les grands sites marchands utilisent des applications informatiques pour suivre les budgets, par mots-clés, sur les différentes plates-formes (Google, Yahoo, etc.). D'autres applications sont également utilisées pour le référencement des pages dynamiques, la mise à jour des liens qui subissent une réactualisation fréquente, etc. La sophistication des techniques de *search marketing* impose le développement de compétences et la mise en place d'outils spécifiques pour pleinement tirer parti de ces opportunités.

2.3.3. L'efficacité des liens sponsorisés

Les liens sponsorisés sont moins efficaces que les liens naturels. Cependant, leur efficacité est variable. Elle dépend de facteurs comme :

- **Le format du lien et son emplacement.** Plus le lien est mis en valeur (couleur utilisée, taille de caractère, etc.), plus il sera visible.
- **Le contexte de diffusion.** Plus le lien est contextualisé, plus il sera efficace. Autrement dit, plus la recherche est précise, plus le lien pourra être pertinent. Si la recherche est vague, par exemple « location », il est peu pertinent de présenter un lien pour la location d'une voiture ancienne. En revanche, si la recherche est précise, par exemple « location voiture mariage », ce même lien sera au contraire très pertinent.

Avec Gmail, Google propose des liens contextualisés selon le contenu des mails : cette technique, redoutable de pertinence, peut toutefois paraître intrusive pour beaucoup d'internautes.

Exemple : Les liens sponsorisés dans des sites de contenus – Depuis quelques années, les liens sponsorisés apparaissent de plus en plus souvent dans des sites de contenus (y compris les plus réputés, comme *Le Monde*). Cependant, ces liens sont moins efficaces car le contexte de lecture favorise moins l'achat que le contexte de recherche d'information sur un moteur. Par ailleurs, ces liens sont moins visibles et surtout moins contextualisés. Par exemple, quand l'internaute saisit « location voiture » sur un moteur, il est assez clair que cet internaute recherche une voiture à louer. En revanche, quand il lit un article à propos d'automobile sur un site généraliste comme *Le Monde*, ou même, quand il consulte un site spécialisé sur l'univers de l'automobile, il est moins probable qu'il soit intéressé par la location d'une voiture.

Pour aller plus loin, le lecteur est encouragé à consulter les études disponibles sur le sujet du *search marketing*, ainsi que les sites des prestataires (GoogleAds, Yahoo Search Marketing et MIVA). Des analyses d'experts se diffusent, notamment sur ClikZ (optimisation des tags, lutte contre la fraude au clic, etc.).

2.3.4. La présence dans les comparateurs de prix

Si la recherche d'information sur Internet passe souvent par les moteurs de recherche, les guides et les annuaires, elle passe aussi par les sites spécialisés que sont les comparateurs de prix. La plupart des sites marchands utilisent leurs services, en dehors des sites de vente privée qui ont une stratégie de recrutement plus sélective par e-mailing et parrainage.

Ces sites « infomédiaires » proposent de comparer des offres qui émanent de différents sites marchands. En France, le leader de cette activité est Kelkoo, racheté en 2004 par Yahoo. De nombreux autres guides d'achat sont disponibles, comme Shopping.com (filiale d'eBay), Shopzilla ou Best-Price. Il existe également de très nombreux comparateurs sectoriels, notamment dans le domaine du voyage, comme voyagez-moins-cher.com.

Les comparateurs évoluent dans une double direction : l'augmentation du nombre de marchands référencés (plus de 2 000 sur les grands moteurs de shopping comme Kelkoo) ; une plus grande exigence sur la qualité des marchands référencés, face aux critiques de certains internautes.

Exemple : La mise en avant de promotions et de liens connexes – Pour Christopher Caussin, DG de Kelkoo, « la démocratisation de l'achat en ligne a également fait évoluer la façon dont les internautes recherchent des produits. Auparavant, ils recherchaient en fonction d'une marque ou d'une caractéristique précise. Désormais, les internautes adoptent aussi des habitudes propres au shopping traditionnel en flânant sur les sites sans avoir forcément d'idées d'achat en tête. Il faut intégrer cette évolution en mettant l'accent sur les promotions ou des produits connexes à ceux recherchés par les internautes ».

Source : d'après Le Journal du Net, 2007

2.4. La mise en place d'un réseau d'affiliés

Pour de nombreux sites marchands – plus de 400 en France et près de 10 000 aux USA – la première source de prospects provient de leur réseau d'affiliés (Hofman *et al.*, 2000 ; Viot, 2006). L'idée de recruter des sites « affiliés » pour relayer des contacts vers un site affiliateur est née voilà une dizaine d'années. Aujourd'hui, on considère que 20 à 30 % du trafic marchand proviennent des affiliés.

Un site affilié peut être un site de contenu, un site personnel, un site de jeu, etc. En France, on estime qu'environ 40 000 sites sont affiliés à un réseau, souvent *via* une plateforme d'affiliation. Les sites affiliés ne sont pas tous des professionnels.

Concrètement, un réseau se constitue quand un site marchand recrute des sites affiliés pour diffuser ses messages, généralement sous forme de bannières ou de textes. Ces messages sont appelés « modules d'affiliation ». Ils vont inciter les visiteurs du site affilié à demander plus d'information sur l'affiliateur (call back, documentation), à se rendre sur son site pour profiter d'une offre promotionnelle, à remplir un questionnaire, etc.

2.4.1. La gestion d'un réseau d'affiliés

La gestion d'un réseau d'affiliés suppose de recruter les bons sites – ceux qui sont en affinité avec la cible du marchand et/ou qui sont efficaces pour générer des contacts – et d'animer le réseau pour lutter contre le turnover, qui est parfois important.

L'animation est une activité qui absorbe des ressources (temps, effort, argent) pour concevoir des opérations promotionnelles et les communiquer aux affiliés. Ces opérations promotionnelles sont destinées à inciter l'affilié à utiliser les messages les plus performants, à le récompenser pour une première conversion, à le récompenser pour une augmentation de CA, etc.

Comme tout portefeuille commercial, le portefeuille des affiliés est déséquilibré, avec 80 % des affiliés qui représentent 20 % du trafic généré et 20 % des affiliés qui pèsent 80 % du trafic. Avec ces derniers, la gestion de la relation par le site marchand sera sensiblement plus partenariale, l'objectif étant naturellement de les fidéliser.

La gestion du réseau suppose aussi une analyse permanente et des ajustements pour éviter les fraudes (notamment quand l'affilié gonfle artificiellement le nombre de clics vers l'affiliateur) et pour réduire la cannibalisation entre les affiliés, mais aussi entre les affiliés et les autres leviers de recrutement.

Exemple : Les plates-formes d'affiliation – L'affiliation est une pratique qui a donné naissance à des prestataires spécialisés, comme Affilinet (**http://www.affili.net**) ou Tradedoubler (**http://www.tradedoubler.fr**). Ces prestataires que l'on nomme « plates-formes d'affiliation » mettent en contact le site marchand avec un réseau d'affiliés potentiels, mettent à sa disposition des outils pour suivre la performance du réseau (nombre d'impressions pour chaque module d'affiliation, nature et nombre des événements qui donnent lieu à rémunération, etc.), pour communiquer ces performances aux affiliés et aux affiliateurs (tableaux de bord, graphiques, etc.) et pour soutenir la relation entre l'affiliateur et ses affiliés.

☞

Les fonctions de soutien recouvrent la mise à disposition d'une bibliothèque de modules et de visuels faciles à installer pour l'affilié ; les codes à installer (tags) sur les pages de l'affilié pour comptabiliser les actions ; la détection de fraudes, etc. Les plates-formes se rémunèrent sur la base de 20 à 30 % des rémunérations versées aux affiliés. Le recours à un prestataire permet de réduire le temps de lancement du programme (environ deux mois) mais permet aussi de bénéficier d'outils et de compétences pour la gestion quotidienne du réseau. Les plus grands sites, ceux qui ont lancé leurs réseaux avant l'apparition des prestataires, gèrent leur réseau en interne, quitte à s'appuyer sur des logiciels du marché. Il en va ainsi de Fnac ou d'Amazon. La plupart des sites marchands se reposent pourtant sur les plates-formes, même si la double rémunération peut parfois poser problème.

Source : d'après Le Journal du Net, 2007 ; Viot, 2006

2.4.2. La tarification des contacts issus d'un site affilié

L'affilié se rémunère en fonction du nombre d'impressions des modules d'affiliation (dans 20 % des programmes), en fonction du nombre de clics générés par les messages (40 % des programmes), ou en fonction des ventes induites (40 % des programmes). L'affilié préfère généralement les deux premières solutions alors que l'affiliateur préfère la dernière. En principe, la commission rémunère seulement la première visite, à tel point que certains experts considèrent que l'affiliation est « la seule publicité sans risque » (Chaffey *et al.*, 2006).

La rémunération des affiliés prend généralement en compte l'ancienneté de la relation. Elle intègre aussi le volume total, car la rémunération est plus importante pour des niveaux de CA plus élevés (ce système fonctionne généralement par paliers de CA généré). La rémunération augmente pendant les périodes promotionnelles afin de motiver les affiliés à générer plus de contacts. Cette rémunération peut représenter autour de 5 % des ventes. Néanmoins, les fourchettes annoncées sont très larges : de 0,01 à 0,15 euro le clic, de 0,1 à 15 euros le contact qualifié, de 0,3 à 500 euros la commission fixe pour une vente (Viot, 2006). Les sites non professionnels acceptent une rémunération parfois plus faible que les autres car l'objectif économique n'est pas forcément leur seule motivation. La commission versée à l'affilié est généralement moins importante que le coût d'acquisition d'un prospect par une campagne publicitaire en ligne.

2.4.3. L'efficacité des réseaux d'affiliation

L'efficacité augmente quand la cible des affiliés est en affinité avec la cible du site marchand affiliateur. L'objectif consiste bien à générer de nouveaux contacts utiles pour le site marchand et finalement, des ventes additionnelles. Il faut donc éviter que les contacts générés par le site soient des contacts inactifs ou peu pertinents. La qualité des contacts générés par le réseau d'affiliés est donc un critère de performance important.

Pour le site affilié, la rémunération versée par le site marchand affiliateur constitue une source de revenu additionnelle. C'est une façon de monétiser son audience. Pour l'affiliateur, ce système est assez flexible (le coût de commercialisation est essentiellement un coût variable) et permet une meilleure efficacité des supports publicitaires.

2.5. La mise en place de partenariats

Les démarches partenariales sont très caractéristiques du monde d'Internet (voir chapitre 2). Il en est de même pour le recrutement de nouveaux clients, qui peut s'appuyer sur des partenariats divers, selon la nature des partenaires, selon la monnaie d'échange ou selon le degré de transparence du partenariat pour la cible visée.

2.5.1. Les types de partenariats

Selon le partenaire

En prolongement de sa politique d'affiliation, un site marchand peut souhaiter monter quelques opérations plus poussées avec certains affiliés stratégiques. Il peut d'agir d'affiliés qui pèsent un poids particulièrement important dans le portefeuille du site marchand, ou d'affiliés dont la complémentarité des cibles avec celle du site marchand est particulièrement forte. Le partenariat s'apparente alors à une démarche de fidélisation de l'affilié-partenaire qui fait naturellement l'objet d'une négociation spécifique (à la différente des programmes d'affiliation qui sont plutôt du type « à prendre ou à laisser »).

Un site marchand peut également souhaiter lancer une opération de partenariat indépendamment de toute politique d'affiliation. Ce rapprochement « entre égaux » suppose un lien plus équilibré, généralement déconnecté de tout échange financier (à la différente des programmes d'affiliation qui reposent sur des commissionnements).

Le partenariat peut aussi impliquer un échange avec un partenaire « offline », notamment les fournisseurs, les sponsors et mécènes, ou encore les organisations professionnelles.

> ***Exemple :*** Intel, le leader mondial des microprocesseurs, cofinance sur Internet les efforts publicitaires et promotionnels de ses clients, de la même façon qu'il les finance depuis longtemps pour les magazines, la télévision, etc. Grâce à cette stratégie de visibilité systématique, en partenariat avec les grands de l'informatique (Dell, HP, etc.), cet industriel, qui aurait pu rester inconnu du grand public – car peu de gens s'intéressent vraiment à leur ordinateur –, est devenu l'une des marques les plus puissantes du monde.

Selon la monnaie d'échange

Pour les partenariats, les monnaies d'échange sont essentiellement :

- l'espace (sur le site, sur la newsletter, etc.) pour diffuser le message du partenaire ;
- la possibilité pour le partenaire de solliciter la base de clients (ou une fraction de cette base) ;
- la possibilité pour le partenaire d'accéder à une ressource ou à une compétence d'une autre nature (comme une prestation logistique).

Selon le degré de transparence

Les partenariats destinés à recruter de nouveaux clients peuvent ne pas être transparents pour la cible.

Il peut s'agir d'une mise à disposition ponctuelle de la base de clients du site partenaire (ou d'un nombre limité de segments de clients) qui sera sollicitée par le site marchand, en échange non pas d'un paiement – sinon il s'agirait d'une simple location d'adresses – mais en échange d'une sollicitation inverse du site partenaire auprès du site marchand. Le cas peut se présenter entre un site de contenu et un site marchand. Par exemple, lorsqu'un site qui vend des DVD échange sa base avec un site éditorial sur le cinéma. Le cas peut aussi se présenter entre sites marchands non concurrents et complémentaires. Par exemple, lorsqu'un site qui vend des DVD échange sa base avec un site qui vend des équipements de home cinéma.

Cependant, de nombreux partenariats sont explicites et fortement mis en avant auprès de la cible. Ils peuvent notamment prendre la forme d'opérations promotionnelles co-brandées où les partenaires sont cités.

2.5.2. Le coût et l'efficacité des partenariats

En termes de coût, relativement aux autres dispositifs de recrutement, les partenariats sont naturellement très efficaces. *A priori*, l'échange de ressources/compétences doit se compenser de façon à ce que le partenariat ne coûte rien à aucun des partenaires. Le coût serait-il donc nul ?

En fait, cette impression de coût nul résulte avant tout d'une non-prise en compte des coûts réels. L'espace consacré au partenaire aurait-il pu être commercialisé, ou consacré à la vente d'un autre produit ? Le temps passé à mettre en place le partenariat, à le faire vivre et à en tirer un bilan aurait-il pu être consacré à une activité plus efficace ?

Toutefois, même si le coût d'opportunité des ressources/compétences était pris en compte, il est probable que les partenariats resteraient parmi les moyens les plus judicieux et les moins coûteux pour recruter de nouveaux clients.

2.6. Les relations publiques en ligne

Les relations publiques comprennent l'ensemble des moyens pour faire parler de l'entreprise, de ses activités… et de son site dans les médias. La cible des relations publiques comprend les journalistes – on parle alors de relations presse – mais plus largement, les leaders d'opinion et les décideurs en tous genres (responsables d'organisations professionnelles ou associatives, hommes politiques, etc.).

Les relations publiques couvrent un ensemble de techniques destinées à améliorer la réputation d'une entreprise ou d'une marque, notamment par le suivi attentif des mentions qui sont faites sur les différents supports de communication.

Dans le monde physique, les relations publiques sont souvent limitées aux relations avec les médias. En revanche, sur Internet, les mentions de l'entreprise ou de la marque et de ses produits apparaissent sur de nombreux supports, y compris les blogs de clients, les sites d'opinion, les réseaux sociaux comme Face Book, et l'ensemble des autres sites qui peuvent être gérés par des associations, des leaders d'opinion, etc. Le suivi des mentions impose la mise en place d'outils de *tracking* comme Google Alert (**http://www.google-alert.com**) ou d'outil de veille plus sophistiqués, qui sont alors payants.

Au-delà de ce travail de suivi, il s'agit de cadrer les différents « infomédiaires » – professionnels ou non – en leur fournissant les informations nécessaires, du simple communiqué de presse au dossier de presse plus étoffé.

La communication passe encore parfois par le papier, mais se trouve de plus en plus fréquemment digitalisée. Les flux RSS (*Really Simple Syndication*) et les *podcasts* auxquels les différents publics peuvent s'abonner permettent de les informer de façon systématique et automatique. L'entreprise peut également communiquer *via* une rubrique spéciale de son site ou créer un blog. Faire des relations publiques suppose aussi de contrôler les messages négatifs autour de l'entreprise ou de la marque, et d'en diminuer le nombre (en utilisant la palette des modalités d'action possibles, du simple dialogue à l'action en justice).

Les activités de relations publiques, notamment de relations presse, sont essentielles pour tout site marchand. Les campagnes promotionnelles, les lancements de produits, les nouvelles versions ou fonctionnalités du site sont des prétextes pertinents pour solliciter une couverture média dans les émissions et magazines spécialisés. Les magazines professionnels sont également pertinents.

2.7. La présence « conventionnelle » dans le monde physique

Aujourd'hui encore, la plupart des clients potentiels d'un site marchand consomment plus de médias conventionnels (télévision, presse, radio, etc.) que de médias électroniques. Même si la durée de consommation d'Internet croit régulièrement, aux dépens de la TV notamment, le Web ne représente « que » 20 % du temps de consommation média (EIAA, 2006) et un pourcentage beaucoup plus réduit de l'ensemble des contacts avec les marques (en incluant les affiches, les packagings, les courriers et prospectus, les conversations avec les proches, etc.).

La présence physique permet de toucher une cible qui ne fréquente pas Internet régulièrement. Elle permet aussi de construire la marque avec des moyens plus riches en émotions (visuels plus impactants, concepts de publicité plus décapants, etc.).

Pour un site marchand, il est donc essentiel – sans doute encore pour longtemps – de s'assurer d'une forte visibilité dans le monde physique (la situation sera éminemment différente quand les individus regarderont massivement la télévision sur leur mobile ou écouteront la radio sur le Web). Aujourd'hui, cette présence physique passe par de nombreux moyens : marketing direct, médias, bouche-à-oreille, points de vente et autres supports physiques.

2.7.1. Le marketing direct

Le marketing (plus ou moins) direct comprend un vaste ensemble de moyens de communication, comme les courriers postaux, mais aussi des moyens de masse, comme les catalogues et les prospectus. De nombreux sites marchands ont recours à ces moyens pour exposer leur assortiment, exactement comme le font les distributeurs conventionnels.

Une autre branche du marketing direct se développe très fortement : le marketing sur mobile. Avec un taux de pénétration de plus de 75 %, et un taux de pénétration spécifique de la 3G qui dépasse 10 % en 2007, le mobile est un média presque universel.

Plus de 55 % des internautes ont reçu un message publicitaire *via* SMS[1], pour participer à un jeu-concours, bénéficier d'une offre promotionnelle, ou obtenir des informations sur une offre de produit - service. Les opérations utilisant le téléphone mobile pour créer du trafic vers un site marchand se développent fortement. Les opérations commerciales directement sur mobile se développent également.

Exemple : La marque Fauchon a utilisé le SMS comme moyen de promouvoir une sélection de coffrets cadeaux pour le nouvel an 2006. Une sélection de 7 000 numéros de téléphone en opt-in a été retenue (CSP +, parisiens et proche banlieue). L'application à télécharger en WAP Push permettrait de consulter les offres (textes et visuels), de précommander les produits ou d'expédier le message à un proche. Le taux de retour (téléchargement) a atteint 6 %, ce qui constitue une bonne performance pour une campagne de marketing sur mobile.

Source : d'après Chaibi, 2007

2.7.2. Les médias

Les médias servent à communiquer plus ou moins directement autour du site, notamment la presse. On se souvient de campagnes de lancement, comme celle de Houra en 2000 (« C'est de la paresse… et alors ! »). Si la plupart des sites marchands sont annonceurs dans les médias conventionnels, les débauches de communication des années 1998-2000 sont clairement derrière nous.

La communication peut être incidente (simple mention du nom du site dans le support) ou spécifique (Chaffey *et al.*, 2006). Dans ce dernier cas, les caractéristiques et les avantages du site sont présentés « en clair » au public. La proposition de valeur est démontrée ; l'incitation à se rendre sur le site tout à fait explicite. Les médias peuvent servir à installer un positionnement fort ou à communiquer une opération promotionnelle. Mais les communications spécifiques restent toutefois assez rares.

2.7.3. Le bouche-à-oreille

On estime qu'environ trois quarts des mentions d'une marque prennent place dans le cadre de conversations entre consommateurs ou clients. Le bouche-à-oreille reste l'un des moyens les plus puissants pour communiquer un message, même si les ressorts de ce type de communication restent largement inconnus. Le bouche-à-oreille peut susciter un bruit tonitruant, notamment par des opérations décalées ou mystérieuses (*buzz marketing*).

On estime qu'un mécanisme viral performant permet au moins de doubler la taille de la cible initiale. La sélection initiale des « ancêtres » les plus à même de générer des contacts ultérieurs constitue un enjeu important (Balagué, 2006). Les individus les plus fertiles – ceux qui donnent le plus de contacts – sont susceptibles de générer 24 contacts en 1,8 génération. Les messages qui jouent sur des émotions fortes – humour, peur – sont particulièrement efficaces (Phelps, 2004).

1. Source : M Metrics, dans Chaibi, 2007.

Exemple : Le lancement commercial du DVD « Syriana » par Warner Home Video a bénéficié d'un effet viral autour d'un blog éditorial qui a généré un *buzz* important sur Internet. Ce film traite d'un sujet complexe et grave – la maîtrise par les États-Unis de l'approvisionnement en pétrole, *via* des moyens économiques et politiques – sujet qui permet d'ouvrir un débat en ligne (**http://www.syriana-ledebat.net**). WHV a donc décidé de faire réagir les internautes autour de trois thèmes : l'ère de l'après-pétrole, la politique extérieure américaine et la situation sociale dans les pays exportateurs de pétrole. Le blog comportait un lien vers un dossier spécial du magazine *Courrier International* et un lien vers le DVD Club de Warner. Des partenariats ont été établis avec une cinquantaine de bloggeurs traitant des thématiques du film, afin qu'ils intègrent un bouton animé sur leurs pages renvoyant vers le site du débat. Des partenariats ont également été établis avec des étudiants (BDE de plus de 150 écoles de management et d'ingénieurs, environ 30 écoles de journalisme et de science politique). Un espace spécifique a été créé sur Daily Motion et sur YouTube, avec des extraits du film et des bonus du DVD. Des partenariats presse ont également été mis en place sur des sites de contenu (lemonde.fr, telerama.fr, etc.) et un spot radio de 15 secondes a été diffusé régulièrement sur RMC. Comme il propose un jeu-concours, le site a été référencé sur une quinzaine de portails et annuaires spécialisés en jeux-concours, générant un trafic additionnel important (le site Toutgagner représente à lui seul 15 % des visiteurs). L'ensemble du dispositif a permis de générer près de 90 000 pages vues sur le site syriana-ledebat.net, avec 20 000 visiteurs uniques (plus de 1 200 par jour pendant la campagne). 53 % des internautes se sont connectés en direct, ce qui prouve la bonne mémorisation de l'URL. Plus de 14 000 personnes se sont inscrites au jeu et 2 200 internautes ont laissé leur adresse électronique (opt-in). Le dispositif a permis de dépasser les objectifs commerciaux (50 000 DVD en deux mois).

Source : d'après Chaibi, 2007

Le bouche-à-oreille peut être entretenu par des programmes de parrainage ou par des dispositifs de merchandising (produits dérivés achetés, utilisés ou portés par les clients). Mais avant tout, il doit résulter d'une réelle satisfaction des clients actuels. Ce type de bouche-à-oreille permet d'obtenir des performances dans la durée, au-delà de l'engouement passager.

2.7.4. Les points de vente et autres supports physiques

Les points de vente servent avant tout… à vendre. Mais, depuis longtemps, on sait qu'ils sont également utiles pour découvrir les nouveautés, se faire conseiller, simplement passer commande, retirer les produits commandés par ailleurs, assurer le service après-vente, etc. Autrement dit, même pour les enseignes conventionnelles, la fonction transactionnelle des points de vente est une fonction parmi d'autres : la fonction relationnelle prend de l'ampleur. Pour un distributeur *click and mortar*, les sacs de caisse, le magazine de marque (*consumer magazines*) ou la radio interne du magasin peuvent servir de support pour orienter le client vers le Web. Pour un *pure player*, une présence physique rassure le client potentiel.

Après avoir examiné les avantages et les spécificités des différents dispositifs qui permettent de créer du trafic sur un site Web, nous exposons quelques considérations plus générales sur l'optimisation du processus de recrutement des clients.

3. Considérations stratégiques pour recruter des clients

D'un point de vue stratégique, pour un site marchand, la communication de recrutement suppose de prendre en compte l'évolution générale du contexte de la communication, d'intégrer la panoplie des outils à disposition et d'optimiser les investissements marketing.

3.1. Prendre en compte l'évolution du contexte général de la communication électronique

Les médias électroniques présentent des caractéristiques qui changent la donne en matière de communication et, plus spécifiquement, en matière de création de trafic :

- La communication est plus « *pull* » que « *push* ». Autrement dit, en principe, le destinataire va vers l'information plutôt que l'information ne vient vers lui. La communication doit **se situer à une bonne distance** du destinataire : l'inciter à faire un pas vers le message et ne pas s'interposer de façon brutale dans sa sphère personnelle.

- La communication sur le Web est une communication impliquante car Internet est un média d'information, de transaction et de relation, avant d'être un média de divertissement. La communication doit impérativement **créer de la valeur** pour être vue.

- Les espaces sont presque saturés de messages mais, comparativement au monde physique, le monde virtuel est sans doute encore plus dense. L'attention du destinataire est donc sollicitée de toutes parts. La communication **doit être pertinente**, avec un message adapté à la cible. Si la question de la pertinence du message délivré est une question générale en matière de communication, elle prend tout son sens sur Internet. Compte tenu de la saturation et du niveau d'implication de la cible, les messages doivent être ciblés, comme le sont par exemple les liens sponsorisés (en fonction d'une requête) ou les bannières publicitaires (en fonction d'un comportement). Par ailleurs, il s'agit non seulement de délivrer le bon message à la bonne personne, mais il faut également déterminer le bon moment. Si la promesse du *one-to-one* n'est pas une réalité – elle ne le sera probablement jamais, compte tenu de sa nature métaphorique – il n'empêche que les dispositifs électroniques permettent un degré de ciblage probablement inégalé.

- La saturation des espaces induit une autre conséquence : la nécessité de **communiquer de façon continue** et non ponctuelle pour maintenir un niveau de visibilité élevé, au moins dans certaines parties de l'espace virtuel (il ne s'agit bien évidemment pas d'être présent partout à chaque instant). La notion de « campagne de communication » pourrait disparaître, au profit d'une notion plus large et plus permanente (qui reste largement à définir).

- La communication sur le Web est **un dialogue plutôt qu'un monologue**. Le destinataire s'attend non seulement à contrôler le flux, mais il s'attend aussi à pouvoir y réagir : laisser une évaluation ou un commentaire, relayer le message et le déformer, etc. Ce destinataire est autant en situation d'émettre des messages contradictoires à ceux de la marque, que des messages de soutien. En tout état de cause, le destinataire est aussi un émetteur qui entre en concurrence avec les institutions, entreprises ou marques.

- Sur Internet, **le bouche-à-oreille** est un phénomène social probablement encore plus fort que dans le monde réel : **la diffusion virale des messages** est un mécanisme fondamental. Les sites doivent faciliter la diffusion des messages d'un individu à l'autre, avec des modules de recommandation spécifiques. Les courriers électroniques peuvent être facilement transmis, de même que les pages Web et les contenus divers proposés par le site (fiches d'information, fichiers). Les mécanismes viraux sont parfois stimulés de façon encore plus active, par des jeux-concours ou par des primes. Les internautes sont notamment encouragés à laisser les coordonnées électroniques de leurs proches ou amis. Ces derniers peuvent être contactés à leur tour, etc.

Exemple : En France, ces mécanismes ont permis à des entreprises comme Expedia, avec l'appui de prestataires spécialisés comme MilleMercis, de constituer des bases de données de prospects considérables : 2,5 millions de visiteurs uniques sur le site, en un mois ; plus d'un million de joueurs et 990 000 adresses électroniques valides collectées, dont 540 000 ayant donné leur accord pour recevoir des informations ultérieures de la part du site.

Source : d'après Le Journal du Net, 2005

Les techniques marketing développées sur Internet sont parfois proches de la communication conventionnelle – la diffusion de bannières équivaut à la publicité, l'e-mailing au publipostage, etc. – alors que certaines sont plus caractéristiques d'Internet, ou prennent sur le Web une dimension très particulière – comme les comparateurs de prix ou les réseaux d'affiliés. Mais que les techniques soient proches ou lointaines de la communication conventionnelle, il faut **se méfier d'un double écueil** : croire que l'on doit tout réinventer et que la communication sur Internet est totalement nouvelle ; croire que l'on peut s'inspirer largement des recettes qui marchent depuis des décennies dans la vie réelle.

En fait, la communication électronique doit **réinterpréter les règles de la communication**, en se posant systématiquement la question de leur pertinence. La seule règle absolue c'est de toujours **tester la validité** de ce que l'on croit savoir en matière de communication. L'expérimentation constitue la seule voie possible de progrès pour réinterpréter intelligemment les règles de la communication conventionnelles et les transposer avec succès sur le Web.

3.2. Intégrer les outils de communication

Depuis plusieurs années, le monde du marketing est agité par l'idée d'intégration des moyens de communication (Schultz et Schultz, 2004). Ce débat concerne maintenant les médias électroniques qui, en se développant fortement, retiennent toute l'attention des managers marketing.

L'idée centrale consiste à mettre au premier plan le message à transmettre et les objectifs à atteindre, et de reléguer le choix du média au second plan. On parle parfois d'un « media planning neutre », c'est-à-dire qui ne favorise pas tel ou tel média par principe, pour des raisons « idéologiques ».

La deuxième idée majeure consiste à tirer parti de l'explosion du nombre de médias et des effets de synergie entre ces médias, dans la mesure où la combinaison de plusieurs médias consolide l'efficacité de l'ensemble (Pickton et Broderick, 2001), un peu comme certaines substances chimiques qui, mises ensemble, « précipitent ».

En matière d'intégration de la communication électronique avec la communication conventionnelle, il est possible de donner quelques conseils :

- La nature dialogique de la communication sur le Web oblige de **prévoir des médias de réponse** de façon à ce que le destinataire puisse s'exprimer de multiples façons. Cette réponse est d'ailleurs la vraie mesure de l'efficacité (participation à l'élaboration du message, demande d'information, participation à un jeu, recommandation à un proche, etc.). Cela conduit donc à mettre en place un réseau de médias qui se répondent, en entrée et en sortie (Clayessen, 2008). Le manager marketing est aujourd'hui en mesure d'utiliser et d'articuler entre eux de multiples canaux d'action (publipostage, télémarketing, e-mailing, publicité en ligne, publicité dans les médias traditionnels) à de nombreux canaux de réponse (point de vente, site marchand, centre d'appel, courrier ou e-mail, etc.).
- La communication intégrée impose d'imaginer des rebonds complexes entre les médias. Par exemple, le consommateur doit trouver un mot de passe glissé dans le conditionnement, mot de passe qui lui permettra de se rendre sur le site Web, puis de participer à un jeu en magasin, d'envoyer un SMS pour participer une fois dans le point de vente, etc. Ces rebonds sont parfois perçus comme trop complexes par la cible. Il est indispensable de **travailler les enchaînements**, de **faire acte de pédagogie** en expliquant le plus clairement possible les étapes, les résultats attendus, les modalités de participation et les conditions de succès, etc.
- Il est conseillé de **diriger l'audience vers une URL dont le contenu est adapté** à son profil ou à l'offre présentée. Cela permet, non seulement de connaître l'impact direct de la communication physique (en comptant le nombre de visiteurs uniques sur cette page), mais également de gagner en efficacité pour transformer l'essai : le simple contact « pour voir » devient alors client actif. Pour désigner ces adresses spécifiques, certains experts parlent de CURL pour *Campaign URL* (Chaffey *et al.*, 2006).
- Les synergies ne peuvent naturellement apparaître que si l'impact de chaque moyen utilisé n'est pas nul. Dans la chaîne des médias utilisés, il faut donc **s'assurer qu'il n'y a pas de maillon faible**. Au-delà de cette simple précaution, il faut mettre en œuvre des moyens d'analyse spécifiques pour **déterminer l'efficacité et l'efficience (rentabilité)** de chaque action sur chaque canal, afin d'optimiser les budgets.

Exemple : La création de trafic, une question éminemment complexe – Les études menées à ce jour montrent que la création de trafic sur un site marchand est une question complexe dans le sens où de nombreux facteurs interviennent. Si la position de pionnier n'est pas un facteur significatif, en revanche, l'assortiment explique largement la capacité à recruter. Un site offrant des « quasi-commodités » (livres, CD, DVD, etc.) attire plus de trafic.

Par ailleurs, plus le site propose un assortiment large et profond (nombre de catégories), plus il attire de visiteurs. On retrouve là un élément fondamental du commerce traditionnel. Pour finir, le trafic dépend plus de la présence du site dans les médias (relations presse) que de la publicité conventionnelle ou des partenariats. Pourtant, les facteurs explicatifs du trafic varient d'un site à l'autre : toute généralisation est donc délicate.

Source : d'après Nikolaeva (2005)

3.3. Optimiser les budgets en comparant l'évolution des coûts d'acquisition

Savoir comment répartir le budget marketing est une question complexe, à plusieurs tiroirs :

- Quelle part de l'investissement consacrer à la réputation (plutôt *push*) et quelle part consacrer à la visibilité (plutôt *pull*) ?
- Quelle part de l'investissement consacrer à la création d'une interface marchande (pour convertir et fidéliser) et quelle part consacrer à l'attraction des visiteurs ?
- En matière d'attraction, quelle part de l'investissement consacrer à l'extension de la « zone de chalandise » en ligne (*reach*) et quelle part consacrer à la transformation de ce potentiel de visites en visiteurs effectifs ?
- Quelle part de l'investissement consacrer aux moyens d'attraction dans le monde réel (publicité dans les médias, présence sur le terrain, etc.) et quelle part consacrer au monde virtuel (bannières, *search marketing*, etc.) ?
- Sur un plan plus tactique, quelle part de l'investissement consacrer à chaque technique (bandeaux publicitaires, courriers électroniques, etc.) ?
- Plus précisément encore, quelle part de l'investissement consacrer aux messages (degré de créativité et force des messages, nombre de créations, etc.) et quelle part de l'investissement consacrer à l'achat d'espace ?

Les sites marchands consacrent environ 15 % de leur chiffre d'affaires à l'ensemble de leurs dépenses marketing (Kemmler *et al.*, 2001). Cependant, étant donné la complexité du contexte actuel, les recommandations générales sont peu utiles.

Il est indispensable d'expérimenter au cas par cas pour trouver le bon mix de communication qui corresponde au niveau de budget disponible, aux comportements des clients, à la pression concurrentielle, aux pratiques dans le secteur… et surtout, aux objectifs ! Les enjeux se déportent donc sur les mesures de performance qu'il est indispensable de prendre et de suivre dans le temps (voir la conclusion de l'ouvrage sur la performance des sites marchands).

Pour maîtriser son budget, le site marchand doit être en mesure de calculer le CPA (coût par acquisition) de ses clients. Ce CPA sera calculé à partir du coût de chaque levier utilisé par le site marchand pour créer du trafic, pondéré par son importance relative dans le mix de communication. Il est également pertinent de calculer un CPA par type de client recruté dans la mesure où le coût moyen peut cacher de fortes disparités.

4. Convertir les visiteurs en clients

Il ne s'agit pas seulement de créer du trafic, en augmentant la réputation de la marque et la visibilité du site, il faut aussi transformer le flux de visiteurs en flux de clients. La conversion est donc un enjeu central pour les sites marchands.

L'identification des facteurs qui déterminent le choix d'un site plutôt qu'un autre est un préalable à toute action destinée à convertir le visiteur en client. Les actions plus spécifiques, en termes de merchandising et de promotion, constituent également des leviers incontournables pour augmenter le taux de transformation. Sous certaines conditions, la personnalisation des offres constitue également une démarche susceptible d'améliorer la performance commerciale du site marchand (voir chapitre 9).

4.1. Comprendre les comportements de choix

Avant de présenter les facteurs qui déterminent la probabilité d'achat sur un site marchand, il est important de donner quelques précisions sur le taux de conversion et ses modalités d'analyse.

4.1.1. La faiblesse du taux de conversion

Dans quelques catégories « phares », le pourcentage d'achats en ligne avoisine ou dépasse 10 % des actes d'achat (notamment les logiciels, les billets, les livres et les CD/DVD). Cependant, dans de nombreuses catégories, le pourcentage de clients qui se rendent sur Internet pour chercher de l'information dépasse 20 %, alors que le pourcentage de ventes réalisées en ligne se situe autour de 1 %, ou nettement moins (Zeng et Reinartz, 2003) [voir tableau 7.3].

Tableau 7.3 : Recherche d'information et achats en ligne (Zeng et Reinartz, 2003)

	Recherche en ligne *	Achat en ligne **
Crédits	56	1,5
Assurance	44	0,4
Bien immobilier	42	1,5
Véhicules neufs	41	1,5
Véhicules d'occasion	25	-
Produits de luxe	20	0,5
Épicerie	19	0,2
Produits de beauté	-	1,7
Ameublement	-	0,1
Décoration	-	0,1

* % des clients qui se rendent sur Internet pour rechercher de l'information avant achat.

** % des achats de la catégorie qui sont réalisés sur Internet.

Cela signifie donc que le taux de transformation des visites en achats est globalement très faible : les sites attirent un trafic « informationnel », mais peinent à transformer ces visiteurs en acheteurs[1].

4.1.2. L'analyse des principaux facteurs qui expliquent l'achat

Les facteurs qui expliquent pourquoi un visiteur achète ou n'achète pas sur un site marchand sont divers. Ces facteurs ont fait l'objet de nombreuses études depuis plusieurs années. Si l'assortiment est un facteur déterminant, les résultats paraissent parfois contradictoires en ce qui concerne le prix. Par ailleurs, d'autres facteurs peuvent expliquer le choix de tel ou tel site marchand.

L'assortiment

La probabilité d'achat sur un site marchand dépend étroitement de l'assortiment. Ce résultat ne devrait pas surprendre outre mesure, car il a été largement admis pour le commerce conventionnel. Dans une synthèse de plus de 80 études, Pan et Zinkhan (2006) montrent que l'assortiment est de loin le premier attribut du choix, devant la qualité des produits, le service, l'ambiance du magasin.

La probabilité d'achat est quasiment nulle si le produit recherché n'est pas offert. La seule alternative consiste à proposer des produits de substitution, ou des produits d'impulsion, dont l'achat n'était pas prévu. On voit donc que le merchandising du site marchand joue un rôle fondamental pour déclencher l'achat, par une mise en avant de telle ou telle offre. Ceci est encore plus vrai dans le cas de visites expérientielles ou exploratoires.

Le prix

La place du prix dans le processus de choix d'un site constitue un enjeu central. Dans certaines études, le prix est l'un des facteurs les plus importants pour expliquer le comportement de choix et d'achat sur un site marchand. Les facteurs diffèrent parfois selon le type de client.

Contrairement aux idées reçues, le prix n'est pas le principal attribut de choix d'un site marchand (par exemple, Bhatnagar, 2004). La qualité des produits, le respect de la vie privée et la sécurité constituent les trois premiers éléments de motivation, devant le prix et la praticité (Wang *et al.*, 2006). Par ailleurs, auprès de certains clients, ces deux derniers éléments sont également devancés par la dimension ludique, les impacts environnementaux et le temps nécessaire pour recevoir les produits achetés.

La place du prix dans le processus de choix doit donc être analysée au cas par cas, sans faire l'hypothèse *a priori* que le prix est le premier facteur explicatif de choix. Dans le commerce conventionnel, par exemple, on sait que seuls 10 à 20 % des clients optent pour le magasin qui offre les prix les plus bas. Pourquoi en serait-il autrement dans le commerce électronique ?

1. Le taux de conversion est un indicateur de performance commercial dont l'analyse suppose néanmoins une certaine prudence (voir la conclusion de l'ouvrage sur la performance des sites marchands).

Les autres facteurs

En plus du choix et du prix, de nombreux autres facteurs orientent le choix du visiteur vers tel ou tel site :

- les modalités et les frais de livraison ;
- la façon de présenter les produits ;
- l'information et l'expertise apportées autour des produits ;
- les services associés à la vente.

Le tableau 7.4 montre l'importance de chaque critère de choix pour chaque cible.

Tableau 7.4 : Critères de choix d'un site marchand pour différentes cibles (Reibstein, 2002)

	Importance toutes cibles	Importance du critère pour chaque cible						
		A	B	C	D	E	F	G
Facilité pour commander	6	7	5	6	3	6	3	5
Choix	3	2	2	5	4	5	4	8
Information sur les produits	8	6	7	7	8	8	8	6
Prix	1	1	1	1	1	1	1	2
Navigation	10	10	10	10	10	10	10	10
Livraison à l'heure	5	4	4	8	5	7	5	7
Présentation des produits	2	3	3	2	2	2	2	1
Services	7	8	8	3	7	4	7	3
Respect de la vie privée	9	9	9	9	9	9	9	9
Livraison	4	5	6	6	6	3	6	4

A : Adolescents ; B : Jeunes adultes ; C : Famille sans enfant, revenu moyen ; D : Famille sans enfant, revenu élevé ; E : Famille avec enfant, revenu moyen ; F : Famille avec enfant, revenu élevé ; G : Seniors.

4.2. Augmenter le taux de transformation du site marchand

En dehors des questions centrales d'assortiment et de prix, évoquées ci-dessus, augmenter le taux de transformation suppose de mettre en œuvre des actions spécifiques à trois niveaux : en amont, en aval et autour de l'offre elle-même.

En amont, il s'agit de rassurer le visiteur, en aval, de l'accompagner dans son processus d'achat. Ces deux types d'actions sont complétés par des actions plus spécifiques de merchandising, de fixation des prix et de promotion.

4.2.1. La réputation et les recommandations

Le risque perçu est l'un des premiers freins à l'achat en ligne (voir chapitres 1 et 6) et la probabilité d'acheter sur un site marchand dépend étroitement du niveau de risque perçu par le visiteur.

La réputation et la confiance

De fait, la réputation du marchand a un impact positif sur la probabilité d'acheter. Cet impact est particulièrement fort sur les marques moins connues et moins réputées (Chu, 2005). Au-delà de la réputation, qui se construit lentement, les sites marchands ont tout intérêt à rassurer le visiteur en émettant les signaux nécessaires (voir chapitre 6).

Les recommandations et les avis de consommateurs

Les recommandations de proches sont également efficaces pour réduire le risque perçu. Autrement dit, non seulement le bouche-à-oreille électronique génère du trafic, mais il améliore le taux de conversion (Garbarino et Strahilevitz, 2004). Cet effet est particulièrement prononcé chez les clientes. Les marchands sont donc incités à générer un bouche-à-oreille positif autour de leur site.

Les notes, évaluations et commentaires laissés par les clients (*customer reviews*) ont un impact positif sur l'intention d'achat. Ils ont d'autant plus d'impact qu'ils sont logiques, persuasifs et qu'ils reposent sur des faits précis (Park *et al.* 2007). Plus les commentaires sont nombreux, plus l'impact sur le visiteur est fort. L'effet de la quantité de commentaires est particulièrement sensible auprès des visiteurs les moins impliqués, qui sont particulièrement sensibles à ce signal.

4.2.2. Le merchandising électronique

Les préférences des consommateurs sont bien souvent instables ou même parfois, inexistantes. Dans ces circonstances, les conditions dans lesquelles les offres sont présentées induisent directement le comportement d'achat (Bellman *et al.*, 2006). Le merchandising électronique a donc un impact considérable sur l'issue du processus de décision – savoir si le client va ou non acheter, quelle marque il va choisir, etc.

Les enjeux du merchandising électronique

Le merchandising est une fonction qui consiste à mettre en scène les produits de façon à prendre en compte les exigences de chaque partie prenante : rentabilité et facilité de réassortiment pour le distributeur ; compréhension de l'offre, rapidité et facilité de choix pour le consommateur ; maximisation de l'exposition, présence et cohérence de sa gamme pour l'industriel. Que deviennent ces concepts et ces techniques de vente dans le contexte du commerce électronique (Volle, 2000) ?

Dans les points de vente physiques, les exigences des parties prenantes sont bien souvent incompatibles. En particulier, l'exigence de rentabilité pour le distributeur et celle de maximisation de la visibilité pour l'industriel. Ou encore, celle de présentation par marques pour l'industriel et celle de présentation par caractéristiques pour le consommateur. Ces sources de conflit proviennent de trois contraintes qui disparaissent partiellement sur les sites marchands :

- **L'optimisation nécessaire de la surface de vente.** Cette contrainte semble largement disparaître avec le commerce électronique. En effet, le coût d'un site n'est pas proportionnel au nombre de pages ou de produits proposés. On peut sans difficulté multiplier les implantations d'un même produit, ce qui ne peut être fait qu'avec parcimonie dans un point de vente conventionnel.

- **La présentation « bidimensionnelle » des produits en rayon.** Ce mode de présentation constitue une contrainte liée au concept même de rayon libre-service, mais le commerce électronique repose sur une tout autre façon de présenter l'assortiment. Certes, l'écran possède également deux dimensions, mais l'utilisation de listes et de moteurs de recherche permet d'accéder aux références d'une façon non linéaire. Ainsi, alors qu'un chef de rayon doit retenir deux ou trois critères au maximum pour structurer l'assortiment, le concepteur du site marchand peut multiplier les clés d'entrée pour coller au plus près aux comportements des clients. L'organisation des produits par univers, difficile à mettre en place dans la réalité, se trouve considérablement facilitée sur un site.
- **Le stockage des produits dans la surface de vente afin d'éviter les ruptures de stock.** Le commerce électronique offre la possibilité de gérer les risques de rupture d'une façon totalement différente, le stock étant centralisé. La surface de vente ne sert plus de réserve secondaire.

Toutefois, le merchandising électronique offre autant d'opportunités que de défis. Les questions en suspens sont nombreuses :

- Quelles clés d'entrée utiliser pour catégoriser l'offre (produits/cibles/usages) ? Comment proposer une offre complexe et plusieurs modes de consultation sans perturber le client ?
- Faut-il présenter les produits à plusieurs endroits dans le site (double ou triple implantation) ? Comment présenter les nouveautés, les promotions, etc. ?
- Comment continuer à orienter le choix des clients vers telle ou telle référence, alors que l'on ne dispose plus du nombre de *facing* (nombre de fois qu'une référence est exposée sur le linéaire) pour hiérarchiser les produits ?
- Comment mettre en œuvre des tactiques de persuasion et de stimulation (achats impulsifs, achats croisés ou *cross-selling*, dérives de vente ou *up-selling*, etc.) ?
- Les modalités actuelles de présentation de l'assortiment (listes, moteurs de recherche, photographies) vont-elles ou non résister au système de consultation qui ne manquera pas de se développer avec la réalité virtuelle et la possibilité de visiter le magasin en 3D ?

Les bonnes pratiques du merchandising électronique

En matière de merchandising électronique, de nombreuses questions n'ont pas encore obtenu de réponses définitives, compte tenu de la jeunesse des pratiques. On peut toutefois formuler quelques préconisations :

- Il est recommandé de **mettre en avant les produits à forte marge** et d'**inciter à l'achat de produits complémentaires** (Fady, Renaudin et Vyt, 2007). Pour répondre à cette exigence, la construction d'un catalogue sophistiqué s'impose donc (voir chapitre 5).
- Alors que l'on ne dispose plus du nombre de *facing* pour hiérarchiser les produits, le marchand doit **donner du relief à l'assortiment** en jouant sur la disposition des produits (le produit est mis en avant lorsqu'il est localisé en haut à gauche), sur la taille des images et sur un texte plus ou moins accrocheur. L'intention d'achat augmente

avec la taille de l'image (Park *et al.*, 2005), à l'instar des catalogues où le volume de vente est une fonction logistique (en « S ») de la surface d'exposition.

- Si le concepteur du site peut proposer un très grand nombre de clés d'entrée dans l'assortiment, il faut toutefois éviter de plonger le client dans une confusion extrême. Le distributeur ne doit pas abandonner l'un de ses rôles qui consiste à **hiérarchiser les critères les plus pertinents**, pour aider le client dans son choix. La capacité à s'adapter aux clés d'entrée aura un impact positif sur l'intention d'achat, mais la confusion entraînera un effet contraire.
- L'utilisation de mannequins virtuels permet non seulement d'améliorer la qualité de la visite (voir chapitre 6) mais aussi d'augmenter la probabilité d'acheter sur le site (Fiore *et al.*, 2005). De la même façon, **présenter les produits en mouvement** (rotation du produit) améliore l'intention d'achat (Park *et al.*, 2005).
- Le marchand doit pouvoir **traduire sur le site les mises en scène habituelles du merchandising** (utilitaire, esthétique, économique, etc.). Il s'agit donc de travailler sur les significations pour donner du sens au contexte de vente. S'agit-il d'un magasin de luxe, d'un magasin de discount, etc. ?
- Si la lisibilité du site est une qualité importante, la stimulation est une caractéristique encore plus déterminante (Gonzales, 2005). **Donner une dynamique marchande au site** est un facteur essentiel de succès commercial, comme pour la plupart des points de vente [1]. Cette dynamique repose sur un merchandising offensif (mise en avant de « bonnes affaires », prix barrés, etc.), des couleurs vives perçues comme « discount », ou encore la présence de messages commerciaux. Le challenge majeur consiste à **pouvoir parler de prix sans en faire nécessairement l'axe majeur du positionnement**. Cela est particulièrement vrai pour les enseignes qui n'ont pas ce positionnement dans la vie réelle et qui ne peuvent pas se permettre de tenir un discours prix trop agressif en complet décalage avec leur stratégie habituelle (Fnac ou Darty, par exemple), stratégie à laquelle les clients sont attachés.
- La foule est un élément important des environnements commerciaux. De la même façon sur un site marchand, la présence d'une foule d'acheteurs rassure et stimule les visiteurs, et, finalement, peut les inciter à acheter (Dion, 2000). L'un des enjeux consiste aussi à **recréer cette impression de foule si caractéristique des lieux marchands à la mode**. Aujourd'hui, cette présence parasociale (présence humaine virtuelle) s'exprime essentiellement par le biais de commentaires postés par les autres acheteurs, ou par des chiffres de vente ou de consultation. On peut toutefois imaginer que dans des univers marchands en 3D, par exemple, la présence d'autres visiteurs puisse être montrée ou simulée.
- Les **agents de recommandation, conseillers en ligne ou avatars** permettent d'enrichir l'expérience de visite (voir chapitre 6). Cela dit, ces dispositifs permettent aussi d'améliorer la qualité de la prise de décision, tout en réduisant l'effort réalisé pour décider (Haübl et Trifts, 2000). Le rôle des agents de recommandation sur l'intention d'achat est positif. Il en est de même pour les conseillers virtuels, ou avatars, dont la présence améliore l'intention d'achat, sous certaines conditions et auprès de certains consommateurs (Holzwarth, *et al.* 2006). Un site qui proposerait de tels dispositifs

1. Cependant, il va de soi que les sites positionnés sur la rareté, la cherté, ou les sites de luxe, n'empruntent pas les mêmes codes. La notion de dynamique commerciale est tout à fait différente.

d'aide améliorerait donc probablement son taux de conversion des visiteurs en clients ; les effets sont cependant loin d'être systématiques (Xiao et Benbasat, 2007).

- Le site comporte parfois des messages auto-promotionnels, des messages provenant de partenaires, voire même des messages publicitaires, quand la publicité fait partie du modèle d'affaires. Les experts conseillent de **ne pas présenter plus de trois messages promotionnels par page** (Turban *et al.*, 2006, p. 689). Ces messages peuvent, en effet, perturber la navigation et même pousser le visiteur à quitter le site. Certaines bannières peuvent également nuire à l'image du site, notamment quand les couleurs utilisées dégradent l'esthétique générale de l'interface.
- Diminuer les ruptures de stock est avant tout une question de logistique. Il est néanmoins possible d'afficher ou non les ruptures, ce qui devient alors une question de merchandising. Il est suggéré d'**indiquer rapidement les ruptures de stock**, sans quoi l'expérience de visite devient frustrante et la probabilité d'achat baisse (Breugelmans *et al.*, 2006). **Proposer un produit de substitution** permet de redresser légèrement la probabilité d'achat, à condition que le produit suggéré ne soit pas trop cher par rapport au produit manquant. En matière d'affichage des ruptures, la bonne approche consiste donc à adopter une politique transparente, doublée d'une démarche d'accompagnement du client.

Sur Internet, la hiérarchisation remplace la massification qui caractérise bien souvent le merchandising des grandes surfaces. Néanmoins, une recommandation générale consiste à **trouver un dosage entre une présentation neutre de l'assortiment** – de façon à ce que le client s'oriente librement dans l'offre – **et une présentation trop orientée** de l'offre, qui pourrait donner l'impression au client de perdre son libre arbitre et d'être manipulé.

4.2.3. La fixation des prix (*pricing*)

Fixer les prix est l'un des processus majeurs du marketing, particulièrement dans le domaine du commerce. Pour éviter une concurrence parfaite qui conduirait à une égalisation des prix, il est avant tout conseillé de se différencier – par un imaginaire de marque, une qualité de services, etc. – afin de justifier d'une différence de prix. Cependant, d'autres approches existent afin d'éviter une confrontation directe qui se révélerait dommageable pour l'ensemble des acteurs en place.

Éviter la confrontation directe avec les concurrents

Diverses approches sont à disposition :

- Adopter une stratégie de prix aléatoire autour d'une moyenne, pour éviter d'être imité par les concurrents. Pour évoquer ce mouvement permanent, on parle d'une stratégie *hit-and-run*.
- Discriminer les prix, les différencier d'un client à l'autre selon son prix de réserve (c'est-à-dire le prix maximum qu'il est prêt à payer), sachant qu'en la matière les consommateurs sont différents les uns des autres (revenu, temps disponible pour rechercher de l'information, sensibilité aux prix, etc.).
- Différencier les prix d'un canal à l'autre, ce qui permet de gagner sensiblement en flexibilité pour s'adresser à différentes cibles sans pour autant discriminer les prix.
- Annoncer largement une politique d'alignement des prix, ce qui émet un signal aux concurrents et les incite à ne pas s'engager dans la voie d'une baisse des prix.

Les techniques de fixation des prix

Les techniques de fixation des prix en ligne sont finalement peu différentes des techniques conventionnelles, à ceci près qu'elles sont plus volatiles et plus personnalisées. La fixation des prix sur Internet repose finalement sur une généralisation des démarches d'expérimentation destinées à identifier les points de rupture, les zones d'indifférence, etc. (Baker *et al.*, 2001). Cette démarche de test permanent vise essentiellement à rechercher des opportunités d'amélioration de la rentabilité, plutôt qu'à éviter de commettre des erreurs.

La partition des prix. La technique de partition des prix est également très utilisée sur Internet. Elle consiste à présenter un prix de base, puis à rajouter des frais de livraison et d'autres charges diverses. Jusqu'à un certain point de complexité, cette technique est bien acceptée (Xia et Monroe, 2004). Elle induit même une augmentation de l'intention d'achat et une plus grande satisfaction vis-à-vis du prix. En revanche, quand la structure du prix devient trop complexe, elle est moins performante. Les modalités de présentation du prix déterminent donc largement l'efficacité de cette technique de partition.

Les enchères. L'avènement du commerce électronique a considérablement dynamisé cette technique de fixation de prix ancienne, mais peu utilisée. Cette technique est aujourd'hui plus largement utilisée, y compris pour créer un événement promotionnel. Le développement des ventes aux enchères est encouragé par la mise en relation d'un grand nombre d'acheteurs avec un grand nombre de vendeurs (C2C), notamment dans le cas de produits rares ou de pièces de collection. Les enchères permettent de fixer le prix des invendus.

Mais le développement de cette technique de fixation des prix reflète aussi la volonté des entreprises d'exploiter les différences individuelles en matière de sensibilité aux prix, et plus généralement, leur souhait de maximiser leurs capacités de production (cas du transport aérien, de l'hôtellerie ou de l'espace média, en *B2B*).

Exemple : La faible rationalité des clients qui achètent aux enchères – De nombreuses études ont montré que lors de ventes aux enchères, le client se comporte de façon peu rationnelle. On parle même de « fièvre des enchères », dans la mesure où les prix proposés sont régulièrement supérieurs aux prix auxquels les clients seraient arrivés avec un autre mécanisme de fixation de prix. Deux raisons ont principalement été avancées : le sentiment de quasi-possession et le sentiment de compétition entre enchérisseurs. Le sentiment de quasi-possession conduit le client à considérer le bien qu'il convoite comme étant le sien, dès avant la fin des enchères. Le sentiment de compétition pousse le client à surenchérir dans la mesure où il attache une valeur subjective à la victoire sur les autres compétiteurs, en plus de la valeur intrinsèque du produit acheté.

Source : d'après Heyman, Orhun et Ariely, in Jap (2004)

4.2.4. Les offres promotionnelles

À quelques exceptions près, la politique promotionnelle est au cœur de la stratégie marketing de la plupart des enseignes du commerce. Ceci est sans doute encore plus vrai pour les sites marchands. En effet, les visites expérientielles de type « lèche-vitrines », très fréquentes dans le commerce physique, sont sans doute plus rares sur Internet. Les visites en ligne sont plus utilitaires et orientées vers un objectif précis que les visites dans les magasins conventionnels. Dès lors, le discours pour attirer les visiteurs sur un site marchand sera encore plus orienté « produit/prix » que dans le commerce traditionnel.

La politique promotionnelle est l'un des leviers les plus puissants pour déclencher des visites et, une fois sur le site, pour déclencher des achats. Le site marchand doit donc mettre en œuvre régulièrement, parfois plusieurs fois par jour, les offres promotionnelles les plus efficaces. Le site marchand est amené à diffuser très régulièrement des offres promotionnelles par courriers électroniques et à en proposer sur le site, parfois même dans une rubrique spécifique.

Les techniques promotionnelles en ligne

En plus des offres spéciales et des coupons électroniques (ou bons de réduction), Internet a donné une seconde jeunesse à plusieurs techniques promotionnelles, comme les ventes privées, les ventes flash, les jeux-concours ou le parrainage :

- Les **ventes privées** reposent sur une logique de sélectivité où le client « initié », parrainé par un proche, peut bénéficier de bonnes affaires, y compris dans le domaine du luxe. Un bénéfice statutaire (reconnaissance) est généralement mis en avant.
- Les **ventes flash** reposent sur une logique d'urgence, de pression temporelle. Un bénéfice émotionnel (divertissement) est mis en avant.
- Les **jeux-concours** reposent clairement sur un bénéfice ludique. Les caractéristiques du média permettent d'imaginer des mécaniques de jeux originales, notamment virales.
- Le **parrainage**, une technique fort ancienne, trouve un second souffle sur Internet.

L'efficacité des offres promotionnelles en ligne

En théorie, l'efficacité d'une offre promotionnelle serait différente en ligne, comparativement au monde réel, dans la mesure où la cible est différente, de même que le média. L'effet d'une promotion en ligne – toutes choses égales par ailleurs, notamment le profil de la cible – est supérieur à la même promotion dans un supermarché (Degeratu *et al.*, 2000). Dans un contexte électronique, le signal promotionnel est encore plus fort que dans le contexte du magasin physique, la visibilité de la mise en avant étant généralement accentuée.

L'efficacité marketing des techniques promotionnelles repose en grande partie sur les caractéristiques de la cible. Les coupons, notamment, permettent de toucher une cible différente des bons de réduction traditionnels. Autrement dit, ces techniques permettent de toucher des clients qui ne le seraient pas, notamment les petits utilisateurs de coupons ou les utilisateurs moins impliqués dans la catégorie de produits :

- Les gros utilisateurs de coupons électroniques ne sont pas nécessairement les mêmes que les utilisateurs de coupons classiques. Les petits utilisateurs de coupons classiques ont l'intention de basculer en ligne, ce qui n'est pas le cas des gros utilisateurs de coupons classiques (Kang *et al.*, 2006).
- Les clients les plus impliqués traitent les coupons réels de façon plus attentive, tandis que les clients les moins impliqués traitent plus volontiers les coupons électroniques (Suri *et al.*, 2004).

Exemple : L'efficacité des pop-ups promotionnels – Le taux de clic moyen d'un pop-up promotionnel est de 0,81 %. Cette technique est donc globalement aussi efficace que les bannières. En revanche, le taux de clic monte à 1,4 % pour les pop-ups présentés dès l'arrivée sur la page, contre 0,65 % pour les pop-ups qui se déclenchent après un court délai. Dans ce dernier cas, le pop-up est susceptible d'être considéré par l'internaute comme une interruption. Le taux de clic est supérieur sur les pages de contenu lourdement chargé. Ici, le pop-up est probablement considéré comme une forme de distraction susceptible d'enrichir l'expérience de visite. Dans la plupart des conditions expérimentales, les groupes soumis à un pop-up promotionnel visitent le site plus longuement que le groupe de contrôle qui ne l'est pas.

Source : d'après Moe (2006)

Cependant, les coupons électroniques ne sont pas toujours efficaces (Shor et Oliver, 2006). En effet, une fois confrontés avec la possibilité de donner un code promotionnel, les clients qui ne disposent pas de ce code ont moins de chance d'acheter (ce qui conduit à une baisse du profit total). Par ailleurs, plutôt que de segmenter selon la sensibilité au prix, le couponing électronique conduit à une segmentation selon l'expertise en matière d'Internet (ce qui conduit à des erreurs de ciblage).

Exemple : L'impact d'une réduction des frais de livraison – Les frais de livraison constituent un obstacle important au développement du commerce électronique. La baisse de ces frais induit une amélioration de la performance commerciale du site marchand. Toutefois, les modalités de la baisse ont un impact différent sur la probabilité d'achat, sur le panier moyen et sur la probabilité d'acheter de nouveau. La suppression des frais de livraison induit une augmentation de la probabilité d'achat. Par ailleurs, la dégressivité des frais en fonction des quantités a un impact sur le panier d'achat. En revanche, la probabilité d'acheter de nouveau dépend des frais de livraison de base, plus que de leur dégressivité. Globalement, quand on prend en compte les trois effets (probabilité d'acheter, panier moyen et fidélité), les politiques qui incitent à acheter plus sont plus efficaces que celles qui conduisent à proposer des frais de livraison fixes, ou même à offrir la livraison.

Source : d'après Lewis (2006)

Il n'est pas possible de transférer sans précaution les bonnes pratiques promotionnelles du contexte réel au contexte virtuel. En tout état de cause, il est conseillé de **tester en permanence les offres, auprès de différentes cibles et selon diverses modalités**.

Résumé

La création de trafic et la conversion des visiteurs en clients constituent deux enjeux importants pour tout site marchand. Pour certains types d'achat, il s'agira surtout de s'appuyer sur une forte réputation de marque, souvent construite par de la communication conventionnelle (TV, radio, affichage, etc.). En revanche, pour d'autres types d'achats, il s'agira surtout d'être visible sur la Toile.

La visibilité sur Internet s'acquiert chèrement, de multiples façons : par la diffusion de bandeaux publicitaires ou l'envoi de courriers électroniques, par le référencement sur les moteurs de recherche et sur les comparateurs de prix, par la mise en place de réseaux d'affiliés ou de partenariats, par le développement des relations publiques en ligne. Cependant, malgré la forte croissance des communications électroniques, il est essentiel de rappeler que la communication conventionnelle – celle qui se déroule dans le monde physique – reste un levier incontournable de visibilité pour un site marchand. La question devient alors de savoir comment intégrer ces différentes formes de communication pour améliorer l'efficience des investissements marketing.

Une fois le trafic stimulé, la question devient de savoir quel pourcentage de visiteurs va se convertir en clients. Ce pourcentage est généralement très faible. L'amélioration du taux de conversion passe par la mise en œuvre d'une politique à plusieurs niveaux, qu'il s'agisse de rassurer le consommateur, d'orienter ses choix par une politique merchandising efficace, de fixer des prix attractifs ou de stimuler son envie d'acheter par une opération promotionnelle pertinente. Les bonnes pratiques du marketing conventionnel ne se transposent pas automatiquement sur Internet. La bonne attitude consiste donc à profiter des vertus de ce média pour expérimenter et tester les actions à mettre en place, avant de les généraliser, afin d'en identifier les conditions de succès et les limites.

Bibliographie

Baker W., Marn M. et Zawada C. (2001), « Price smarter on the Net », *Harvard Business Review*, vol. 79, n° 2, pp. 122-128.

Bhatnagar A. et Ghose S. (2004), « Segmenting consumers based on the benefits and risks of Internet shopping », *Journal of Business Research*, vol. 57, n° 12, pp. 1352-1360.

Breugelmans E., Campo K. et Gijsbrechts E. (2006), « Opportunities for active stock-out management in online stores: The impact of the stock-out policy on online stock-out reactions », *Journal of Retailing*, vol. 82, n° 3, pp. 215-228.

Chaibi L. (2007), *Internet marketing : conquérir, promouvoir, vendre et fidéliser*, Electronic Business Group, Elenbi éditeur, Paris.

Chaffey D., Mayer R., Johnston K. et Ellis-Chadwick F.E. (2006), *Internet Marketing : Strategy, Implementation and Practice*, 3e éd., Prentice Hall – Financial Times, Harlow.

Drèze X. et Zufryden F. (2004), « Measurement of online visibility and its impact on Internet traffic », *Journal of Interactive Marketing*, vol. 18, n° 1, pp. 20-37.

Fiore A.M., Kim J. et Lee H.-H. (2005), « Effect of image interactivity technology on consumer responses toward the online retailer », *Journal of Interactive Marketing*, vol. 19, n° 3, pp. 38-53.

Garbarino E. et Strahilevitz M. (2004), « Gender differences in the perceived risk of buying online and the effects of receiving a site recommendation », *Journal of Business Research*, vol. 57, n° 7, pp. 768-775.

Haübl G. et Trifts V. (2000), « Consumer decision making in online shopping environments: the effects of interactive decision aids », *Marketing Science*, vol. 19, n° 1, pp. 4-21.

Hoffman D.L. et Novak T.P. (2000), « How to acquire customers on the Web », *Harvard Business Review*, vol. 78, n° 3, pp. 179-187.

Huang J.H., Chang C.T. et Chen C.Y. (2005), « Perceived fairness of pricing on the internet », *Journal of Economic Psychology*, vol. 26, n° 3, pp. 343-361.

Jap S.D. et Naik P.A. (2004), « Introduction to the special issue on online pricing », *Journal of Interactive Marketing*, vol. 18, n° 4, pp. 4-6.

Kemmler T., Kubicovà M., Musslewhite R. et Prezeau R. (2001), « E-performance II: The good, the bad and the merely average », *McKinsey Quarterly*, n° 3. Disponible en ligne seulement.

Lewis M. (2006), « The effect of shipping fees on customer acquisition, customer retention, and purchase quantities », *Journal of Retailing*, vol. 82, n° 1, pp. 13-23.

March V. (2004), *L'affiliation – Pourquoi ? Comment ?*, Éditions d'Organisation, Paris.

Moe W.W. et Fader P.S. (2004), « Capturing evolving visit behavior in clickstream data », *Journal of Interactive Marketing*, vol. 18, n° 1, pp. 5-19.

Park D.H., Lee J. et Han I. (2007), « The effect of on-line consumer reviews on consumer purchasing intention: The moderating role of involvement », *International Journal of Electronic Commerce*, vol. 11, n° 4, pp. 125-148.

Pan Y. et Zinkhan G.M. (2006), « Determinants of retail patronage: A meta-analytical perspective », *Journal of Retailing*, vol. 82, n° 3, pp. 229-243.

Park J., Lennon S.J. et Stoel L. (2005), « On-line product presentation: Effects on mood, perceived risk, and purchase intention », *Psychology & Marketing*, vol. 22, n° 9, pp. 695-719.

Reibstein D.J. (2002), « What attracts customers to online stores, and what keeps them coming back? », *Journal of the Academy of Marketing Science*, vol. 30, n° 4, pp. 465-73.

Shor M. et Oliver R.L. (2006), « Price discrimination through online couponing: Impact on likelihood of purchase and profitability », *Journal of Economic Psychology*, vol. 27, n° 3, pp. 423-40.

Steenkamp J.-B. et Geyskens I. (2006), « How country characteristics affect the perceived value of Web sites », *Journal of Marketing*, vol. 70, n° 3, pp. 136-50.

Turban E., King D., Viehland D. et Lee J.K. (2006), *Electronic Commerce: A Managerial Perspective*, Prentice Hall, New Jersey.

Viot C. (2006), *Le E-marketing*, Gualino éditeur, Paris.

Volle P. (2000), « Du marketing des points de vente à celui des sites marchands : spécificités, opportunités et questions de recherche », *Revue Française du Marketing*, n° 177-178, pp. 83-100.

Wang E.T., Yeh H.Y. et Jiang J.-J. (2006), « The relative weights of Internet shopping fundamental objectives: Effect of lifestyle differences », *Psychology & Marketing*, vol. 23, n° 5, pp. 353-367.

Xia L. et Monroe K.B. (2004), « Price partitioning on the Internet », *Journal of Interactive Marketing*, vol. 18, n° 4, pp. 63-73.

Zhang J., Xiao F. et Sheng O.L. (2006), « Online consumer search depth: Theories and new findings », *Journal of Management Information Systems*, vol. 23, n° 3, pp. 71-95.

Sites Internet à consulter

http://www.1000mercis.com

http://www.affili.net

http://www.clickz.com

http://www.doubleclick.com

http://www.eiaa.net

http://www.eyeblaster.com

http://www.google.fr/ads

http://www.iabfrance.com

http://www.miva.com/fr

http://searchmarketing.yahoo.com

http://www.sncd.org

http://www.tangozebra.com

http://www.tradedoubler.fr

Activités

Questions de révision

1. Quels sont les quatre processus d'achat en ligne et quels en sont les enjeux associés, en matière de visibilité et/ou de réputation.
2. Quels sont les facteurs qui améliorent l'efficacité des bandeaux publicitaires et des courriers électroniques ?
3. Quelles sont les différentes formes de *search marketing* ?
4. Comment caractériser le contexte de communication actuel, depuis le développement d'Internet ?
5. Quelles sont les questions à se poser en matière de répartition des budgets marketing pour créer du trafic sur un site marchand ?
6. Comment augmenter le taux de transformation d'un site marchand ?
7. Quelles sont les bonnes pratiques en matière de merchandising électronique ?
8. En matière de prix, comment éviter la confrontation directe avec les concurrents ?
9. Quelles sont les techniques promotionnelles fortement associées au commerce en ligne ?

Exercices de synthèse

1. Récoltez cinq mailings commerciaux sur une période de quelques jours et comparez leur efficacité.
2. Imaginez que vous êtes responsable marketing d'un site de vente d'articles de golf. Formulez une proposition chiffrée d'achat de mots-clés, pour une période de trois mois.
3. Vous gérez un site qui rassemble des fans de guitare basse, à travers la France entière (en moyenne 800 visiteurs uniques par jour). Si l'on vous proposait de devenir affilié fnac.com ou amazon.fr, quel serait votre choix ?
4. Repérez trois campagnes de *buzz marketing* pour des sites marchands et comparez-les en termes d'efficacité.
5. Comparez Darty.fr, Pixmania.fr et Cdiscount.com en ce qui concerne le dynamisme commercial de ces sites. Discutez vos résultats et proposez des améliorations possibles en vous inspirant d'autres sites que vous connaissez.

Questions à débattre

1. Quels processus d'achat en ligne sont les plus fréquents pour (a) des billets de train, (b) des livres, (c) des parfums et (d) du matériel informatique ?
2. Pourquoi les liens sponsorisés sont-ils moins efficaces que les liens standard ? Pensez-vous que cette situation puisse évoluer dans les trois ans qui viennent et, si oui, pourquoi ?
3. L'affiliation sera-t-elle encore une solution pertinente, dans les cinq ans à venir, pour recruter des prospects ? Justifiez votre réponse.
4. Pensez-vous que la communication conventionnelle sera de moins en moins stratégique pour générer du trafic sur les sites marchands ? Pourquoi ?
5. Le merchandising électronique est-il fondamentalement différent du merchandising conventionnel ?
6. « Le prix n'est pas le facteur le plus important pour déclencher un achat. » Discutez cette affirmation, selon le type de client et le type de produit acheté.

Chapitre 8

Mise en place de la logistique du commerce électronique

Objectifs pédagogiques

- Comprendre l'importance de la partie logistique du commerce électronique
- Appréhender la spécificité de l'e-logistique
- Décrire les processus d'approvisionnement amont
- Comprendre les processus de stockage et préparation de la commande
- Analyser les processus de la logistique aval
- Comprendre les modalités de tarification de la livraison

La préparation et l'expédition d'une commande chez Télémarket.fr

Télémarket est une entreprise de vente en ligne née en 1985 avec le développement du Minitel en France. Filiale des Galeries Lafayette jusqu'en 2005, elle offre une gamme de produits (8 000 références) équivalente à un supermarché alimentaire de centre-ville. Elle est affiliée à Monoprix, dont elle distribue les produits. Elle réalise, en 2006, un chiffre d'affaires de 60 millions d'euros. Le panier moyen s'élève à 169 euros. Elle assure 1 500 livraisons par jour en Ile-de-France depuis son entrepôt de Pantin et, depuis avril 2007, des livraisons sur la France sauf pour les produits surgelés (et pour certaines régions du centre de la France). Elle assure les livraisons en Ile-de-France grâce à sa propre flotte de 100 camions. Elle a conclu un accord avec Chronopost pour les livraisons en province. Elle a développé des emballages isothermes et sécurisés spécifiques pour les produits frais, afin de garantir la chaîne du froid sur les livraisons en province. L'ensemble des commandes est expédié depuis Pantin dans toute la France. La livraison coûte 9,90 euros pour une commande de 80 euros et est gratuite au-delà de 210 euros. Il existe une formule d'abonnement mensuel pour les frais de livraison au tarif de 14,70 euros. Il est également possible d'acheter un carnet de 10 bons de livraisons pour 59 euros.

L'extension de la vente à l'ensemble de la France a conduit Télémarket à revoir les prix à la baisse de 1 500 produits afin d'être compétitif par rapport aux prix des hypermarchés de province. Plusieurs options de livraison sont proposées, le jour même, le lendemain entre 8 heures et 13 heures pour une commande passée avant 15 heures la veille.

Le suivi du traitement d'une commande sur la chaîne logistique de Télémarket donne un aperçu assez complet des différentes étapes nécessaires à la réalisation effective d'une vente depuis le site marchand Télémarket.fr. ☞

La préparation et l'expédition d'une commande chez Télémarket.fr (*suite*)

Une fois la commande confirmée au client, la commande arrive à un poste de travail dénommé « éclatement des commandes ». Afin d'assurer un remplissage optimisé des cartons et regrouper les produits de même nature, la commande est éclatée en sept listes différentes. Les articles d'épicerie, produits frais, surgelés, produits d'entretien ou alcool ne sont pas mélangés. Il ne faut pas moins de sept cartons pour préparer la commande. Un chiffre qui n'a rien d'étonnant : la moyenne s'élève à 6,8 colis par commande. Ici, rien n'est laissé au hasard, pas même la taille du carton (grand ou petit) calculée par l'ordinateur en fonction du volume des produits. Cela est possible grâce à un système informatique 3D qui pèse et calcule le volume de chaque produit, puis l'intègre dans une base de données en lui attribuant un code barre. Grâce à cette base de données, le système informatique optimise le remplissage de chaque carton en fonction du poids et du volume des produits. Équipés d'un code barre, qui rappelle le contenu du colis et le nom du destinataire, les cartons sont acheminés de poste en poste grâce à un convoyeur automatique. Aucun carton n'aura le même chemin.

Le convoyeur fait au total 900 mètres de long et parcourt les 3 000 m^2 de l'entrepôt « épicerie », ce qui représente 31 postes différents. Un des cartons quitte le tapis central. Son code barre indique au préparateur le produit qu'il doit prendre. Un préparateur, grâce à son pistolet *scanner*, relié au système d'information central par ondes radio, vérifie s'il s'agit du bon produit et décrémente le stock. Aucune place n'est perdue. Chaque carton ne regroupe que des produits qui ne risquent pas d'endommager les autres (exemple : les mouchoirs, les cotons de maquillage et les chips).

Les cartons arrivent en fin de chaîne sur une balance qui vérifie la commande. Le moindre écart entre le poids théorique et le poids réel conduit au rejet du carton. Pendant ce temps, au rayon frais, la préparation de commande se poursuit. Aux surgelés, les commandes qui étaient entreposées dans des sacs isothermes sont déplacées vers d'autres congélateurs autonomes situés juste à côté des quais de chargement.

Après avoir été pesés puis scellés, les cartons contenant des produits d'épicerie sont acheminés sur le quai de gestion du chargement. Ils sont alors positionnés sur des emplacements numérotés, correspondant à une tournée précise à l'arrière du camion. Télémarket n'utilise plus de camions frigorifiques. L'ouverture fréquente des portes provoquait des chutes de température. Les nouveaux camions disposent de trois compartiments : un à température ambiante pour l'épicerie, un à 2 °C pour le frais et un à – 20 °C pour le surgelé.

Au bureau du planning, on décide des tournées de la matinée et c'est à ce poste que le remplissage virtuel des camions est effectué. Une opération qui n'est encore que partiellement assistée par ordinateur. Le chauffeur de Télémarket organise lui-même sa tournée pour emprunter le chemin le plus court. Un exercice où l'expérience compte. Les horaires de départ des tournées sont précis : 7 h 13 et 16 h 22. Les zones couvertes par les camions étant assez petites, une tournée dure en moyenne deux heures. ☞

Questions :

Que pensez-vous des options de livraison proposées par Telemarket ?

Expliquez le choix des options de tarification des livraisons ?

Qu'en concluez-vous ? Quelles sont les forces et les faiblesses de l'organisation mise en place par Télémarket pour gérer la préparation des commandes ?

Quelle est la place de l'informatique dans la gestion de ce processus ?

Quels processus pourraient être pris en charge par le système d'information ?

Vous semble-t-il possible d'automatiser complètement la préparation d'une commande ?

Quelles sont les spécificités du traitement d'une commande multiproduits ?

Quels sont les moyens pour optimiser la gestion d'un tel type de commande ?

***Sources :** adapté de Le Journal du Net et Telemarket.fr*

Les transactions du commerce électronique sont clôturées lorsque le client est livré et après expiration du délai de rétractation lorsque celui-ci est possible. Cette réalité matérielle du commerce électronique a, au début de cette forme de commerce, été largement sous-estimée, voire ignorée par certaines *start-up*, les conduisant rapidement à la faillite, comme le supermarché en ligne Webvan (Ring, Tigert, 2001).

Dans le commerce traditionnel, le client se déplace au point de vente pour acquérir une marchandise et, généralement, repart avec celle-ci, assurant ainsi une partie du flux logistique (transport jusqu'au point de consommation). Le client va à la marchandise. La logistique aval du point de vente est donc assurée par le client.

Dans le commerce électronique, c'est l'inverse : la marchandise va vers le client. On assiste donc à une inversion du flux physique sur la partie logistique aval. Ce phénomène n'est pas sans conséquences sur la gestion des flux logistiques.

En effet, contrairement à la logistique traditionnelle du commerce, dans laquelle on livre à un nombre restreint de points de livraison une commande conséquente, le commerce électronique implique la livraison de petites commandes à une multitude de points de livraison, ce qui modifie fortement la problématique des coûts logistiques.

Par conséquent, les distances ne disparaissent pas avec le commerce électronique. Au contraire, elles augmentent. En effet, les commandes sur un site marchand peuvent provenir du monde entier ! Ce qui est fondamentalement modifié dans le commerce électronique, c'est que le coût de cette distance incombe souvent au site marchand car le client ne souhaite pas le supporter. Dans le domaine du commerce électronique, les attentes des clients sont fortes en termes de délai de livraison, de respect des délais annoncés, de la fiabilité de la livraison. Dès lors, la maîtrise de la chaîne logistique est cruciale, car elle permet de réaliser la promesse du commerce électronique : une commande en quelques clics et une livraison rapide.

Pour y parvenir, de nombreux processus doivent être maîtrisés. En effet, la notion de chaîne logistique ne saurait se résumer à la phase de gestion du stock et du transport.

Elle implique non seulement une maîtrise de la phase d'approvisionnement auprès des fournisseurs (qualité des prévisions de vente et saisonnalité sont ici fondamentales), une optimisation des coûts de stockage, une parfaite préparation des commandes, une livraison en temps et en heure mais également, vente à distance oblige, la maîtrise de la logistique retour (échange/retour du produit, service-après-vente) et une bonne analyse des coûts logistiques et de leur facturation.

La gestion de ce processus constitue une réelle compétence que peu d'entreprises de commerce électronique possèdent totalement. La chaîne logistique comporte un certain nombre d'étapes jusqu'au client final, qui constituent autant de sous-processus à gérer comme tels. Avant de présenter les différents processus de la chaîne logistique dans le cadre du commerce électronique, les spécificités de ce canal de vente sont présentées afin d'appréhender les défis particuliers au management de cette chaîne logistique, maillon crucial dans le succès d'un site marchand.

1. Comprendre les enjeux de la logistique du commerce électronique

L'inversion des flux de marchandises par rapport au commerce traditionnel complique singulièrement la problématique, tant les exigences des clients en termes de logistique sont élevées. La difficile maîtrise de cette compétence amène les sites marchands à se poser la question de l'externalisation de ces processus à un spécialiste de la logistique.

1.1. Les spécificités de l'e-logistique

Par rapport au commerce traditionnel, le commerce électronique nécessite d'ajouter une logistique « aval » à la logistique « amont ». Là où il ne fallait livrer que des entrepôts logistiques ou des magasins (logistique amont), il faut désormais être en mesure de livrer le client chez lui (logistique aval). Dans le commerce traditionnel, le client se déplace jusqu'au magasin et assure cette logistique « aval ».

Dans cette configuration, la logistique du « dernier kilomètre » est donc assurée par le client. La livraison sur un nombre limité de points de livraison facilite également la livraison de commandes groupées, limitant ainsi les coûts de transport. Enfin, les exigences de délais courts en logistique classique n'ont rien à voir avec les exigences des clients de sites de commerce électronique qui se manifestent par des demandes de délais extrêmement courts (dans la journée, 24 heures, 48 heures).

La logistique du commerce électronique se caractérise dès lors par des éléments très différents de la logistique classique. Les points de livraison sont démultipliés par le simple fait que tout client ayant passé commande doit être livré. D'où la question essentielle de la zone de chalandise du site de commerce électronique.

Outre la multiplication des points de livraison, la logistique du commerce électronique doit également faire face à une multitude de colis de petite taille, contrairement à la logistique classique, ce qui entraîne des coûts de manutention plus élevés. Enfin, livrer le client final nécessite que ce dernier soit présent lors de la livraison. Cette situation n'existe pas dans la logistique classique car les livraisons s'effectuent aux horaires d'ouverture des entrepôts et des entreprises. Or de nombreux clients ne sont pas à leur domicile lors des livraisons, compliquant singulièrement la gestion de cette dernière étape de la chaîne logistique. Par conséquent, la gestion logistique d'un site de commerce électronique ne saurait être celle du commerce classique.

1.2. La zone de chalandise

Contrairement à ce que les débuts du commerce électronique sur Internet le laissaient penser (Lorentz, 1998), il n'est pas possible de livrer tous les clients à un coût acceptable par ceux-ci (voir section 1.3). La distance ne disparaît pas dans le commerce électronique ; elle n'est plus parcourue par les mêmes acteurs. C'est au site marchand de mettre à disposition le produit chez le client. Pire encore, cette distance s'accroît potentiellement au monde entier. Or, un site marchand n'est pas mondial *de facto* ; il le devient par une prise en compte de facteurs locaux dans la conception de son offre en ligne (Volle, 2000). Ainsi, la version en langue anglaise du site marchand ne suffit pas à accroître la zone de chalandise ; il faut également maîtriser la logistique internationale et les procédures douanières !

Dès lors, il devient rapidement nécessaire de préciser les contours géographiques de la zone dans laquelle le site marchand opère. Est-il possible d'accepter toutes les commandes, quelle que soit leur provenance géographique ? La réponse est certainement négative, du fait de la facturation des frais de transport. D'autres considérations, comme la nature des produits (voir section 3.3.1), entrent en ligne de compte. Le respect de la chaîne du froid constitue, à cet égard, une limite évidente pour certains produits. Les délais de livraison pour les produits frais constituent une autre limite.

Il est donc nécessaire que le site marchand indique clairement à ses clients potentiels les zones de livraison. Les supermarchés en ligne alimentaires français, fortement concernés par la gestion des produits frais et de la chaîne du froid, ont donc décidé de filtrer l'accès au site dès leur page d'accueil par le code postal de l'internaute, afin de communiquer au plus vite au client la possibilité de livraison à son domicile et lui éviter une expérience décevante (voir section 1.3) en fin de commande.

Une zone de chalandise n'est pas figée et plusieurs facteurs peuvent la modifier. L'évolution des techniques d'emballage et de conservation des produits frais a permis à des sites marchands d'accroître leur zone de chalandise. Le site Télémarket a ainsi pu étendre ses livraisons à l'ensemble du territoire français, grâce à une offre d'emballage spécifique et à une organisation logistique fournie par un prestataire logistique (voir le cas d'introduction). Le développement des ventes peut également accroître les volumes d'expédition et diminuer le coût unitaire logistique. Le site marchand peut donc étendre de façon rentable ses expéditions. Enfin, une politique commerciale peut conduire à offrir les frais de transport aux clients sur une zone supérieure à la zone de chalandise initiale.

1.3. La livraison et la satisfaction client

La « promesse » du commerce électronique se réalise lorsque le produit arrive effectivement sans dommage chez le client dans les délais prévus. La réalisation de cette promesse est un élément déterminant de la satisfaction client comme de nombreuses études le montrent. Ainsi, l'étude IPSOS/Coliposte, réalisée en 2005, met en évidence que 42 % des internautes ont annulé une commande en ligne en raison des conditions de livraison proposées et 66 % considèrent que les conditions de livraison constituent un élément de choix du site marchand. Comme le montre cette étude, la livraison reste, pour les clients en ligne les plus réguliers, une véritable source d'insatisfaction. En ce qui concerne ce point, les trois caractéristiques les plus importantes attendues par le client sont les suivantes :

- la possibilité de se faire livrer le colis à domicile (82 %) ;
- la possibilité de suivre le colis (68 %) ;
- l'information donnée par le site marchand concernant le délai de livraison (65 %).

La dématérialisation du processus d'achat est anxiogène et génère une demande de contrôle sur le processus en ligne : suivi de la commande, traçabilité, information en temps réel. Ce sont donc des fonctions indispensables à inclure dans le processus de traitement de la commande (voir chapitre 6). La commande en ligne génère également une attente de rapidité importante, parfois d'instantanéité dans la disponibilité du produit, à tout le moins de l'information concernant sa livraison. Ainsi, 93 % des clients sont impatients de recevoir leur colis lorsqu'ils effectuent un achat important, tandis que 74 % acceptent une livraison moins rapide lorsque la livraison est gratuite. Seuls 28 % acceptent d'ailleurs de payer plus cher pour être livrés plus rapidement. L'expérience croissante des acheteurs en ligne conduit à accroître le degré d'exigence. Ces exigences accrues se résument par :

- une demande de délai de livraison court mais surtout, garanti quant à la date et l'heure ;
- une demande de fiabilisation du service consécutive à une sensibilité accrue quant à la qualité de la remise (échec de livraison et mise en instance, heure de livraison, retours, service-après-vente) ;
- une assurance sur les colis retournés en cas de perte ou d'avarie (voir section 4.2) ;
- un prix adapté/attractif (ce prix étant perçu comme un « coût »).

Par conséquent, la réussite de la livraison constitue un véritable enjeu pour le commerce électronique, dans la mesure où la facilité d'effectuer un achat en ligne ne sera jugée positive que si le processus logistique se révèle efficace. Dès lors, la question est de savoir si le site marchand maîtrise cette compétence ou s'il doit confier ce processus à un spécialiste.

1.4. Faire ou faire faire la logistique ?

La maîtrise du processus logistique est une réelle compétence du point de vue stratégique. Créer une telle compétence et la maîtriser sont parfois des objectifs difficilement atteignables pour des acteurs de petite taille, comme il en existe des milliers sur Internet. Aussi, l'externalisation constitue une solution souvent retenue par les sites marchands. L'offre en matière logistique s'est considérablement étoffée, depuis l'émergence du canal électronique, facilitant cette décision. Afin de formaliser les besoins logistiques, il est néanmoins nécessaire de préparer un cahier des charges logistique.

1.4.1. L'offre de prestations logistiques

L'externalisation de la logistique du commerce électronique est une question délicate, dans la mesure où peu d'acteurs traditionnels de la logistique sont en mesure de répondre de façon totalement satisfaisante sur l'ensemble des exigences de cette logistique particulière. Sur le marché traditionnel de la logistique coexistent différentes offres :

- **Les transporteurs express.** Ce type d'acteurs est souvent spécialisé dans le transport de petits colis dans des délais rapides (24 heures, 48 heures). Ce sont souvent des entreprises nationales (Chronopost) ou internationales (TNT, DHL, UPS), dont le réseau de livraison ne couvre pas forcément l'ensemble d'un pays. En outre, leur origine *B2B* reste fortement marquée. Les créneaux horaires de livraison proposés restent de l'ordre de la demi-journée et la prise de rendez-vous avec le client final pour la livraison n'est souvent pas proposée.
- **Les opérateurs postaux.** L'avantage fondamental de ces opérateurs est leur couverture nationale totale. Ils sont les seuls dans leur pays à pouvoir livrer n'importe quel client, du fait de leur réseau de livraison du courrier. En outre, les bureaux de poste constituent une alternative à l'absence des clients. La mise en instance de colis est donc un atout majeur. Il n'en reste pas moins que ces opérateurs ne peuvent prendre en charge que des colis de faible taille.
- **Les spécialistes de la livraison au client final.** Il s'agit souvent de filiales d'entreprises historiques de la vente à distance. En France, on peut citer Distrihome (Yves Rocher), Mondial Relay (3 Suisses), la SOGEP (Redcats). Ces opérateurs spécialisés sont certainement ceux qui maîtrisent le mieux la livraison à domicile.
- **Les réseaux de points de retrait.** Les opérateurs de la logistique traditionnelle ont développé des réseaux de points de retrait pour apporter une offre logistique *B2C* aux sites marchands, sachant que 30 % des livraisons s'effectuent sur points de retrait. Ainsi Chronopost a constitué un réseau – Chrono Relais – de 3 000 points de retrait en s'appuyant sur les buralistes. D'autres spécialistes de la logistique express comme TNT et GLS ont également constitué des réseaux de points de retrait (Relais colis et Colis Shop).
- **Les coursiers urbains.** Il s'agit d'une offre encore marginale pour le commerce électronique en général. Avec le développement du commerce électronique de proximité (restauration notamment), ces acteurs offrent de réelles capacités pour gérer des délais très courts dans une zone de livraison déterminée, avec une amplitude horaire du rendez-vous réduite (moins de deux heures).

1.4.2. Le cahier des charges logistique

Un cahier des charges doit comprendre trois éléments indispensables : la stratégie de distribution, les flux physiques générés par l'activité et les flux d'informations liés aux flux physiques. La partie concernant la stratégie de distribution explicite les choix stratégiques opérés par le site marchand (voir chapitres 2 et 3). La partie marketing du cahier des charges doit inclure : le niveau de service en termes de délais, les options de livraison disponibles pour le client final, la zone de chalandise, le niveau frais de port accepté par les clients. Les points essentiels sont donc :

- délais de livraison proposés aux clients ;
- frais de port refacturés au client, par type de délai ;
- type de client (*B-to-B*, *B-to-C*) ;

- zone de chalandise et concentration éventuelle des clients sur la zone ;
- personnalisation des envois (étiquette ou conditionnement à la marque).

La deuxième partie concernant les flux physiques doit comprendre au minimum les éléments suivants : nombre de commandes, nombre d'articles par commande, dimensions des produits, stock moyen, fonctionnement avec les fournisseurs. Il est possible de dresser une liste minimale des éléments essentiels à stipuler dans le cahier des charges :

- les produits – famille d'appartenance des produits ;
- les dimensions et poids de ces produits ;
- les contraintes de stockage liées à ces produits (température, produits dangereux, alcools, etc.) ;
- le conditionnement des produits (nécessité d'un sur-emballage) ;
- le nombre de commandes estimé (par jour ou par mois) ;
- le nombre d'articles par commande ;
- le stock moyen ;
- le nombre de références gérées ;
- le nombre de fournisseurs ;
- le nombre de réceptions attendues sur la base logistique.

La troisième partie du cahier des charges doit comprendre une description des flux d'informations liés aux flux de marchandises envisagés. Il est nécessaire de détailler, dans cette dernière partie, les éléments suivants :

- outil de prise de commande utilisé ;
- outil de transmission des commandes à la base logistique ;
- informations à recueillir de la base logistique et à quelle fréquence ;
- interfaçage informatique avec la base logistique (quelle technologie ?) ;
- informations logistiques à mettre à la disposition des clients (*tracking* des commandes).

La rédaction de ce cahier des charges doit permettre de sélectionner un prestataire logistique. Outre ces éléments objectifs, l'expérience du commerce électronique est un élément d'appréciation essentiel dans le choix. En effet, la spécificité du commerce électronique nécessite une organisation adéquate que nombre de prestataires logistiques ne maîtrisent pas.

2. Approvisionner et gérer les stocks (logistique amont)

2.1. La gestion des approvisionnements

Pour vendre en ligne, il faut disposer de produits en stock ou être en mesure de les faire livrer au client dans les meilleurs délais. Cela nécessite une prise en considération des cycles de ventes (saisonnalité) et incite fortement à déployer une collaboration en amont avec les fournisseurs, pour optimiser la gestion des stocks au travers d'échanges d'informations automatisés.

En effet, la disponibilité du produit en stock constitue la garantie d'un délai de livraison court pour le client et, très souvent, l'élément essentiel de sa satisfaction (voir section 1.3). Cependant, le stock a un coût élevé et représente souvent une part très importante du besoin en fonds de roulement du site marchand. Par conséquent, l'objectif de la gestion des approvisionnements et des stocks est d'optimiser de façon continue le niveau des stocks en arbitrant entre délai/disponibilité et coût du stock.

La loi vient soutenir le consommateur en précisant qu'en cas d'indisponibilité du bien ou du service commandé celui-ci doit être informé de cette indisponibilité et bénéficie d'un droit à remboursement sans délai et au plus tard dans les 30 jours du paiement des sommes qu'il a versées. La gestion des approvisionnements est donc essentielle.

Cette difficulté peut cependant être gérée par le fait que le fournisseur peut proposer un bien ou un service d'une qualité et d'un prix équivalents à condition d'en avoir informé de manière claire et compréhensible le consommateur avant la conclusion du contrat.

2.1.1. La gestion de la saisonnalité

De nombreuses activités économiques sont saisonnières. Le commerce électronique n'échappe pas à cette règle. De nombreuses activités, qui ont migré vers le canal électronique, sont des activités saisonnières : vente de fleurs (Saint-Valentin, fête des Mères, etc.), ventes de voyages, billets d'avions, billets de trains, électronique grand public, jouets, etc. L'analyse des ventes dans le commerce électronique met en évidence une forte concentration des ventes au dernier trimestre de l'année civile, plus ou moins marquée selon les catégories de produits.

Le dernier trimestre de l'année représente 30 % des ventes des adhérents de l'ACSEL (*Association pour le Commerce et les Services En Ligne*). Le mois de décembre représente en moyenne pour les sites marchands, hors voyages, 65 % de volume en plus que la moyenne des autres mois de l'année. Le chiffre d'affaires du mois de décembre représente 42 % de l'activité du quatrième trimestre.

Exemple : Le site fnac.com, dont l'offre de produits comprend aussi bien des produits culturels que des produits électroniques, réalise 20 % de son chiffre d'affaires au cours des trois premières semaines du mois de décembre.

Il est donc impératif que cette saisonnalité soit analysée, anticipée du point de vue des approvisionnements et de la logistique aval. De nombreux sites marchands ont perdu des clients, suite à leur incapacité à livrer des commandes pour les fêtes de fin d'année. Afin d'éviter de telles situations, il est nécessaire de collaborer en amont avec ses fournisseurs pour parvenir à des prévisions de ventes communes, évitant ainsi les ruptures d'approvisionnement. Il est également indispensable d'anticiper ces pics saisonniers avec les prestataires logistiques, pour optimiser le stockage des produits et, plus encore, faire face à l'accroissement temporaire des commandes.

2.1.2. La gestion partagée des approvisionnements (GPA)

Largement utilisées dans la grande distribution alimentaire et dans d'autres secteurs industriels, depuis de nombreuses années, ces méthodes collaboratives entre distributeurs et fournisseurs visent à éviter les ruptures d'approvisionnement, par échange d'informations sous forme de messages EDI (voir chapitre 4). Ces méthodes dénommées « gestion partagée d'approvisionnement » (GPA ou *VMI, Vendor Managed Inventory*) font l'objet d'une normalisation par GS1 (normalisation des méthodes de codage) afin de faciliter leur déploiement. La méthode consiste à déclencher une commande automatique dès que le stock d'un produit atteint un seuil minimum défini par le fournisseur et le distributeur à l'avance par contrat. La commande est envoyée par message EDI et le fournisseur réapprovisionne automatiquement.

Le stock du site Internet est décrémenté au fur et à mesure des commandes passées en ligne. L'atteinte d'un seuil minimum sur le stock de ce produit déclenche une commande automatiquement suivie d'une livraison des quantités ainsi commandées. De cette façon, le réapprovisionnement automatique limite les ruptures de stocks.

Pour faciliter la fonction d'un tel mécanisme, le schéma d'échange de messages EDI et leur enchaînement ont été codifiés.

Lorsque le seuil minimum est atteint, le message INVRPT (*Inventory Report*) est envoyé. Le fournisseur envoie à son tour un message ORDERS (bon de commande), qui est confirmé par le site marchand dès sa réception, si les quantités proposées sont satisfaisantes. Un avis d'expédition est ensuite envoyé DESADV (*Despatch Advice*), puis la facture électronique INVOIC (*Invoice*). Enfin, à réception de la marchandise, le site marchand envoie un dernier message d'accusé de réception RECADV (*Receiving Advice*) pour clôturer la transaction. Il existe une méthode dans laquelle le site marchand ne confirme pas les commandes, mais laisse le fournisseur gérer son stock directement. Cette approche nécessite un historique de ventes suffisant et fiable pour confier l'approvisionnement aux fournisseurs.

Ces méthodes ont toutefois du mal à être adoptées par les sites marchands, qui font souvent face à une multitude de fournisseurs, compliquant le déploiement d'une telle méthode de collaboration. Plus encore, le rapport de force entre partenaires n'est pas toujours favorable aux sites marchands, qui ne sont pas en mesure d'imposer de telles méthodes, comme ont pu les faire les GSA avec leurs fournisseurs.

> ***Exemple :*** Nomatica.fr a mis en place un système EDI pour optimiser le flux d'informations avec ses fournisseurs. Cette technologie est loin d'être généralisée. « Nous utilisons l'EDI avec moins d'une dizaine de grossistes, indique Christophe Cornuejols. La plupart des grands importateurs français, eux, ne veulent pas en entendre parler, car ils ne veulent pas mettre leurs stocks en ligne. » De fait, Nomatica est contraint d'utiliser encore majoritairement le fax et doit supporter parfois des ruptures de stock.
>
> *Source : Le Journal du Net, juin 2004*

Par conséquent, il est important, dans la sélection de ses fournisseurs, d'apprécier leur capacité à travailler en EDI ou Web-EDI. Ceci n'est toutefois pas nécessaire pour des sites de petite taille, à faible rotation de stocks, car le déploiement de la GPA est coûteux et nécessite un volume de transactions suffisant pour amortir cet investissement. En outre, l'intégration complète de l'EDI à la gestion des stocks nécessite des compétences informatiques et un système d'information apte à intégrer ce type de flux (voir chapitre 4).

La gestion des approvisionnements est donc étroitement liée à la gestion des stocks, comme le montre la GPA. Plusieurs aspects spécifiques au commerce électronique sont à souligner dans le cadre de la gestion des stocks.

2.2. La gestion des stocks

Plusieurs questions se posent au site marchand quant à sa gestion des stocks, puisqu'ils constituent un prérequis pour garantir des délais courts aux clients.

2.2.1. Assortiment et stock

Contrairement à un magasin, limité par sa surface commerciale, un site marchand a la possibilité de présenter un nombre bien plus élevé de références, car il n'existe pas de limitation technique à en présenter des milliers. L'assortiment proposé peut donc avoir de la largeur et de la profondeur. Mais un assortiment large conduira inexorablement à un coût de stockage élevé. L'observation des supermarchés alimentaires en ligne montre bien que le nombre de références a été limité et que peu d'entre eux proposent autant de gammes que leurs équivalents physiques. En outre, l'accroissement de la largeur de l'assortiment peut conduire le site à développer de nouveaux entrepôts et limiter ainsi les économies d'échelle liées à un entrepôt unique.

> ***Exemple :*** Amazon.fr s'est diversifié en 2007 dans les jouets. Il a dû investir dans la construction d'un second entrepôt distant de dix kilomètres de celui situé près d'Orléans.
>
> *Source : Le Journal du Net, 2007*

Par conséquent, si la surface commerciale n'est pas limitée, les coûts de stockage limitent sérieusement l'élargissement sans fin des gammes, auquel de trop nombreux sites marchands ont cru au début d'Internet. Une solution consiste alors à ne pas posséder ses propres stocks et à s'appuyer sur ceux de ses fournisseurs.

2.2.2. Stock en propre ou *drop shipping* ?

Afin de limiter le niveau de ses stocks, le site marchand peut négocier avec ses fournisseurs la disposition de stocks auxquels il peut recourir dès qu'il reçoit une commande sur son site. Il transforme donc un bon de commande en un ordre d'approvisionnement. Cette méthode dénommée *drop shipping* est *a priori* très séduisante car le site marchand ne supporte pas le coût du stockage.

Elle n'est pas sans compter un certain nombre de risques, notamment quant aux délais de livraison du client final. En effet, même si les fournisseurs s'engagent sur des stocks dédiés et des délais de livraison, la réalité montre souvent que la garantie de la disponibilité de ces stocks est loin d'être toujours respectée. En outre, ce coût de stockage, supporté par le fournisseur, se traduira certainement par des coûts d'acquisition des produits plus élevés.

Exemple : Fnac.com. « Nous n'avons en stock qu'une toute petite partie des références que nous proposons sur le site. Pour être précis, sur un million de références proposées, nous n'en avons que 3 000 à Aubervilliers. Mais ce sont celles qui sont les plus demandées. Une autre partie, 97 000 références en tout, est stockée dans les circuits du groupe Fnac, c'est-à-dire la Société Française du Livre, les magasins parisiens ou les entrepôts du groupe. Mais elles peuvent être mobilisées très rapidement, ce qui nous permet de livrer en 24 heures près de 100 000 références. Enfin, 900 000 produits, soit la plus grosse partie de notre assortiment, sont chez nos fournisseurs. Mais ce sont des produits moins demandés. »

Sources : entretien Jan Löning, PDG Fnac Direct, Le Journal du Net, juin 2004

Dans la pratique, de nombreux sites marchands optent pour une stratégie mixte.

Exemple : Nomatica.fr n'a aujourd'hui en stock que 1 000 références sur les 3 500 qu'il propose sur son site. « Ce sont, bien entendu, les 1 000 références les plus vendues, précise Christophe Cornuejols. Et, selon les périodes, nous avons entre dix jours et quatre semaines de stock ». Le reste est donc conservé dans les entrepôts des 80 fournisseurs avec lesquels Nomatica travaille et est acheminé, au moment où la commande est passée sur le site, dans les locaux du marchand.

Source : Le Journal du Net, 2004

Il est pertinent d'utiliser le *drop shipping* pour les produits volumineux, coûteux en espace de stockage, ou lorsque les fournisseurs maîtrisent bien ce mode de collaboration, comme dans le secteur du livre. Les recherches sur l'organisation du stockage dans le commerce électronique montrent que plus l'assortiment est large, plus les produits proposés sont pondéreux, plus le site recourt au *drop shipping* (Randall Netsinne & Rudi, 2002).

En revanche, les recherches ne permettent pas de conclure à l'existence d'un mode d'organisation particulier qui garantirait une performance supérieure. Elles fournissent également des modèles de décision sur le choix de l'organisation du stockage (Netessine, Rudi, 2006).

Il existe, enfin, un mode d'organisation des stocks pour les distributeurs présents sur plusieurs canaux et possédant des stocks en magasin. Ce mode d'organisation est présenté au chapitre 3, qui traite des stratégies de distribution multicanal.

3. Préparer et emballer la commande (logistique aval)

L'étape suivante dans la gestion logistique d'une commande consiste à la préparer et à l'expédier. Cette préparation nécessite de rassembler le ou les produits commandés, les emballer puis les affecter à un transporteur.

3.1. La préparation de la commande (*picking*)

Cette étape, souvent peu connue du client, est une phase cruciale du processus logistique, tout particulièrement s'il s'agit d'une commande comportant plusieurs produits, ce qui est un cas assez fréquent, du fait des propositions de ventes croisées (voir chapitre 7) ou des options de tarifications proposées en fonction du montant de la commande (voir section 4.2). La gestion de cette étape vise à optimiser le coût de traitement de la commande, qui nécessite souvent une main-d'œuvre abondante. L'automatisation est donc ici recherchée même si elle est difficilement envisageable pour de nombreux produits.

Exemple : Zoom sur la préparation des commandes chez Fnac.com – Pendant ce temps, dans l'entrepôt, le travail bat son plein pour préparer les produits nécessaires à la constitution des nouvelles commandes. Depuis 7 heures du matin, l'équipe de *picking*, constituée de deux groupes de cinq personnes (une pour les produits culturels et l'autre pour les produits high-tech), réceptionne les ordres de préparation et prélève les produits dans les différentes travées. Les produits sont placés dans des chariots qui, une fois complets, quittent cette partie de l'entrepôt pour être stockés dans la zone de préparation des commandes.

Une fois les préparations terminées, l'équipe de picking s'attelle alors à une autre tâche. Vers 11 heures, elle réceptionne cette fois les articles en provenance des fournisseurs et des magasins Fnac. Tous ces produits, dont certains sont demandés en urgence pour compléter une commande, sont scannés. Ceux destinés au réapprovisionnement entrent en stock et se voient attribuer une place précise dans l'entrepôt. Les autres, destinés à une expédition directe, sont mis en réserve pour passer dans la zone de préparation des commandes. C'est dans cette zone que les colis vont prendre forme. Catégorie par catégorie, tous les produits qui doivent être livrés le jour même sont déposés sur les comptoirs des dix préparatrices. Chaque produit est scanné puis méthodiquement étiqueté. Sur cette étiquette figurent les informations indispensables : le numéro de la commande, le nom du client, le numéro du poste qui l'a traitée, et surtout, l'adresse du casier où l'article doit être entreposé si la commande est composée de différents produits. Un travail précis mais néanmoins soutenu. Une préparatrice ne traite pas moins de 2 000 livres par jour. Le ballet des chariots commence alors. Déposés dans des bacs en fonction de leur numéro de travée, les articles sont pris en charge par un préparateur et rangés dans un casier bien précis. Peu de temps après, un autre préparateur passe dans ces mêmes travées avec un chariot de 40 bacs, pour prélever les commandes déjà complètes et les porter jusqu'à la zone d'emballage. Deux étapes qui permettent de traiter les commandes ne comprenant qu'un seul produit, celles-ci étant acheminées directement aux postes d'emballage. [...]

Une fois vérifiées et emballées, les commandes sont mises en facturation. Cette nouvelle étape explique la présence, à chaque poste d'emballage, d'un papier comportant une liste de quelques noms surmontés de l'avertissement « Fraude ». Une fois ce dernier barrage franchi, les factures sont émises et insérées dans les colis [...]. Enfin, l'étiquette de routage avec l'adresse postale du destinataire est éditée et collée sur le colis, ainsi que les documents douaniers pour les expéditions hors communauté européenne. Les colis sont acheminés jusqu'à différentes zones de pesage et d'enlèvement en fonction de leur volume et du transporteur qui les prend en charge. Chaque poste est équipé d'un logiciel différent fourni par le transporteur, qui permet de transférer les données vers la société de livraison et d'allouer un code de suivi de commande en ligne. Fnac.com travaille avec trois transporteurs (La Poste, Colissimo et Chronopost) et a mis en place deux enlèvements par jour, un en milieu d'après-midi et le second le soir.

Source : Le Journal du Net, juin 2004

Comme le montre l'exemple du site Fnac.com, la préparation de la commande comporte elle-même de nombreuses étapes et requiert un personnel parfois conséquent, surtout en période de pic de demande. La productivité de cette étape est cruciale pour la rentabilité du site Internet et la satisfaction client. L'organisation de cette préparation doit donc faire l'objet d'une attention toute particulière car la disposition des stocks, l'organisation des rayonnages, la procédure de collecte doivent être soigneusement étudiées, afin de garantir la productivité des préparateurs.

Exemple : Nomatica.fr. [...] Ce mode d'organisation, allié à un petit entrepôt difficile à rationaliser, ne permet pas d'accroître suffisamment la productivité. Aujourd'hui, chaque préparateur traite en moyenne 40 colis par jour, alors que le standard chez la concurrence est plutôt de 80. De fait, pour traiter un volume de 800 commandes quotidiennes, Nomatica emploie proportionnellement un nombre plus important de personnes. Aujourd'hui, l'équipe de préparation, de saisie et d'emballage du marchand de produits numériques comprend 21 employés, répartis en deux équipes de dix personnes, auxquelles s'ajoute un superviseur.

Nomatica ne souhaite pas en rester là. Pour améliorer sa productivité et, surtout, accompagner sa croissance, le site marchand doit se doter d'un entrepôt de stockage de 1 100 m^2 pour les petits produits, soit une surface d'expédition trois fois plus importante que la précédente, ce qui devrait lui permettre également de rationaliser son organisation. « Grâce à l'optimisation des trajets des préparateurs dans l'entrepôt, nous devrions parvenir à augmenter de 50 % notre productivité quotidienne », explique Christophe Cornuejols.

Source : Le Journal du Net, 2004

L'automatisation de la préparation constitue évidemment une autre piste pour augmenter la productivité à cette étape du processus logistique. L'entrepôt automatisé n'est plus une fiction de nos jours, mais de nombreux produits échappent encore à l'automatisation, particulièrement les produits alimentaires frais ou surgelés. Même les livres et les CD sont des produits difficiles à traiter automatiquement. C'est donc une piste à ne pas négliger, mais qui ne peut être étudiée que lorsque les volumes de traitement le justifient, car l'investissement est souvent conséquent. L'échec cuisant de Webvan aux États-Unis, qui planifiait une distribution de proximité fondée sur des entrepôts fortement automatisés, coûtant 40 millions de dollars, devrait inciter à la prudence quant aux perspectives de l'automatisation (voir Murphy, 2007).

Enfin, une attention particulière doit être apportée aux commandes multiproduits et à leur traitement. La probabilité qu'un produit composant la commande soit manquant est loin d'être nulle. Par conséquent, le risque de retarder le traitement de la commande et d'entraîner une diminution de la satisfaction client existe.

Il convient dès lors d'anticiper ce phénomène et de lui apporter un traitement qui soit explicité en amont au client. Un site comme Amazon.fr anticipe cette éventualité, dès la phase de commande, en demandant clairement au client l'option qu'il choisit en cas d'indisponibilité d'un produit

L'envoi en plusieurs commandes séparées est plus coûteux pour le site marchand, mais est une source de satisfaction pour le client. Une autre méthode consiste à livrer la commande incomplète mais en facturant le bon montant au client et en l'avertissant clairement de l'absence d'un ou plusieurs produits. C'est le choix d'un site comme Houra.fr. Cela est toujours préférable à ne rien faire et produire de l'insatisfaction client !

3.2. L'emballage de la commande

Cet aspect, qui pourrait paraître anecdotique dans la gestion du commerce électronique, ne l'est qu'en apparence et des études scientifiques ont prouvé son impact sur la perception du client dans le cadre de la vente de produits alimentaires en ligne (Kämäräinen, 2001). Le packaging des produits est un vecteur d'image et de communication pour toute entreprise ; les sacs des distributeurs portent bien leur marque ! Par conséquent, cette question ne doit pas être négligée dans le cadre du commerce électronique, bien qu'elle présente quelques spécificités.

Lorsque les produits sont stockés ou transportés par un prestataire logistique, le risque de vol existe, surtout pour des objets à valeur unitaire élevée, comme un appareil photo numérique par exemple. Afin de faire face à cette « démarque inconnue », plusieurs sites de commerce électronique ont cessé d'apposer leur marque sur leur emballage afin de limiter les occasions de vols.

Des sites comme Pixmania.com et Ldlc.com mettent en pratique cette solution. S'ils permettent une réduction de la probabilité de vol, un emballage neutre ou un colis empaqueté sous un emballage noir dense empêchent l'entreprise de communiquer sur sa marque. Afin de limiter ces vols, seule une traçabilité fiable, de bout en bout de la chaîne de livraison, est en mesure de garantir la sécurité des livraisons. Ce n'est malheureusement pas toujours le cas, du fait des limitations des systèmes d'information de nombreux prestataires logistiques.

Il convient également de prendre en considération, lors de l'emballage, non seulement le produit lui-même mais aussi les documents juridiques devant accompagner ce produit. Les dispositions du Code de la consommation précisent en effet qu'au plus tard au moment de la livraison le consommateur doit recevoir par écrit ou sur un support durable à sa disposition :

- la confirmation des informations dont il avait disposé au moment de la commande ;
- une information sur les conditions et modalités d'exercice du droit de rétractation ;
- l'adresse de l'établissement où il peut présenter ses réclamations ;
- les informations relatives au service après-vente et aux garanties commerciales ;
- les conditions de résiliation du contrat, lorsque celui-ci « est d'une durée indéterminée ou supérieure à un an ».

Un dernier aspect de l'emballage des commandes réside dans son coût et, plus spécifiquement, dans sa volumétrie. Optimiser le volume de l'emballage, c'est également minimiser les coûts de transport (voir section 4.1.2).

Lorsque l'entreprise maîtrise de façon sûre ses expéditions, elle peut faire de l'emballage un vecteur de communication non négligeable, voire une innovation.

Exemple : Le site de vente de fleurs en ligne Aquarelle.fr a conçu un emballage spécial pour ses bouquets. Cet emballage fait l'objet d'un brevet. L'emballage carton est conçu de telle sorte que sa manipulation soit optimisée sur la chaîne d'assemblage des bouquets commandés et que le bouquet livré avec un sac remplit d'eau soit bien calé dans l'emballage.

La société Natoora a développé un emballage spécifique isotherme pour les produits frais, la Natoobox. Protégé par une enveloppe gonflée très isolante et protectrice des chocs, un astucieux dispositif breveté permet de diffuser lentement du froid cryogénique et de maintenir une température interne entre + 2 ° C et + 8° C pendant plus de 24 heures avec une température extérieure de 25° C en flux laminaire Deux années de recherche ont permis d'aboutir à cette révolution dans le transport des produits réfrigérés. Le développement d'un tel emballage évite le recours à une logistique respectant la chaîne du froid. Les commandes Natoora sont, en effet, expédiées par Chronopost.

4. Transporter et livrer la commande

Cette dernière étape consiste à expédier la commande. Elle nécessite d'avoir défini des options de livraison et d'avoir établi des options de tarification, afin d'optimiser le coût de ces livraisons. Elle nécessite, par ailleurs, de prévoir les processus logistiques en cas de retour du produit par le client.

4.1. L'expédition de la commande

4.1.1. Type de produits et expédition

La logistique des produits frais ou surgelés est très différente de celle des produits pondéreux ou volumineux, et très différente des produits dématérialisés !

Produits alimentaires frais et surgelés

Les supermarchés en ligne ont rapidement été confrontés à la maîtrise de la chaîne du froid et la commercialisation de produits périssables, qui nécessitent des emballages spécifiques et, plus encore, un transport spécifique. Le site Télémarket avait opté, au départ, pour des camions de livraison avec trois compartiments distincts. Mais cette solution n'a pas été retenue car l'ouverture fréquente des portes ne garantissait pas la température du compartiment froid. Par conséquent, c'est grâce à une solution spécifique d'emballage isotherme que Télémarket est revenu à des camions de livraison classiques.

Produits pondéreux

Ces produits, comme l'électroménager, les téléviseurs ou les meubles, nécessitent de recourir à des transporteurs différents des opérateurs postaux. Il faut donc bien mesurer qu'offrir certains produits à la vente en ligne nécessitera une organisation du stockage et du transport spécifique, qui peut se révéler hasardeuse, car les coûts de transports sont élevés. Cela signifie qu'il faudra faire accepter à l'internaute un changement de tarification des livraisons.

Produits dématérialisés

On oublie que de nombreux « produits » numériques ne sont pas livrés physiquement mais numériquement, par le biais d'un téléchargement direct sur des serveurs. De la musique, des films, des journaux, des livres, des logiciels, des billets de train, des billets de spectacles sont aujourd'hui disponibles en version numérique téléchargeable. Dans ce cas de figure, la livraison du produit diffère totalement du processus logistique classique pour le support physique équivalent. Ce qui ne signifie pas que la question logistique disparaisse. Bien au contraire, elle est très présente, mais repose sur des compétences informatiques pour maîtriser la demande de téléchargement. Le téléchargement de fichiers (audio, vidéos, texte, binaires) nécessite une gestion de la bande passante, qui permet d'optimiser le nombre de téléchargements simultanés. La bande passante est coûteuse à acheter et doit donc faire l'objet d'une gestion spécifique, afin de garantir des délais de téléchargement courts en fonction de la taille du fichier. Les sites importants de téléchargement confient même la gestion de leur bande passante à des sociétés spécialisées comme Akamai (**http://www.akamai.com**). Autre aspect important de la logistique numérique, les fichiers nécessitant un encodage avec des protections matérielles protégeant les droits des ayants droit. Ces technologies, connues sous le nom de DRM (*Digital Rights Management*), sont donc nécessaires pour vendre ces produits sous format numérique.

4.1.2. Optimisation des coûts de transport

L'optimisation des coûts de transports constitue un enjeu majeur dans la maîtrise des coûts logistiques, surtout dans un contexte marqué par une augmentation du coût des carburants et des contraintes réglementaires sur le transport (vitesse, émission de CO_2). En effet, les coûts de transport représentent en moyenne 51 % du coût logistique, contre 36 % pour l'entreposage et 13 % pour les frais administratifs. Plusieurs éléments contribuent à la maîtrise des coûts de transport.

La localisation des entrepôts

Longtemps présenté comme une forme de commerce supprimant les distances, le commerce électronique n'est qu'une substitution des acteurs dans le transport de la marchandise. Par conséquent, les distances entre les marchandises et les consommateurs n'ont pas disparu. Les coûts de transport et les délais de livraison dépendent donc de la localisation de l'entrepôt par rapport à sa zone de chalandise.

Une solution consiste à déployer des entrepôts régionaux, afin de réduire les coûts de transport et garantir des délais de livraisons courts. Cela accroît sensiblement les coûts de stockage. L'arbitrage doit donc être analysé en détail et, sur un territoire comme la France, voire l'Europe, la solution des entrepôts régionaux n'est pas forcément une solution optimale.

Exemple : Nomatica.fr est un site de vente en ligne de matériels photographiques depuis 2000. Sa stratégie de diversification l'a conduit à élargir son assortiment à des produits de l'électronique grand public, dont l'encombrement est beaucoup plus important que ceux qu'il avait l'habitude de traiter dans son entrepôt de Toulouse. Après une étude de coût, un nouvel entrepôt a été localisé à Lyon plutôt qu'à Toulouse.

Source : Le Journal du Net, 2004

Il est certainement plus pertinent de mettre en place un stock centralisé, afin de dégager le maximum des économies d'échelle liées à cette centralisation.

L'optimisation du chargement

Selon les transporteurs, la tarification de la livraison s'effectuera au poids ou au volume. Le nombre de camions est directement lié au volume des colis à livrer. Un des objectifs consiste donc à minimiser la taille des colis, afin de diminuer le nombre de camions nécessaires. Les données volumétriques des produits ne sont pas toujours disponibles. Il faut donc les créer et les ajouter à la fiche-produit. Plus encore, les commandes comportant plusieurs produits nécessitent de calculer la taille et le volume du carton qui comportera les différents produits, et de prendre également en compte la nature des produits (voir section 4.1.1) : difficile de mettre dans un même carton des surgelés et des fruits (voir section 3.2) !

Exemple : Chez Télémarket.fr, la taille du carton est calculée par l'ordinateur en fonction du volume des produits. Ceci est possible grâce à un système informatique 3D, qui pèse et calcule le volume de chaque produit, et l'intègre dans une base de données, en lui attribuant un code barre. Grâce à cette base de données, le système informatique optimise le remplissage de chaque carton en fonction du poids, du volume des produits et de leur nature.

Source : Le Journal du Net, 2006

L'optimisation du volume des colis peut également être obtenue directement sur la chaîne de traitement des commandes grâce à des machines de pliages adaptées, capables de visualiser le contenu du colis et de plier celui-ci à la bonne hauteur, économisant ainsi du volume.

Exemple : Venteprivée.com, société de déstockage leader sur le marché français, réalise chaque semaine 14 ventes. Le traitement des commandes est assez complexe, dans la mesure où la nature du site (déstockage) ne permet pas à l'entreprise de s'appuyer sur des références stables. L'optimisation est donc difficile. Le coût du colis représente 20 % du coût de la préparation de la commande. L'entreprise, désireuse d'optimiser ses coûts logistiques, a investi dans une nouvelle chaîne de traitement des colis qui, grâce à de nouvelles plieuses (Jivaro), capte la hauteur maximale des produits dans le colis et plie celui-ci à la bonne hauteur. La baisse de volume des colis a permis une baisse de 30 % du nombre de camions nécessaires aux expéditions. Le retour sur investissement est estimé à 1,2 an.

Source : venteprivée.com

L'optimisation des tournées

Il s'agit d'un levier d'optimisation important que peu d'entreprises utilisent. Seules 15 % des entreprises françaises utiliseraient un logiciel de gestion des schémas de transport (TMS, *Transport Management System*). Une telle application permet d'optimiser les tournées des livreurs, en fonction de multiples critères, dont le plus important dans le cadre du commerce électronique *B2C* est le nombre d'arrêts (égal au nombre de client à livrer dans la tournée). Le TMS définit des routes (ordre des livraisons) en minimisant la distance parcourue par le livreur.

Exemple : La société Scientific Logistics propose une application de TMS optimisant le nombre de routes et la distance parcourue par un camion. Par rapport à une gestion classique des routes, la solution permet de réduire, pour un cas donné, le nombre de routes de 12 à 7, et diminue le nombre de kilomètres parcourus de 33 %.

Source : http://www.scientific-logistics.com

Une société comme UPS a développé une application très sophistiquée capable d'optimiser les tournées et de remplir les camions de façon optimale en fonction de l'ordre de livraisons des colis.

Exemple : Dès 1999, UPS met en place un programme dénommé *Product Flow System* (PLS) dont l'objectif est de tirer le meilleur bénéfice du système de traçabilité (*Package Level Detail*, PLD). Grâce à un tel système capable d'anticiper les flux de paquets, UPS est capable d'optimiser le chargement de chaque camion et de charger ce dernier dans l'ordre de livraison, afin de minimiser les temps d'arrêt du livreur.

Source : United Parcel Services: Business Transformation through Information technology, J. Ross et al., MIT Sloan School, septembre 2002, CISR WP n° 331, 37 p.

La livraison au client final en *B2C* est une phase délicate et coûteuse, comme on l'a vu à la section 1. Il importe donc de proposer une gamme tarifaire des options de livraison, qui puisse satisfaire différentes attentes des clients. Il appartient également au site de faire comprendre la nécessité d'une facturation des coûts de transport, même si les clients font pression pour ne pas supporter ses coûts.

Enfin, la particularité de la livraison en *B2C* tient à l'accès difficile au client, tant en termes physique (portes codées) qu'en termes temporel (absence). Il est donc nécessaire de prévoir des points de retrait des commandes. La croissance du commerce électronique incite au développement de ces réseaux de retrait de colis (voir section 1.4). Leur multiplication constitue une réelle opportunité d'accroître la facilité de livrer les clients internautes. Ces réseaux constituent également un point de retour des produits, dans le cadre de la logistique retour (voir section 4.3), qu'il est indispensable de prévoir dans une activité de commerce électronique.

4.2. La définition et la tarification des options de livraison

4.2.1. Les options de livraison

Livrer au domicile du client se révèle une dernière étape plus complexe qu'il n'y paraît. En effet, le client n'est pas toujours présent à son domicile lors de la livraison. Par conséquent, la gestion de cette étape nécessite de multiplier les options de livraison et de l'organiser autour d'un rendez-vous ou d'un retrait en point relais.

Livraison à domicile sans rendez-vous

Ce mode de livraison s'appuie essentiellement sur un prestataire logistique qui n'a pas la possibilité de gérer la prise de rendez-vous avec le client final. Si la commande est un produit qui peut être livré dans la boîte aux lettres, alors cette modalité est acceptable pour le client. Cependant, nombre de produits commandés ne peuvent être livrés de cette manière. L'absence du client oblige alors le prestataire à une seconde livraison ou à une mise en instance dans un bureau de poste. Ce fait oblige le client final à se déplacer à ce même bureau de poste, qui a souvent des horaires d'ouverture limités pour des personnes en activité. Par conséquent, ce mode de livraison, même s'il est largement utilisé, n'est pas entièrement satisfaisant du point de vue du client. Si elle est effectuée par un autre prestataire que l'opérateur postal, la mise en instance n'est pas possible et imposera une deuxième livraison très coûteuse.

Il est donc largement préférable de planifier un rendez-vous avec le client final. Le tableau 8.1 présente l'ensemble des options qu'il est possible d'envisager.

Tableau 8.1 : Les options de livraisons en B2C

		Horaire de livraison fixé par :	
		Client	**Site marchand**
Lieu de livraison :	**Domicile**	**Cas 1** Exemples : houra.fr, aquarelle.fr	**Cas 2** Exemples : Pixmania.com
	Point de retrait	**Cas 3** Exemple : Cityssimo	**Cas 4** Exemple : Pixmania.com

Source : *adapté de David & Saïdi-Kabeche, 2002*

Livraison à domicile avec prise de rendez-vous

Face aux limites de la livraison sans prise de rendez-vous, la livraison à domicile avec prise de rendez-vous s'est peu à peu imposée comme la « bonne pratique » en matière de commerce électronique. Cependant, cette option est complexe à mettre en œuvre, car la plupart des prestataires logistiques ne sont pas organisés pour fonctionner de la sorte. En outre, l'amplitude des horaires qu'ils proposent est souvent limitée à des horaires en journée (8 h-18 h par exemple). Par ailleurs, la plupart des prestataires logistiques ne livrent pas le samedi matin. Or, le client souhaite souvent prendre réception de sa commande avant de quitter son domicile, le matin, ou à son retour, en fin de journée (19 h-22 h). Seules les entreprises qui possèdent leur propre flotte sont en mesure d'organiser des tournées avec des créneaux horaires de faible amplitude (2 heures) en début et fin de journée. L'étude de Punakivi montre clairement que le client final préfère les créneaux restreints (une heure d'amplitude), mais que cette organisation est la plus coûteuse pour les entreprises par rapport à d'autres options de livraison. Quelquefois, lors du choix du créneau horaire de livraison, certains sites « ouvrent ou ferment » des créneaux afin d'optimiser le nombre de livraisons (Tesco.com par exemple).

Livraison sur un point de vente

Face à la difficulté des livraisons à domicile, nombreuses sont les entreprises de commerce électronique qui ont opté pour une livraison sur un point de vente, lorsqu'elles possèdent un tel réseau. L'avantage d'une telle option réside dans le fait que, généralement, l'entreprise s'appuie sur une logistique existante, sans la modifier, et que le client choisit l'horaire qui lui convient en fonction de ses contraintes. Elle permet également de faire supporter au client une partie du coût de livraison, puisque celui-ci se déplace. En outre, cette option offre également la possibilité d'effectuer le processus de paiement sur le point de vente pour les clients les plus réfractaires au paiement en ligne. Une entreprise comme Pixmania a largement développé cette option, dont elle fait la promotion sur son site. Le site Fnac.com utilise les magasins Fnac comme points de retrait des commandes prises sur Internet depuis le deuxième semestre 2007.

Livraison dans un réseau de points de retrait

Les entreprises de vente à distance (VAD) n'ont pas attendu l'arrivée d'Internet et du commerce électronique pour développer des réseaux de points de retrait. La Redoute et les 3Suisses ont, en effet, déployé un réseau de points de retrait dans toute la France, dès les années 1980 : « relais colis ». Ces réseaux se sont, en outre, enrichis de points de vente. Ils recrutent des commerçants (buralistes, par exemple) qui réceptionnent les marchandises et les stockent sur une courte durée jusqu'au retrait par le client. Un tel réseau est, à l'évidence, une ressource essentielle dans la logistique du commerce électronique car sa capillarité est très élevée. Le réseau Mondial Relay des 3Suisses possède 3 800 points de livraison. C'est moins que les 17 000 bureaux de poste en France, mais cela offre un bon maillage du territoire français.

D'autres réseaux concurrents se développent, comme le réseau Kiala (**http://www.kiala.fr**), qui ambitionne d'offrir une infrastructure de livraison de proximité, à une échelle européenne, aux acteurs européens du commerce électronique, qui doivent encore composer pays par pays pour offrir une telle option. Kiala est actuellement présent en France, Benelux, Grande-Bretagne. Il faut toutefois noter que cette modalité de livraison ne convient pas pour des produits pondéreux ou des produits à forte valeur unitaire (Kiala ne prend en charge que les produits de moins de 20 kg, par exemple). Les colis sont, en effet, livrés dans des magasins qui n'ont pas d'espace de stockage dédié ni protégé.

Face à la montée en puissance de ces réseaux, l'opérateur postal historique français a lancé, en 2007, un concept de point de retrait spécifique au centre-ville urbain : Cityssimo (**http://www.cityssimo.fr**). Il s'agit de boîtes postales de taille conséquente pouvant contenir des petites commandes (livres, caméras vidéo, appareil photos, etc.). Ces points de retrait sont ouverts 24 heures sur 24. Lorsque la commande est mise à disposition, le client est informé par SMS et reçoit un code qui permet de déverrouiller la case postale. L'intérêt est que le client vient retirer sa commande à sa convenance et surtout dans des plages horaires qui lui conviennent. Cette modalité ne convient qu'aux produits peu volumineux. Une telle option de livraison avait été tentée au Canada, au début des années 2000, puis avait rapidement échoué. La maturité du canal électronique laisse penser qu'elle se développera dans le futur.

Les délais de livraison

Commander par Internet est perçu comme un moyen d'accélérer la circulation des marchandises et, pour le client final, d'obtenir les produits plus rapidement que par un canal traditionnel. Cette contraction du temps, propre à la numérisation des échanges, constitue une promesse pour le consommateur de jouir au plus vite de ses achats. Cependant, cette promesse bute sur les aspects logistiques présentés et plus particulièrement la présence du consommateur chez lui pour la réception de sa commande.

En outre, les recherches sur les attentes des clients montrent que celles-ci sont variables selon les catégories de produits. Par exemple, le délai considéré comme « normal » pour une livraison pour des produits alimentaires est de 4 heures à une journée alors que, pour un ordinateur, le délai attendu est de 4 à 7 jours (Madlberger, Sester, 2005). Il convient donc de développer une offre appropriée de délais de livraison, en fonction des produits vendus sur le site. Par exemple, un fleuriste en ligne doit être en mesure d'offrir une livraison le jour même pour les commandes passées le matin (ce que le site Aquarelle propose sur Paris).

De façon générale, on retiendra qu'un site Internet devrait offrir les options suivantes :

- livraison expresse (lendemain ou sous 24 heures) par transporteur express pour les clients les plus pressés de disposer du bien ;
- livraison normale (sous 48 heures).

En matière de délai de livraison, la loi est venue protéger le consommateur. En effet, les dispositions du Code de la consommation imposent au fournisseur d'indiquer, avant la conclusion du contrat, la date limite de livraison du bien ou d'exécution du service.

Par ailleurs, la loi précise qu'à défaut le fournisseur est « réputé » avoir délivré le bien ou exécuté la prestation de services dès la conclusion du contrat.

Bien entendu, cette offre doit être facturée au plus juste car, pour nombre de clients internautes, les prix sur Internet s'entendent hors frais de livraison et ceux-ci sont très souvent considérés comme trop élevés.

4.2.2. Les modalités de facturation de la livraison

La facturation de la livraison au client final est un point sensible qui doit faire l'objet d'une attention toute particulière.

Cette culture du « gratuit » s'est largement ancrée chez les consommateurs, souvent peu conscients des frais qu'ils encourent, lorsqu'ils se rendent dans un magasin classique afin d'effectuer leurs achats (Marouseau, 2001 ; Murphy, 2007). Par conséquent, la tarification des frais de livraison constitue, pour nombre de consommateurs, un frein à l'achat, surtout lorsque ce coût n'est pas explicite dès la page d'accueil et n'est découvert qu'en fin du processus de commande.

Par ailleurs, une étude réalisée en Autriche, sur le prix que les clients seraient prêts à payer pour une livraison, illustre bien que les consommateurs ne sont pas au fait des coûts réels de la livraison à domicile (Madlberger, Sester, 2005). Dès lors, le choix parmi les modalités de facturation des frais de livraison dépend de la politique marketing du site (accent sur les prix, sur le service au client).

Facturation gratuite

L'entreprise de commerce électronique ne peut durablement offrir la gratuité des frais de livraison, à moins d'inclure ce coût dans le prix des produits. Le risque est d'amoindrir le positionnement de l'entreprise, dans un univers très compétitif, où les comparateurs de prix jouent un rôle croissant dans la finalisation du choix du site d'achat.

Par conséquent, la gratuité des frais de livraison ne peut pas être une modalité sur le long terme. En revanche, elle peut être offerte aux clients récurrents, dans le cadre d'une stratégie de fidélisation. La gratuité constitue également un levier promotionnel temporaire, visant à l'accroissement de la valeur du panier d'achat, afin de rentabiliser les frais de transport. Par exemple, Amazon.fr offre les frais de livraison pour toute commande supérieure à un montant de 20 euros.

Dans le cadre d'une campagne d'acquisition de clients, une politique de frais de livraison gratuits est un moyen d'attirer de nouveaux clients sur le site. Houra.fr a construit une offre de livraison gratuite pendant la durée de grossesse des femmes enceintes, espérant, ainsi, qu'après la naissance, les commandes continuent d'être effectuées sur son site.

Facturation forfaitaire

Cette modalité est la plus simple du point de vue du client. Chaque commande a un coût unique, quelle que soit la quantité commandée. La question réside ici dans le choix du montant forfaitaire facturé au client. Plusieurs sites optent pour des prix forfaitaires en fonction de critères classiques, comme le montant de la commande. Le critère du montant de la commande peut être croisé avec d'autres comme le poids de la commande.

Exemple : Grosbill.com facture 1 euro par commande, auquel se rajoute, pour les commandes de moins de 20 kg, 1,99 euro pour les commandes inférieures à 20 euros, 2,99 euros pour les commandes inférieures à 29,99 euros, etc. Les commandes comprises entre 20 et 40 kg sont facturées 1 euros plus 19,99 euros. Au-delà, le montant forfaitaire s'élève à 39,99 euros.

Source : http://www.grosbill.com

Facturation forfaitaire et seuils conditionnels

Le site facture un montant fixe par commande. La valeur du panier d'achat constitue un premier seuil, introduit par le site, afin de favoriser les clients les plus profitables. Cette valeur peut être très différente d'un site à l'autre, en fonction de la nature des articles concernés. Amazon.fr, pour des livres ou des disques, offre la gratuité de la livraison dès 20 euros d'achat, alors que les frais de livraison sont offerts pour des paniers bien plus élevés sur les sites de produits alimentaires. Les conditions peuvent être combinées.

Outre la traditionnelle valeur du panier, on trouve également la fréquence d'achat sur le site, comme Ooshop l'a récemment introduit.

> ***Exemple :*** Ce cybermarché en ligne a modifié ses tarifs de livraison et achemine gratuitement les courses de ses clients les plus réguliers. Deux conditions sont nécessaires pour bénéficier de la gratuité de livraison : passer commande au moins une fois toutes les trois semaines, pour des paniers supérieurs à 180 euros. Pour des commandes occasionnelles, le tarif de livraison passera à 3,95 euros pour un panier supérieur à 180 euros (9,95 euros pour une commande inférieure à 180 euros), contre un coût compris entre 8,90 euros et 10 euros actuellement. Le cybermarché du groupe Carrefour espère ainsi fidéliser ses clients.
>
> *Source : Le Journal du Net, août 2007*

Le supermarché en ligne Houra a poussé plus loin la logique des frais forfaitaires et des seuils, en fondant son programme de fidélisation sur le montant du panier. Le client accumule des « bornes » qui lui permettent d'obtenir des livraisons gratuites.

Facturation à l'unité commandée

Cette modalité a le mérite, pour le client final, de la transparence et, pour le site marchand, d'une juste facturation. Cependant, elle peut susciter chez le client le sentiment qu'une commande élevée n'est pas favorisée par rapport à une petite commande.

Facturation par abonnement

Le premier site marchand à introduire cette modalité fut Amazon.com aux États-Unis. Le site offre, contre un abonnement annuel de 79 dollars, les livraisons gratuites sur une année, quel que soit le nombre de commandes effectuées par le client. Considérée comme coûteuse, cette modalité permet toutefois de fidéliser la clientèle. Le site marchand français Houra a repris cette option en l'affinant. En effet, Houra propose un abonnement mensuel pour 14,95 euros, quel que soit le nombre de livraisons. L'objectif de cette modalité est clairement l'augmentation de la fréquence d'achat et la fidélisation du client.

Facturation par bons de livraison

La possibilité d'acheter un carnet de bons de livraison à un prix réduit est une alternative à l'abonnement. Elle peut être jugée trop contraignante par certains segments de clientèle. L'idée consiste à commercialiser un carnet de plusieurs bons de livraison à prix réduit, payable à l'avance. La trésorerie générée par cette avance compense en partie la réduction consentie au client.

> ***Exemple :*** Télémarket propose l'achat d'un carnet de 10 bons de livraison pour un montant de 59 euros. La livraison de moins de 150 euros est facturée 9,90 euros.

Facturation au coût réel

Les transporteurs facturent les frais de livraison en fonction du poids et du volume, notamment pour les commandes vers l'étranger où ces deux critères sont les variables de facturation. Par conséquent, facturer forfaitairement risque d'engendrer des pertes.

C'est pourquoi, nombre de sites décident de facturer le coût complet de la livraison au client, en tenant compte des critères de poids et de taille. Le site de produits électroniques grand public LDLC.com facture les commandes vers l'étranger selon cette modalité.

Facturation proportionnelle au prix de la commande

Cette modalité de paiement consiste à facturer des coûts de transport en fonction du montant de la commande. Ce mode de facturation présente l'inconvénient de pénaliser les produits à valeur unitaire élevée. On risque ainsi de décourager les achats de ces produits. Cette option peut donc convenir à des commandes d'un faible montant. Le site LDLC.com facture les commandes selon cette modalité pour les livraisons en France.

4.3. La logistique des retours de produits

Plusieurs éléments imposent au site marchand la mise en œuvre d'une logistique « retour ». Par logistique « retour », on dénomme la gestion du flux d'un produit renvoyé par le client au distributeur. Là où le client se déplace en magasin pour rapporter un produit défectueux, le site marchand doit mettre en place des processus de collecte des produits. Cette logistique est complexe et coûteuse. En effet, il est quasiment impossible de prévoir la demande de transport et de l'optimiser. Il ne serait pas pertinent de l'inclure dans la logistique classique, dans la mesure où la collecte des produits chez les clients (pour quelque raison que ce soit) perturberait l'organisation des tournées de livraison. Par conséquent, il est souvent nécessaire de prévoir des processus séparés pour la logistique « retour ». Celle-ci devrait, en outre, se développer, pour des raisons réglementaires, mais aussi parce que le service après-vente est un moyen de différenciation par rapport à des concurrents.

4.3.1. Logistique retour et contraintes légales

Le commerce électronique est une forme de vente à distance. De ce fait, il est soumis à la même réglementation que les vépécistes traditionnels. Le Code de la consommation, section 2, « Ventes de biens et fournitures de prestations de services à distance », détaille les obligations du vendeur à distance (articles L. 121-16 à L. 121-20-10). Citons, en particulier, l'article L. 121-20, qui offre un délai de rétractation de sept jours à compter de la réception, « sans avoir à justifier de motifs ni à payer de pénalités, à l'exception, le cas échéant, des frais de retour ».

Par conséquent, les sites marchands sont soumis au respect de ce délai de rétraction. Cela signifie que n'importe quel client a le droit de retourner un produit au site marchand si ce produit ne lui convient pas. Cette obligation contractuelle impose donc au marchand de prévoir une logistique de retour des produits. Compte tenu du délai de 7 jours dont dispose le consommateur pour exercer son droit de rétractation, la chaîne logistique doit également contenir des dispositions de nature à prouver que le consommateur exerce bien son droit dans le délai de 7 jours.

Ainsi, la preuve de la date de livraison doit absolument être détenue par le fournisseur, qui doit intégrer le retour des accusés de livraison dans sa chaîne logistique.

En outre, depuis novembre 2006 (directive 2002/96-CE relative aux déchets d'équipements électriques et électroniques, DEEE), l'ensemble des distributeurs de produits électroménagers, informatiques et électroniques sont soumis à une obligation de reprise des produits usagés, afin de les recycler dans des conditions satisfaisantes du point de vue écologique. Cette nouvelle obligation légale oblige donc les sites commercialisant ces produits à prévoir une logistique capable de récupérer des produits usagés souvent volumineux (télévision, écran, réfrigérateur). Ceci nécessite de prévoir des zones de stockage et, même si le consommateur y participe financièrement (par le biais de « l'éco-participation »), cette obligation est coûteuse. Il n'est pas certain que les principaux sites marchands de ce type de produits aient mis en place une telle organisation, qui peut, bien sûr, être sous-traitée.

La logistique « retour » est un processus complexe, dès lors qu'il s'agit de produits recyclables ou qui peuvent faire l'objet d'un reconditionnement. Cette organisation montre que plusieurs options sont possibles et qu'elles n'ont pas les mêmes conséquences comptables et financières pour le site marchand. D'autres raisons, plus opérationnelles ou stratégiques, expliquent la nécessité de déployer une logistique retour.

4.3.2. Logistique retour et service après-vente

Les avaries durant le transport sont largement possibles, tout comme la livraison d'un produit défectueux. Par conséquent, il est impératif de mettre en place un service après-vente qui inclut la prise en charge des produits défectueux. Il s'agit là d'un élément très important pour le client final et, souvent, insuffisamment pris en considération par les sites marchands.

La politique de service après-vente est perçue par le client comme un élément important de sa décision d'achat et de sa satisfaction. Dans le cadre d'une vente traditionnelle, le retour du produit est le fait du client, qui se déplace au magasin. Dans le cadre de la vente en ligne, cette difficulté est largement perçue par le client et constitue souvent un frein à l'achat.

Par conséquent, le déploiement d'une logistique retour doit absolument être pris en considération, dès la conception de la chaîne logistique, afin de garantir une bonne maîtrise des coûts et plus encore une qualité de service au client final.

Résumé

La logistique du commerce électronique est un enjeu considérable pour un site marchand. En effet, cette étape matérialise la promesse de la commande dématérialisée. Elle doit donc être étudiée de façon très précise, avec un choix sur sa gestion interne ou son externalisation à un prestataire logistique spécialisé. Les attentes des clients sur cet aspect très matériel du commerce électronique sont fortes : rapidité, facilité, fiabilité, traçabilité, ponctualité. Ces exigences sont parfois complexes à satisfaire et à tarifer à un coût acceptable par le client, du fait de l'existence d'une culture de la gratuité largement répandue dans l'univers Internet. En effet, la rapidité de livraison exige des stocks qui sont coûteux à maintenir.

L'automatisation du traitement des commandes, pour de très nombreux articles, n'est pas encore possible. Les pertes, vols et avaries sont également des obstacles possibles dans la phase de transport. Plus encore, la phase de livraison au domicile du client s'avère délicate et fait l'objet de tentatives d'amélioration constantes de la part des sites les plus en avance dans la gestion de la satisfaction client.

Bibliographie

Aldin, N., Stahre, F. (2003), « Electronic commerce, marketing channels and logistics platforms – a wholesaler perspective », *European Journal of Operational Research*, vol. 144, pp. 270-279.

Aurifeille J.-M., Colin J., Fabbe-Costes N., Jaffeux C., Paché G. (1997), *Management logistique : une approche transversale*, Litec, Paris.

Bomsel O. (2007), *Gratuit ! Du déploiement de l'économie numérique*, Gallimard, Paris.

Cahen A., Gratadour J.-R. (2004), « Le défi logistique du commerce électronique », IREPP, *Rapport du Club Sénat*, 40 p.

Gratadour J.-R. (2001), « La logistique du commerce électronique », *Réseaux*, n° 106, pp. 135-148.

Kämäräinen V., Punakivi M. (2002), « Developing Cost-effective Operations for the e-Grocery Supply Chain », *International Journal of Logistics: Research & Applications*, vol. 5, n° 3, pp. 285-298.

Kessous E. (2001), « Le commerce électronique et la continuité de la chaîne logistique », *Réseaux*, vol. 19, n° 106, pp. 103-133.

Kull T.J., Boyer K., Calantone R. (2007), « Last-mile supply chain efficiency: An analysis of learning curves in online ordering », *International Journal of Operations & Production Management*, vol. 27, n° 4, pp. 409-434.

Lorentz, M. (1998), *Le commerce électronique*, Les Éditions de Bercy, ministère de l'Économie, des Finances et de l'Industrie.

Madlberger M. et Sester A. (2005), « The last mile in an electronic commerce business model – service expectations of austrian online shoppers », *Proceedings of the European Conference on Information Systems*, Regensburg, Allemagne, mai 2005.

Marouseau G. (2001), « Modèles logistiques du commerce électronique », *Logistique et Management*, vol. 9, n° 1, pp. 41-50.

Murphy J. (2007), « Grounding the virtual: The material effects of electronic grocery shopping », *Geoforum*, vol. 38, n° 5, pp. 941-953.

Netessine S. et Rudi N. (2006), « Supply chain choice on the Internet », *Management Science*, vol. 52, n° 6, pp. 844-864.

Park M. et Regan A. (2003), « Issues in emerging home delivery operations », Institute of Transportation Studies, University of California, Irvine, working paper n° UCI-ITS-LI-WP-03-5. Disponible en ligne à l'adresse : **http://www.its.uci.edu/its/publications/clifs.html**.

Rallet A. (2002), « Le commerce électronique et l'évolution des modèles de distribution et de production », INSEE Méthodes, n° 97.

Randall T., Netessine S. et Rudi N. (2002), « Inventory structure and Internet retailing: An empirical examination of the role of inventory ownership », working paper. Disponible en ligne à l'adresse : **http://www.netessine.com**.

Randall, T., Netessine S. et Rudi N. (2006), « An empirical examination of the decision to invest in fulfillment capabilities: A study of Internet retailers », *Management Science,* vol. 52, n° 4, pp. 567-580.

Ring L.J. et Tigert T.J. (2001), « Viewpoint: The decline and fall of Internet grocery retailers », *International Journal of Retail & Distribution Management,* vol. 29, n° 6/7, pp. 266-274.

Thirumalai S. et Sinha K.K. (2005), « Customer satisfaction with order fulfillment in retail supply chains: Implications of product type in electronic B2C transactions », *Journal of Operations Management*, vol. 23, pp. 291-303.

Volle P., (2000), « Du marketing des points de vente à celui des sites marchands : spécificités, opportunités, et question de recherche », *Revue Française de Marketing*, n° 177-178, pp. 83-100.

Sites Internet à consulter

http://www.chronopost.fr/transport-express/livraison-colis/pid/2700

http://www.cityssimo.fr

http://www.distrihome.net

http://www.fevad.com

http://www.journaldunet.com/dossiers/logistique

http://www.kiala.fr

http://www.mondialrelay.com

http://www.mondialrelay.fr

http://www.sogep.com

Activités

Questions de révision

1. En quoi la largeur et la profondeur de gamme ont-elles une influence sur les coûts logistiques ?
2. Quelles sont les compétences à maîtriser pour livrer des commandes à l'étranger ?
3. Sur quels critères est-il pertinent de sélectionner un prestataire logistique ?
4. Quels sont les avantages et les inconvénients du *drop shipping* ?
5. Comment optimiser les coûts de transport ?
6. En quoi la livraison des produits dématérialisés diffère-t-elle des produits physiques ? Quelles ressources nécessitent-elles ?
7. Comment une commande multiproduits doit-elle être traitée ?
8. Pourquoi certains sites de commerce électronique ne livrent-ils pas sur l'ensemble de la France ? À l'étranger ?
9. Faut-il offrir la livraison gratuite systématiquement ? Argumentez.
10. Pourquoi les réseaux postaux sont-ils devenus des acteurs incontournables du commerce électronique ?
11. Pourquoi l'emballage des produits est-il un point à ne pas négliger dans la préparation de la commande ?
12. Quelles sont les modalités de livraison les plus pertinentes en *B2C* ? Argumentez.

Exercice de synthèse

En décembre 2007, les clients du site marchand Amazon.fr ont reçu le courrier suivant. Il émane du Syndicat de la librairie française (SLF) en réponse à un courrier envoyé par Amazon à ses clients, leur demandant de manifester leur mécontentement suite à la condamnation en justice du site pour les livraisons gratuites des livres.

Xavier Garambois, directeur général d'Amazon, vous a adressé un courriel, le 24 novembre dernier, relatif au procès qui oppose sa société au Syndicat de la librairie française. Au-delà du procédé, qui est discutable, nous déplorons la simplicité de la présentation du dossier, simplicité qui confine à de l'instrumentalisation, puisqu'elle omet, délibérément, de vous donner tous les éléments pour comprendre les enjeux. Notre action, au-delà de l'aspect purement juridique, pose des questions plus fines sur le mode de consommation des produits culturels, sur la notion de gratuité, sur le rôle des différents acteurs dans l'intérêt de la diversité culturelle.

Pourquoi le SLF a-t-il assigné Alapage et Amazon pour la pratique de la gratuité des frais de port ?

Pour faire en sorte que ces sociétés de vente en ligne respectent la loi du 10 août 1981, relative au prix du livre (dite Loi Lang). Les lecteurs ont aujourd'hui accès à une large diversité éditoriale, maintenue, promue, encouragée par le cadre légal, qui a permis aux librairies de ne pas se battre sur le terrain des prix (remise maximale de 5 %, quel que soit le point de vente), mais sur le terrain de la qualité des conseils, du fonds, etc. L'impossibilité du recours au discount préserve ainsi la liberté de choix des lecteurs : la France a l'un des réseaux de librairies les plus denses au monde, le prix du livre augmente deux fois moins vite que l'inflation, les livres de diffusion lente (le fonds) ne sont pas plus chers que les autres.

Pourquoi Amazon choisit-elle de perdre autant d'argent en pratiquant les frais de port gratuits ?

Parce que, ne pouvant avoir recours au discount, elle tente de contourner la loi. Parce qu'à terme, elle vise l'éviction des autres acteurs du marché du livre, en ligne ou physique, la gratuité empêchant tout modèle économique viable.

Quel est l'intérêt de ne pas avoir Amazon comme seul point de vente du livre ?

Si Amazon était, demain, le seul vendeur de livres, elle s'empresserait de revoir sa politique tarifaire aux dépens de l'internaute afin de satisfaire son actionnariat. De surcroît, elle appliquerait une politique drastique aux éditeurs (ce qu'elle fait déjà avec les petits éditeurs voulant être référencés dans sa base et soumis à des conditions commerciales très dures). Si Amazon œuvre dans l'intérêt des lecteurs, pourquoi ne propose-t-elle pas la gratuité du port sur les autres produits culturels comme le disque ?

Pourquoi Amazon n'accompagne-t-elle pas notre démarche auprès de La Poste pour obtenir des tarifs postaux préférentiels pour le livre alors qu'Alapage est pleinement d'accord avec nous sur ce point-là (pour exemple : l'acheminement d'un livre de 300 grammes coûte 5,10 euros en France, 0,85 euro en Allemagne, 0,53 euro en Espagne !) ?

Le SLF se voit conforté par les instances judiciaires et par les nombreux clients des librairies, qui bénéficient chaque jour du réseau des libraires indépendants. Il va sans dire que ce débat doit avoir une large audience, afin que les citoyens comprennent les enjeux autour de la loi du 10 août 1981, première loi du développement durable, fragilisée par des appétits incompatibles avec une culture ouverte à tous. »

Questions :

Rendez-vous sur le site d'Amazon.fr et vérifiez les différentes options de livraison des livres.

Selon vous, que manifeste la position exprimée par le SLF ?

Amazon fait-elle l'objet de mêmes poursuites dans le reste l'Union européenne ?

Pourquoi les frais de transport cristallisent-ils le débat autour du commerce électronique ?

Questions à débattre

1. Pourquoi la logistique des supermarchés alimentaires en ligne n'est-elle pas externalisée ?
2. Quels sont les moyens envisageables pour diminuer les frais de livraison dans le commerce électronique ?
3. Quelles conséquences le développement du commerce électronique peut-il avoir sur l'urbanisme et l'organisation des villes ?
4. Le développement du commerce électronique conduit à une augmentation des livraisons et donc du transport routier par camion. Que pensez-vous de ce mode de commerce dans le cadre du développement durable ?
5. Pourquoi les prestataires logistiques du fret express ne constituent-ils pas toujours une solution pour la livraison du client final ?

Chapitre 9

Fidélisation et gestion de la relation client

Objectifs pédagogiques

- Connaître les principaux concepts du marketing relationnel
- Comprendre les enjeux du marketing relationnel pour un site marchand
- Identifier les facteurs qui expliquent la fidélité à un site marchand
- Connaître les principes pour mettre en œuvre une politique de relation client
- Comprendre les enjeux d'une politique d'amélioration de la satisfaction
- Savoir comment mesurer la qualité perçue d'un site
- Connaître les techniques de fidélisation active
- Savoir distinguer les différentes formes de personnalisation
- Comprendre les potentialités et les limites de la personnalisation

Pixmania : dynamique commerciale et démarche relationnelle

En quelques années, Pixmania est devenu le leader européen du commerce en ligne de produits d'électronique grand public et de loisirs numériques. Créé en 2000 par les frères Rosenblum, Pixmania fait partie de Fotovista, une entreprise familiale qui s'est développée depuis l'origine autour de la photographie : photographie de classes (plus de 600 000 portraits d'écoliers chaque année), photographie dans les maternités (plus de 250 000 nouveau-nés chaque année), développement photographique dans les kiosques à journaux et les commerces de proximité (plus de 15 500 points de vente affiliés en France et 2 000 en Europe), distribution de matériel photographique (après le rachat de l'importateur Japan Diffusion et de l'enseigne FOCI et de ses 250 points de vente). En 2006, fort de son succès en Europe, Fotovista a été racheté par le Britannique DGS International. Ce groupe de distribution détient notamment Dixons, enseigne leader au Royaume-Uni, et PC City. DGSi a réalisé un chiffre d'affaires de près de 12 milliards d'euros en 2007, avec 1 300 magasins et plus de 40 000 collaborateurs.

Les activités de Pixmania

L'activité de Pixmania repose essentiellement sur la vente de produits électroniques (Pixmania.com) et sur le développement photographique (myPIX.com).

En ce qui concerne la vente de produits électroniques et électroménagers, Pixmania propose 45 000 références livrées en 24/48 heures dans 26 pays d'Europe, à partir d'un entrepôt spécialisé qui expédie plus de 20 000 commandes chaque jour. ☞

Les activités de Pixmania (*suite*)

L'entreprise s'adresse à plus de 6 millions de clients (contre 4 millions en 2005) et atteint 15 millions de visiteurs uniques chaque mois sur ses sites (contre 9 millions en 2005). Le chiffre d'affaires de Pixmania dépasse 450 millions d'euros (66 % est réalisé hors de France) et le site marchand emploie plus de 1 200 collaborateurs. Sur le premier semestre 2007, le pôle de commerce électronique de DGSi a progressé de 26 %. Steve Rosenblum, PDG de Pixmania, déclare : « Je suis très heureux de cette progression, qui a été forte dans toute l'Europe, notamment sur nos marchés les moins développés. La plus forte croissance se situe sur les gammes de produits lancées depuis notre intégration au groupe DGSi. Il s'agit essentiellement des écrans plats LCD et plasma, de l'informatique, du gros électroménager (réfrigérateurs, machines à laver et lave-vaisselle) et d'une grande sélection d'appareils appartenant au petit électroménager. »

La stratégie de Pixmania.com se résume en trois axes : prix, disponibilité et services. Sur le site, les prix sont 20 à 30 % moins chers que dans les enseignes du commerce conventionnel. À terme, d'après Jean-Émile Rosenblum, le différentiel de prix entre le commerce en ligne et le commerce conventionnel devrait baisser pour s'établir à 10-15 %. L'adossement de Pixmania au groupe DGSi permet toutefois de bénéficier d'excellentes conditions d'achat auprès des fournisseurs.

En ce qui concerne le développement photographique en ligne, l'activité a été lancée en 2002. MyPIX.com propose une offre complète de services photo en ligne : transfert accéléré des photos numériques, mise à disposition de banques d'images, stockage des photos à vie, « *Talk to my pictures* » pour associer du son à ses photos. Il est également possible de personnaliser plus de 200 objets. MyPIX.com est leader en Europe, présent dans 11 pays, avec près de 2 millions de visiteurs uniques par mois, 5 000 commandes par jour et 120 millions de photos stockées sur les serveurs. Cette activité est destinée à s'étendre dans les 26 pays d'Europe où l'entreprise est présente. MyPIX dispose maintenant d'une capacité de développement quotidienne de 1,2 million de photos, dans un laboratoire de 7 700 m^2. Comme le précise Steve Rosenblum, « myPIX.com a enregistré une croissance de plus de 90 %. Le service est désormais présent sur les sites e-commerce de DGSi au Royaume-Uni, y compris currys.co.uk, pcworld.co.uk et dixons.co.uk. Nous avons pu réaliser d'importantes synergies ». Depuis 2007, l'activité de « Press Labo Service » auprès des marchands de journaux a changé de nom (myPIX). Un concept de bornes en libre-service a été lancé (3 000 fin 2007). Par ailleurs, myPIX rejoint myPIX.com avec les cartes e.passphoto. En vente chez les marchands de journaux au prix de 20 euros, cette carte offre au client des photos prépayées en ligne en se rendant sur le site.

La fidélisation chez Pixmania

Depuis sa création en 2000, la fidélisation chez Pixmania repose sur plusieurs leviers, notamment des offres ciblées, une politique de développement de la satisfaction, une démarche de fidélisation active, le développement de services et, plus récemment, l'élargissement de l'offre.

Depuis 2002, Pixmania s'est donné pour objectif d'augmenter le panier moyen et la valeur de ses clients (fréquence des achats et durée de vie) mais également de favoriser le bouche-à-oreille des clients satisfaits vis-à-vis des prospects, à travers un ensemble d'actions marketing ciblées. Une segmentation comportementale a été mise en place à partir de la récence du dernier achat et de la fréquence d'achat. Cette segmentation permet de dégager quatre groupes de clients auprès desquels des actions spécifiques ont été engagées : fidéliser les nouveaux clients, recontacter les clients inactifs, entretenir les clients fidèles (offres spéciales spécifiques, abonnement gratuit de 3 mois à un magazine photo, offres de parrainage, par exemple) et reconquérir les clients fidèles perdus. Sur le site, à chaque achat un catalogue sophistiqué permet de proposer des suggestions d'achats complémentaires. Depuis 2004, l'entreprise propose également à ses clients la possibilité de retirer les produits achetés sur le site dans des points retrait (13 en Europe). Cela rassure les clients et permet à l'entreprise de doper ses ventes croisées (accessoires et services, notamment). La politique de communication électronique est très dynamique, les clients recevant en moyenne une proposition commerciale chaque jour.

Depuis 2005, Pixmania s'est lancé dans une politique d'amélioration systématique de la satisfaction des clients. Il s'agissait autant d'augmenter la valeur des clients que de rationaliser les processus métiers (dans un contexte de croissance rapide, ces derniers n'avaient pas forcément été mis en place de façon optimale). Les équipes marketing de Pixmania, sous la direction de Patrick Oualid, ont identifié les zones de progrès : satisfaction par rapport au site (assortiment, prix et promotions, ergonomie, contenus...), satisfaction par rapport à la communication téléphonique (réponses rapides, justes et ciblées...) et électronique (fréquence, contenu) ou encore satisfaction par rapport à la livraison, aux garanties offertes, au service après-vente et au traitement des réclamations. Après avoir réalisé un diagnostic auprès des clients et un benchmark auprès des concurrents, Pixmania a repéré ses principales zones de progression (notamment autour de la livraison, en termes de retard et de conformité) et veillé à l'accompagnement des clients lors de leur achat (information sur les commandes en cours, par exemple). Depuis fin 2007, la livraison des colis express dans les 26 pays d'Europe est assurée par UPS, l'un des leaders mondiaux du transport de petits colis. Le service après-vente a également été renforcé (SMS automatiques sur les principales étapes). Pour répondre aux attentes des clients, Pixmania s'est doté d'un centre d'appels qui opère en 17 langues, avec des opérateurs natifs de chacun des pays servis. En 2007, plus de 5 000 appels ont été traités en moyenne chaque jour. Localisé sur l'avenue de la Grande-Armée, à Paris, le centre d'appels accueille désormais 150 collaborateurs.

Depuis 2006, pour rassurer ses clients, Pixmania a mis en place le Contrat d'achat tranquille (CAT). Ce contrat offre quatre principales garanties :

- le remboursement de la différence si, dans les sept jours qui suivent un achat effectué sur **http://www.pixmania.com**, le client trouve sur un site Internet français le même produit rigoureusement neuf et moins cher (avec les mêmes accessoires et une garantie équivalente) ;
- le remboursement du produit à 100 % en cas de panne ; ☞

La fidélisation chez Pixmania (*suite*)

- la reprise de l'appareil pour l'achat d'un nouveau matériel neuf ;
- une remise qui peut se monter à 25 % sur une sélection d'accessoires accessibles dans l'espace dédié « PIX&Moi » sur le site, pendant douze mois après l'achat.

En prolongement du travail de fond sur l'amélioration de la satisfaction, Pixmania a lancé un programme de fidélisation dénommé VIPix. Si cette carte peut être offerte à certains segments de clients, elle est généralement achetée (20 euros, ou 10 euros si le client opte pour le Contrat d'achat tranquille). Le programme propose aux membres une variété d'avantages : 7 % de remise immédiate sur plus de 15 000 produits, 50 % de réduction sur les frais de port au-delà de 100 euros d'achat, jusqu'à 50 % de remise sur une sélection de Maxi Promos (cet espace sur le site comprend des dizaines de produits renouvelés chaque quinzaine), 20 % de remise sur les extensions de garantie de 3/5 ans, jusqu'à 30 euros de remise sur l'installation à domicile des écrans plasma et LCD, 10 % sur les packs photos et sur les objets photos myPIX, un accès prioritaire aux points retrait, auprès du service client et du service après-vente. Des offres sont également proposées auprès de partenaires comme Au Nom de la Rose. Pixmania propose aussi aux clients ayant la carte d'activer un compte et de devenir clients VIPix +, moyennant la validation d'un questionnaire de qualification en ligne. Cette carte de crédit permet de disposer de modes de financement spécifiques (paiement en dix fois, à crédit) et de retirer de l'argent dans les distributeurs automatiques.

En 2007, Pixmania a lancé de nombreux services destinés à fidéliser ses clients, comme l'assistance logiciels et la prise en main à distance. L'assistance logiciels, pour 49 euros par an, permet de bénéficier des conseils de professionnels afin de maîtriser un ensemble de logiciels comme Windows, Dreamweaver, Flash, etc. La prise en main à distance, par téléphone, pour 79 euros par an, permet de guider les clients dans l'installation de leur ordinateur, imprimante, scanner, etc. L'assistance téléphonique est illimitée, facturée 0,15 euro par appel.

Plus récemment, Pixmania a annoncé le développement d'une place de marché regroupant de très nombreux vendeurs qui souhaitent s'adresser à un vaste public sur Internet (chaque mois, Pixmania.com accueille plus de 15 millions de visiteurs uniques). Cette stratégie d'intermédiation, dénommée PixPlace, permet d'élargir considérablement l'assortiment proposé sur le site Pixmania.com, au-delà des produits électroniques et électroménagers, avec des catégories comme « Fournitures de bureau », « Mode », « Beauté Santé », « Coffrets cadeaux », « Instruments de musique » ou « Maison et Jardin ». Les marchands partenaires gèrent la logistique et Pixmania gère l'exposition des offres et la facturation, en prélevant une commission située entre 7 et 15 %. La fréquence d'achat de ces produits étant très supérieure à celle des produits électroniques, Pixmania espère bien faire revenir ses clients plus souvent.

Questions :

Que vous inspirent les démarches mises en œuvre par Pixmania pour fidéliser ses clients ?

Quels sont les moyens spécifiques pour augmenter le panier moyen ?

D'après vous, quelles sont les actions les plus efficaces pour fidéliser ?

Quelles sont les synergies liées au rachat de 77 % de Fotovista par DGSi en 2006 ?

Dans quelle mesure l'activité de Pixmania.com et de MyPix.com se renforcent-elles mutuellement ?

Formulez quelques recommandations pour améliorer l'efficacité du programme VIPix.

***Sources :** Peelen et al., 2006, Pixmania.com, Fotovista.com, La Lettre du Journal du Net, 2007*

Fidéliser les clients est devenu l'un des principaux objectifs des entreprises, depuis le milieu des années 1990. Le management des relations avec les clients constitue aujourd'hui l'une des priorités des dirigeants (Peelen *et al.* 2006). Les méthodologies et les outils de fidélisation se sont répandus dans tous les secteurs de l'économie, y compris celui du commerce, notamment électronique. La fidélisation passe par le développement d'une meilleure connaissance des clients, en termes de profils ou de comportements. Une fois cette connaissance client constituée, il s'agit de savoir quelles actions entreprendre pour consolider le lien entre le client et l'entreprise, afin d'accroître le chiffre d'affaires. Après avoir exposé les grands principes du management de la relation client, nous présenterons les démarches qui permettent concrètement de consolider la relation : l'amélioration de la qualité et de la satisfaction, la fidélisation, la personnalisation. La première démarche suppose de travailler en profondeur sur les principes de base du métier, de façon à améliorer la qualité délivrée, la qualité perçue et, finalement, la satisfaction du client. La deuxième démarche suppose de mettre en œuvre des dispositifs de fidélisation active, comme des liens fonctionnels, l'envoi de courriers électroniques, des actions promotionnelles, un programme de fidélisation, ou encore le développement d'une communauté de clients. La troisième démarche exposée dans ce chapitre consiste à personnaliser les offres, les prix, les messages, etc.

1. Comprendre les concepts, les enjeux et les principes du management de la relation client

Après les concepts de fidélité, de fidélisation et de relation client, nous exposerons les enjeux et les principes du management relationnel des clients dans le domaine du commerce électronique. Un accent particulier est mis sur l'enjeu central de la connaissance client.

1.1. Les concepts du marketing relationnel

La fidélisation d'un portefeuille de clients rentables est au cœur des préoccupations des managers. Par ailleurs, au-delà de la fidélisation, le marketing relationnel vise globalement à consolider le lien entre l'entreprise et ses clients. Pour éclairer ces questions, nous présenterons et illustrerons tour à tour les concepts de fidélité et de fidélisation, puis de lien et de marketing relationnel.

1.1.1. Les concepts de fidélité et de fidélisation

Les deux composantes de la fidélité

La fidélité est un concept central depuis le début des années 1980 (Darpy et Volle, 2007). En matière de marketing, être fidèle ne consiste pas seulement à renouveler ses achats auprès du même fournisseur (composante comportementale), la vraie fidélité doit résulter d'une préférence marquée pour ce même fournisseur (composante attitudinale). Autrement dit, ce n'est pas seulement le comportement d'achat qui compte, mais aussi le fondement même de ce comportement. Si le client achète une marque par simple habitude, ou par crainte d'en changer, on ne peut pas véritablement parler de fidélité.

Fidéliser consiste donc à générer une série de transactions monétaires, mais aussi et surtout à créer une préférence forte pour la marque. Certaines marques sont réputées pour avoir des clients très fidèles, au sens plein du terme, comme Harley Davidson ou Apple. Certaines marques peuvent même s'appuyer sur un grand nombre de fidèles qui ne sont pourtant pas acheteurs du produit, mais acheteurs des signes de la marque. Par exemple, la marque Ferrari vend un petit nombre de véhicules, mais ses nombreux fans achètent des voiturettes de collection, des casquettes et des affiches, etc.

De la fidélité à la fidélisation

Sur le plan opérationnel, une question centrale se pose rapidement : comment faire en sorte de fidéliser ses clients ? Cette vaste question ne peut pas être traitée en quelques lignes et fait désormais l'objet d'ouvrages spécialisés (Lehu, 2003 ; Peelen *et al.*, 2006). Les trois grandes approches pour fidéliser les clients sont :

- **Satisfaire.** Faire le pari qu'un client satisfait sera fidèle, sachant que de très nombreuses études montrent que ce lien entre satisfaction et fidélité est loin d'être systématique.
- **Enfermer.** Mettre en place des clauses contractuelles pour empêcher la fuite des clients ou, plus généralement, prendre des dispositions pour augmenter les barrières à la sortie (par exemple, les pénalités pour remboursement anticipé dans le crédit, ou les engagements sur douze mois dans la téléphonie mobile).
- **Activer.** Mettre en place des actions et des dispositifs variés pour stimuler activement la fidélité des clients. Deux grandes voies s'offrent alors à l'entreprise : la récompense (primes différées, programmes à points, etc.) ou la reconnaissance (services dédiés, privilèges, etc.).

Les déterminants de la fidélité au site marchand

Le niveau de fidélité. Le niveau de fidélité des clients est généralement sous-estimé. Ainsi, dans le commerce alimentaire conventionnel, si les clients visitent plusieurs enseignes dans une même année (plus de trois), ils consacrent près de 75 % de leur budget à leur magasin principal (Volle, 2000a). De prime abord, on pourrait penser qu'il est plus facile de passer d'un site marchand à l'autre, comparativement au commerce physique.

Mais dans le secteur du commerce électronique, contrairement aux idées reçues, la fidélité est plus élevée que dans le commerce conventionnel (Shankar *et al.*, 2002). Au fond, de nombreux facteurs militent pour un haut niveau de fidélité sur Internet : le client qui connaît un site marchand est plus enclin à l'utiliser à nouveau ; le client qui a eu une bonne expérience avec un site marchand perçoit un niveau de risque beaucoup plus faible, etc.

La satisfaction, premier déterminant. La satisfaction est le premier déterminant de la fidélité (voir par exemple, Li *et al.*, 2007). Dans le domaine du commerce électronique, la satisfaction explique encore mieux la fidélité que dans le commerce conventionnel. Autrement dit, toutes choses égales par ailleurs, un client satisfait sera plus fidèle à un site marchand qu'un client également satisfait par un point de vente physique (Shankar *et al.*, 2002). Pourtant, le lien entre satisfaction et fidélité n'est pas direct, ni linéaire. Une unité de satisfaction supplémentaire ne donne pas automatiquement une unité de fidélité supplémentaire. En général, la fidélité n'augmente qu'au-delà d'un certain niveau de satisfaction. La fidélité peut également plafonner, même à des niveaux de satisfaction très élevés, en raison d'un phénomène qualifié de « recherche de variété » (Darpy et Volle, 2007). Pour un niveau de satisfaction élevé, la fidélité s'explique notamment par un certain attachement émotionnel (Balabanis *et al.*, 2006).

La satisfaction n'a pas le même impact sur la fidélité pour l'ensemble des clients. La satisfaction a *plus* d'impact sur la fidélité auprès des clients qui sont motivés par la dimension pratique du site marchand et pour les gros clients. La satisfaction a *moins* d'impact sur la fidélité auprès des clients caractérisés par une forte inertie (Anderson et Srinivasan, 2003).

La différence entre commerce électronique et commerce conventionnel ne s'arrête pas au niveau de fidélité (qui est plus fort en ligne) ou au lien entre satisfaction et fidélité (qui est également plus fort en ligne). La troisième différence tient à la dynamique de la satisfaction. En effet, au fil du temps, la satisfaction va se dégrader, mais cet effet est moins sensible en ligne, comparativement au commerce conventionnel (Shankar *et al.*, 2002).

Le rôle des coûts de changement. Les coûts de changement perçus par le client – comme devoir s'enregistrer à nouveau ou apprendre à utiliser un nouveau site – expliquent en partie le degré de fidélité. Dans certains cas, les coûts de changement expliquent mieux la fidélité que la satisfaction (Tsai *et al.* 2006).

Certains responsables marketing peuvent être tentés de mettre en place des dispositifs qui augmentent volontairement les coûts de changement, afin de fidéliser leurs clients. Cependant, cette technique n'est pas efficace pour les clients qui ne sont pas satisfaits : l'augmentation des coûts de changement ne peut fonctionner que si le niveau de satisfaction est déjà élevé (Yang et Peterson, 2004).

Les coûts de changement diffèrent selon le niveau de satisfaction. Quand la satisfaction est faible, les coûts de changement sont essentiellement liés à la familiarité (quand il est coûteux pour le client de devoir apprendre comment fonctionnent les autres sites marchands, autant rester fidèle au site avec lequel il est familier, même s'il n'est pas très satisfait). Quand la satisfaction est très élevée, les coûts de changement sont plutôt émotionnels (le client peut se sentir coupable d'infidélité à l'égard d'une marque pour laquelle il éprouve un certain attachement, ou bien il a peur de perdre son statut de meilleur client). Globalement, les coûts de changement pèsent surtout pour les clients qui sont modérément satisfaits par le site marchand (Balabanis, Reynolds et Simintiras, 2006).

Les autres facteurs explicatifs de la fidélité. Les autres facteurs qui expliquent la fidélité à un site marchand sont :

- Le niveau de **confiance**, qui a un effet significatif sur la fidélité (Li *et al.*, 2006).
- La **valeur délivrée** par le site, qui, en plus de l'effet indirect *via* la satisfaction, peut aussi avoir un effet direct sur la fidélité (Yang et Peterson, 2004). Pour les sites marchands, la fidélité dépend de la fiabilité du site, de la taille de l'assortiment et de leur capacité à faire gagner du temps aux clients (Bergeron, 2001).
- L'existence et la pertinence des **alternatives concurrentes** ; le contexte concurrentiel explique naturellement le degré de fidélité. Plus les alternatives sont nombreuses et répondent aux attentes des clients, moins la satisfaction explique la fidélité.
- la **fidélité** explique aussi la satisfaction, ce qui constitue une boucle vertueuse. La satisfaction explique la fidélité et la fidélité renforce la satisfaction (Shankar *et al.*, 2002).

Il ne suffit pas de dire que la satisfaction à l'égard du site marchand explique plus ou moins la fidélité. Il s'agit aussi de déterminer quels facteurs, concrètement, conduisent le client à être fidèle. Des chercheurs et consultants américains ont montré que la fidélité à l'égard d'un site marchand dépend de huit grands facteurs (voir figure 9.1).

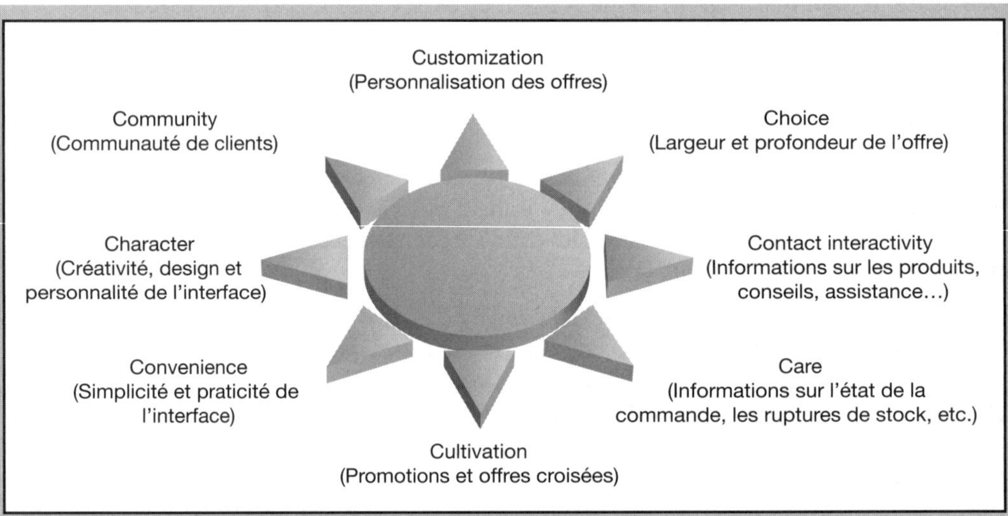

Figure 9.1 - Le modèle des 8C de la fidélité (d'après Srinivasan et al., 2002).

Ces points sont abordés plus loin dans ce chapitre : le rôle de la qualité perçue (voir section 2), les démarches actives de fidélisation, comme le développement d'une communauté de clients (voir section 3), et la personnalisation des offres (voir section 4).

1.1.2. La notion de marketing relationnel

Si de nombreuses actions menées par les marques visent à fidéliser les clients, en encourageant un réachat régulier tout en développant une préférence pour la marque achetée, les stratégies commerciales et marketing s'intègrent maintenant dans une démarche plus large, dite de « marketing relationnel ».

Celui-ci recouvre « l'ensemble des démarches menées par l'entreprise pour analyser, planifier, réaliser et contrôler les actions destinées à initier, stabiliser, intensifier et réactiver les relations de l'entreprise avec l'ensemble de ses parties prenantes, notamment ses clients, de façon à créer une valeur mutuelle » (Bruhn, 2003). La valeur créée par l'entreprise aux yeux du client (valeur perçue) a pour contrepartie la valeur monétaire apportée par le client à l'entreprise (flux de revenus nets actualisé, ou *Customer Lifetime Value*).

Cette démarche globale vise donc à renforcer le lien entre le client et l'entreprise, en améliorant la qualité de la relation, ce qui suppose de déployer des moyens importants et des technologiques sophistiquées pour mettre en œuvre les processus commerciaux (« initier, stabiliser, intensifier et réactiver les relations »).

Le premier changement majeur dans le domaine du marketing relationnel est intervenu au milieu des années 1990, avec le développement d'actions publi-promotionnelles visant des objectifs de moyen terme (primes différées, programmes de fidélisation à points, etc.). Le deuxième changement majeur est intervenu au début des années 2000, avec le déploiement de technologies informatiques comme les applications de CRM (*Customer Relationship Management*) et, plus généralement, le développement des technologies de contact comme les centres d'appel.

Cependant, le management de la relation client ne conduit pas seulement à intégrer des technologies dans le domaine commercial et marketing (Payne et Frow, 2005), il s'agit d'une véritable transformation de l'entreprise tout entière.

Avec le management relationnel, on doit s'attendre à de profonds changements et sur de nombreux plans : la philosophie qui oriente l'activité, la perspective adoptée pour comprendre les clients, les concepts pour représenter le marché et les moyens d'actions utilisés, les objectifs poursuivis et les modes d'organisation adoptés (voir tableau 9.1).

Tableau 9.1 : Du marketing classique au marketing relationnel

	Marketing classique	Marketing relationnel
Philosophie des affaires	La même chose pour tous	À clients différents, offres et services différents
Perspective pour analyser les clients	Client moyen (voire segments de clients)	Individus
Concepts centraux du marketing	Image, réachat, préférence, fidélité	Confiance et engagement, attachement à la marque, valeur du client (*Customer Lifetime Value*)

Tableau 9.1 : Du marketing classique au marketing relationnel *(suite)*

	Marketing classique	Marketing relationnel
Moyens d'action	Médias de masse, publicité à la télévision et prospectus	Médias directs, courrier postal ou électronique, téléphone
Objectifs	Part de marché, rentabilité des produits	Part de client, taux de rétention, rentabilité des clients
Organisation	Structure par produit, ou groupes de produits	Structure par marché, groupes de clients ou processus (prospection/fidélisation, par exemple)

1.2. Les enjeux du marketing relationnel

Les enjeux du marketing relationnel dépassent largement la question de la fidélisation (retenir le client plus longtemps, développer son panier moyen, etc.). D'une façon générale, il s'agit de croître dans des environnements plus concurrentiels et parfois saturés, de se différencier à travers la qualité de la relation et non plus seulement la qualité de l'offre, ou encore de développer un contact direct avec le client final pour mieux capter la valeur ajoutée. Le management relationnel conduit même parfois à réorganiser l'entreprise en prenant le client comme meilleur alibi. Pour les industriels, il s'agit aussi de contourner en partie les intermédiaires pour gagner en pouvoir de marché. Quels sont les enjeux spécifiques du marketing relationnel pour un site marchand ?

1.2.1. Les enjeux relationnels pour un site marchand

Aujourd'hui, la question n'est plus de savoir s'il faut ou non mettre en place un programme de fidélisation car la relation client se situe assurément dans le prolongement du métier de commerçant. De fait, aucune entreprise ne peut se priver de faire des efforts dans ce sens, en particulier dans le domaine du commerce électronique.

On raconte que Jeff Bezos, fondateur d'Amazon.com, alors qu'un journaliste lui posait la question de savoir quel était le *business model* de son entreprise, aurait répondu : « *Customer focus, customer centric, customer obsession.* » De fait, l'entreprise, qui se disait « la plus grande librairie sur Terre » lors de son avènement, n'est plus aujourd'hui structurée autour d'une catégorie de produits précise. C'est un distributeur dont l'assortiment n'est plus limité que par la volonté de ses clients. Tout ce qui peut se vendre sur Amazon est vendu sur Amazon ! Fondamentalement, il ne s'agit plus de trouver des clients pour les produits référencés, mais de trouver de nouveaux produits à vendre pour les clients.

Il serait, cependant, simpliste d'affirmer que la mise en œuvre d'une démarche de relation client dans le secteur du commerce électronique est **une « simple » question de survie**. Identifier les enjeux du relationnel dans ce secteur nécessite une analyse plus fine : certains enjeux sont moins forts que dans le commerce conventionnel, alors que d'autres sont plus importants.

Ce qui ne constitue pas un enjeu central

Relativement au commerce conventionnel, les enjeux du marketing relationnel pour les sites marchands ne s'expriment naturellement pas en termes de **saturation** ou de **différenciation**. Le marché n'est clairement pas saturé (les taux de croissance avoisinent les 40 % en 2007) et les sites disposent de multiples autres armes pour se différencier.

La question de la **réorganisation autour du client** n'est pas non plus centrale pour les sites marchands : leur petite taille (comparativement aux géants de la distribution qui emploient plus de 50 000 personnes), leur jeunesse et leur réactivité organisationnelle les met à l'abri des travers qui caractérisent généralement les grandes organisations bureaucratiques. D'une certaine manière, ayant été créés récemment, les sites marchands sont nés « orientés client ».

Dans le secteur du commerce électronique, les enjeux ne s'expriment généralement pas en termes de **pouvoir de marché**, dans la mesure où, soit les acteurs sont trop petits pour rentrer dans une recherche de taille critique permettant l'obtention d'un véritable pouvoir de marché, soit ils sont adossés à de grands groupes de distribution et, de fait, disposent déjà d'un pouvoir de marché (Darty.com, Oshoop, Cdiscount, Voyages-SNCF, Pixmania, etc.). Pour les sites marchands gérés par des industriels, en revanche, la possibilité de regagner en pouvoir de marché par rapport aux distributeurs constitue parfois un enjeu important.

Ce qui constitue un enjeu central

Pour les sites marchands gérés par des industriels, la possibilité de **garder un contact direct** avec les clients constitue un enjeu fort. Il en va de même pour les distributeurs *brick et mortar*, dans la mesure où le site marchand permet des contacts individualisés, alors que dans le commerce physique, la relation est encore bien souvent anonyme.

Pour la plupart des sites marchands, les enjeux actuels du marketing relationnel sont très commerciaux. Il s'agit avant tout d'augmenter la **fréquence de visite** et le **panier moyen** (montée en gamme, achats croisés, etc.).

Être en mesure d'allonger la **durée de vie du client** est particulièrement critique sur Internet dans la mesure où le coût d'acquisition d'un client est plus important que dans le commerce physique, et dans la mesure où, par ailleurs, le retour sur investissement est meilleur (Reichheld et Shefter, 2000).

Au-delà de ces enjeux commerciaux à court terme, la relation client permet également d'accompagner un **élargissement de l'assortiment** à l'instar de la démarche suivie par Amazon (des livres en 1995 à l'épicerie en 2006, en passant par les produits culturels, les jouets, etc.). Comme dans toute activité commerciale, la largeur de l'assortiment constitue un facteur essentiel de la fidélité (qui agit sur la fréquence d'achat, le panier moyen, etc.).

Le commerce électronique prenant place sur la Toile, les sites marchands sont naturellement les plus exposés aux phénomènes de diffusion virale ou d'activisme en ligne (sites d'opinion, blogs, forums, pétitions, etc.). Le management de la relation client doit donc prendre en compte la **dimension *C-to-C*** d'Internet. Il ne s'agit pas seulement d'une relation verticale entre un client et une entreprise (*one-to-one*), mais de relations horizontales multiples entre les clients (*customers-to-customers*), plus ou moins stimulées et encadrées par l'entreprise.

1.2.2. Les enjeux spécifiques de la connaissance client

Renforcer la relation client suppose, en premier lieu, de mieux connaître ses clients. Dans ce domaine, les principaux enjeux sont les suivants :

- La connaissance client ne se limite pas au profil (nationalité, âge, revenu, centres d'intérêt, etc.). La connaissance des achats est aussi fondamentale (quelles catégories sont achetées par quels clients, quelles catégories sont achetées ensemble ou devraient l'être mais ne le sont pas, etc.).
- Sur Internet, les comportements des visiteurs laissent de multiples traces : le site d'où vient le client, le temps passé sur le site, les rubriques consultées, la page par laquelle le client est sorti du site, etc. Cependant, la connaissance des clients n'est pas un objectif en soi. Il ne faut donc pas essayer de tout connaître du client, mais seulement ce qui permet de renforcer le lien et d'améliorer l'efficacité des actions marketing.
- Un des principaux enjeux consiste à fusionner des informations éparses pour avoir une vue aussi complète que possible du client. Les systèmes d'information sont largement sollicités de façon à constituer une vision à 360° du client sur l'ensemble des canaux (voir chapitre 3).
- Mettre en œuvre une démarche de connaissance client n'est pas seulement utile pour cibler et éventuellement réduire les investissements en communication. Cela peut aussi servir à améliorer les fondamentaux (assortiment, merchandising, etc.). Par exemple, en développant sa connaissance client, un site marchand peut découvrir que certains clients sont particulièrement attirés par certains produits et développer l'assortiment en conséquence.

> ***Exemple :*** En analysant finement les produits mis en vente dans la catégorie « musique rock », PriceMinister s'est rendu compte que dans la sous-catégorie dédiée à Téléphone, un groupe phare des années 1980, certains clients avaient référencé des téléphones portables. À partir de cette découverte impromptue – qui constituait finalement un détournement de la catégorisation mise en place par le site – les responsables marketing ont décidé d'ouvrir une nouvelle catégorie pour vendre des téléphones mobiles.
>
> *Source : PriceMinister, Cycle « Tendances du marketing », Université Paris-Dauphine, 2008*

- Il faut impérativement mesurer les retombées des actions marketing, malgré les difficultés méthodologiques et techniques, malgré le coût et le temps nécessaires pour mettre en œuvre sérieusement ces mesures. Les responsables marketing doivent répondre aux préoccupations des dirigeants, notamment des financiers, en ce qui concerne la baisse ou la simple maîtrise des coûts commerciaux. Une meilleure mesure de l'efficience des moyens engagés, grâce à une meilleure connaissance des clients, est désormais incontournable. Sur Internet, la traçabilité des contacts favorise le développement des méthodes de mesure de l'efficacité marketing.

1.3. Les principes de management de la relation client dans le domaine du commerce électronique

La mise en œuvre d'une démarche relationnelle repose sur quelques grands principes : le changement d'horizon temporel, le renforcement du lien émotionnel et fonctionnel, la mise en œuvre de processus relationnels, l'activation de leviers divers au cas par cas et la mobilisation de l'organisation tout entière.

1.3.1. Le changement d'horizon temporel

Changer d'horizon consiste à transformer une suite de rencontres ponctuelles en une relation continue (voir figure 9.2). Le passage d'une suite de transactions ponctuelles à une relation continue conduit l'entreprise à voir le client dans la durée. Elle peut alors se poser les questions suivantes : combien de temps reste-t-il client de l'entreprise ? Combien d'argent est-il susceptible de rapporter durant sa vie de client (chiffre d'affaires, marge) ? Sur quelle durée l'entreprise peut-elle amortir et rentabiliser son investissement de départ (c'est-à-dire son coût d'acquisition) ?

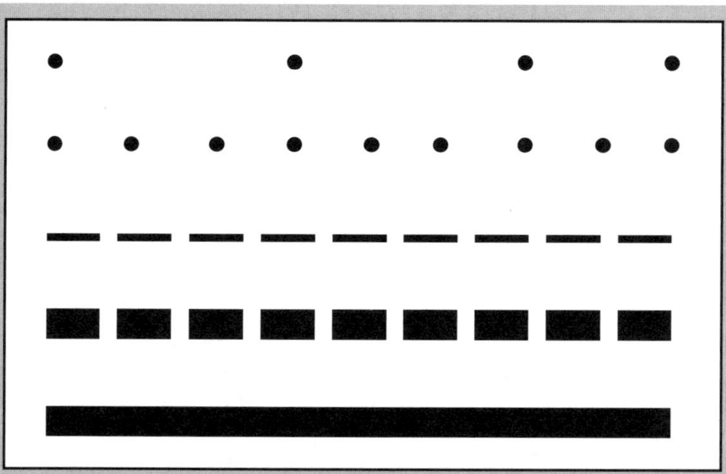

Figure 9.2 - D'une transaction ponctuelle à une relation continue.

Exemple : De nombreux secteurs d'activité ont connu une transformation radicale dans la façon d'envisager le client, passant d'un horizon à court terme à un horizon à moyen terme, et d'une relation ponctuelle à une relation (plus) continue. Ainsi, la presse est passée de la vente au numéro à la vente d'abonnements, puis aux prélèvements mensuels. Les salles de cinéma sont désormais accessibles avec des cartes d'abonnement. Les constructeurs automobiles ne vendent plus de voitures mais plutôt des packages constitués d'un véhicule, d'un contrat de maintenance, d'assistance, d'assurance, etc. Autant de signes qui illustrent le changement de perspective et le changement du regard porté par l'entreprise sur ses clients.

Sur le plan de la connaissance client, changer d'horizon temporel impose de mémoriser l'historique de la relation entre le client et l'entreprise, ce qui constitue un défi important en termes de systèmes d'information.

Les sites marchands étant nés à la même époque que cette notion de valeur client (*Customer Lifetime Value*) et les systèmes d'information étant si fondamentaux pour un site, les entreprises ont vite adopté les méthodes de suivi et de valorisation du client dans le temps. Il va de soi que le degré de sophistication peut varier d'un site à l'autre mais, globalement, cette notion est désormais bien connue. La valeur client peut même constituer une base d'évaluation lors de transactions financières autour des entreprises du commerce électronique.

1.3.2. Le renforcement du lien émotionnel et fonctionnel

Au fil du temps, la relation peut devenir de plus en plus qualitative et « épaisse », au sens où la dimension commerciale va progressivement être complétée par des dimensions moins économiques (confiance, attachement, etc.). Si la relation dépasse la logique du « donnant-donnant » et si la dimension marchande n'est plus le seul point de rencontre entre le client et l'entreprise, on peut parler d'amitié commerciale.

En théorie, le lien entre le client et l'entreprise peut être plutôt émotionnel, ou plutôt fonctionnel. En matière de e-marques, notamment dans le commerce électronique (Michel et Vergne, 2004), les sites marchands sont surtout associés à des notions comme « praticité », « utilité », « rapidité », « diversité », etc., autant d'associations à la marque très fonctionnelles.

Cela ne signifie pas qu'il n'est pas possible de créer un lien émotionnel avec un site marchand, mais simplement qu'en l'état actuel des choses, les sites marchands sont avant tout perçus à travers une dimension fonctionnelle.

L'entreprise peut se poser les questions suivantes : comment s'éloigner du rapport de défiance initial pour aller vers un rapport de confiance réciproque ? Comment approfondir la relation au fil du temps, en s'ouvrant à d'autres dimensions relationnelles (attachement à la marque, identification à l'entreprise, sentiment d'affiliation au groupe de clients de l'entreprise, etc.) ?

1.3.3. La mise en œuvre de processus relationnels

Il ne s'agit pas simplement de « fidéliser », mais de mettre en place simultanément plusieurs processus relationnels : recruter de nouveaux clients, développer le portefeuille actuel, retenir les clients, reconquérir les clients perdus, etc.

La fidélisation est donc un processus parmi d'autres, même si la tentation est forte de résumer « relation client » à « fidélisation ». Au cœur du marketing relationnel, on trouve les processus de **rétention** (faire en sorte que le client reste client le plus longtemps possible) et de **développement** (faire en sorte que le client dépense le plus possible). Cependant, depuis quelques années, les responsables marketing ont bien compris l'interaction forte entre **recrutement** et fidélisation. La qualité des clients recrutés – en termes de sensibilité aux prix et aux promotions, de valeur économique potentielle, de solvabilité et de risque de départ, etc. – facilite plus ou moins les démarches ultérieures de fidélisation. Peu d'entreprises ont mis en place un processus de **reconquête**. Cela dit, ce processus est sans doute amené à se généraliser dans les entreprises.

1.3.4. L'activation de leviers divers, au cas par cas

En matière de fidélisation ou de relation client, il n'y a pas de recette miracle. Ainsi, les leviers pour créer du trafic ne sont pas les mêmes que les leviers pour fidéliser. Le prix est un facteur essentiel pour attirer du trafic, mais c'est aussi le facteur le moins important pour fidéliser (Reibstein, 2002). De nombreux autres facteurs expliquent la probabilité de réachat, notamment l'assistance au client et la qualité du service de livraison.

Dans la même veine, les leviers pour inciter un client à revenir après un premier achat ne sont pas les mêmes que les leviers pour inciter un client régulier à revenir faire des achats. Les leviers de fidélisation changent au cours de la relation (Kourfaris *et al.*, 2001). Ainsi, la qualité de l'expérience de visite – en termes de contrôle perçu et de plaisir – joue essentiellement pour fidéliser un nouveau client. Par la suite, d'autres facteurs vont jouer pour fidéliser les clients réguliers, notamment le degré d'implication dans la catégorie. Plus le client est impliqué, plus il est susceptible d'acheter de nouveau (malheureusement le degré d'implication n'est pas une variable sur laquelle le site marchand peut véritablement agir).

Toutes les entreprises – même celles qui appartiennent au même secteur – ne gèrent pas la relation client de la même façon. Cela est dû au fait que les facteurs de fidélisation varient sensiblement d'un type de produit à l'autre (voir chapitre 6 sur la valeur perçue). Par exemple, les facteurs qui fidélisent à un site de livres ne sont pas les mêmes que ceux qui fidélisent à un site de voyages (Harris et Goode, 2004) : pour un site de livres, le niveau de satisfaction est essentiel, alors que pour un site de voyage, la fidélité s'explique avant tout par le degré de confiance.

En matière de relation client sur Internet, la seule attitude valable consiste à tester en permanence divers mécanismes de fidélisation, de façon à identifier ceux qui sont les plus performants pour chaque cible. Pour les sites marchands, le défi consiste à enclencher une boucle d'apprentissage.

1.3.5. La mobilisation de l'organisation tout entière

Certains experts prétendent que le management de la relation client est « une affaire trop sérieuse pour la laisser exclusivement aux spécialistes du marketing » . De fait, tous les acteurs peuvent ou doivent y contribuer plus ou moins. En matière de commerce électronique, notamment, les questions de logistique sont au cœur des démarches de fidélisation (voir chapitre 8).

Le management de la relation client est parfois un vœu pieu qui peut aller à l'encontre d'autres impératifs de l'entreprise (sécurité, rapidité, rentabilité à court terme, etc.). Les processus métier doivent favoriser le renforcement des relations au quotidien.

Il en va ainsi des achats, une fonction centrale dans les entreprises de commerce. Les acheteurs doivent acheter, non pas seulement sur la base du meilleur prix, à l'issue de négociations ardues, mais en fonction des préférences des meilleurs clients.

Il est sans doute plus facile de mobiliser l'entreprise sur des problématiques de relation client quand il s'agit d'un site marchand, comparativement à une entreprise en réseau de grande taille où l'orientation client doit être déployée sur des populations considérables (plusieurs dizaines de milliers dans une enseigne comme Carrefour ou

Leclerc). Par ailleurs, l'orientation client dans une entreprise de commerce électronique ne vient pas en porte-à-faux avec d'autres directions, comme c'est parfois le cas chez les distributeurs *bricks & mortar* (la direction des achats ou la direction de l'exploitation pèsent sensiblement plus que le marketing client… qui peine à faire entendre sa voix).

2. Améliorer la qualité perçue et la satisfaction

Pour les responsables d'un site marchand, améliorer la satisfaction des visiteurs et des clients constitue un enjeu majeur pour les fidéliser. Pour ce faire, il faut impérativement travailler à améliorer la qualité délivrée aux clients, ce qui suppose de bien comprendre comment les internautes jugent de la qualité d'un site marchand. Pour satisfaire les clients, en dehors de la qualité de l'interface (voir chapitre 6), il faut également développer une politique de service afin d'accompagner les clients.

2.1. L'amélioration de la qualité perçue

La transformation d'une relation humaine en relation homme- machine constitue probablement la plus grande différence entre la qualité délivrée dans le commerce conventionnel et la qualité délivrée dans le commerce électronique. Dans le domaine des services conventionnels, l'amabilité, l'empathie et la compétence du personnel sont des facettes déterminantes de la qualité perçue.

Mais qu'en est-il pour le commerce électronique ?

2.1.1. La mesure de la qualité perçue

La notion de qualité peut être appréhendée de plusieurs façons. Dans l'optique adoptée par les certificateurs de type ISO 9000, il s'agit, avant tout, de respecter des normes et des spécifications techniques, de délivrer une qualité constante quel qu'en soit le niveau de qualité absolue (notion de fiabilité) et/ou d'offrir une solution durable et performante (nombre de fonctions réalisées par le produit X, capacité à les réaliser pleinement).

Dans l'optique adoptée par les responsables marketing, la qualité est entendue comme le degré de supériorité de l'offre relativement aux concurrents. Il s'agit d'une qualité perçue par le client et non d'une qualité objective. On considère aussi que le jugement de qualité résulte de la différence entre la qualité attendue et la qualité délivrée. Les attentes des clients sont donc critiques pour comprendre le jugement de qualité qu'ils peuvent porter sur tel ou tel produit/service.

Des services de notation sont disponibles sur le Web (comme bizrate.com ou directpanel.com). Toutefois, ces services sont surtout utiles aux clients potentiels qui souhaitent se forger un avis sur le site marchand auprès duquel ils pourraient éventuellement acheter.

Parallèlement, plusieurs méthodologies ont été développées pour mesurer la qualité de service d'un site marchand, afin d'aider les responsables à identifier les zones de progrès.

Les principales méthodologies disponibles sont :

- **EtailQ** (Wolfinbarger et Gilly, 2003). La qualité de service est mesurée en 14 items, organisés en quatre dimensions (design de l'interface, services offerts au consommateur, fiabilité de la livraison/respect des engagements, sécurité/respect de la vie privée).
- **E-Servqual** (Parasuraman *et al.*, 2005). La qualité de service est mesurée en 22 items, organisés en quatre dimensions (efficacité, disponibilité, livraison, respect de la vie privée).
- **Netqual** (Bressolles, 2004). La qualité de service est mesurée en 18 items, organisés en cinq dimensions (voir tableau 9.2).

Tableau 9.2 : La mesure de la qualité délivrée par un site marchand (d'après Bressolles, 2004)

Facilité d'utilisation	Il est facile de se déplacer et de trouver ce que l'on cherche sur ce site
	Il est facile de chercher de l'information sur ce site
	L'organisation et la mise en page de ce site facilitent la recherche d'information
	Ce site est facile à utiliser
	La mise en page de ce site est claire et simple
Fiabilité	Ce site respecte les délais de livraison
	Sur ce site, je reçois les marchandises rapidement
	Sur ce site, le service après-vente est excellent
	J'obtiens exactement ce que j'ai commandé
Design	Ce site est visuellement attirant
	Ce site est joli
	Ce site fait preuve de créativité
Sécurité/confidentialité	Je pense que ma vie privée est protégée sur ce site
	Je fais confiance à ce site pour ne pas utiliser mes informations personnelles à mauvais escient
	Globalement, j'ai confiance en la sécurité de ce site
Informations	L'information sur ce site est précise
	L'information sur ce site est pertinente
	Ce site fournit une information détaillée sur les produits et services proposés

2.1.2. Les facteurs de qualité les plus critiques

Dans les services, en général, et dans le commerce, en particulier, le personnel en contact joue un rôle fondamental dans le management de la relation client. En matière de commerce électronique, d'autres facteurs prennent plus d'importance, comme l'interface marchande (voir chapitre 6). De nombreuses études montrent que **la facilité d'utilisation de l'interface** est le facteur le plus discriminant pour expliquer la qualité perçue d'un site marchand (par exemple, Bressolles, 2004). En revanche, pour d'autres, la qualité perçue d'un site marchand repose, non pas sur l'interface, mais plutôt sur **la livraison** et sur **les services associés** (par exemple, Wolfinbarger *et al.*, 2003). De même, une étude portant sur la qualité délivrée par Amazon.com et par Wal-mart.com montre que l'efficacité et la livraison sont les critères les plus importants, devant la disponibilité et le respect de la vie privée (Parasuraman *et al.*, 2005). Au final, le design de l'interface (voir chapitre 6) et les services (voir plus bas) constituent les deux facteurs les plus importants de la qualité perçue. Cependant, les critères de qualité ne sont pas nécessairement les mêmes pour tous les internautes.

Les critères de qualité ne sont pas les mêmes pour tous les internautes

De nombreuses études montrent que les bénéfices recherchés par les acheteurs en ligne diffèrent sensiblement d'un visiteur à l'autre, comme leur degré de familiarité avec Internet. De fait, les éléments pris en compte pour juger de la qualité d'un site varient d'un visiteur à l'autre.

L'étude de Wolfinbarger et Gilly (2003) montre que si le design de l'interface constitue le premier facteur de qualité, les services offerts sont particulièrement importants pour les clients plus anciens. Il en va de même pour la fiabilité de la livraison et le respect des engagements, qui sont des facteurs particulièrement importants pour les acheteurs réguliers (voir tableau 9.3). Les questions de sécurité et de respect de la vie privée sont moins critiques, mais néanmoins importantes pour les internautes qui recherchent des produits précis, pour les anciens clients et, plus généralement, dans le domaine des courses alimentaires (comparativement aux livres et aux sites d'enchères).

Tableau 9.3 : Les facteurs les plus corrélés avec la qualité perçue (d'après Wolfinbarger et Gilly, 2003)

	Total	A	B	C	D	E	F	G	H
Design de l'interface	0,38	0,61	0,29	0,40	0,57	0,44	0,35	0,61	–
Services offerts au consommateur	0,42	0,49	0,39	0,22	0,22	0,34	0,42	0,28	0,6
Fiabilité de la livraison/ respect des engagements	–	–	–	0,20	–	–	–	–	–
Sécurité/respect de la vie privée	0,13	–	0,19	–	–	–	0,15	–	0,16

A : Internautes qui ne recherchent pas de produit précis (*browsers*) ; B : Internautes qui recherchent un produit précis (*goal-oriented*) ; C : Acheteurs réguliers ; D : Site marchand de livres ; E : Site d'enchères ; F : Site d'alimentation ; G : Nouveau client (moins de deux semaines) ; H : Anciens clients (plus de deux semaines).

Exemple : La culture du visiteur joue un rôle important sur la valeur perçue. Dans les pays caractérisés par un système institutionnel et juridique faible (Slovénie, Pologne, etc.), l'effet des dispositifs de protection du visiteur – en termes de respect de la vie privée et de sécurité – est plus fort que dans les autres pays (France, Pays-Bas, etc.). Dans les pays caractérisés par un fort degré d'individualisme (États-Unis, Australie, etc.), c'est le plaisir lié à l'expérience de visite qui explique fortement la valeur perçue. En revanche, dans les pays caractérisés par un faible degré d'individualisme (Russie, Roumanie, etc.), c'est plutôt le caractère utilitaire de l'expérience qui explique la valeur perçue. Dans les pays caractérisés par un fort degré d'individualisme, l'effet des dispositifs de personnalisation de l'expérience de visite sur la valeur perçue est également plus fort. Dans les pays caractérisés par une forte identité nationale (Russie, Pologne, etc.), l'effet de la congruence culturelle entre le visiteur et le site est plus fort que dans les autres pays (d'après Steenkamp et Geyskens, 2006).

Les internautes peuvent être segmentés en deux groupes (Bhatnagar et Ghose, 2004). Le premier segment (68 % de l'échantillon), plus féminin, moins expérimenté en matière d'Internet, est particulièrement sensible à **la fiabilité** et à **la sécurité des informations personnelles**. Le second segment (32 %), plus expérimenté en matière d'Internet, est particulièrement sensible à **la fiabilité et** à **la rapidité du vendeur**, **la simplicité pour passer commande**, puis à la sécurité.

2.2. L'amélioration de la satisfaction

La satisfaction est parfois confondue avec la qualité perçue. Alors que la qualité perçue est un jugement assez rationnel sur la performance d'un produit/service, la satisfaction est une réaction plus émotionnelle, contingente et transitoire, qui résulte d'une expérience personnelle et directe avec le produit/service (Darpy et Volle, 2007). Comparativement au commerce conventionnel, les sentiments sont moins marqués sur Internet, tant du côté positif (chaleur, attachement) que du côté négatif (colère, irritation, etc.).

La satisfaction est donc plus lisse, moins extrême.La satisfaction des internautes vis-à-vis des sites marchands est élevée. L'*American Customer Satisfaction Index* montre que la satisfaction vis-à-vis des sites marchands est de 83 %, devant la satisfaction à l'égard des moteurs de recherche (78 %), des sites d'information (74 %) ou des portails (70 %). L'étude menée par l'EIAA (*European Internet Advertising Association*, **http://www.eiaa.org**) montre que les internautes européens sont 91 % à être satisfaits ou très satisfaits de leur expérience d'achat en ligne.

2.2.1. Les facteurs de satisfaction les plus critiques

La qualité perçue est généralement considérée comme une composante essentielle de la satisfaction. Si le responsable marketing veut améliorer la satisfaction de ses clients pour les fidéliser, il doit travailler à améliorer la qualité perçue. Cela dit, la qualité n'explique pas tout, loin de là : de nombreux autres facteurs jouent sur le niveau de satisfaction. L'amélioration de la satisfaction n'est donc pas une science exacte.

Pour Bressolles et Durrieu (2006), il est possible de distinguer sept groupes d'acheteurs en ligne selon leur niveau de satisfaction ou d'insatisfaction : la facilité de navigation, la qualité et la quantité d'informations, ainsi que la sécurité des données financières et personnelles sont les principaux déterminants du degré de satisfaction. Cependant, certains privilégient **la navigation**, alors que d'autres considèrent également **les informations et/ou la sécurité**.

La qualité de service délivrée semble être un facteur « basique » (Llosa, 1997) au sens où la qualité dégrade la satisfaction si elle n'est pas perçue comme élevée, mais la qualité ne conduit pas pour autant à une forte amélioration de la satisfaction si elle est perçue comme élevée.

Par ailleurs, pour plus d'un tiers des internautes, aucune des composantes de la qualité n'est significativement liée au niveau de satisfaction/insatisfaction (Bressolles et Durrieu, 2006). Il existe donc d'autres variables explicatives de la satisfaction.

Si de nombreux autres facteurs jouent sur le niveau de satisfaction, l'état des recherches et des études ne permet pas de conclure définitivement quant aux facteurs les plus déterminants pour améliorer durablement la satisfaction.

2.2.2. Le développement d'une politique de services

L'importance des services dans le commerce actuel

Aujourd'hui, les clients ne s'attendent pas seulement à un bon niveau de service, ils l'exigent. Le développement des services dans le secteur du commerce est une tendance de fond (Badot *et al.*, 2005) auquel le commerce électronique n'échappe pas.

Pour un site marchand, le développement d'une politique de services améliore significativement la satisfaction et la fidélité (Wallace *et al.*, 2004). Les distributeurs multicanal sont d'ailleurs perçus comme apportant plus de services que les autres, ce qui leur confère un avantage concurrentiel certain.

Alors que les services offerts par les sites marchands étaient assez élémentaires lors de l'avènement du commerce électronique, vers la fin des années 1990, l'offre de services s'est aujourd'hui considérablement développée. Le commerce électronique est sans doute la première révolution commerciale qui n'induit pas mécaniquement une baisse de service (Volle, 2000b).

Une typologie de services

En matière de commerce, il est d'usage de distinguer les services vendus et les services rendus :

- Les **services vendus** : compléments de vente (garanties, assurances contre le vol, maintenance sur site, etc.), services continus (téléphonie, ADSL, etc.) et services discrets (réparation, liste de mariage, etc.).
- Les **services rendus** : services de confort (horaires, emballage cadeaux, etc.) et services techniques (livraison, installation ou pose, retouche, etc.).

Plus spécifiquement, la nature numérique du commerce en ligne permet le développement d'une foule d'autres services. De fait, la plupart des fonctionnalités suivantes sont considérées comme incontournables :

- Préalablement à l'achat : informations et conseils (diagnostic personnalisé) ; recommandation de produits adaptés au visiteur ; proposition de substitution d'un article en rupture de stock par un autre article, etc.

- Lors de l'achat : facilités de paiement et financement ; visualisation de l'état d'avancement des commandes en cours, etc.
- Après l'achat : remplacement d'un article en attente dans une commande non livrée ; consultation de l'historique des commandes passées ; coffre-fort numérique contenant l'ensemble des garanties ; consultation du mode d'emploi sur Internet ; éducation des clients par la diffusion de contenus (didacticiels, vidéos, magazines, etc.).

La mise en œuvre d'une politique de service

Pour développer une politique de services, il ne s'agit pas seulement d'offrir un grand nombre de services, mais également d'en développer l'usage auprès d'un grand nombre de clients, et de donner à ces services une place centrale dans le positionnement du site (relativement à d'autres axes de positionnement, comme le choix ou le prix). Par ailleurs, il ne s'agit pas seulement de développer un portefeuille de services, mais également une culture de service au client, ce qui suppose parfois des changements organisationnels importants (recrutement et formation, évolution des systèmes de rémunération, recours à des partenaires, etc.). Toutefois, pour éviter de tomber dans le piège de « la roue de la distribution » (hausse progressive des prix consécutive à une augmentation du niveau de service, ce qui permet à des discounters de pénétrer sur le marché), il est recommandé de proposer les services en option (ne pas les inclure dans le prix).

Exemple : Darty est un distributeur qui vend des produits bruns, blancs et gris avec une politique de prix tout compris et un service après-vente considéré comme l'un des meilleurs de France. Pour résister à la concurrence des *pure players* d'Internet, l'enseigne rassure ses clients en leur proposant un remboursement systématique de la différence, *à niveau de service équivalent* ! Mais combien d'entreprises sont capables d'offrir un tel niveau de service à tous, compris dans le prix ? Par ailleurs, les évolutions récentes montrent que la stratégie de l'enseigne se transforme. De distributeur de produits « service compris » Darty devient distributeur de services (avec la Darty Box, par exemple). Cela prouve que même pour cette enseigne leader, la position qui consiste à offrir à tous un service compris dans le prix n'est pas forcément tenable sur le long terme.

Pour limiter les coûts, il est également recommandé de proposer des services en libre accès (*self-care*). La simulation d'un crédit à la consommation, la consultation d'un mode d'emploi électronique sont des exemples de services automatisés en *self-care*. Comme la plupart des commerçants, les sites marchands sont amenés à mettre en place des centres d'appels pour gérer les relations avec les clients. Ces centres interviennent généralement après l'achat, dans une perspective d'assistance (*hotline*) ou de service après-vente. Toutefois, les appels peuvent également avoir lieu avant l'achat, notamment avec les dispositifs de *click-to-call* ou de *call-back* qui se développent (voir chapitre 6). L'amélioration de la satisfaction des visiteurs et des clients constitue une voie majeure de fidélisation. Il est inutile d'espérer fidéliser les clients si les principes de base du métier de commerçant électronique ne sont pas maîtrisés, notamment l'interface Web (voir chapitre 6) et la logistique (voir chapitre 8). Cependant, à mesure que ces principes sont de mieux en mieux maîtrisés, il devient nécessaire de mettre en place une politique de fidélisation active.

3. Mettre en place une politique de fidélisation active

Une politique de fidélisation active ne consiste pas seulement à mettre en place un programme de fidélisation. Nombreux sont les sites qui mènent une politique relationnelle destinée à renforcer les liens avec leurs clients sans nécessairement avoir de programme de fidélité.

D'autres actions contribuent largement à fidéliser, comme la mise en place d'un lien fonctionnel (alerte, widget, etc.), l'envoi de courriers électroniques ou le développement d'une communauté de clients. Certains sites mettent en place des dispositifs relationnels très sophistiqués pour faire en sorte que le client participe plus largement à l'élaboration de l'offre ou à la réalisation du service (on parle de consommateur acteur ou de coproducteur).

Exemple : King-Jouet.com. L'enseigne de distribution de jouets multiplie les opérations de marketing pour fidéliser les clients, en croisant efficacement online et offline. Moins de deux ans après le lancement de son site, l'enseigne compte désormais 300 000 abonnés à sa newsletter, qui reçoivent chaque semaine des offres promotionnelles exclusives et sont invités à une vente flash. Un programme de fidélité a été lancé en 2006. Les adhérents ont accès à un espace ludo-pédagogique comprenant des « jeux malins » en flash, des trucs et astuces, des contes et des histoires, des e-cards, ainsi qu'une Web radio. Comment l'explique Benoît Chopin, directeur de King-Jouet.com, « avec ces différentes propositions ludiques, nous créons un univers de marque destiné à créer un rapport affectif entre le client et nous ». L'inscription au club est libre, mais pour devenir un « chouchou du King » les clients doivent rentrer un code unique disponible en magasin (imprimé sur le ticket de caisse), ce qui incite les internautes à se rendre dans l'un des points de vente de l'enseigne. Le club est animé avec des opérations promotionnelles montées avec des partenaires, comme Sport 2000.

Source : d'après Le Journal du Net, 2007

3.1. La mise en place de liens fonctionnels et l'envoi de courriers électroniques

Pour établir progressivement une relation continue avec ses clients, le site marchand va déployer une stratégie qui consiste à multiplier les points de contact. Ces points de contact sont variés : il peut s'agir de liens fonctionnels (alertes, widgets, etc.), de courriers électroniques ou de messages sur le téléphone mobile.

À la différence des courriers électroniques, les alertes, widgets et autres liens fonctionnels sont configurés par les internautes eux-mêmes. On peut donc penser qu'ils seront plus attentifs aux messages reçus.

3.1.1. La mise en place de liens fonctionnels

Les alertes par courrier électronique

De nombreux sites proposent aux internautes de configurer des alertes de façon à être tenus au courant des nouveautés. Cela peut concerner les sites marchands (tel chanteur sort un nouvel album ou tel écrivain publie un nouvel ouvrage) mais également les sites de vente aux enchères (tel type d'objet est mis en vente).

Exemple : Le mémo cadeau de L'homme Moderne – HM est un site marchand créé en 2000, issu d'une activité de vente par catalogue lancée en 1985. La mission de HM consiste à proposer des produits « nouveaux, originaux, drôles, insolites, raffinés, mais aussi pratiques et utiles ». Comme le précise le site, « pour réussir cet exploit sans cesse renouvelé, nous parcourons les quatre coins du monde à la recherche des produits que vous aimez. Notre fierté est de vous présenter des articles différents, ceux que l'on ne trouve pas facilement ». Racheté par Tchibo en 2004, le site est maintenant présent dans cinq pays en Europe. Comme le précise Krystel Sicault, responsable Internet France, « Une grande partie de nos clients achète nos produits pour les offrir en cadeau ; nous ne pouvions, sur Internet, négliger cette information clé. » Fort de ce constat, HM a lancé un dispositif de fidélisation automatisé, le mémo cadeau, dont les principes sont très simples et les résultats probants. L'internaute constitue sur le site une liste de proches, où chaque nom est accompagné des dates à l'occasion desquelles un cadeau peut être offert (anniversaire, fête, etc.) et de quelques informations de base sur son profil (genre et âge). De cette façon, l'internaute est rappelé à la bonne date, une suggestion de cadeaux adaptés au profil du proche et à l'occasion lui est proposée. Une promotion lui est également offerte, pour l'inciter à passer à l'acte (offre spéciale, cadeau, etc.). La solution d'e-mail marketing est naturellement automatisée, ce qui permet une grande efficacité. Alors que le taux de transformation moyen de la newsletter hebdomadaire est de 1,3 %, le taux de transformation pour le mémo cadeau est de 3,7 %. Le panier moyen a augmenté de 5 euros, ce qui place le mémo cadeau au même niveau d'efficacité que le programme d'affiliation.

Source : d'après http://www.hommemoderne.fr et Chaibi, 2007

Les fils RSS

Les fils RSS (voir chapitre 6) permettent d'enrichir l'expérience de visite et d'améliorer le référencement naturel dans les moteurs de recherche (les liens vers les fiches produit sont très explicites). Néanmoins, l'un des principaux intérêts de cette technologie consiste à alimenter les clients en offres parfaitement fraîches, notamment dans le domaine du voyage, des produits technologiques et des ventes privées (une à deux offres par jour). Relativement au courrier électronique, le fils RSS est moins intrusif puisque demandé par l'internaute. Par ailleurs, les agrégateurs de fils RSS (NetVibes, Yahoo, etc.) permettent une consultation aisée. Les fils RSS permettent également de diffuser de l'information aux affiliés (voir chapitre 7), comme le top des ventes, qui apprécient de pouvoir les relayer sur leurs sites.

Les widgets

Les widgets sont des petites applications qui agrègent des informations de toutes sortes (textes, photos, vidéos, podcasts, etc.) en les proposant sous une forme ludique et accessible directement sur le bureau de l'internaute, sans devoir ouvrir son navigateur Web. Ces applications agissent comme des favoris (ou signets), afin d'accéder sans cliquer à des contenus en ligne. Pour un site, notamment pour un site marchand, réussir à placer un widget sur le bureau d'un internaute permet de court-circuiter les concurrents. Comme le précise

Guillaume Devaux, « le futur des widgets passe par une généralisation des applications e-commerce intelligentes » (*Le Journal du Net*, 2007). Ces applications intégreront un moteur de recommandation « afin de proposer aux internautes une sélection de produits au plus près de leurs goûts, accompagnée de coupons de réductions ». Ces widgets permettront également de communiquer en intégrant la voix sur IP (téléphoner *via* Internet).

3.1.2. Le marketing direct en ligne

Le marketing direct recouvre une variété de techniques : aux courriers électroniques de fidélisation (*e-mails*), on peut rajouter les lettres électroniques (*newsletters*) et les magazines de marques en ligne (*webzines*).

Les courriers électroniques de fidélisation (e-mails)

Les courriers électroniques de prospection ne constituent qu'une partie des e-mails envoyés par les entreprises. Les courriers de fidélisation s'adressent à des clients, de façon à leur faire bénéficier très régulièrement d'offres promotionnelles. Malgré un taux d'ouverture faible et en baisse (autour de 27 % en France d'après eMailing Solution), le courrier électronique est l'outil de marketing direct qui présente le meilleur retour sur investissement, loin devant le *search marketing*, avec 45 dollars de rendement par dollar dépensé (d'après l'Association américaine du marketing direct, **http://www.the-dma.org**).

RueduCommerce a été le premier site à mettre en place un dispositif quotidien, avec un mailing qui s'apparente à un prospectus comportant une offre exceptionnelle. Toutefois, il faut trouver le bon niveau de pression commerciale et ne pas harceler le client. Pour cela il est utile de mesurer le niveau réel de pression commerciale et le niveau perçu. Il faut toujours garder la bonne distance avec ses clients, ce qui peut se révéler difficile dans la mesure où les outils de marketing électronique sont sensiblement moins coûteux que les outils conventionnels. De fait, certains sites marchands mettent trop de pression commerciale sur leurs clients, avec des courriers électroniques quotidiens ou même encore plus fréquents.

Exemple : Créée en 1997, Aquarelle.com est une boutique de vente et de livraison de fleurs à domicile. En 2006, l'entreprise a réalisé plus de 600 000 commandes, pour une base de 500 000 clients et un chiffre d'affaires qui s'élève à 22 millions d'euros. Entre 1998 et 2004, la fréquence d'envoi des e-mails était faible (1 à 2 par an). Par ailleurs, les e-mails étaient tout à fait identiques d'un client à l'autre, copiés sur le catalogue papier. Depuis 2005, en revanche, les actions d'e-mailing sont plus fréquentes et plus ciblées. Pour Aquarelle.com, l'objectif principal consiste principalement à inciter les clients à réaliser une deuxième commande proche dans le temps de la première. La base de clients a été segmentée (prospect, 1re commande, membre ou non-membre du club, deux ou trois commandes, n'ayant pas commandé depuis, etc.) et de nombreux tests ont été menés pour déterminer les campagnes les plus efficaces (taille des bouquets, prix, cadeaux, produits complémentaires, présence ou non d'une annonce à écouter, etc.). Depuis lors, des campagnes automatisées sont lancées (attention à ne pas rester sur ses acquis, il faut sans cesse tester et adapter les offres). Le rendement de cette nouvelle stratégie d'e-mailing se situe à 7 %, comparativement à l'approche non ciblée.

Source : Chaibi, 2007

Les courriers électroniques personnalisés sont plus efficaces que les courriers anonymes, comme le montre une étude menée par 1000mercis sur la base des abonnés du Money-Mag de BNP-Paribas (voir tableau 9.4).

Tableau 9.4 : Degré de personnalisation et taux de clic (d'après 1000mercis, sur la base des abonnés de MoneyMag de BNP-Paribas)

Niveau de personnalisation	Taux de clic
E-mail sans personnalisation	7,5 %
Personnalisation large (signe zodiacal)	14,8 %
Personnalisation fine (prénom, sticker « bonne fête » avec envoi le jour de la fête)	18,6 %
E-mail individualisé (mise en avant d'un produit précédemment sélectionné dans la liste)	22,7 %

Selon une étude réalisée par MailerMailer en 2007 sur une base de données mondiale, le taux d'ouverture des courriers personnalisés se situe environ 2 points au-dessus des courriers non personnalisés (18 % contre 16 %).

Les lettres électroniques (newsletters)

La frontière entre le courrier électronique et la newsletter est parfois floue. La différence tient soit au contenu, soit au mode de diffusion. Alors que le courrier électronique contient avant tout des offres promotionnelles, la lettre permet de diffuser un contenu plus élaboré (textes, infographie, photos, vidéos) qui vise autant le déclenchement d'un comportement d'achat que l'éducation du client.

La plupart du temps, la lettre électronique est poussée vers le client. Elle est parfois diffusée sous forme de podcats ou de fichier PDF (généralement en *B2B*), ce qui la différencie nettement du courrier (en *push* dans la messagerie). Cela dit, une diffusion dans le corps du courrier électronique permet d'augmenter le taux d'ouverture et de lecture.

Exemple : Au-delà de la création de trafic, Voyages-sncf se donne pour objectif de fidéliser ses clients (en 2005, 60 % des achats sont le fait d'anciens clients), avec une politique très active en matière d'e-mailing. Le site diffuse 6 millions de newsletters chaque semaine, dans plus de 30 versions différentes. La personnalisation se fait en fonction de l'appartenance du client au programme relationnel (S'Miles par exemple), son historique d'achat, sa localisation géographique et son degré d'affinité avec tel ou tel produit.

En plus de la newsletter, le site diffuse trois types de campagnes marketing : (1) pour faire découvrir et mieux connaître le site, en début de cycle de vie du client ; (2) pour inciter à l'achat de produits complémentaires (par exemple, quand le client achète un billet Paris-Bordeaux, le site lui fait parvenir une proposition avantageuse pour une nuit d'hôtel à

☞

Bordeaux) ; (3) pour rythmer sa vie de consommateur, avec des campagnes thématiques liées aux moments de l'année ou à sa propre actualité (anniversaire, par exemple). Les messages – formulation et ton – sont adaptés selon les connaissances dont on dispose sur les clients. La fréquence des envois est modulée d'un client à l'autre, afin de trouver un bon équilibre.

Sources : Ateliers de la Performance Client (La Poste), e-marketing.fr, Le Journal du Net

D'un site marchand à l'autre, les newsletters ne se ressemblent pas. D'après Anne-Laure Béranger et Laure Sauvage (*Le Journal du Net*, mai 2007), on peut distinguer plusieurs modes de communication :

- **Le mode promotionnel** (exemple : Expedia). Ce format de lettre est le plus répandu. Il s'agit d'offres de prix très explicites, parfois dès l'objet du mail. À la différence du mailing de fidélisation qui propose rarement plus d'une offre, la lettre promotionnelle peut comporter plusieurs dizaines d'offres.
- **Le mode éditorial** (exemple : Darty). Fortement cohérente avec la stratégie de l'enseigne, la lettre contient beaucoup de contenus éditoriaux ; elle met seulement quelques produits en avant (autour d'une thématique) et rappelle les services associés. La lettre n'est pas seulement commerciale, elle est destinée à véhiculer l'expertise de la marque. Elle contient, en retour, la possibilité de poser une question ou de contacter un conseiller.
- **Le mode alerte** (exemple : Vuitton). Très ponctuelle, cette lettre permet de présenter les nouveaux produits et les nouvelles collections, sans mention du prix.

Les magazines de marque électroniques (webzines)

En prolongement des lettres électroniques, on trouve un format dérivé des magazines de marque (ou *consumer magazines*) qui, une fois dématérialisés, prennent le nom de *webzines*. À bien des égards, ce support se rapproche aussi du site de marque. C'est un support assez versatile qui sert à la fois des objectifs d'image et de commerce, dans une optique de fidélisation. Le consumer magazine est un support utilisé par un grand nombre de distributeurs, avec des tirages qui dépassent le million d'exemplaires pour plusieurs d'entre eux (Shopi, Champion, Carrefour, etc.). Consumer magazine et webzine sont deux supports complémentaires. Leur point commun est de parler de l'entreprise (ses valeurs, ses métiers, etc.) et de l'univers associé aux produits vendus (le bricolage, la mode, etc.). Mais comparativement au consumer magazine, le webzine a plutôt vocation à accompagner l'acte d'achat ; le contenu est donc moins éditorial que la version papier. Le webzine permet aussi de diffuser des contenus médias (sons, vidéo et photos) et de cibler plus précisément la diffusion.

Exemple : *Vivre Champion*, le magazine bimestriel de l'enseigne créé en 1993, est diffusé à 2,3 millions d'exemplaires. La version Web, créée en 2000, est bimensuelle. Elle représente environ 8 % du trafic du site. *Le Magazine de Camif*, créé en 1996, est diffusé à 550 000 exemplaires par voie postale. La version Web, créée en 2005, génère environ 1 000 visites par jour.

Source : d'après Le Journal du Net, 2005

Si les contenus multimédias sont nombreux, les coûts de production d'un webzine peuvent être comparables à ceux de la version papier (hors coût de routage, naturellement). De façon à limiter les coûts, il est conseillé de développer des contenus similaires entre les deux versions, mais de les traiter différemment selon le support, papier ou Web.

La problématique de la prospection et/ou de la fidélisation dans le cadre d'une activité de commerce électronique met en œuvre des dispositions juridiques relatives à la protection des données personnelles. De plus, a déjà été évoqué la nécessité de respecter les dispositions de l'article L 34-5 du Code des Postes et des communications électroniques ainsi que celles de l'article L. 121-20-5 du Code de la consommation concernant la prospection par courriel électronique, qui s'applique également aux SMS et MMS.

La Commission nationale de l'informatique et des libertés (CNIL) publie sur son site les différents modes de prospection et la règlementation à suivre, qu'il s'agisse d'une prospection ou d'actions de fidélisation concernant les particuliers (*B2C*) ou les commerçants (*B2B*).

Par ailleurs, la CNIL, dans sa délibération du 7 juin 2005, a adopté la norme simplifiée n° 48 relative à la gestion des fichiers de clients et de prospects. Cette norme simplifiée contient l'ensemble des exigences permettant de bénéficier d'une procédure de déclaration simplifiée de traitements contenant des données personnelles.

La norme simplifiée n° 48 précise qu'elle s'applique dans les cas où est « utilisé un service de communication au public en ligne » et que peuvent être exploitées des données de connexion (date, heure, adresse Internet, protocole de l'ordinateur du visiteur, pages consultées) à des seules fins statistiques d'estimation de la fréquentation du site. Cette norme précise également les durées de conservation des données à caractère personnel relatives aux clients et celles relatives aux prospects.

Pour les données relatives aux clients, la CNIL précise que ces données ne doivent pas être conservées au-delà d'une période de dix ans. Concernant les données à caractère personnel relatives aux prospects, la CNIL recommande une suppression « un an après le dernier contact » des prospects ou « lorsqu'ils n'ont pas répondu à deux sollicitations successives ».

Dans le cadre d'une activité de commerce électronique, il convient donc de mettre en application cette norme simplifiée n° 48 et de garder à l'esprit que toute opération de fidélisation implique le respect strict de la loi Informatique et libertés, dont la violation est passible de sanctions pénales.

3.1.3. Le marketing téléphonique sur mobile

Avec un taux de pénétration qui avoisine 90 % à fin 2007 et un parc actif de 54 millions de terminaux[1], le mobile est devenu le premier média individuel quasi universel. Près de 40 millions de personnes sont équipées de terminaux GPRS permettant de se connecter à Internet mobile et 12 millions peuvent accéder au haut débit (3G, Edge, etc.).

En 2007, près de 6 milliards de SMS ont été échangés (soit environ 40 par personne et par mois), un chiffre qui est en très forte croissance sur 2007 (près de 50 %). Les SMS commerciaux représentent aujourd'hui une petite part de ce trafic (probablement inférieure à 2 %), sachant que 55 % des personnes interrogées par Mmetrics déclarent avoir

1. Source ARCEP (**http://www.arcep.fr**).

reçu un SMS commercial durant l'année 2006 mais que la plupart d'entre eux ont reçu seulement entre 1 et 5 messages (Chaibi, 2007).

Les perspectives de développement du mobile comme outil de marketing sont tout à fait considérables (Association Française du Multimédia Mobile, **http://www.pro.gallery.fr**) : m-commerce (afin d'acheter *via* le mobile), géolocalisation du propriétaire (afin d'envoyer des messages en fonction de la localisation), code 2D (afin d'être mis en relation avec le site Web qui correspond au code en deux dimensions photographié avec le mobile), reconnaissance d'objet (même fonctionnalité que le code 2D, mais avec des objets réels photographiés et comparés avec les images stockées dans une base de données sur un serveur distant), RFID et NFC (*Near Field Communication*) (pour payer avec son mobile ou recevoir des offres promotionnelles personnalisées dès son entrée dans le magasin).

Le mobile est désormais utilisé par les sites marchands pour améliorer les relations avec les clients. Si les SMS commerciaux ne sont pas aujourd'hui bien acceptés, car jugés trop intrusifs, le mobile peut être utilisé pour prévenir le client que sa commande est envoyée ou que son colis est arrivé. Le mobile peut également être utilisé pour prévenir le client fidèle de ventes flash ou de changements de prix, ou encore, l'inciter à participer à un jeu-concours. Dans ces circonstances, s'adressant à des clients fidèles, le message reçu sur le mobile est accepté, voire valorisé (quand il permet d'améliorer la qualité de service).

Exemple : Depuis 2003, France Loisirs utilise le mobile pour développer le panier moyen de ses clients avec des campagnes SMS de type « – 15 % sur le deuxième livre acheté ». Ces campagnes permettent de créer du trafic en magasin. L'enseigne teste en permanence des offres variées sur différents types de clients (clients adhérents/anciens adhérents, clients magasin/clients VAD, etc.). Le coût pour mille (CPM) est beaucoup plus faible que le courrier postal, avec des rendements très satisfaisants. France Loisirs relance également ses clients n'ayant pas rempli leur engagement d'acheter au moins un livre par trimestre. À l'issue de cette période d'apprentissage, France Loisirs retire de son expérience que le marketing mobile n'est pas réservé aux plus jeunes, les femmes de 35-55 ans étant tout à fait réceptives à cette forme de communication.

Source : d'après Guide du marketing mobile, AFMM, 2007

3.2. La mise en place d'actions promotionnelles et de programmes de fidélisation

Pour établir progressivement une relation continue avec ses clients, le site marchand va mettre en œuvre de nombreuses actions promotionnelles, actions qui vont prendre parfois un caractère plus systématique et plus ambitieux dans le cadre de programmes de fidélisation.

3.2.1. Les actions promotionnelles

La promotion recouvre « l'ensemble des techniques qui ont pour but de créer un changement dans le comportement de consommation des clients. Cependant, à la différence de la publicité, qui met en avant un bénéfice permanent, la promotion des ventes vise à offrir un avantage temporaire » (Philippe Ingold, PromoResearch, **http://www.cles-promo.com**).

De fait, les actions promotionnelles constituent le quotidien de tout commerçant, y compris sur Internet. De nombreuses actions sont destinées à inciter à l'achat, afin d'améliorer le taux de conversion (voir chapitre 7). Nombreuses sont également les actions destinées à augmenter la fréquence d'achat ou le panier moyen, avec des offres croisées sur des produits complémentaires.

La nature des offres

Les frais de livraison constituent un objet de promotions fréquent (voir chapitre 7). Leur rôle pour modeler le comportement d'achat est crucial (Lewis, 2006). Bien paramétrée, une action promotionnelle sur les frais de livraison peut inciter à acheter plus et/ou plus souvent.

En plus des offres spéciales, qui constituent la majorité des offres promotionnelles (comme dans le commerce conventionnel), les primes sont fréquentes sur Internet. Les primes numériques sont notamment en fort développement (fichiers musicaux, jeux vidéos, etc.), ce qui permet de les diffuser par voie électronique et d'économiser les frais d'envoi (voir, par exemple, **http://www.digicompanion.com**).

La diffusion des offres

La newsletter est le vecteur essentiel des offres promotionnelles. Une fois sur le site, les promotions sont parfois présentées dans une rubrique dédiée. Le dynamisme commercial du site est renforcé par la présentation des offres dans l'ensemble des rubriques visitées, ou par des pop-ups.

Les offres promotionnelles sont également diffusées sur des sites mêlant avis de consommateurs, réductions et bons plans, offres de remboursement, comparateur de prix et guide d'achat (comme eBuyClub ou Zlio), des sites spécialisés dans les bons de réduction électroniques (comme ma-reduc.com), ou *via* des programmes d'*opt-in* (comme Elisa géré par 1000mercis). Les 10 premiers sites et programmes totalisent en France plus de 5 millions de visiteurs uniques chaque mois, ce qui est tout à fait considérable.

> ***Exemple :*** Créé en 2004, Cash Store est un site de *cash back* qui rassemble environ 350 000 membres. Ces derniers peuvent bénéficier d'offres de remboursement auprès de plus de 500 marchands partenaires. Le mécanisme de *cash back* permet de récupérer de l'argent sonnant et trébuchant pour chaque achat réalisé chez les partenaires (une fois la cagnotte de 30 euros atteinte). Un bonus par équipe est également prévu, de façon à permettre aux adhérents de gagner plus rapidement plus d'argent (accessoirement, sur le plan marketing, ce mécanisme permet d'enclencher une diffusion virale). De façon plus classique, le site propose également des avis de consommateurs et des codes promotionnels.
>
> *Source : http://www.cashstore.fr*

Cependant, les offres promotionnelles sont par définition éphémères : leur durée de vie est limitée. De fait, pour fidéliser durablement, il est souvent nécessaire de mettre en place des programmes de fidélisation.

3.2.2. Les programmes de fidélisation

Les programmes de fidélisation se sont considérablement développés depuis le milieu des années 1990. En France, on compte plus de 400 programmes de fidélisation dans le secteur du commerce conventionnel. De très nombreux sites marchands participent également à de tels programmes.

Les programmes de fidélisation jouent sur deux registres : la récompense ou la reconnaissance. Les systèmes de **récompense** permettent de gagner des points en échange d'un comportement d'achat ou de n'importe quelle autre action (par exemple, depuis 2007, le programme Maximiles propose de gagner un point à chaque recherche effectuée sur le moteur **http://www.ask.com**). Les systèmes de **reconnaissance** permettent de bénéficier de services uniques ou de privilèges, sur un registre plus symbolique (ventes privées ou produits en exclusivité, par exemple).

Les programmes de récompense et de reconnaissance

Les programmes de récompense (ou programmes à points) présentent l'avantage de la simplicité et de la lisibilité pour l'internaute, mais présentent le défaut majeur de pouvoir être copiés facilement par les concurrents. S'ensuit alors une spirale ou chaque distributeur est amené à redonner un peu plus à ses clients, jusqu'à perdre une partie importante de sa marge (sachant que dans les activités de distribution, la marge nette est très faible, autour de 2 à 3 %). Les mécanismes de fidélisation par récompense sont surtout utiles pour les catégories de produits qui nécessitent une recherche d'information intense préalablement à l'achat (Hsieh *et al.*, 2005).

L'enseigne doit être généreuse pour espérer fidéliser ses clients, voire même espérer changer leur comportement. Cependant, être généreux ne signifie pas forcément redonner 5 % du chiffre d'affaires (*cash back*, sous une forme ou sous une autre). Le client n'attend pas seulement une ristourne. Ce qu'il attend en retour de sa fidélité, c'est aussi moins de stress, plus de rapidité, plus de reconnaissance.

Les programmes de reconnaissance sont plus qualitatifs et plus complexes à mettre en œuvre. S'il est rare de réussir à changer durablement le comportement des clients (augmentation de la fréquence de visite ou du panier moyen), en revanche, ces programmes présentent un intérêt défensif évident (stabilisation du taux de rétention).

Les programmes mutualisés

Un site marchand peut développer son propre programme de fidélisation ou rejoindre un programme de fidélisation mutualisé. Il est conseillé d'opter pour un programme mutualisé quand la fréquence d'achat ou quand les montants dépensés sont trop faibles pour motiver le consommateur. En effet, dans ces situations, le site marchand ne peut pas offrir à ses clients la possibilité de bénéficier rapidement des fruits de sa fidélité. Le programme mutualisé offre également une visibilité intéressante et peut parfois être considéré comme un outil d'acquisition (voir chapitre 7).

Certains sites marchands préfèrent mettre en place leur propre programme, quitte à se faire épauler par des prestataires, dans la mesure où les retombées des programmes mutualisés sont parfois diluées (le client n'attribue pas la prime gagnée à tel ou tel site marchand, à la différence des programmes en propre).

Par ailleurs, la participation à un programme mutualisé n'empêche pas de mettre en place d'autres dispositifs de fidélisation en parallèle : le programme mutualisé permet de recruter de nouveaux clients en déclenchant un premier achat, alors que le programme de fidélisation propriétaire prend le relais pour stimuler des achats ultérieurs.

Exemple : Maximiles, un programme de fidélisation en ligne mutualisé. Depuis le début du commerce électronique, de nombreux programmes de fidélisation se sont lancés, mais un seul a résisté. Créé en 1999, Maximiles compte 4,1 millions de membres en Europe au 1er janvier 2008 (dont 2,2 millions en France), pour 100 sites partenaires. L'entreprise est présente en Espagne, en Italie et au Royaume-Uni (IPoints). Maximiles est le seul programme de fidélisation paneuropéen. Comme le précise le site Web, « Maximiles fédère des sites partenaires autour d'un programme mutualisé de fidélisation. Le programme fonctionne avec un système de points que gagnent les internautes pour leurs achats et leurs actions sur les sites partenaires. Le programme est très attractif pour les membres car ils peuvent collecter des maximiles sur de multiples sites. Une fois gagnés, ils peuvent échanger leurs points contre les cadeaux qu'ils auront choisis. » Les partenaires sont uniques, dans chaque catégorie, et bénéficient du trafic total de Maximiles, sans devoir partager avec un concurrent. Le chiffre d'affaires de Maximiles s'élève à plus de 7 millions d'euros pour le 1er semestre 2007, en hausse de près de 70 % par rapport au 1er semestre 2006, pour un résultat net de 1,6 million d'euros. Le programme de fidélisation maximiles.com constitue le cœur historique de l'activité, mais ce n'est pas le seul service proposé par l'entreprise. Aujourd'hui, 40 % de l'activité sont réalisés en marque blanche (mise à disposition de solutions de fidélisation pour les sites marchands, missions de conseil qui s'appuient sur les compétences développées depuis 8 ans). Une activité d'études marketing en ligne a également été lancée en 2007. Un département de marketing direct complète l'édifice. Il réalise des campagnes d'e-mailing auprès des 800 000 membres *opt-in* de la base Maximiles. En support de ces activités, Maximiles comprend une équipe de *sourcing* de cadeaux (plus de 800 au catalogue), une équipe de relation client (pour éditer les relevés de points et les billets de spectacle, envoyer les cadeaux, répondre aux e-mails et aux appels téléphoniques), ainsi qu'une équipe de 15 développeurs internalisée. À terme, Maximiles va se rapprocher d'un partenaire dans le secteur de la téléphonie mobile. Il est même question de développements off line.

Sources : http://www.maximiles.com, Le Journal du Net, 2007

3.3. Le développement d'une communauté de clients

3.3.1. Le phénomène communautaire depuis Internet

Comparativement à un segment de clients, une communauté (ou tribu) de clients constitue un regroupement horizontal d'individus au sein duquel des liens vont se tisser. Les membres de la communauté ont conscience d'appartenir à un groupe et entretiennent des relations directes entre eux.

La création de liens produit intrinsèquement de la valeur pour les membres (Cova, 1995). Il peut s'agir d'une valeur hédonique et émotionnelle (le plaisir de la rencontre et de l'échange, la découverte de nouvelles choses…), d'une valeur fonctionnelle (l'échange d'information, de conseils…) ou d'une valeur sociale (la reconnaissance de son statut par les autres membres de la tribu...). La dimension identitaire de la communauté est parfois forte : quand un membre de la communauté s'estime proche des valeurs de la marque, cette communauté reflète partiellement qui il est.

Les technologies ne créent pas le phénomène communautaire – qui existe naturellement dans le monde réel – mais le renforcent considérablement. Les communautés virtuelles constituent donc un phénomène social qui s'est développé parallèlement au média Internet. En effet, cette technologie permet des regroupements affinitaires (par centre d'intérêt), flexibles et réversibles au gré des envies, qui s'affranchissent en partie des distances géographiques. Ce média permet également une forme d'anonymat et d'expression identitaire un peu décalée (avec les avatars, par exemple), ce qui est difficile dans le monde réel. Comme le précise Julien Bich, directeur des stratégies auprès de l'agence Tequila, « nous avons le sentiment aujourd'hui de pouvoir exister en tant qu'individu à l'intérieur du groupe [...]. Le "moi" et le "nous" fonctionnent ensemble. Le "moi" est initiateur, contributeur et créateur. Le "nous" est régulateur, sélectionneur et diffuseur » (Chaibi, 2007).

Dans le domaine marchand, des communautés se créent autour de produits, de marques, d'activités et de hobbies... En matière de commerce électronique, le phénomène communautaire a été rapidement identifié comme un levier stratégique (Armstrong et Hagel, 1995 ; Balasubramanian *et al.*, 2001).

La participation à la communauté renforce significativement la fidélité du client (Srinivasan *et al.*, 2002). La création d'une communauté de clients ne constitue pas « le » levier majeur de fidélisation – l'assortiment et les services viennent naturellement loin devant –, mais le développement d'une communauté constitue assurément un levier commercial intéressant pour de nombreux sites.

3.3.2. La mise en place d'une démarche communautaire

Un site marchand peut adopter une démarche plus ou moins ambitieuse pour tirer profit du phénomène communautaire. Dans certains cas, le site se contente d'offrir à sa communauté de clients les moyens techniques d'échanger, de participer, de s'exprimer, etc. Les sites marchands généralistes se contentent le plus souvent de cette approche. La force de ces liens faibles vient de leur nombre plus que de leur intensité : plus les commentaires, avis, opinions... sont nombreux, plus la communauté crée de la valeur.

Dans certains cas, il s'agit non pas seulement d'offrir des outils communautaires et de laisser les échanges se développer naturellement, mais aussi de développer activement une communauté de clients engagés. Cette démarche est généralement fructueuse, mais complexe à mettre en œuvre. Les sites marchands plus ciblés vont parfois dans cette direction. Quand la cible est typée, la dimension identitaire (proximité des valeurs) et la dimension sociale supplantent la dimension fonctionnelle. Il arrive même que les membres se rencontrent réellement pour prolonger la relation électronique dans la vraie vie.

De nombreux sites marchands sont légitimes pour se lancer plus ouvertement dans le développement d'une communauté. Mettre en place une telle démarche suppose de proposer des outils communautaires aux clients, puis de générer une participation active et qualitative. Il s'agit ensuite d'écouter les conversations naturelles entre les clients, de comprendre les rapports d'influence au sein de la communauté et d'agir de façon subtile (trouver la bonne distance, avec une modération souple et empathique). Les équipes du site peuvent participer, répondre aux interrogations, lancer des débats, initier des échanges, etc. La difficulté vient d'une éventuelle perte de contrôle des contenus. Par ailleurs, il ne faut pas surestimer le degré de participation des clients. De fait, il faut agir très activement pour créer un trafic de qualité vers les espaces communautaires. Le site marchand peut également renforcer sa communauté en organisant des événements dans la vie réelle. L'investissement communautaire est certainement pertinent, mais il ne faut pas en sous-estimer le coût.

Exemple : La communauté de clients de Nature & Découvertes se structure autour d'une fondation créée en 1994 sous l'égide de la Fondation de France. Comme le précise François Lemarchand, le président, « la fondation reçoit, tous les ans, 10 % des bénéfices générés par l'activité commerciale de l'entreprise. C'est "l'impôt volontaire pour la planète" que s'impose l'équipe de N&D pour que la nature reste vivante, variée et belle et que les hommes s'y épanouissent. Des centaines d'associations, depuis lors, ont ainsi bénéficié de ces financements, accomplissant un travail exceptionnel dont tout le personnel de N&D est légitimement fier ! » À ce jour, plus de 800 projets ont été financés, pour un montant de 5 millions d'euros. Le mécanisme communautaire mis en place par N&D fonctionne à deux niveaux dans la mesure où l'entreprise agit indirectement auprès des membres des associations aidées et directement auprès de ses adhérents (en 2007, le club Instants Nature rassemblait plus de 15 000 membres). La communauté existe dans le monde réel (par exemple, en 2006, plus de 12 000 enfants ont été accueillis dans les magasins pour des ateliers pédagogiques), mais le site permet de relayer aisément les nombreux événements qui sont organisés. Par exemple, N&D propose des ciné-débats avec les cinémas MK2, le quatrième mardi de chaque mois, où « après la projection d'un film engagé dévoilant un aspect de la relation homme-nature, une rencontre est organisée entre un expert ou une personnalité du film et le public ». L'entreprise propose également des conférences, des séjours touristiques (en partenariat avec Saïga) et de nombreuses activités nature (1 774 activités en 2006, auxquelles ont participé 27 000 personnes). Certaines des activités sont ouvertes à tous, mais la plupart sont réservées aux adhérents au club Instants Nature. Chaque année depuis 2005, N&D organise également « l'Université de la Terre », en partenariat avec *Les Echos* (plus de 10 000 participants). La communauté mise en place par Nature & Découvertes est forte, même si les liens entre les clients sont relativement faibles dans la mesure où la thématique portée par N&D est à la fois segmentante (elle ne concerne pas tout le monde avec la même intensité) et impliquante (le sujet est important). Par exemple, l'enseigne s'est associée à la Fondation Nicolas-Hulot pour relayer et donner de l'élan au « Défi pour la Terre » : elle a récolté 110 000 signatures en trois mois. Le succès de la communauté s'explique par le caractère cohérent et authentique d'une démarche qui s'inscrit dans la durée.

Source : natureetdecouverte.com

Le management de la relation client peut conduire à de nombreuses adaptations (produits offerts, prix, conditions d'accès, messages qui accompagnent les produits, etc.). Tout naturellement, une meilleure connaissance client doit donc déboucher sur une démarche de personnalisation. Mais, si le lien entre connaissance client et personnalisation est facile sur le plan conceptuel, la mise en œuvre de la démarche est sensiblement plus complexe.

4. Personnaliser les offres

Le principe central de la personnalisation consiste à établir une correspondance logique et pertinente entre une offre (interface, service, contenu, message, etc.) et une cible (segment de clients ou clients). Quand la cible est un segment et non pas un individu précis, on parle plutôt de **personnalisation de masse**.

La personnalisation se formalise à partir de **règles « si/alors »**, de la façon suivante : « si la cible possède telle caractéristique, alors lui proposer telle offre ». Par exemple, « si la cible a un revenu annuel brut supérieur à 60 000 euros, alors lui présenter l'offre d'épargne n° 8 (SICAV monétaire avec rendement à 4,2 %), sinon lui présenter l'offre n° 4 (livret A) ».

Dans les lignes qui suivent, nous mettons l'accent sur les enjeux marketing et commerciaux, sachant que les aspects technologiques de la personnalisation sont traités dans le chapitre 4. Nous soulignons notamment que la personnalisation peut prendre différentes formes et que les conditions d'efficacité de la démarche doivent être maîtrisées, sous peine de ne pas en tirer pleinement profit. Mal menée, la démarche de personnalisation peut même parfois être contre-productive.

4.1. Les formes de personnalisation

La personnalisation peut prendre différentes formes selon le degré d'initiative du client, le type d'informations utilisées ou la nature de ce qui est personnalisé.

4.1.1. Selon le degré d'initiative du client (ce que je veux)

La personnalisation prend différentes formes selon que le client est ou non sollicité pour configurer lui-même le stimulus. Quand on demande directement au client de paramétrer les caractéristiques de son interface, de choisir les contenus qu'il veut voir, ou encore de configurer les options d'un produit, on parle de **customisation**. Dans les autres cas, on parle plutôt de personnalisation.

Exemple : Le site de Barbie propose aux petites filles de composer elles-mêmes leur propre poupée en choisissant la couleur de ses yeux, la forme de son visage, son maquillage, sa coiffure, la couleur de sa peau, etc. Elles visualisent leur création et, si elles le souhaitent, la reçoivent chez elle par courrier. Le site de Nestlé propose de composer son propre coffret de chocolats selon ses propres goûts. Fini les chocolats abandonnés au fond de la boîte ou réservés aux amis de passage. Désormais, les boîtes ne contiendront que des chocolats que l'on aime.

Source : Abidi, 2004

Pour un visiteur, un cas simple de customisation consiste à choisir son profil et à entrer dans le site en étant exposé uniquement aux informations qui ont été délibérément choisies pour ce profil.

4.1.2. Selon le type d'informations utilisées (qui je suis, ce qui m'intéresse)

La personnalisation prend également différentes formes selon le type d'informations utilisées pour réaliser la correspondance entre stimulus et client. Le client peut être caractérisé par son profil (qui il est) ou par ses préférences (ce qui l'intéresse). Par ailleurs, ce profil peut être déclaré par le client lui-même, ou inféré à partir de son comportement. Il en va de même pour les préférences.

Partant de là, on peut donc distinguer **quatre types d'informations** : le profil déclaré, le profil inféré, les préférences déclarées ou les préférences inférées.

La déclaration du profil ou des préférences est bien distincte de la customisation, dans la mesure où le client ne choisit pas *directement* le stimulus auquel il va être confronté : il se contente de donner des informations à l'entreprise, qui vont ensuite être analysées pour ajuster quelle interface proposer ou quels contenus offrir.

Les démarches d'inférence sont par ailleurs indispensables, car il est rare que le client donne beaucoup d'informations à l'entreprise : nombre d'entre elles doivent être « devinées » en s'appuyant sur des algorithmes sophistiqués.

Du profil déclaré aux préférences inférées

Dans le cas du **profil déclaré**, le client est amené à donner explicitement des informations sur lui-même, comme son âge ou son revenu. Dans le cas du **profil inféré**, le client ne donne aucune information à l'entreprise, mais son comportement (navigation, achats, etc.) indique à quel profil il est susceptible d'appartenir. Par exemple, s'il achète des disques de musique classique, on peut penser avec un certain degré de certitude qu'il a plus de 55 ans, ou avec un degré de certitude encore plus fort qu'il a plus de 18 ans, etc.

Dans le cas des **préférences déclarées**, le client donne explicitement des informations sur ses centres d'intérêt, ses attentes, etc. Dans le cas des **préférences inférées**, le client ne dit rien sur ses préférences, mais son comportement est analysé pour les déduire. Par exemple, quand il consulte les pages « musique rock », on peut en déduire que ce genre musical constitue l'un de ses centres d'intérêt. Il sera alors possible de lui recommander des produits compatibles avec ses préférences.

Exemple : Personnaliser selon la psychologie du visiteur ? De nombreuses études montrent que les variables psychologiques peuvent servir de base aux démarches de segmentation et de personnalisation des sites marchands. Par exemple, si les clients « planificateurs » achètent autant sur Internet que les clients « impulsifs », ils n'en attendent pas la même chose. Les planificateurs apprécient de rechercher de l'information commerciale sur le Web. Au contraire, les impulsifs apprécient de pouvoir découvrir des choses nouvelles et de vivre des expériences différentes. L'interface marchande d'un client planificateur devrait avant tout favoriser un accès clair et rapide à l'offre, tandis que l'interface d'un client impulsif devrait plutôt valoriser l'expérimentation et la découverte. Si les caractéristiques psychologiques du visiteur semblent bien liées à des préférences en matière de design Web, reste néanmoins la question centrale de savoir comment concrètement détecter ces traits psychologiques et ajuster les interfaces marchandes en conséquence. De ce point de vue, la démarche de customisation semble préférable à celle de personnalisation automatique ou par filtrage collaboratif.

Source : d'après Cotte et al., Journal of Interactive Marketing, 2006

Le filtrage collaboratif (collaborative filtering)

Certaines démarches de personnalisation reposent sur la technique du filtrage collaboratif (Ansari *et al.*, 2000). C'est notamment la démarche menée par Amazon, qui lui permet de formuler des recommandations de type « ceux qui ont acheté le produit x ont également acheté le produit y et z ».

La démarche consiste à affecter un client à un segment (selon son profil ou ses préférences), puis à regarder comment ce segment de clients se comporte (produits les plus achetés, messages publicitaires les plus appréciés, etc.), pour finalement proposer à ce client les offres et les contenus qui ont eu le plus de succès, dans le passé, pour le segment auquel il appartient.

Le filtrage est réalisé à partir des informations sociodémographiques, des centres d'intérêt déclarés ou directement, à partir des comportements observés, tels que ses comportements d'achat ou de navigation.

4.1.3. Selon la nature de ce qui est personnalisé

La personnalisation peut prendre différentes formes, selon la nature de ce qui est personnalisé : interface marchande, assortiment et prix, contenus et services, messages publicitaires ou offres promotionnelles.

La personnalisation des offres et des messages ne semble pas poser de problème aux clients. La personnalisation des prix, en revanche, est une question sensible qui conduit à une défiance des clients concernés et à une baisse des intentions de réachat (Grewal *et al.*, 2004).

Si de nombreuses techniques de différenciation des prix sont bien acceptées par les clients (comme la mise aux enchères), la différenciation individuelle liée au profil est, en revanche, jugée comme injuste par de nombreux clients (Huang *et al.*, 2005).

Offrir un prix plus bas aux nouveaux clients ou aux clients qui utilisent un comparateur de prix, par exemple, est jugé comme injuste par environ 80 % des clients (voir chapitre 3).

4.1.4. Une nouvelle piste : la personnalisation situationnelle

Le marketing situationnel, qui a eu beaucoup de succès dans les années 1980, revient en force dans le marketing interactif. De fait, si les internautes sont différents les uns des autres (profils et préférences), la vraie source d'hétérogénéité vient plutôt des caractéristiques des sites visités ou du type de visite.

Ainsi, le même individu ne se comportera pas du tout de la même façon sur un site de produits culturels, sur un site de voyages ou sur un site de produits alimentaires. Le même client ne se comportera pas de la même façon s'il consulte un site à midi au bureau, un soir chez lui ou pendant le week-end.

Par exemple, ce qui détermine le temps passé sur le site, c'est moins le type d'internaute ou le type de site que le type de visite (Danaher *et al.*, 2006), qualifié selon deux critères : le moment (en semaine ou pendant le week-end) et le rang (1re visite sur ce site, 2e visite, etc.). Le pourcentage de variance expliqué par le type de visite est de 81 %, contre 7 % pour le type d'internaute et 12 % pour le type de site. Concrètement, il est plus important d'adapter le site selon l'heure du jour, le jour dans la semaine, le mois dans l'année que selon l'âge de l'internaute. Il est plus important d'adapter le site selon l'expérience du visiteur que selon sa catégorie socioprofessionnelle.

4.2. Les conditions d'efficacité de la personnalisation

La première condition d'efficacité d'une démarche de personnalisation consiste à ne pas personnaliser aveuglément, mais à adapter la démarche au cas par cas. La seconde condition consiste à mettre en place une procédure efficiente, à partir d'un ensemble de ressources et de compétences adaptées.

4.2.1. L'adaptation de la démarche de personnalisation

Les effets de la personnalisation sont contrastés ; ils ne sont pas toujours positifs. La personnalisation n'est pas également efficace auprès de tous les clients.

Les effets conditionnels de la personnalisation

Si la personnalisation a un effet positif sur la valeur perçue de la visite, cet effet est particulièrement marqué pour les pays dont le système de valeurs est individualiste (Steenkamp et Geyskens, 2006), comme les États-Unis ou les Pays-Bas. Dans d'autres pays, la personnalisation n'est pas autant valorisée.

Si elle est pertinente auprès des clients les moins impliqués, elle semble contre-productive auprès des clients les plus impliqués (Kalika et Lajoinie, 2001).

Les effets de la personnalisation sont, par ailleurs, conditionnés par le respect de certaines pratiques, notamment la pertinence ou la proportionnalité avec les compétences de la cible. Ainsi, les clients semblent apprécier la customisation, mais à condition que le différentiel de prix n'excède pas 20 % par rapport au produit standard et que le sur-mesure apporte un plus réel : il ne s'agit pas juste de changer la couleur du produit (Abidi, 2004). C'est à la fois l'envie d'être unique et la satisfaction d'avoir réalisé en partie le produit lui-même qui explique l'intérêt du client pour la customisation.

En ce qui concerne la personnalisation, les clients perçoivent plusieurs freins (De Pechpeyrou, 2007), notamment : (1) pour certains, un rejet « en bloc » du principe de personnalisation, en tant que stratégie commerciale ; pour d'autres, (2) des doutes quant à la capacité du site à réellement comprendre leur logique d'achat (3) un manque de pertinence du fait de l'absence de prise en compte du destinataire de l'achat et (4) un agacement devant le nombre excessif de suggestions personnalisées.

Un des moyens pour diminuer les doutes du client quant à la capacité du site à comprendre sa logique d'achat, ce qui semble constituer le principal frein, consiste à lui indiquer les raisons pour lesquelles le site suggère certains articles spécifiques.

Exemple : À chaque recommandation, Amazon.fr propose un lien hypertexte intitulé « Pourquoi nous vous conseillons cet article ». L'internaute sait alors pourquoi l'article lui est proposé. De plus, le client a la possibilité d'indiquer s'il possède déjà l'article recommandé et s'il n'est pas intéressé par ce conseil.

Source : De Pechpeyrou, 2007

La personnalisation n'est pas acceptée de la même façon pour tous les aspects du *mix marketing* (offre, prix, communication, etc.). Si la personnalisation est assez bien acceptée en matière de configuration de l'offre ou même de communication (recevoir des offres promotionnelles ciblées selon son profil, par exemple), il n'en va pas de même pour les prix. Le client accepte assez mal que les prix soient personnalisés, surtout quand la politique tarifaire conduit à proposer de meilleurs prix aux nouveaux clients et de moins bons prix aux clients fidèles (Desmet, 2000).

La personnalisation en souplesse

Il ne faut pas faire l'hypothèse que tous les clients attendent un fort degré de personnalisation en toutes circonstances : il semble nécessaire de bien connaître sa cible avant de décider d'une politique de personnalisation. Décider de personnaliser ou non est donc la première décision à prendre. Vient ensuite la question de savoir quoi et jusqu'où personnaliser, avant même de savoir comment faire précisément.

En matière de customisation, il est indispensable de trouver un équilibre entre contrôle et assistance, entre liberté et aide au choix. Les dispositifs de customisation doivent permettre au client d'exercer un degré de contrôle conforme à ses ressources (temps, compétences, etc.). Il est donc inutile de proposer un système trop ouvert – donc trop complexe – à un client qui ne connaît pas la catégorie de produit, car il sera perdu. Si le client n'est pas impliqué, ou s'il n'a pas d'expertise sur le produit, il est préférable de limiter le nombre d'options possibles, ou de présenter des configurations d'options cohérentes, afin de lui simplifier sa tâche de décision.

En matière de personnalisation, quand le client prend conscience que les informations collectées conduisent à rendre les offres plus pertinentes, il est plus volontiers enclin à donner les informations indispensables. Il s'agit de trouver un équilibre entre une augmentation de l'utilité et une augmentation de la complexité, sachant que la personnalisation agit simultanément sur les deux éléments : plus on personnalise, plus cela devient utile (les offres collent mieux aux attentes) et plus cela devient simultanément complexe.

En matière de personnalisation, « plus » n'est pas synonyme de « mieux », car la crainte d'être espionné ou de perdre le contrôle de la situation est toujours présente. Le maître mot est celui de pertinence. Quand le résultat est pertinent, le client accepte le dispositif et y participe bien volontiers.

Exemple : « Sur le site de la SNCF, quand je tape une recherche pour un train entre Toulouse et Paris, il y a des publicités qui apparaissent pour des hôtels à Paris… Ça, c'est une forme de personnalisation qui me plaît beaucoup. »

Source : Abidi, 2004

La personnalisation : mode d'emploi

Une fois acquise l'idée de customiser ou de personnaliser le site – sur la base d'une compréhension réelle des attentes et des compétences de la cible – de nombreux paramètres restent à affiner. De ces réglages fins dépend en grande partie le succès du dispositif de personnalisation.

Par exemple, l'utilité de la personnalisation, telle que perçue par le client, dépend du nombre de modules à personnaliser plutôt que du nombre d'options offertes pour chaque module. L'utilité dépend également de la présence d'une information sur le prix de la configuration complète (plutôt qu'une information sur le prix de chaque module) et de la présence d'une offre par défaut de base (plutôt qu'une offre par défaut sophistiquée).

L'acceptation des dispositifs de personnalisation est également plus forte quand cela ne se traduit pas par une perte conjointe de qualité de service, notamment en termes de vitesse d'affichage. Pour ne pas détériorer les performances du site, même avec le haut débit, il est important de déclencher les applications personnalisées au moment où le visiteur en a besoin (appels java, tables complexes, etc.).

La question du respect de la vie privée

Le commerce électronique soulève des questions importantes en matière de respect de la vie privée. La crainte de voir ses informations personnelles divulguées constitue un frein au développement du commerce électronique (voir chapitre 1). Le respect proclamé de la vie privé constitue une facette importante de la confiance que l'on peut accorder au site marchand (voir chapitre 6) et une dimension essentielle de la qualité perçue d'un site (voir chapitre 9, section 2.1).

De nombreuses informations sont collectées sur un site marchand, en plus des informations nécessaires à la simple réalisation des transactions. Un individu des années 1970 plongé dans notre monde d'aujourd'hui serait sans doute stupéfait du niveau d'accoutumance auquel sont parvenus les consommateurs – citoyens d'aujourd'hui, en trente ans, depuis le vote de la loi du 6 janvier 1978 sur la protection des données personnelles informatisées (Commission nationale de l'informatique et des libertés, **http://www.cnil.fr**).

La plupart des internautes sont soucieux que les données les concernant soient collectées dans des quantités raisonnables, proportionnelles à leur usage, au service d'une amélioration de la relation (les clients sont d'ailleurs parfois surpris du manque d'information dont les entreprises disposent à leur égard). Ils sont également soucieux que l'utilisation de ces données par des tiers soit limitée et contrôlée par eux-mêmes. Ils sont vigilants sur la question des contacts non sollicités ou tout simplement sur la quantité de contacts générés par les dispositifs de marketing direct.

Cependant, la préoccupation pour le respect de la vie privée est variable, d'un individu à l'autre. Une recherche menée récemment (Lancelot-Miltgen, in Peelen, *et al.* 2006), avec la FING (Fondation Internet nouvelle génération, **http://www.fing.org**) conduit à distinguer quatre groupes d'individus :

- les réticents (24 %), qui acceptent difficilement de donner des informations et ne sont pas sensibles aux avantages qu'ils pourraient recevoir en échange ;
- les désintéressés (31 %), qui sont peu friands d'avantages et surtout, sont contre la marchandisation des données (se faire rémunérer pour donner des informations personnelles) ;
- les négociateurs (25 %), qui sont prêts à se livrer, à condition qu'ils en perçoivent l'intérêt concret (avantages réels, comme des cadeaux ou des baisses de prix) ;
- les bienveillants (20 %), qui acceptent facilement de donner des informations, à condition de recevoir des garanties en termes de confidentialité et de sécurité.

Sur le plan opérationnel, il est nécessaire de garantir aux internautes leurs droits fondamentaux (information sur la collecte, choix quant à l'utilisation qui sera faite des données, accès et rectification possibles, etc.). Au-delà de cette évidence, le site marchand doit mettre en œuvre une politique active pour faciliter l'exercice de ces droits et une politique de collecte explicite qui permette à l'internaute de comprendre précisément à quoi servent les informations collectées. Les études montrent que les entreprises ne sont pas encore au niveau en ce qui concerne leurs pratiques de collecte d'information (Smith et Shao, 2007). Des progrès doivent être réalisés conjointement sur le plan des mentalités – car le concept traditionnel de vie privée est défié sur Internet (avec la pratique des réseaux sociaux, par exemple) – et sur le plan des technologies.

4.2.2. Les ressources et les compétences à mobiliser

Alors que la plupart des designers recommandent d'adapter la présentation du site aux caractéristiques du navigateur et de l'écran (*liquid layout*), cette adaptation, qui semble pourtant simple, n'est adoptée que par 20 % des sites (Turban *et al.* 2006). Ceci prouve que la personnalisation, même purement technique, rencontre des obstacles importants, puisque sinon cette disposition serait prise pour l'ensemble des sites. Mettre en œuvre une démarche de personnalisation suppose de mobiliser des ressources et des compétences spécifiques, puis de faire bon usage des applications informatiques et des méthodes pertinentes, notamment de *data mining*. Plus précisément, la personnalisation impose de mettre en place une méthodologie dont les principales étapes sont :

- la collecte d'informations sur les visiteurs, afin de réaliser un profil pour chacun ;
- la mise à jour des profils, au fur et à mesure, selon les nouvelles informations collectées, ce qui suppose incidemment de mettre en place un système pour suivre les visiteurs dans le temps, d'une visite à l'autre (identification du visiteur sur le site ou mise en place d'un cookie, etc.) ;
- l'analyse des données pour réaliser une typologie des clients (les grouper en segments homogènes sur le plan des comportements) ;
- la mise en correspondance en direct, pendant la visite, du profil avec un segment ;
- le développement de règles de gestion « si/alors » pertinentes pour chaque segment ;
- l'application des règles de gestion et l'adaptation concrète de l'interface, des contenus, des recommandations, des publicités au profil du client ou du segment auquel ce dernier appartient ;
- la mesure *a posteriori* de l'efficacité, pour ajuster si nécessaire les méthodes de segmentation et les règles de gestion.

La personnalisation manuelle n'est pas envisageable quand le site marchand s'adresse à plusieurs centaines de milliers, voire à quelques millions, de clients. De nombreux outils permettent d'automatiser les tâches afférentes à la personnalisation en ligne, notamment des outils d'analyse de données et de *data mining* (comme SAS ou SPSS) ou encore des outils de personnalisation de contenus (comme Broadvision, Choicestream ou Vignette).

Exemple : France Loisirs est une entreprise de vente à distance de produits culturels dont le site marchand est particulièrement avancé en matière de personnalisation. L'entreprise teste en permanence de nouvelles formules promotionnelles et débouche parfois sur des apprentissages surprenants mais riches de conséquences. Ainsi, par exemple, pour l'achat d'un livre *Harry Potter*, plutôt que proposer une offre promotionnelle pour l'achat d'un DVD *Harry Potter*, il est préférable d'offrir une réduction pour l'achat d'un deuxième ouvrage identique. En effet, les fans du petit sorcier aiment partager leur passion et sont donc incités à offrir ce deuxième ouvrage à un proche. Mais ce qui marchera pour *Harry Potter* ne sera pas forcément vrai pour *Le Seigneur des Anneaux* ou pour *Tintin*.

Source : d'après Assises du Marketing, Les Échos, 2007

La personnalisation est une démarche pour laquelle l'apprentissage progressif est crucial. L'entreprise fonctionne par essais/erreurs pour déterminer graduellement les meilleures méthodes et apprendre à être plus pertinente.

Résumé

Un site marchand qui consacrerait des efforts considérables à la conquête de nouveaux clients, mais qui négligerait l'opportunité de les fidéliser ne serait pas viable économiquement. Les coûts d'acquisition étant de plus en plus élevés, il est indispensable de pouvoir amortir cet investissement initial sur une plus longue durée. La fidélisation est donc devenue l'un des objectifs prioritaires des sites marchands. Fondamentalement, il s'agit d'inciter le client à revenir, à dépenser plus et plus souvent. Pour ce faire, il est avant tout nécessaire de satisfaire les clients, c'est-à-dire de travailler sur l'amélioration de la qualité perçue.

Toutefois, au-delà de ce travail de fond, qui constitue un préalable à toute autre action, de nombreux sites mettent en place des démarches de fidélisation active, qui conduisent à utiliser des liens fonctionnels (widgets, par exemple), des courriers électroniques et des newsletters. Le marketing sur mobile permet aussi de prolonger la relation sur un autre support, à mi-chemin entre le online et le offline. Les offres promotionnelles, et plus encore, les programmes de fidélisation, permettent également de retenir les clients et de développer le chiffre d'affaires réalisé auprès de chacun d'entre eux. S'il s'agit non pas seulement de consolider la relation entre les clients et le site (*one-to-one*), mais de développer aussi les relations entre clients, les communautés constituent une démarche aujourd'hui mise en œuvre avec succès par quelques entreprises.

L'ensemble de ces démarches actives nécessite de développer les compétences marketing du site marchand et de s'appuyer largement sur des prestataires spécialisés (e-mailing, *data mining*, etc.). Il en va de même pour la démarche de personnalisation, qui permet d'améliorer la performance commerciale du site, sous certaines conditions de mise en œuvre. Les démarches qui visent à fidéliser et, plus largement, à consolider le lien entre le client et l'entreprise ne sont pas encore arrivées à maturité. Toutefois, le développement des technologies sur Internet participe largement à la diffusion de ces pratiques.

Bibliographie

Abidi A. (2004), « Personnalisation, customisation et fidélité sur Internet marchand », *Actes du XXe Congrès international de l'Association française du marketing*, Saint-Malo. Document accessible gratuitement en ligne.

Balabanis G., Reynolds N. et Simintiras A. (2006), « Bases of e-store loyalty: Perceived switching barriers and satisfaction », *Journal of Business Research*, vol. 59, n° 2, pp. 214.

Balasubramanian S. et Mahajan V. (2001), « The economic leverage of the virtual community », *International Journal of Electronic Commerce*, vol. 5, n° 3, pp. 103-138.

Bergeron, J. (2001), « Les facteurs qui influencent la fidélité des clients qui achètent sur Internet », *Recherche et Applications en Marketing*, vol. 16, n° 3, pp. 39-53.

Bhatnagar A. et Ghose S. (2004), « A latent class segmentation analysis of e-shoppers », *Journal of Business Research*, vol. 57, n° 7, pp. 758-767.

Bressolles G. (2004), « Proposition d'une échelle de mesure multidimensionnelle de la qualité de service des sites Web commerciaux : NETQUAL », *Actes du XXe Congrès international de l'Association française du marketing*, Saint-Malo. Document accessible gratuitement en ligne.

Bressolles G. et Durrieu F. (2006), « Une typologie prédictive de la satisfaction en ligne par la qualité de service électronique », *Actes du XXIIe Congrès international de l'Association française du marketing*, Nantes. Document accessible gratuitement en ligne.

Chaibi L. (2007), *Internet marketing : conquérir, promouvoir, vendre et fidéliser*, Electronic Business Group, Elenbi éditeur, Paris.

Danaher P.J., Mullarkey G.W. et Essegaier S. (2006), « Factors affecting Web site visit duration : A cross-domain analysis », *Journal of Marketing Research*, vol. 43, n° 2, pp. 182-194.

De Pechpeyrou, Pauline (2007), « Personnalisation du merchandising en ligne : identification des réactions des internautes », Journée de recherche nantaise sur le e-marketing, Institut d'économie et de management, Nantes. Document accessible gratuitement en ligne.

Grewal D., Hardesty D.M. et Iyer G.R. (2004), « The effects of buyer identification and purchase timing on consumers' perceptions of trust, price fairness, and repurchase intentions », *Journal of Interactive Marketing*, vol. 18, n° 4, pp. 87-100.

Harris L.C. et Goode M.M.H. (2004), « The four levels of loyalty and the pivotal role of trust : A study of online service dynamics », *Journal of Retailing*, vol. 80, n° 2, pp. 139-158.

Huang J., Chang C. et Chen C. (2005), « Perceived fairness of pricing on the Internet », *Journal of Economic Psychology*, vol. 26, n° 3, pp. 343-361.

Kalika M. et Bourliataux-Lajoinie S. (2001), « L'analyse des comportements de navigation sur un site marchand », *Recherche et Applications en Marketing*, vol. 16, n° 2, pp. 76-86.

Koufaris M., Kambil A. et LaBarbera P.A. (2001), « Consumer behavior in Web-based commerce: An empirical study », *International Journal of Electronic Commerce*, vol. 6, n° 2, pp. 115-138.

Kozinets R.V. (1999), « E-tribalized marketing: The strategic implications of virtual communities of consumption », *European Management Journal*, vol. 17, n° 3, pp. 252-264.

Lewis M.M. (2006), « The effect of shipping fees on customer acquisition, customer retention, and purchase quantities », *Journal of Retailing*, vol. 82, n° 1, pp. 13-23.

Li D., Browne G.J. et Wetherbe J.-C. (2006), « Why do Internet users stick with a specific Web site ? A relationship perspective », *International Journal of Electronic Commerce*, vol. 10, n° 4, pp. 105-141.

Li D., Browne G.J. et Wetherbe J.C. (2007), « Online consumers' switching behaviour: A buyer-seller relationship perspective », *Journal of Electronic Commerce in Organizations*, vol. 5, n° 1, pp. 30-42.

Michel G. et Vergne J.-F. (2004), « Comment expliquer l'attachement aux e-marques ? Application aux sites de vente en ligne », *Actes du XXe Congrès international de l'Association française du marketing*, Saint-Malo. Document accessible gratuitement en ligne.

Parasuraman A., Zeithaml V.A. et Malhotra A. (2005), « E-S-Qual: A multiple item scale for assessing electronic service quality », *Journal of Service Research*, vol. 7, n° 3, pp. 213-233.

Reibstein D.J. (2002), « What attracts customers to online stores, and what keeps them coming back ? », *Journal of the Academy of Marketing Science*, vol. 30, n° 4, pp. 465-473.

Reichheld F.F. et Schefter P. (2000), « E-loyalty: Your secret weapon on the Web », *Harvard Business Review*, vol. 78, n° 4, pp. 105-113.

Rolland S. (2005), « Internet et qualité : impact de la fréquentation des sites web sur la qualité perçue par le consommateur », *Actes du XXIe Congrès international de l'Association française du marketing*, Nancy. Document accessible gratuitement en ligne.

Shankar V., Smith A.K. et Rangaswamy A. (2003), « Customer satisfaction and loyalty in online and offline environments », *International Journal of Research in Marketing*, vol. 20, n° 2, pp. 153-175.

Smith R. et Shao J. (2007), « Privacy and e-commerce: A consumer-centric perspective », *Electronic Commerce Research*, vol. 7, n° 2, pp. 89-116.

Srinivasan S.S., Anderson R. et Ponnavolu K. (2002), « Customer loyalty in e-commerce: An exploration of its antecedents and consequences », *Journal of Retailing*, vol. 78, n° 1, pp. 41-50.

Steenkamp J.-B.E.M. et Geyskens I. (2006), « How country characteristics affect the perceived value of web sites », *Journal of Marketing*, vol. 70, n° 3, pp. 136-150.

Tsai H.-T., Huang H.-C., Jaw Y.-L. et Chen W.K. (2006), « Why online customers remain with a particular e-tailer: An integrative model and empirical evidence », *Psychology & Marketing*, vol. 23, n° 5, pp. 447-464.

Wallace D.W., Gieseb J.L. et Johnson J.L. (2004), « Customer retailer loyalty in the context of multiple channel strategies », *Journal of Retailing*, n° 80, pp. 249-63.

Wolfinbarger M. et Gilly M.C. (2003), « ETailQ : Dimensionalizing, measuring and predicting e-tail quality », *Journal of Retailing*, n° 79, pp. 183-198.

Yang Z. et Peterson R.T. (2004), « Customer perceived value, satisfaction, and loyalty : the role of switching costs », *Psychology & Marketing*, vol. 21, n° 10, pp. 799-822.

Sites Internet à consulter

http://www.1000mercis.com

http://www.arcep.fr

http://www.bizrate.com

http://www.broadvision.com

http://www.cashstore.fr

http://www.choicestream.com

http://www.cles-promo.com

http://www.cnil.fr

http://www.digicompanion.com

http://www.directpanel.com

http://www.ebuyclub.com

http://www.ebuyclub.com

http://www.fing.org

http://www.ma-reduc.com.org

http://www.pro.gallery.fr

http://www.the-dma.org

http://www.vignette.com

http://www.zlio.fr

Activités

Questions de révision

1. Quelles sont les deux composantes de la fidélité ?
2. Citez les trois approches que les entreprises peuvent mettre en œuvre pour fidéliser leurs clients.
3. Quels sont les facteurs explicatifs de la fidélité à un site marchand ?
4. Que recouvre le marketing relationnel et quels en sont les principaux enjeux pour un site marchand ?
5. Citez et expliquez brièvement quelques principes de management de la relation client.
6. Quels sont les facteurs de qualité les plus critiques en matière de commerce électronique ?
7. Citez et présentez brièvement les techniques de marketing direct que les sites marchands peuvent utiliser pour consolider les liens avec leurs clients.
8. Qu'est-ce qu'une communauté de clients ? Dans quelle mesure et de quelles façons une marque peut-elle utiliser ce dispositif à son profit ?
9. Citez les différentes formes de personnalisation et décrivez-les brièvement.
10. Dans quelles conditions les démarches de personnalisation sont-elles particulièrement efficaces ?

Exercices de synthèse

1. Abonnez-vous à trois lettres électroniques (*newsletters*). Jugez-les de façon comparative et formulez quelques recommandations d'amélioration.
2. Identifiez une campagne multicanal utilisant le mobile et le Web. Décrivez précisément le mécanisme. Formulez quelques recommandations pour en améliorer l'efficacité.
3. Présentez cinq campagnes promotionnelles qui vous semblent particulièrement efficaces. Discutez de leurs mérites comparés.

Questions à débattre

1. Quels sont les avantages et les inconvénients d'une politique de « service compris » ?
2. Quelles sont les dernières avancées en matière de marketing sur mobile ?

3. Les programmes de fidélisation en ligne vous semblent-ils efficaces ? Pour quelles raisons ?
4. Une enseigne doit-elle nécessairement envisager le développement d'une communauté de clients ? Pourquoi ?
5. D'après vous, quel est l'avenir de la personnalisation situationnelle ?
6. Le principe d'une différenciation des prix vous semble-t-il injuste ? Quelles techniques précisément vous semblent choquantes ? Pour quelles raisons ?
7. Pensez-vous que le respect de la vie privée sur Internet soit fondamentalement menacé ?
8. Seriez-vous prêt à vendre vos données personnelles à une entreprise, moyennant une rémunération (lors du dépôt, pour chaque usage, etc.) ?

Conclusion

Le commerce électronique est une forme de commerce encore récente. Il continuera à se développer dans les années à venir en s'appuyant sur la généralisation des accès aux réseaux électroniques, grâce notamment à la téléphonie mobile haut débit et l'arrivée prochaine des réseaux Wimax.

Faire face à ce développement demande une bonne préparation en termes de ressources et de compétences de la part des entreprises. Parmi celles-ci, la capacité à piloter la performance du canal électronique se révèle déterminante.

En effet, la réussite dans le commerce électronique dépend étroitement de la capacité à s'adapter dans un environnement chaque jour plus compétitif, du fait du nombre croissant de sites marchands et de l'évolution rapide des technologies de réseau (voir chapitre 1).

L'appréciation de la performance d'un site marchand dépend étroitement de la stratégie en ligne poursuivie, du modèle d'affaires retenu (voir chapitres 2 et 3). Au-delà de la spécificité propre à chaque choix stratégique, il est possible de construire un ensemble de critères permettant d'apprécier la performance du commerce électronique. Apprécier la performance, c'est mesurer à la fois l'efficacité (l'atteinte des objectifs) et l'efficience (l'utilisation des moyens déployés).

L'évaluation des objectifs d'un site marchand dépend de la stratégie qui lui a été assignée. Lorsque le site marchand est intégré à un ensemble d'autres canaux (voir chapitre 3), l'appréciation de ses objectifs doit tenir compte de son positionnement relatif : outil de recrutement de futurs clients, outil de fidélisation, outil de génération de chiffre d'affaires. Une fois que l'objectif est précisé, il est alors possible d'établir un ou des indicateurs pour mesurer s'il est atteint sur une période donnée.

L'efficience s'apprécie principalement par rapport au site Web lui-même et aux moyens mis en œuvre pour y attirer des visiteurs, pour leur présenter une offre et les convaincre de réaliser un achat en ligne.

Le pilotage d'un site marchand nécessite donc la mise en place d'un tableau de bord complet d'indicateurs pour chaque manager en charge de sa gestion. Mais la multiplication des indicateurs peut nuire à l'analyse et donc à la prise de décision, et il vaut mieux par conséquent un nombre d'indicateurs restreint, mais pertinent, que trop d'indicateurs. Sans être exhaustifs, nous présentons ci-dessous les principaux indicateurs utilisés dans le pilotage d'un site marchand.

Les indicateurs du pilotage d'un site marchand se déclinent en quatre axes principaux.

La communication. On évalue les actions de communication qui visent à créer du trafic sur le site. Les indicateurs cherchent à apprécier la provenance des visiteurs, leur nombre et les actions qui ont contribué à les attirer sur le site (sites affiliés, mots-clés, référencement, publicité).

Mesurer la performance des moyens de communication suppose de pouvoir relier rétrospectivement les réponses aux actions. Par exemple, cet achat est-il lié à cette bannière, ou cette demande d'information est-elle liée à ce lien sponsorisé ? S'il n'est pas réaliste de prétendre reconstituer les liens pour chaque réponse, les équipes marketing peuvent cependant tenter de déterminer les grandes tendances pour chaque type d'action (par exemple, « environ 20 % des demandes d'information proviennent des liens sponsorisés »). Pour espérer arriver à ce résultat, il est important de *tagger* les réponses (présence de *cookies* et analyse des fichiers log). Dans les cas (nombreux) où ces démarches ne sont pas réalisables techniquement, il est possible de se contenter de données d'enquêtes et d'estimations relevées par des experts. En revanche, malgré les difficultés, il serait erroné de considérer que ces efforts sont vains : ils serviront au moins à justifier les investissements vis-à-vis de la direction générale et des actionnaires. Si les résultats ne sont pas valides à 100 %, au moins peuvent-ils être fiables si les méthodes sont robustes. Autrement dit, les résultats comprendront certainement une part d'erreur, mais si cette erreur est quasi constante, cela permettra des comparaisons dans le temps ou entre sites. De cette façon la boucle d'apprentissage pourra se mettre en place sur la base de diverses expérimentations (moins de bannières, plus de liens ; plus de presse et moins de communication électronique, etc.).

Le *nombre de visiteurs uniques* donne une indication importante sur l'audience d'un site marchand. Selon l'Interactive Advertising Bureau (**http://www.iabfrance.com/**), un visiteur unique correspond au nombre de personnes, dans une période de temps donnée, dont l'activité a été de visiter une ou plusieurs fois un site ou de recevoir directement du contenu par un autre moyen. Cela inclut donc les personnes qui ont accédé au site et celles qui ont reçu du contenu et/ou de la publicité, par exemple par e-mail, par newsletter. Chaque individu est compté une seule fois en tant que visiteur unique dans la période étudiée.

Plus encore que le nombre de visiteurs, le *taux de conversion* révèle le niveau de performance du site marchand. Cependant, le taux de conversion des simples visiteurs en vrais clients doit être analysé avec prudence, dans la mesure où de nombreuses visites ont pour premier et seul objectif de chercher de l'information. Ceci doit donc inciter à réajuster les taux de conversion vers le haut, en éliminant de l'analyse les visites purement informatives.

Le taux de conversion dépend étroitement de la catégorie de produits : il faut donc se méfier des comparaisons abusives. Il en va de même pour le commerce physique où il serait peu pertinent de comparer le taux de conversion d'une épicerie ou d'un hypermarché avec celui d'une boutique de gadgets ou de vêtements. *A priori*, seules les comparaisons entre deux périodes, pour une même catégorie, ont véritablement un sens. Le taux de conversion dépend également de la qualité du trafic. Si les actions mises en œuvre pour drainer des visiteurs conduisent à attirer des clients ayant une faible probabilité d'achat (des clients qui ne sont pas dans la cible, par exemple), ou sur la base d'une fausse promesse, le taux de conversion sera mécaniquement faible. La politique d'achat de mots-clés peut donc avoir une incidence directe sur le taux de conversion. En tout état de cause, l'analyse du taux de conversion doit prendre en compte la qualité du trafic. Mais calculer la moyenne d'un taux de conversion pose problème. En effet, faire une moyenne pour quelques milliers d'individus, parfois quelques centaines de milliers, conduit à masquer les différences. Or, il a été montré que le taux de conversion individuel – la probabilité de faire un achat – augmente au cours du temps. Plus le visiteur visite fréquemment un site, plus la probabilité qu'il achete augmente. Par conséquent, un site qui recrute massivement de nouveaux clients peut voir son taux de conversion stagner ou même baisser, en raison de cet afflux de nouveaux visiteurs. Il est donc indispensable de suivre des cohortes de clients dans le temps pour analyser la vraie évolution du taux de conversion, avant de tirer quelque conclusion que ce soit.

La gestion du site. Cet axe évalue la structure du site et sa facilité d'utilisation par le visiteur. On parle « d'usabilité » (du terme anglais *usability*). On intègre également dans cet ensemble les éléments techniques liés au site Web perçus par le visiteur, comme le temps de réponse aux requêtes. Mais l'analyse doit également s'étendre au flux de clics (*click-stream*), qui traduit le parcours du visiteur sur le site. Les questions-clés pour guider l'analyse du flux de clics sont :

- Quel est le profil du visiteur (y compris les éléments techniques comme le navigateur utilisé ou la résolution de l'écran) ?
- Par où le visiteur est-il arrivé sur le site, qu'il s'agisse du site à partir duquel il est venu ou des pages sur lesquelles il a navigué (page d'accueil, autres pages, etc.) ?
- De quelles façons le site a-t-il été utilisé (par où le visiteur est passé/pas passé, quelles rubriques ou pages ont été visitées/ignorées) ?
- De quelles manières le visiteur s'est-il déplacé d'une page à l'autre (accès direct aux pages par les menus déroulants, liens cliqués, utilisation du moteur de recherche interne au site, etc.) ?
- Comment le visiteur a-t-il trouvé ce qu'il cherchait (en combien de clics, en combien de temps, etc.) ?
- Quels sont les articles qui ont été mis dans le panier ?
- Le client a-t-il abandonné le processus d'achat ? Si oui, à quel stade ?
- Peut-on identifier les raisons de cet abandon ?

L'offre. Cet axe apprécie l'offre de produits et/ou de services soumise au client à travers le site marchand. L'analyse privilégiera l'étude des ventes, leur structure, l'étude de la composition du panier. Elle s'intéressera aussi à l'efficacité de la personnalisation et des offres croisées.

La rentabilité. À travers cet axe, on analyse les ventes mais aussi les promotions. On s'intéresse à la valeur du panier moyen mais aussi au coût des ventes. On se penchera donc sur les investissements nécessaires à la génération d'une vente en ligne, c'est-à-dire le coût d'acquisition des clients. Ces investissements sont ceux qui sont consentis sur différents supports de communication.

Si le taux de clics d'une bannière publicitaire est en moyenne de 0,2 % (deux clics pour 1 000 expositions), avec un coût pour mille (CPM) de 40 euros, le coût de recrutement est alors de 20 euros. Le coût de recrutement peut comprendre également le coût des mots-clés achetés sur des moteurs de recherche, les commissions versées aux sites affiliés ou aux moteurs de comparaison de prix.

Une étude américaine menée par le eTailing Group (*Le Journal du Net*, 2006) montre que les compétences sur lesquelles les sites mettent l'accent aujourd'hui sont : l'analyse des métriques (indicateurs statistiques du site), le référencement, les newsletters commerciales et les promotions saisonnières. L'analyse révèle plus précisément que chaque site consacre en moyenne vingt heures par semaine à analyser les métriques (soit un emploi à mi-temps consacré pour chaque site à l'étude de la performance), et encore, 80 % des répondants disent que ce n'est pas assez ! Aussi il est important que les sites marchands développent un système d'information apte à fournir les indicateurs nécessaires au pilotage de la stratégie, mais qu'ils investissent également dans l'analyse de ces indicateurs par la constitution d'équipes spécialisées. L'analyse de la performance constitue donc **une réelle compétence à développer**.

Index

D

E

F

G

H

I

L

M

Q

R

S

Dépôt légal : mai 2010 - IMPRIMÉ EN FRANCE - Imprimeur n° 10563
Achevé d'imprimer le 3 mai 2010
sur les presses de l'imprimerie « La Source d'Or » - 63039 Clermont-Ferrand

Dans le cadre de sa politique de développement durable,
La Source d'Or a été référencée IMPRIM'VERT® par son organisme consulaire de tutelle.
Cet ouvrage est imprimé - pour l'intérieur - sur papier offset "Tauro" 80 g
provenant de la gestion durable des forêts, des papeteries Sappi Fine Paper Europe,
dont les usines ont obtenu les certifications environnementales ISO 9001, ISO 14001 et OHSAS 18001.